現場の情報化

IT 利用実践の組織論的研究

松嶋 登 著

The Infomatics Embedded
in Workplace Practice:
Organizational Approach for IT-use Practice

有斐閣

序　文

　厄介な研究テーマを選んでしまったのかもしれない。第2章で詳しく触れるが，1960年代に始まった経営の情報化も，当初は会計システムや生産技術など，限定的な領域に留まっていた。ところが，職場の隅々にまでコンピュータが普及した今日，情報化の領域ははるかに広範にわたる。もう20年も前のことであるが，経営の情報化を研究テーマに選んだ田尾・吉川・高木 [1996] が，「（予備的な文献レヴューのつもりが）文献と向き合うほど，問題の間口が広すぎ，奥行きも簡単に測ることができないことを思い知らされ，（中略）それだけで精も根も使い果たしたというのが率直な感想である」（i-ii頁）と忠告していた。これが経営の場面に限らなければ，なおさらであろう。今や「e-」は，あらゆるものに冠せられるといってよい。だが，万物に冠せられた概念ほど，その意義に乏しいものはない。事実，かつては何でも情報化革命だと揶揄されたことがあったが，今や情報化革命を大上段に掲げることさえ，少なくなっているのでないだろうか。

　しかし，振り返ってみれば，情報技術の進展が速いだけではなく，問題領域が移ろいやすく，その前提条件さえ変わっていく。こうした摑みどころのなさこそ，情報化固有の性質なのかもしれない (e.g., Zuboff [1988])。事実，第1章で議論されるように，この摑みどころのなさが，不幸にも経営の情報化を研究テーマとしてしまった研究者たちの，学問的アイデンティティを揺るがす大問題を引き起こしてきた。だからといって経営の情報化は，経営学の単なる応用問題として処理すべきではない。確かに，応用問題として処理し，既存の研究領域で情報化を論じれば，情報化に固有の摑みにくさから距離をとることができるだろう。しかし，情報技術の利用がわれわれの生活世界に深く与える影響を考えれば，情報化の摑みどころのなさは，経営学自身の摑みどころのなさに繋がっている。

　実はこうした事態は，情報化が現実のものになった今日より，はるか前の思想家たちによって予言されてきた。例えば，SNS (social network service) の利用によって明らかに変容している今日の大学生のアイデンティティや人間関係をみるに

つけ，マクルーハン（Marshall McLuhan）が，印刷技術の発達によって「沈考」を通じた個人主義が生み出されることを論じていたことが（McLuhan [1962]），（もちろん，今日のあり方とは異なるものの）改めて思い出される。わが国でも，梅棹 [1988] や林 [1969] のように，情報概念の深耕を通じて諸科学の基礎概念に立ち返った課題が提示されてきた。情報化が現実のものでなかった時代だからこそ，かえって想像力が搔き立てられていたことは皮肉なことである。

だが，情報化を十分に経験した今，われわれは，改めて情報化の摑みどころのなさを，経営学の学問的アイデンティティに遡って検討し直さなければならない。技術の進展とともに情報化がカヴァーするようになった多様な問題に惑わされず，共通する基盤を考え直さなければならない。問題領域が移ろいやすく，摑みどころがないのであれば，無理に摑もうとするよりは，なぜ摑めないのかを立ち止まって考える必要がある。

難問である。だが，手がかりがないわけでもない。古くは，バーナード（Chester I. Barnard）の『経営者の役割』も，現実の実践がきわめて多様で，思わぬ結果が生じ，絶えず変化し続けることに正面から向き合い，実践の学を目指した議論の1つであった。組織論で知られるバーナードの議論は，個人には決して還元されない，有機体のように独自の目的をもった，実践的なセンスで捉えられる抽象的存在としての公式組織の概念を確立した。この公式組織の定義は，難解であったが，世界で最も有名な組織の定義であり続けてきたし（Galbraith [1967]），公式組織に根ざした協働体系の理解こそ，経営学独自の視点であるともいえよう。

すでに語り尽くされてきたように思われるバーナードにも，まだ学べる点が残されている。例えば，公式組織の概念に先立って加筆された第一部では，個人の概念化を通じて，個人の目的を追求する行動と組織における協働が必然的に思わぬ結果をもたらし，変わり続けることを常態とした実践が捉えられていた。人間モデルの定義から議論を始めることは，社会科学のオーソドックスな展開にみえるかもしれない。事実，全人仮説や限定合理性など，バーナードに着想を得た人間モデルから展開された議論も存在する。だが，自らの経験した実践を説明する学問の不在に対する不満をエネルギーに執筆したバーナードにとって，個人の概念を再考することは，個人だけは疑いようがない実体的存在と考えていた当時の社会科学に対する，哲学的な挑戦でもあった。すなわち，「過去および現在の物的，生物的，社会的要因である無数の力や物を具体化する，単一の，独特な，独立の，孤立した全体」（Barnard [1938] p. 13, 邦訳 13 頁）である。こうして定義さ

れた個人は，一方で自らを構成する異種混合の要因に制約されつつも，他方でそうした要因には還元されない自律的人格を得ることで，個人の動機を満たそうとする選択力をもつに至る。選択力をもった個人は，自らの欲求をかなえるために，さまざまな制約を克服し，他者と協働しようとする。そして，他者との協働を始めたその瞬間に，個人の目的や動機とは明確に区別された，共通目的をもった協働体系が生まれ，これを抽象的に象徴するのが，公式組織に他ならない。一度，協働体系が生まれると，個人は組織に参加するメンバーになり，目的関数を構成する要素として扱われ，他の側面は無視される。すなわち人間は，個別の要因には還元されない自律的人格をもった全体でありながら，組織にとっては部分として位置づけられる，「二重人格モデル」として把握されることになる（Barnard [1938] pp. 16-17, 88，邦訳 16-17, 91 頁）。

さて，改めて見直せば今なお斬新なバーナードの人間モデルも，彼にとっては，あくまで経営者からみた組織の機能を論じるために用意された基礎的な説明にすぎなかった。だが，この個人と協働体系に関する基礎的な説明のなかで，実践の摑みどころのなさに触れられていたことを見過ごしてはならない。

それは，少なくとも 2 つの論理によって導かれる。1 つは，物的および社会的要因から構成される，制約要因の戦略的選択に関する論理である。個人が何がしかの目的を達成しようとする場合，具体的状況のなかで変化させることができそうな要因を選ぶ。これが制約要因に他ならないのだが，特定の制約要因の選択は，別の制約条件を生み出す。例えば，一人で動かすことができない石を前にすれば生物的な制約が意識されるが，梃子を使うことを思いつけば物的な制約となり，そのために他者の助けを求めようとすれば社会的な制約として現れる。このように，異種混合の要因に制約される人々は，戦略的な制約要因を見直していくことによって，常に実践を変容させていく。

もう 1 つは，個人の目的とは区別される，組織の目的を達成する協働から生じる結果に関する論理である。個人の生物的な制約を克服するために選択される協働もまた，さまざまな制約要因に働きかけられることで達成される。だが，協働の非個人的な目的，すなわち組織の共通目的の達成は，結果として個人を構成する異種混合の要因を変更することで，個人の動機や関心をも変化させる，思わぬ影響を与える（Barnard [1938] pp. 43-46，邦訳 42-45 頁）。個人の動機は，さまざまな要因の緊張関係からくる複合的なものであり，また，事後的に推論されるとするのも（Barnard [1938] p. 18，邦訳 18 頁），この論理に密接に関連している。

本書が掲げる現場の情報化（informatics embedded in workplace practice）もまた，技術進歩とともに多様な問題領域に広がり，問題の前提条件さえ変わっていく，掴みどころのない情報化の実践を把握することを目指す感受概念である。情報技術の利用を通じて直面する「意図せざる結果」を契機にして，日々の仕事実践や協働する他者との関係を見直していく動的な過程に注目するものである。さらに，その動的な過程を分析しようとする，われわれ研究者の分析についても，見直しを図ろうとするものである。その根幹には，バーナードが示したように，異種混合の要因からなる状況に埋め込まれながら，組織に参加する個人の実践がある。決してバーナードを理論的な礎にするわけではないのだが，バーナードが目的を追求する行為を物的な側面と社会的な側面に分けてみたように（Barnard［1938］p.20，邦訳21頁），本書もまた，情報技術の利用を通じた意図せざる結果を，仕事実践を制約する要因に注目する「人と技術」の位相と，また協働する他者との関係に注目する「技術を介した人と人」の位相とに分けて議論を進めていく。

　さて，議論がやや先行したが，これ以上の内容は，本書の各章で丁寧に解説していくことにしたい。本書を構成する各章は，筆者の学位論文を基本として，その後に議論を重ねてきた，公刊ずみの学術論文を再掲載したものである（以下，各章の概要説明のあとに，主に関連する出典を記しておく）。学位論文が提出されたのは，もう10年以上も前になる。当初から問題意識が定まっており，その視座に寸分のぶれもなかったといいたいところだが，執筆を重ねるたびに既存の議論を見直してきた。振り返ってみれば，今や若干古びた議論も，未熟な議論も含まれていた。それでも本書を出版することにしたのは，わが国における先行研究では十分に検討されておらず，今日の主要な議論に繋がっている論点が，少なからず残されていると考えたからである。もちろん，公刊ずみの論文とはいえ，最低限のアップデートは施した。各章に割り振られた論文間の整合性を図り，紙幅を抑えるために重複する内容は極力，整理した。さらに，今日に至るまでに本研究と関係する先行研究で十分に検討されてきたと思われる内容も圧縮し，むしろ，差異を意識した加筆を行ったことに触れておきたい。

　以下，本書の構成は，次のようになっている。

　本書の第Ⅰ部に入る前に，第1章では，若干多めの紙幅を割き，より最近の論文を加筆修正することによって，本書全体の問題意識と見取り図を示しておきたい。ただし，以降の議論が，第1章の内容を単に繰り返しているわけではない。第1章では，この序文で触れてきた，研究者の学問的アイデンティティをめぐる

論争を通じて，本書の問題意識を提示する。具体的には，情報経営研究における科学的厳密性と実践的適合性（リガー vs. レリバンス）の対立を克服するべく，情報経営研究ひいては経営学の学問としてのあり方を考察し，われわれ研究者が何を，どのように，何のために分析することが求められているのかという，本書全体を貫く問いが示されている。

  遠山暁・松嶋登［2010］「IT 経営力概念の理論的基盤」『日本情報経営学会誌』Vol. 31, No. 1, 44-55 頁。
  松嶋登・吉野直人［2012］「技術研究におけるレリバントな研究実践原理の探求——我々はいかに『同様に特殊』でありうるか？」神戸大学大学院経営学研究科ディスカッション・ペーパー, 2012・40, 1-6 頁。
  松嶋登・早坂啓［2014］「情報経営研究の学問的アイデンティティ」『日本情報経営学会誌』Vol. 34, No. 4, 71-89 頁。
  福本俊樹・松嶋登・古賀広志［2014］「実証主義の科学的有用性——介入を目指す新たな科学思想としてのアクション・サイエンス」『日本情報経営学会誌』Vol. 34, No. 4, 59-70 頁。

 第Ⅰ部は，文献レヴューである。第2～4章の3つの章から構成され，一般的には経営の情報化と呼ばれてきた実践の変遷を振り返りながら，この実践に対峙してきた先行研究の理論的課題を洗い出し，われわれ研究者が何を，どのように，何のために分析すべきかという方法論の検討を行う。
 第2章では，1960年代以降の，決して遠くない時代からの経営の情報化を振り返り，その歴史は，時代とともに移り変わっていく論点に対して，矛盾する命題を含んだパラドクスに彩られてきたことを検討する。今日，情報化のパラドクスといえば，経済学者であるソロー（Robert M. Solow）による，生産性パラドクスとして広く知られる。だが，情報化のパラドクスは，マクロ的な経済指標に示される情報化投資の効果に留まらない。先行研究において，情報技術の効果を期待したさまざまな論点は，常に対立する仮説を含むかたちで議論され，さらに新たな論点を見出しては議論の場を移してきた。本章では，ここ半世紀ほどの情報化の歴史を振り返りながら，先行研究で議論されてきた論点を包括的にレヴューするとともに，経営の情報化がパラドクスを繰り返してきた理由を考えてみたい。

松嶋登［2005］「情報化の光と影が織り成すパラドクス」『オフィス・オートメーション』Vol. 25, No. 3, 13-20頁。

　第3章では，先行研究を批判的に検討する。経営の情報化に関する先行研究は，近年まで技術決定論，組織決定論，相互作用論といった3つの記述モデルで把握されてきた。当然ながら，こうした類型を与えること自体が，相互作用論を理念型にしたものである。だが，技術と組織が相互依存していることは，いうまでもないことでもある。今日，技術決定論と呼ばれる古典的研究の多くが，明示的に相互作用関係に言及していたことを看過してはならない。それでもなお，彼らが技術決定論として批判されるべき理由があるとすれば，それこそ，われわれが克服すべき理論的課題になるわけである。さらに，本章では，とりわけ技術利用を通じた意図せざる結果を媒介にした相互作用論を論じてきた代表的な研究に焦点を当て，これらの研究が技術と組織の再帰性を論じえなかった理由を批判的に検討する。

松嶋登［2001］「『現場の情報化』を捉える論理――経営情報論の存在論的検討と新展開」『六甲台論集 経営学編』第47巻第4号, 51-71頁。
松嶋登［2002］「現場の情報化――仕事実践のなかで利用される情報技術の組織的意義」神戸大学大学院経営学研究科博士論文, 第二章。
松嶋登［2006］「経営学における技術研究の理論的射程」『科学技術社会論研究』第4号, 15-29頁。
松嶋登［2007］「書評：技術決定論を導出する論理――Joan Woodwardによる分析方法の再検討」神戸大学大学院経営学研究科ディスカッション・ペーパー, 2007・43。
浦野充洋・松嶋登・金井壽宏［2011］「『緊プロ』の社会的構成に接続される知識生産――社会構成主義再訪」『日本情報経営学会誌』Vol. 31, No. 3, 66-80頁。

　第4章では，第3章の批判的検討を深耕し，研究者が意図せざる結果を通じた再帰性を論じようとする際の方法論的課題を検討する。第3章の先行研究に対する批判的検討から明らかにされるように，技術利用をめぐる意図せざる結果は，当事者が実践的に把握するものでありながら，これを分析する研究者が有する理論負荷的な理解を密輸入しがちになる。第4章は，この方法論的課題に対して，

われわれ研究者は何を，どのように，何のために分析するべきかについて，議論を深めていく。具体的には，社会問題研究においてオントロジカル・ゲリマンダリングと呼ばれた方法論的揺らぎに関する論争を通じて，当事者と同様に現実を構築する研究者の解釈を分析の俎上に載せる方法論的リフレキシビティ，構築主義の立場から量的方法を捉え直した計量的モノグラフ，さらには，解釈にもとづいた主観主義に拘泥しがちになる構築（構成）主義の限界を乗り越え，われわれ研究者による分析を通じた実践への介入を目指す政治的転回を取り上げ，本書の第II部以降に位置づけられる経験的研究の方法論を整備しておく。

> 松嶋登［2002］「現場の情報化——仕事実践のなかで利用される情報技術の組織的意義」神戸大学大学院経営学研究科博士論文，第四章。
> 松嶋登［2005］「経営現象のオントロジカル・ゲリマンダリング——意図せざる結果分析の構成主義的展開にむけて」『経営と制度』第2号，23-34頁。
> 松嶋登［2006］「『計量的モノグラフ』の方法論的定位」神戸大学大学院経営学研究科ディスカッション・ペーパー，2006・34。
> 浦野充洋・松嶋登・金井壽宏［2011］「『緊プロ』の社会的構成に接続される知識生産——社会構成主義再訪」『日本情報経営学会誌』Vol. 31, No. 3, 66-80頁。
> 福本俊樹・松嶋登・古賀広志［2014］「実証主義の科学的有用性——介入を目指す新たな科学思想としてのアクション・サイエンス」『日本情報経営学会誌』Vol. 34, No. 4, 59-70頁。

第II部は，第5章と第6章の2つの章から構成される。いずれも，理論負荷された研究者が，まさに情報化が進行している現場で直面する理論の失敗を手がかりに，背後仮説として当然視した日常的な理解を相対化しながら，新たな理解を導いていくという，リフレキシブな研究である。第5章と第6章で注目する2つの事例は，インターネット技術が企業で利用され始めた頃の，いささか古いリサーチに基づいたものであるが，改めて相対化された仕事実践の理解は，今なお共有されたものであることに注目されたい。この2つの章で示される，情報技術の利用を通じて相対化される仕事実践は，それぞれ「人と技術」と「技術を介した人と人」の位相に相当する。

第5章では，大塚製薬の医療営業担当者らのチームに導入されたテレワークが分析対象となる。テレワークが導入されたチームにおいて，それまで対面的コミ

ュニケーションに頼ってきた情報共有，新人育成，チーム意識，仕事プロセスの評価などの組織実践に対して，どのような対応が考えられるのであろうか。本章では，テレワークが導入された現場の実践の観察を通じて，「人と技術」の位相において、対面的状況に慣れ親しんできたわれわれが共有している日常的な理解を相対化する。

> 松嶋登［1999］「情報技術とバウンダリーレスネス——企業組織におけるテレワークとは何か」日経企業行動コンファレンス報告論文。
> 松嶋登［2002］「現場の情報化——仕事実践のなかで利用される情報技術の組織的意義」神戸大学大学院経営学研究科博士論文，第五章。
> 松嶋登［2002］「組織における電子コミュニケーション研究の新展開」『経営行動科学』第15巻第3号，189-203頁。

　第6章は，1990年に，わが国では嚆矢となる本格的な企業ウェブとなった，資生堂の公式ウェブサイトの開設のために編成されたプロジェクトチームを分析対象とする。企業ウェブのあり方が，今日よりもはるかに確立されていなかった当時，インターネット技術の利用の仕方をめぐり，それまで組織に潜在していた，さまざまな矛盾がコンフリクトとして顕わになることになった。同社のプロジェクトは，こうした利害の再調整を行う政治過程に他ならなかった。つまり，情報技術の利用は，「技術を介した人と人」の位相に注目すれば，組織の編成原理を見直す契機としても注目することができる。

> Matsushima, N. [2000] "The IT-use embedded in workplace practice: The multiple viewpoints displayed by participants of the web-page startup project," Presented paper at the Mitsubishi Bank Foundation International Conference.
> 松嶋登［2002］「現場の情報化——仕事実践のなかで利用される情報技術の組織的意義」神戸大学大学院経営学研究科博士論文，第六章。
> 松嶋登［2003］「制度変化に対する情報技術の役割」『オフィス・オートメーション』第24巻第1号，4-11頁。

　第III部は，第7章から第10章の4つの章から構成されている。第II部の2つの章では，意図せざる結果を伴う情報化実践の分析を通じて，研究者も共有し

ている日常的な理解を相対化するリフレキシブな分析を行うが，第III部では，リフレキシブな分析を含みつつも，研究者が分析を通じて接続する実践における政治的関係を検討する。具体的な検討対象となるのは，都立病院に導入された電子カルテをめぐって，筆者が「東京都病院経営研修（研究コース）」の研修講師として介入したアクション・リサーチである。

第7章と第8章は，都立病院のなかでも最初に電子カルテが導入された都立府中病院を分析対象として，第II部で行ってきたのと同様に，「人と技術」（医師と電子カルテ）の位相（第7章）と，「技術を介した人と人」（電子カルテを介した医師とコメディカル）の位相とで，情報技術を利用する実践を探求する。電子カルテの導入は，一見すると紙のカルテが電子化されるという，ただそれだけのことのように思われるかもしれない。だが，紙媒体のカルテは，その物質的な制約を前提として，コメディカルとの協働関係に支えられた複雑な医療実践を作り上げてきた。電子カルテの導入は，紙カルテに支えられてきたさまざまな医療実践を置き去りにすることで，一方では不都合な意図せざる結果を生み出しつつ，他方では電子カルテを積極的に利用した，新たな医療実践をかたちづくっていくことになる。

> 松嶋登［2011］「電子カルテの利用を通じた組織変革」『国民経済雑誌』第204巻第2号，81-109頁。
> 松嶋登［2012］「専門化された集団による協働体系の調整——電子カルテに媒介された医療実践を通じた組織変革」『国民経済雑誌』第205巻第6号，93-124頁。

第9章は，都立病院を対象にした量的分析である。電子カルテの導入期間別サンプルの比較を通じて，構築主義の認識論的前提に基づいた計量的なモノグラフ記述を行っていく。第7，8章と第9章とは，質的分析と量的分析という，経営学の主要な2つの分析方法を利用しているようにみえる。しかし，ここではいわゆるマルチメソッドのように，定性的に発見された事柄を定量的に検証する，あるいは量的データによって把握された全体傾向について質的データで裏を取るという位置づけを与えていない。あるいは，もっとはっきりいえば，発見事実の経験的一般化を目的としていない。第4章で議論されるように，分析の認識論的前提と分析データの種類は独立して考えるべきであり，本章では構築主義の立場か

ら，質的分析と量的分析の方法論的意義が再考される．

 高橋哲也・赤坂圭子・右川浩・鶴田勝・土橋利津子・目崎高志・松嶋登・水越康介［2007］「電子カルテ導入が病院組織にもたらす効果について」『医療情報学』第27巻第3号，305-314頁．
 松嶋登［2007］「病院組織の情報経営——都立病院における電子カルテ導入事例の計量的モノグラフ」『日本情報経営学会誌』Vol. 28, No. 1, 67-76頁．

 しかし，第III部で最も重要なのは，質的研究にせよ，量的研究にせよ，研究者の分析が，分析対象となる現象に不可分に組み込まれていることを意識することにある．学位論文に含まれた第II部の2つのフィールド調査は筆者の大学院生時代に行われたものであったのに対して，第III部は学位取得の後，東京都立大学（現，首都大学東京）へ就任して以降に，研修講師として携ったアクション・リサーチである．そこでは，より意識的に筆者の研究が研修内容に反映されるとともに，また病院スタッフの医療実践と接合される．それゆえ，第10章では，研修講師たる筆者の政治的立ち位置の変化に関する考察を行い，第7, 8章の質的研究で得られた発見事実の意味や，量的分析を行うことの意義を明らかにしていく．そして，分析対象となる現象に不可避に関わっていくことになる研究者の政治性の考察をもって，本書の擱筆としたい．

 松嶋登［2008］「経営情報学における解釈主義の『実践』」『日本情報経営学会誌』Vol. 29, No. 2, 14-25頁．

ここで謝辞を述べさせていただきたい．
 まず，神戸大学大学院博士課程在学中に，本書の母体となった学位論文を審査いただいた，加護野忠男先生（現，甲南大学），金井壽宏先生，上林憲雄先生には，本書の根幹となる議論のご指導を賜った．とくに大学院時代の指導教員であり，現在は同僚でもある金井先生は，学位論文に先立つ修士論文から今日に至るまで，毛色のずいぶん異なった筆者の研究を温かく見守ってくださり，第II部を構成する2つのフィールド・アクセスでお力添えをいただいた．また，坂下昭宣先生（現，流通科学大学）からは，神戸大学採用時に開催されたセミナーの際，「解釈主義に根ざした研究が，いったい何の役に立つのか」という，学問観に迫る問い

（もともとは，野中郁次郎先生から坂下先生への年賀状に書かれていた一言）をいただいた。そのときは，加護野先生がすかさず「実証主義の研究だって，役に立ってないじゃないか」と鋭く切り返され，筆者からは十分に答えられなかったが，奇しくもその「役に立つ」を学問的に追究することが，本書の問題意識となった。

　もちろん，学外の先生方にも，大変お世話になってきた。日本情報経営学会では中央大学の遠山暁先生と関西大学の古賀広志先生に，経営情報学会では早稲田大学の根来龍之先生に，大学院生時代からさまざまな議論の機会を与えていただいた。先生方との議論や共同研究の成果のすべてを収めることはできなかったが，本書の礎になっていることは疑いようもない。また，本書の理論的背景の1つとなっている状況的認知論（situated cognition theory）については，2月に急逝された東京都市大学の上野直樹先生に多くを学ばせていただいた。とくに上野先生の旺盛な批判精神には，研究者としての生きざまを教えられたように思う。本書の批判性は，上野先生にしてみれば，未だ生ぬるいとおっしゃられるかもしれないが。

　そして，筆者の最初の赴任校であった東京都立大学もまた，第III部の都立病院の電子カルテ導入に関わるアクション・リサーチをはじめ，本書を構成する後半の研究を支えてくれた。とくに桑田耕太郎先生と高橋勅徳先生とは，お互いの門下生も参加する大規模な共同研究が現在も続いており，本書と並行して，大きな編著『制度的企業家』をまとめてきた。内容としては，本書では十分に主題化できなかった，近代における制度と実践という，経営学の根源的な理論的課題に挑むものであり，あわせてお読みいただければ幸いである。神戸大学の大学院での演習において，この編著と本書を同時に作りあげていく過程に立ち会い，ときには共同研究のパートナーでもあった諸学兄，とくに浦野充洋（静岡県立大学），小江重徳（九州国際大学），吉野直人（松山大学），櫻井雅充（広島経済大学），ホームズ（上西）聡子（九州産業大学），福本俊樹（金沢学院大学），貴島耕平，早坂啓，中原翔，桑田敬太郎，高山直（いずれも神戸大学大学院）は，近いうちに筆者には届かなかった内容を補って余りある議論を進めてくれると信じている。

　そして，本書を刊行いただいた有斐閣の秋山講二郎さん，藤田裕子さん，得地道代さんに，御礼と御詫びを申し上げなければならない。公刊ずみ学術論文の再掲載にこだわり，本書に収録した論文の一部が掲載された特集号の発刊が大幅に遅れたため，本書の執筆が1年以上にわたって止まってしまった時期もある。もちろん，その間にも継続的に論文を改訂し，いくらか議論を深められたつもりで

あるが，秋山さんには，いっこうに刊行の道筋がみえない状況に，辛抱強くお付き合いいただいた。秋山さんは，本書の刊行前に定年を迎えられてしまったが，せめてご恩に報いる内容に仕上がっていることを切に願いたい。また，藤田さんと得地さんには，秋山さんから引き継いで，本書の校正作業をお手伝いいただいた。

　最後に，わがままな研究者の，いつ終わるかわからない探求を支えてくれた，妻の万里子と息子の海叶に，この本を捧げたい。

　　2015年5月　六甲台キャンパスにて

松　嶋　登

＊　本書には，JSPS科学技術研究費助成事業の支援を受けた以下の研究プロジェクトの成果が反映されている。
・JSPS科学技術研究費・基盤研究C（2013～17年度）「経営学における『リガー vs. レリバンス』問題に対する実践的研究」（課題番号：25380462，研究代表者：松嶋登）
・JSPS科学技術研究費・基盤研究A（2014～18年度）「組織開発の理論的基盤と実践的方法の探究」（課題番号：26245046，研究代表者：金井壽宏）
・JSPS科学技術研究費・基盤研究A（2015～19年度）「ビッグサイエンスと産業イノベーション――科学化される社会，社会化される科学」（課題番号：15H01964，研究代表者：桑田耕太郎）

目　次

序　文　i

第1章　情報経営研究の学問的アイデンティティ ── 1
1　緒　言 …………………………………………………………… 1
2　濁流化するRR論争と伏流としての科学主義 ……………… 3
3　漂流する理論的課題 …………………………………………… 6
4　実践の学問としての源流 ……………………………………… 10
5　深淵をなす二律背反性 ………………………………………… 15
　　　── 技術，組織，そして情報概念の相互参照
　　5.1　工業生産と官僚制の二律背反性　17
　　5.2　情報と技術に極性化される情報化　19
6　実践に接続する研究者の分析 ………………………………… 21
　　6.1　「ソフトウエア工場」再訪　22
　　6.2　実践に介入する研究者の役割　25
7　結　語 …………………………………………………………… 29

―――――― 第Ⅰ部　文献レヴュー ――――――

第2章　経営の情報化再訪 ── 35
1　情報化のパラドクス …………………………………………… 35
　　1.1　情報技術は組織をフラット化する　36
　　1.2　情報技術は組織の意思決定を代替する　38

1.3　情報技術は組織における人間のコミュニケーションを妨げる　39
　　1.4　情報化はスキルの解体と人間疎外をもたらす　41
　　1.5　情報技術はビジネス・プロセスを革新する　43
　　1.6　情報化は企業の競争優位になる　44
　　1.7　情報技術は企業の境界を越えたオープンな市場取引を可能にする　46
　2　パラドクスの正体………………………………………………………47
　　2.1　「人と技術」の位相で生じる意図せざる結果　48
　　2.2　「技術を介した人と人」の位相で生じる意図せざる結果　50
　　2.3　意図せざる結果を探求する意義　52

第3章　先行研究の批判的検討 — 57

　1　ウッドワードの技術決定論……………………………………………58
　　1.1　トートロジカルな技術変数の定義　59
　　1.2　想定外の分析結果への理論的対応　60
　　1.3　分析対象と方法にみられた変化　63
　　1.4　なぜ彼女たちは,「技術決定論」を論じなくてはならなかったか　66
　2　組織が技術の何を決めるのか？………………………………………69
　　2.1　技術決定論を前提とした規範的な組織設計論　69
　　2.2　情報技術と組織のアライメント・アプローチ　71
　　2.3　組織設計論を徹底してみる　75
　　2.4　情報処理モデルに密輸入された研究者の解釈　78
　　2.5　社会的に構成された「技術決定論」　81
　3　相互作用論の（不）可能性……………………………………………84
　　3.1　分析方法としての創発的視角　84
　　3.2　構造化モデルをめぐる論争　89
　　3.3　社会物質性の可能性　93

第4章　研究者の分析実践 — 105

　1　意図せざる結果と方法論的リフレキシビティ………………………105
　　1.1　意図せざる結果の機能分析　106

1.2　オントロジカル・ゲリマンダリング　107
　　1.3　方法論的リフレキシビティ　110
2　マルチメソッドと計量的モノグラフ……………………………………113
　　2.1　マルチメソッドが孕む問題　114
　　2.2　計量的モノグラフ　116
　　2.3　構築主義的マルチメソッド　119
3　研究者の社会的立ち位置………………………………………………120
　　3.1　リフレキシビティと方法論的本質主義　121
　　3.2　社会に埋め込まれた研究者と適切な知識　123
　　3.3　フィールドリサーチの政治性　126

第II部　リフレキシブ・リサーチ

第5章　テレワーク導入を通じた反省的意識の喚起―――133

1　大塚製薬におけるテレワーク導入の経緯…………………………134
2　リサーチ・デザインとフィールドワークの経験……………………136
3　テレワーク導入を通じた組織慣行の再構築………………………140
　　3.1　有効な情報共有　140
　　3.2　新人の育成（コーチング）　145
　　3.3　仕事プロセスの管理と評価　150
　　3.4　チームの規範と集団意識　152
　　3.5　その他の変化　156
4　テレワークを通じて醸成された批判的意識…………………………158
5　小括――情報技術の利用を通じた反省性の喚起…………………163

第6章　企業ウェブ開設を通じた政治の再創造―――169

1　資生堂における企業ウェブの開設の経緯……………………………170

2 リサーチ・デザインとフィールドワークの経験 ……………………… 173
3 技術利用を契機に明確化した多面的視角 ……………………………… 178
3.1 分散対応システム　182
3.2 情報技術の設計主権　189
3.3 イントラネットの構築　195
4 ローカルな変化の制度化を左右する権限と技術利用 ………………… 201
4.1 担当者の場合　202
4.2 管理者の場合　211
4.3 プロジェクトの評価　220
5 小括——情報技術の利用をめぐる政治の再創造 …………………………… 225

第III部　ポリティカル・リサーチ

第7章　都立府中病院における電子カルテ導入事例 ———— 233
電子カルテの利用を通じた医療実践の再構築

1 リサーチ・デザイン ……………………………………………………… 234
1.1 背　景　234
1.2 事例の調査・分析方法　235
2 電子カルテを利用した医療実践の再構成 ……………………………… 242
2.1 電子カルテ導入によって失われた医療実践と情報化への取り組み　243
（1）コンピュータの基本機能の活用（246）　（2）入力テンプレートの作り込み（248）　（3）電子カルテの機能制限（250）　（4）新旧技術の使い分け（251）　（5）ルーティンの明確化（252）
2.2 「電子カルテに馴染みにくい」とされる診療科の比較　255
（1）カルテに描画することの多い診療科（255）　（2）診察が時間的に切迫している診療科（260）
3 小　括 ……………………………………………………………………… 264

第8章 専門化された集団による協働体系の調整 ———— 267
電子カルテに媒介された医療実践を通じた組織変革

1 電子カルテに媒介された関係的な医療実践の変化 …………………… 268
2 コメディカルによる対応 …………………………………………………… 269
 2.1 医師の代理人としての看護師　269
 2.2 失われた慣行に対するコメディカルの対応　273
  （1）薬剤科——患者情報を参照した処方箋チェックの質的変化
  （274）　（2）医事科——医師の再教育を通じた対応（275）　（3）
  栄養科——電子カルテのカスタマイズによる誘導（277）
 2.3 コメディカルに対する権限移譲と責任受容　278
  （1）放射線科（278）　（2）検査科（279）
3 患者との関係性にみられた変化 ………………………………………… 282
 3.1 「読めないカルテ」,「読めるカルテ」,「読ませるカルテ」　282
 3.2 患者の顧客満足　285
4 調整業務の役割 …………………………………………………………… 288
 （1）庶務課（288）　（2）電子カルテ開発ベンダー（289）
 （3）病院経営本部（292）
5 小括 ………………………………………………………………………… 295

第9章 都立病院を対象とした計量的モノグラフ ———— 297

1 情報技術の利用と組織変化の量的分析 ………………………………… 298
 1.1 計量経済学における生産性パラドクスの実証研究　299
 1.2 作業仮説—検証の計量分析　303
2 電子カルテ導入事例の計量的モノグラフ ……………………………… 308
 2.1 分析対象と分析方法の選択　309
 2.2 分析データの整備　313
 2.3 電子カルテ導入病院をサンプルとした分析　316
 2.4 導入期間別サンプルの比較分析　318
 2.5 さらなる課題の探索とモデル比較　320

第10章　解釈主義のポリティクス　　327

- 1　誰の，何に対する，どんな実践？……………………………………328
  - 1.1　分析対象としての技術実践　328
  - 1.2　研究者の分析実践　330
  - 1.3　介入する政治的実践　332
- 2　都立病院における政治的実践…………………………………………334
  - 2.1　研修講師としての介入　334
  - 2.2　問題の再発見　337
  - 2.3　「役に立つ」研究成果　339
- 3　お わ り に……………………………………………………………342

参考文献一覧　　345

人名索引　　369

事項索引　　376

第1章　情報経営研究の学問的アイデンティティ

1 緒　言

　本章の目的は，実践的であることを目指し，学際的アプローチを選んできた経営学が有する学問性の探求とともに，情報経営研究の学問的アイデンティティを再考することにある。情報経営研究者の自分探しともいえる，学問的アイデンティティの問題は，Keen [1980] に遡ることができる。ICIS (International Conference on Information Systems) の第1回大会の場で，彼が「MIS (management information system) は，たぶんテーマにすぎない (only a theme)」（Keen [1980] p.9）と発して以降，この問題は常に研究者の脳裏にあった (Benbasat and Weber [1996])。これは，クーンツ (Harold D. Koontz) の「マネジメント・セオリー・ジャングル」を引用するまでもなく，現実の実践に寄り添う学問を目指し，とくにその学際性を求めてきた経営学にも共通する悩みなのかもしれない。つまり，情報経営研究が学問的アイデンティティを求める問題は，学問としての経営学に関わる一般的な問題と，複雑に合流している。以下，本章では，さまざまに交差する議論の複雑な「流れ」を読み解きながら論を進めていくことにしたい。

　続く第2節では，1999年の *MIS Quarterly* 誌 Vol. 23, No. 1 で特集された，科学的厳密性と実践的適合性（rigor and relevance: RR）を振り返るところから議論を始めたい。この特集号では，情報経営研究者が有する多様な学問観が入り乱れる「濁流」状態が示されるが，その「伏流」として流れる科学に対する憧憬こそが，情報経営研究の学問的アイデンティティの喪失に繋がっていることを検討する。

　第3節では，経営学の学問性をめぐる濁流状態のなかで，「漂流」してきた情

報経営研究の理論的課題に注目する。これまでも多くの情報経営研究者が認めてきたように，経営実践における技術と組織の関係把握が，情報経営研究（ないしは技術研究）独自の理論的課題とされてきた。だが，この理論的課題は，常に技術と組織の概念定義をめぐる論点ずらし（tilt）の漂流状態にあり，ついには技術研究としてのアイデンティティさえ見失わせてきた。本章ではこのことを，技術と組織の相互作用を論じる伝統的な議論や，近年の中心的論点の1つになっている社会物質性（socio-materiality）概念をめぐる論争を通じて検討する。

　第4節では，この問題の「源流」たる Keen [1980] に遡り，情報経営学はテーマでありつつも，単に参照する科学的なディシプリン（reference disciplines: RD）の理論や方法を借用するに留まらず，実践的な概念や関心の共有によって独自の歴史を蓄積し，一貫した伝統的領域（classical area）になりうると見通していた点に注目する。同様な議論は，Woodward [1965] や Trist and Bamforth [1951] といった，経営学の古典的な技術研究における，技術の概念定義にも見出せる。さらに，学際性を標榜する経営学の学問的アイデンティティの探求については，実務家バーナードがわれわれ研究者に投げかけていた提案に，今なお傾聴すべき点がある。

　第5節では，改めて情報経営学の「深淵」ともいえる，学問的アイデンティティを再考する。もともとは資本主義経済や官僚制組織を契機に前景化し，近代そのものを象徴するに至った「技術」と「組織」という概念は，独自の道徳性をもった二律背反的（antinomy）な概念として人々に相互参照され，さまざまな生活世界を構築してきた。そして，情報経営研究は，一方では物的な強制力を有した技術と，抽象的な合理合法性を根拠とする組織によって，相互参照的に構成される生活世界に注目するという理論的課題を有しつつ，他方では記号化を通じたコンテキストからの乖離を促す情報概念によって，近代に挑戦するかたちでますます多様化していく生活世界に迫ろうとする学問的なアイデンティティを有することを明らかにする。

　第6節では，上述のような学問的アイデンティティを有する研究者の実践に，より具体的に注目しておくことにしたい。組織や情報，技術といった概念を実践的に共有した研究者は，もはや実践の蚊帳の外から現実を記述的に写し取ったり，一般化された命題を求めるだけには留まらない。そうした知的特権を与えられないままに，社会のなかで一定の役割を果たすように求められる研究者の実践に注目すれば，分析を通じて組織と情報技術という二律背反的な概念の相互参照に介

入することによって，科学的厳密性と実践的適合性を両立させる水先が切り開けてくる。ここでは，「単なるリサーチを超えたリッチな研究を」とわれわれに投げかけ，また自らも実践してみせた Ciborra and Lanzara [1994] の「ソフトウエア工場」をめぐるフィールド調査を再訪してみたい。

2 濁流化する RR 論争と伏流としての科学主義

　近年の情報経営研究における RR 論争は，卑近な危機感として現れた。それは，遠山 [2014] に示されたように，情報経営が経営学教育におけるコア科目たりうるか否かという問題であった。情報経営研究の萌芽は，1950 年代の将来予測的な議論に遡る（Leavitt and Whisler [1958]）。企業における本格的な実践は，第 3 世代コンピュータの登場とともに起こった，1960 年代の MIS ブームを待つことになる。1970 年代から 1980 年代にかけて，人材育成を担うために情報経営分野が大学教育に組み込まれ，コア科目の 1 つとなってきた。ところが，2000 年代中頃から風向きが変わりだした。時永・松野 [2014] に示されたように，米国の MBA の評価認証機関によって，MBA に新規雇用された教員のうち，情報経営分野の教員が 1996 年の 11.1% から上昇を始めたものの，2000 年の 17.6% をピークに，2010 年には 4.7% までに激減していることが示され，情報経営分野のコア科目たる位置づけに対して疑問符が打たれたのである。

　こうした危機感を有する情報経営研究者が，科学としての厳密性を追究して発展してきた（少なくともそう思ってきた）一方で，実践的な適合性を失ってしまったことに対する問題意識を抱いたとしても不思議ではない。その 1 つの象徴が，1999 年に発刊された *MIS Quarterly* 誌の RR 特集号であった。この特集号は，Applegate and King [1999] による「マリーン・ムーアの悲劇」というショートケースに始まる。IT 企業に勤め，実務的な関心をもとに研究者の道を志したムーアであったが，学術的な研究のためには問題意識を限定せざるをえなかった。大学院での研究指導を受けて，科学的な厳密性を担保した学術論文を作成し，学術雑誌へ投稿する。だが，編集委員会からの返事は，実践的な適合性に欠けるという理由での不採択であった。これは，科学的に厳密化してきた情報経営研究が，通常科学化するにつれ，実践的な適合性を失ってきたことに対する警鐘である。

　だが，このケースが暗示する事態は，情報経営学だけではなく，米国のビジネススクール一般にみられた（Mintzberg, Ahlstrand and Lampel [1998]）。このことは，

米国だけのことでもない。社会人大学院の飽和期を迎えた，わが国の経営学でもみられ始めている。さらに，同様な危機感は，経営学が抱える一般的な問題としても論じられてきた。経営学における実践的な研究領域であった管理会計分野では，いち早く『レレバンス・ロスト（*Relevance Lost*）』（Johnson and Kaplan [1987]）が指摘されてきた。ミクロ現象の理論的な基盤として定着した組織行動論でも，同種の問題が継続して議論され（e.g., Steffy and Grimes [1992]；O'Reilly [1991]；Anderson, Burnham, Gould and Cherry [2001]；Aguinis and Pierce [2008]），人的資源管理理論でも 2007 年の *Academy of Management Journal* 誌 Vol. 50, No. 5 で，「研究と実践のギャップ（research-practice gap）」が論じられた。なかには問いを逆転させ，「マーケティングは科学なのか（科学はマーケティングなのか）？」という論争（*Journal of Markething*, Vol. 47, No. 4, 1983）も生まれた（水越 [2014]）。

　こうした共通の危機感を前提に編まれていたはずの *MIS Quarterly* 誌の RR 特集号であったが，いざ蓋を開けてみると，論者によってまったく異なる学問観が持ち込まれていた。まず，この問題に対する，以前からの論者であった Benbasat and Zmud [1999] である。彼らは，一方では，実務的に有用な研究課題の設定の重要性を指摘しつつ，他方では，実務家たちが利用するに値する研究には，体系化された方法による研究蓄積が必要であると指摘し，実証主義的研究の推進を推奨した。こちらも情報経営研究の大家たちである Davenport and Markus [1999] は，基本的に Benbasat and Zumd [1999] に同意しつつ，実務的に有用な研究課題の設定のためには，研究者にもコンサルタントのような目利き能力が必要になると付け加える。これに対して，Lyytinen [1999] は，学問の実践的適合性を考えるならば，社会科学が有する批判性や教育的役割を考慮に入れざるをえないと反論する。このような空中戦に対して，当時，同誌の編集委員長であった Lee [1999] は，実証主義であろうが批判主義であろうが，通常科学化してきた情報経営研究にみられる，経験的研究への偏重こそが問題の根源をなすと指摘し，人工物である情報システムには，医学，法律学，工学といった，専門家の実践に基づいた新たな研究プログラムが必要であると主張する。

　このように，あまりに多様な学問観を目にすると，議論の源を遡りたくなる。情報経営学における RR 論争の源流としては，既述のように Keen [1980] による学問的アイデンティティをめぐる問いかけに遡ることができる。彼の議論では，情報経営学は，現実の経営問題を解決するためにさまざまな理論を参照するテーマにすぎないと提起されていた。こう考えれば，情報経営研究の学問的アイデン

ティティの争点は，古賀［2014］に指摘されたように，3つの流れ（本流・主流・非主流）に整理することも可能であろう。第1に，直接的には，情報経営学のRDを特定しようとする，「本流」の議論である。具体的には，情報経営研究の研究論文における引用文献のリストが分析にかけられ，コンピュータ科学，経営科学，組織科学，マーケティング，心理学，社会学，経済学などがRDとみなされた（Culnan and Swanson［1986］；Grover, Ayyagari, Gokhale, Lim and Coffey［2006］）。なお，古賀［2014］によれば他方で，RDを求める情報経営研究はおのずと学際性を前提とするが，その限りでRDの範囲を制約すべきではないという真逆の立場も存在する（Avison and Fitzgerald［1991］）。第2に，情報経営研究が目指すべき科学方法論を求めていく「主流」の立場がある。この立場では，解釈主義，現象学的研究，批判的研究，アクション・リサーチなど，多様な方法論との関わりのもとで，情報経営研究のアイデンティティが探索されてきた。第3に，主流を受け継ぎながら，情報経営研究の学術論文が採用している方法論を分類する「非主流」である。手続き的には本流にも近しいが，どちらかといえば，大学院生の論文作成指導のためにまとめられた方法論の教科書の体をなし（e.g., McFarlan and Ashenhurst［1984］），情報経営研究の学問的アイデンティティの探求という意味では，非主流といえよう。

　古賀［2014］の分類は，RDに支えられたテーマにすぎないとされた情報経営研究の自分探しとしては，なるほど説得的であり，教示的でさえある。ところが，*MIS Quarterly*誌のRR特集号をはじめ，今日の議論は，学問的アイデンティティの探求というよりは，情報経営研究の生き残りを図る（諮る）方策を含んだ「濁流」状態になってはいないだろうか。個別の議論をよりつぶさにみていけば，一方では，実務家に対して読みやすい文章の書き方，多忙なビジネスマンが読むに耐えうる紙幅，彼らに読んでもらうために研究を発表する公刊媒体の選出など，きわめて具体的な方策に満ちている。ちなみに，学術雑誌についていえば，実務家に対してアピールするために効果的な媒体では「ない」ことだけは，経験的に確認されている（e.g., Straub and Ang［2008］；新井・服部［2014］）。このように，情報経営研究が生き残るための卑近な方策が論じられる一方で，社会科学の批判性や，科学主義への懐疑を含んで社会科学を問い直そうとする議論も並行している。こうした議論の濁流状態をみるにつけ，通常科学化してきたはずの情報経営研究がいかに体系化されておらず，彼ら（われわれ）は，そのことに気づいてさえいないのではないかと思えてくる。

ただ，ムーアの悲劇にも示されたように，この濁流の奥底に潜む「伏流」が透けてみえている。それは，イデオロギーとしての科学主義である。Orlikowski and Iacono [2001] は，情報経営研究で採用される方法論の内容分析を通じて，方法論的多様性が唱えられつつも，実際には実証主義的な方法に支配されていると指摘する。ここで実証主義的な方法とは，仮説を経験的なデータで検証するという，いわゆる「実証研究」と呼ばれる，科学的な手続きを指している。しかし，実はこの科学的手続きは，実証主義思想とはほとんど関係なく，Lee [1999] が指摘する（とくに数量化されたデータに基づく）経験的研究偏重の科学主義に他ならない。この科学主義は，海外のジャーナルに載せやすい，テニュアを獲得するなど，付随的な（しかし，強力な）動機とともに信憑されている。あるいは，こうともいえよう。今日の RR 論争は，通常科学として成熟した情報経営研究が，科学的な厳密性と引き換えに宿命的に抱えてしまった実践的適合性の喪失に対する研究者の憂いではなく，むしろ科学への憧憬のもとで作り出してきた学問的アイデンティティの混乱である。

3 漂流する理論的課題

情報経営研究はディシプリンにあらずテーマであるであると論じた Keen [1980] は，魅力あるテーマに溢れる情報経営研究には，技術を実践に関連づけるための核となる理論がないため，情報経営研究としての共有された概念や定義が実質的には存在していないと指摘していた (p. 10)。だが，核となる理論がなくとも（むしろ，ないからこそ），情報経営研究の理論的課題は抽象化され，経営実践における情報技術と組織の関係性の探求に行き着く点では，おおよその合意が存在する。かくいう Keen [1980] もまた，「組織における情報技術の効果的なデザイン，デリバリー，利用に関する研究」(p. 12) という，今日と同様な定義を与えていた。

そして，経営実践における情報技術と組織の関係性の探求を前提にしてきた情報経営研究としては，当然ながら，技術と組織（ないし，情報技術と組織）が基礎的な概念になる。そのうえで，いわゆる，技術決定論，組織決定論，相互作用論という，因果関係に注目した記述モデルの3類型が提示される。いうまでもなく，技術と組織の間に単純な決定論的因果関係を想定する論者は，今や存在せず，少なからず相互関係性が想定されている。

代表的な議論を振り返っておこう。先述した3類型を広く普及させる端緒になったのは，Markus and Robey [1988] であった。彼らの議論では，しかし，相互作用論である創発的視角（emergent perspective）を支える理論的整備については，先送りにされていた。この問題を受けて，注目されたのが当時，流行の社会理論であったギデンズ（Anthony Giddens）の構造化理論であった（e.g., Giddens [1984]）。今となって振り返れば，経営学における構造化理論の援用はさまざまであったが（Leonardi [2011]），例えば，DeSanctis and Poole [1994] は，技術利用を通じた人々の相互作用を通じて生じる意図せざる結果（unintended consequence）に注目し，組織が技術に対して即興的に適応していくプロセスの解明を試みた。他方，実践意識（practice consciousness）に注目した，オリコフスキー（Wanda J. Orlikowski）たちの構造化モデルでは，技術の潜在的な利用可能性を見出す，人々の解釈能力が強調された（Orlikowski and Robey [1991]；Orlikowski [1992]）。このあたりまでは，研究者にとって相互作用論を目指すことは，ほぼ自明の課題であった。むしろ，相互作用論を目指していたからこそ，これを際立たせるために，他の2類型が用意されたと考えたほうが自然であろう。

　ところが，2000年を前後して，相互作用論が論点ずらしに陥っているとの批判を浴びるようになる（Pentland and Feldman [2008] p. 242；Leonardi and Barley [2008] p. 160）。例えば，オリコフスキーたちの構造化モデルに対して，構築主義の認識論から徹底的な批判を加えたのが，Grint and Woolgar [1997] であった（pp. 21-23）。その批判を要約すると，次のようになる。彼女たちの議論では，一方で主体の解釈能力が強調されたが，他方で「分析的に（analytically）」技術の客観的な物質的性質を存在論的な本質として置いている。しかし，論理的には，技術の客観的本質を置く限り，人々の解釈も技術がもつ本質に上書きされたものとしてのみ扱われ，人々がどれだけ技術を正しく／歪んで理解しているかを問うしかない。結局，彼女たちの議論は素朴な技術主義（technicism）を抜け出すものではなく，客観的な技術的本質と分析的に説明したことも，社会的に構築されたプロダクトであることに，彼女たちは気づいていない。

　この批判に対するオリコフスキーの直接的な反論はみられなかったものの，その後，彼女は技術の物質性（materiality）に改めて焦点を当て直すことになる。Orlikowski and Barley [2001] では，制度的な制約を緩和しつつ，人々の柔軟な解釈能力を触発する媒体として技術の物質性を位置づけた。これに対して，Orlikowski [2000] では，アクター・ネットワーク理論（actor network theory）を援用

し，人々の実践を規定する技術特性を，その物質性に求めた。微妙なニュアンスの違いがみられるものの，彼女が技術の物質性に焦点を当てた理由は，人々の解釈に左右されない，技術の物質性を探求することが，とくに組織変革を求める際に有益な示唆を与えうると「信じた」からであった（Orlikowski [2000] endnote 4）[1]。

このように脚注で何気なく示されたオリコフスキーの信念表明が，新たな波紋を呼ぶことになる。Orlikowski [2000] は，本質的な技術特性を物質性へとずらしつつ，結局は，物質性に組織変革の原因を求めることになったが，アクター・ネットワーク理論それ自体の理論的含意は，こうした二分法的な含意ではなく，存在論的な異種混合性（heterogeneity）にあったからである。アクター・ネットワーク理論の理論的ユニークさを考えた場合，技術特性も単に物的な性格づけを与えるだけではなく，社会制度的な性格が刻み込まれた異種混合の集合体として把握しなければならない（Joerges and Czarniawska [1998]；Pinch [2008]）。こうした議論を踏まえて，2004 年の *Information Technology and People* 誌では，改めて情報経営研究におけるアクター・ネットワーク理論の意義を問う特集号が組まれた。

このように，オリコフスキーの議論を中心にみても，情報経営研究が相互作用論を目指しつつ，技術と組織の概念間で論点ずらしを繰り返してきたことがわかる。もちろん，急ぎ加えておくと，彼女だけが論点をずらしてきたわけではない[2]。これは，彼女の議論が広く研究者たちに読まれ，大きな影響を与えてきたことの裏返しであり，彼女が情報経営研究の中心人物であることは疑いもない。

そのオリコフスキーたちが，近年，提唱する概念が，社会物質性（sociomateriality）概念である（Orlikowski [2007；2010]；Orlikowski and Scott [2008]）。彼女たちの議論は，今回もわかりやすく，明晰である。アクター・ネットワーク理論の異種混合性を受け入れ，技術と組織は分かちがたく結びついた，もつれ（entanglement）の状態にあるとするものである。このとき，彼女たちは，先行研究の歴史も再構成しようとしたことにも注目されたい。従来の３類型ではなく，技術および組織からの一方的な影響を論じた２つの決定論，技術と組織の両極を見据えて双方向の影響を論じる相互作用論，そして，そのどちらでもない社会物質性である。もっとも論理的には，２つの決定論と相互作用論は，二分法的な前提を有する議論とまとめてしまったほうが，すっきりと単純化できよう。だが，先行研究の３類型から距離をとり，従来の相互作用論が繰り返し陥ってきた論点ずらしからの脱却を図るためには，古い議論に慣れ親しんできた研究者にとって新しい３類型は印象的なものになろう。

確かに，今日の情報経営研究ないし技術研究一般でも，ある程度，理論的系譜を押さえた研究者であれば，素朴に相互作用論を研究上の貢献にすることは考えまい。しかし，問題なのは，こうした印象操作を行ったところで，論点ずらしは払拭されなかったことである。というのは，オリコフスキーは，社会物質性を通じて，構築主義的な研究の乗り越えも目指した。彼女によれば，技術やその利用に対する解釈を強調してきた構築主義的な研究では，いつの間にか技術そのものを扱うことが看過されてきた。人々の解釈やそれを支える社会制度的な要因だけではなく，物質的な要素に同時に注目することが，現実の複雑な実践に対して，従来の単純化された議論では導かれなかった有用な含意を引き出せるという（やはり，そう信じている）(Orlikowski and Scott [2008] p. 466)。しかし，分かちがたい組織と技術の膠着状態から，いかに研究者が技術ないし物質性を分析的に論じられるのか，また，仮にできたとして，そうした複雑な分析が，複雑な実践に対していかなる有用性をもちうるのかについては，まったく自明ではないのである。

　その後，オリコフスキーたちの社会物質性概念を発展的に論じることを狙いとした *Materiality and Organizing* (Leonardi, Nardi and Kallinikos [2012]) が編まれる。この編著のなかで，最も直截にオリコフスキーたちの議論を批判的に検討するFaulkner and Runde [2012] は，彼女たちの議論で相変わらず「分析的に」技術ないし物質性を取り扱うという説明がなされており，これがあまりにも不用意であったと指摘する (pp. 52-55)。すでに，Grint and Woolgar [1997] に指摘されていた同じ問題に対して，オリコフスキーが取り組むべきであったのは，技術の定義をめぐる存在論と認識論の混在にあった。Faulkner and Runde [2012] は，言語哲学者であるサール (John R. Searle) を引用しながら，存在論的な主観性を受け入れたとしても（あるいは存在論に拘わらずとも），認識論的な客観性を論じることは十分可能であるとする (Searle [1995] pp. 149-176 ; Searle [2001] pp. 54-56，邦訳56-57頁)。つまり，技術自体の存在を基礎づける物質的根拠が問われなくとも，物質的な強制力に導かれるという集合的な期待のもとで，社会的な機能 (function) が付与された技術的アイデンティティ (technical identity) は存在する (Faulkner and Runde [2012] p. 55)。これこそが，われわれが経験的な分析対象とする「技術」に他ならない。そして，この認識論的に客観性を帯びた技術が人々に与える影響を検討することは，研究者にとって経験的な探求課題になる。

　また，有用性という意味でも，オリコフスキーたちの議論では不十分であると指摘するのが，Leonardi and Rodriguez-Lluesma [2012] である。彼らは，オリコ

フスキーたちが関係的存在論（relational ontology）のもとに採用したもつれのアナロジーは，社会物質的な人工物に対する注意を換起した便益は認めながらも，単なる記述を超えて実践を改善するための洞察は得られないと指摘する。確かに，存在論的に捉えれば，すべては相互に関連したもつれの状態にある。だが，もつれの状態を研究者がいかにして把握できるのかという，観察のエージェンシー問題が生じる。彼らによれば，こうした問題を避ける鍵は，関係的存在論（および表象主義）から，認識論への転換にある。認識論的に捉えれば，技術は埋め込まれた社会的実践のなかでその意味を得ており，行為が断絶されない限り自明視されている。こうして，もつれのアナロジーに変わって，彼らが提唱するのがうろこ状の重なり（imbrication）である（pp. 81-84）。実践を改善させるためのデザインは，まさに人々の実践を構成している，うろこ状に折り重なった自明性へ働きかけることによって可能になる。

つまり，Faulkner and Runde [2012] と Leonardi and Rodriguez-Lluesma [2012] がともに指摘するように，技術と組織という概念は，研究者が分析的に定義する前から，認識論的な客観性を帯びている。この点に注目することは，われわれを論点ずらしの漂流状態から実践的な概念把握へと導く。情報経営研究が独自の理論的課題として求めてきた技術と組織の関係性もまた，科学的コミュニティ内での論考の果てに獲得できるようなものではなく，われわれ自身をも含むより広い社会のなかで把握すべきであろう。いわずと知れたバーガー（Peter L. Berger）たちの社会構成主義もまた，同様な考え方のもと「現実は社会的に構成される」ことを説いていた（浦野・松嶋・金井 [2011]）。確かに，彼らの議論は，社会が人々の相互作用を通じて作られる過程に注目したと読まれがちである。だが，そうした主観主義的な構成主義（constructivism）ではなく，共有された社会的事実が参照され，さまざまな生活世界が作られると考える必要がある。当然，研究者もまた，社会的事実として共有化した概念を利用して分析に携わり，新たな生活世界の形成に不可避に介入する。こうした構築主義（constructionism）的な視点こそが，実践的な概念把握にとって不可欠になってくるのである（Leonardi and Barley [2008] pp. 168-171）。

4 実践の学問としての源流

前節では、独自の理論的課題に対する論点ずらしを繰り返し，その流出先を模

索してきた研究者たちの姿をみてきた。今やわれわれは，経営実践に寄り添って，技術と組織の関係を分析することが，いかなる学問となりうるのかという問いへ，本格的に踏み込まざるをえない。しかし，実は源流となった Keen [1980] に遡ってみれば，この議論に対して，十分に言葉を尽くして説明されていなかったかもしれないが，萌芽的なアイデアが開示されていた。本節では，Keen [1980] をはじめ，技術研究の古典や，他の科学とは一線を画した学問の確立を目指していたバーナードの議論を振り返っておこう。

「MIS は，たぶんテーマにすぎない」と論じた Keen [1980] は，確かに情報経営研究を確立された研究領域（substantive field）とはみなさず，RD（参照する科学的なディシプリン）を必要とする応用領域（applied field）であるとした。そして，既述のように，科学化の推進とともに RD を通じた情報経営研究の自分探しがさまざまに行われ，RR 論争にみられたように，通常科学化することで失われた（と思われた）実践的な適合性の回復が，新たな課題となって現れた。

だが，見過ごしてはならないことは，Keen [1980] は，情報経営研究に学問として消極的な態度をとったわけではないことである。それどころか，情報経営研究が，独自の歴史を積み上げることで，一貫した伝統的な領域になりうることを，冒頭から力説していた。このことは，Keen [1980] の RD に対する態度をみても明らかである。例えば，ミクロ経済学やコンピュータ科学は，一方では，情報経営研究にとって重要な RD であるが十分ではなく，組織的・管理的な視点が必要である。他方では，組織行動論や経営戦略論（ビジネス・ポリシー）は，情報経営研究と同じように，確立された研究領域というよりはテーマだという位置づけも与えている。つまり，単に RD を引用することで，情報経営研究が正当化されるなどとは，端から考えていなかった。

さらに Keen [1980] は，テーマとしての情報経営研究を，学問的コアとして位置づけており，決して RD の周辺領域に位置づけていなかった (p. 14)。例えば，RD の理論や方法を無造作に採用するのではなく，管理，情報，システム，MIS などは，情報経営研究の理解に寄与する限りで参照すべきであり，データベースやソフトウエアなど，技術的ツールそのものに関連した議論は，コンピュータ科学に属したほうがよいとも指摘する (p. 11)。もっと直言すれば，情報経営研究が「科学」になろうというのは，愚かなことだともいう (p. 13)。

ここにきて，彼の科学主義への嫌悪感に触れておく必要があろう。彼は RR 問題の本質を，科学に対する憧憬が生み出したことを，はっきり指摘していた

(Keen [1980] p. 15)。一般に研究者は，科学者になることが賞賛に値するゴールであると考え，応用やビジネスには明示的な軽蔑を示してきた。ちなみに補足すると，彼は科学主義を批判しているが，科学そのものを退けていたわけではない。確かに，一方では，いわゆる実証主義的研究にかぶれるアメリカの学術界（academia）は，明らかに反知性的（anti-intellectual）であると指摘する（p. 18）。具体的には，因子分析を通じて抽出された変数を回帰分析にかけるような経験的研究の氾濫に対して，理論的基盤なき経験則は研究としてはもちろん，実践でも使いものにならないと手厳しい。他方で，それゆえに情報経営研究は，こうした実証主義的な研究に倣わずとも，独自の歴史を踏まえた伝統を構築することによって，「科学的」にはなりうるとする。

つまり，Keen [1980] は，情報経営研究に対して，RD を必要とする応用領域であるという，一見すると消極的ニュアンスを匂わせた一方で，科学主義に対する嫌悪感のもと，実践に根ざした非科学主義的な学問の確立を目指していたのである。情報経営研究が自らの理論的基盤を明確化するために RD を参照したとしても，あくまで実践の世界が中心であることを忘れてはならない。他方で，しかし，それは学問を否定しているわけでもなく，研究者は，コンサルタントとは異なるとも指摘する（p. 10）。われわれは，あくまで研究者として実務家と直接的に繋がっている状態を保たなければならない。このような状態を彼は，「実践とともにある研究」（research with practice）と表現した（p. 15）。

Keen [1980] のアイデアは，こうした学問観にとどまらず，論点ずらしを続けてきた技術と情報の概念定義についても，多くの示唆を残している。まず Keen [1980] において，情報技術は，コンピュータ技術あるいは端的にコンピュータという表現が使われる。こう表現することで，分析対象としての技術は難なく定義されているようにみえる。だが，コンピュータの技術的変化によって，その時々の魅力的なテーマが移ろってきたことが，情報経営学が一貫した伝統的な研究領域を作り上げられなかった一因でもあった。それでは，研究者は，コンピュータをどのように概念化すればよいのだろうか。この点で彼は，研究者は実務における技術者（craftsman）ではなく，何がコア技術で，何ができて，何ができないのかという技術的な感覚を最低限もたなければならないものの，それだけでは技術の有効性（effectiveness）を十分に捉えられないと指摘する（p. 14）。そのうえで，彼が指摘するのは，そもそもコンピュータが処理する情報概念の定義については，情報が流通する組織や管理に関する理解が必要になり，それゆえに従属変数の問

題でもあるとする。Keen [1980] の論文構成をみても，技術としてのコンピュータの技術的側面より，その有効性を捉える従属変数としての組織や情報が中心的に論じられているように，科学的な手続きとしては，一見するとトートロジカルな定義にみえるかもしれない。

ところが，このようなトートロジカルにみえる概念定義は，Keen [1980] に限らず，経営学における技術研究の古典的研究にもみられ，そこに実践的な概念把握のヒントが隠されているのである。例えば，今日では典型的な技術決定論と断罪される，ウッドワード（Joan Woodward）の古典的業績も，生産技術が組織構造を一方的に規定する傾向を主張したものではないことは，技術概念の操作化をみても明らかである。彼女は，生産技術の定義に当たって，先行研究からも，当時の技術者たちの分類法からも，企業が採用するさまざまな，しかも進化していく技術を捉えることはできなかったとしていた（Woodward [1965] p. 38, 邦訳 46 頁）。そこで彼女がとった方法は，ありうべき組織との対応関係を予測に入れた，技術類型を用意することであった。このとき，技術概念の操作化は「それ自体社会的である用語でしか表現できないような技術分類法を選択しないように留意すること」（Woodward [1970a] p. 20, 邦訳 24 頁）にすぎない。科学的な手続きとしては，トートロジーである。しかし，ここで理解すべきは，彼女がそうまでして生産技術を定義しようとした動機であろう。それは，産業革命以降の企業を対象にしてきた古典的な管理論が，技術的環境を無視した一般的な管理原則を求めてきたことへの不満にあった。企業にとって生産技術は与件ではなく，積極的に管理の対象となるべきである。そうした問題意識のもと彼女は，技術決定論者と批判されることを恐れることなく，実践的に技術を定義する方法を選んだのである（e.g., 松嶋 [2007a]）。

ちなみに，ウッドワードが批判的に位置づけていた古典的議論に，タビストック研究所の社会技術システム論がある（Trist and Bamforth [1951]）。彼らの議論も，古典的管理論と同様に，技術サブシステムを与件として一般的な組織開発を論じたものにすぎないと捉えられたからである。しかし，この批判は，必ずしも当てはまらない。というのは，社会技術システム論においても，上位のシステムを構成する技術サブシステムと社会サブシステムは不可分な関係にあることが，理論的には前提とされていた（貴島 [2014]）。にもかかわらず，社会技術システムを 2 つのサブシステムに分類する理由は，2 つのサブシステムを連結して最適化する（joint optimization）ための含意を引き出すために，研究者が行っている概念操作

に他ならない。この連結最適化という概念が，（一般的には同時最適化と訳されるように）予定調和的な相互関係を追認するだけのコンティンジェンシー理論的な経験的研究を導いたのも事実である。しかし，本来，社会技術システム研究もまた，炭鉱採掘技術のように一度導入してしまえば容易に変更できない技術への適応を促すべく，例えば，自律的な作業集団の設計などのような（e.g., Rice [1953]），組織開発論として必要な含意を与えることを目指したのである（e.g., Leonardi [2012] pp. 38-42)。

　このように，すでに古典的研究において実践的に技術や組織を捉え，必要な含意を導くための分析方法が採用されていたのであるが，その手続きをきちんと言語化してこなかったために，いつしか科学への憧憬に幻惑され，技術と組織の論点ずらしが生じてきた。ちなみに，学問としての正当化についても，Keen [1980] は，興味深い議論を残している。先述のように，RR論争から生まれた出版媒体の選択問題は，いかに研究成果を実務家に伝えるかに焦点があった。これに対して，Keen [1980] は，情報経営研究の正当化は，とどのつまり政治的問題だとする。つまり，アメリカの学術界に蔓延する悪しき科学主義の浸透に抵抗しつつ，情報経営研究が正統な学問としての扱いを受けるためには，学会誌として *MIS Quarterly* 誌の格上げを目指し，すでに認められた経営科学（management science）領域での影響力を増していくことが必要である，と（p. 16）。

　情報経営研究の正当化をめぐる政治的問題を論じた Keen [1980] ほどラディカルではないが，独自の学問的アイデンティティをもった経営学を目指す契機がなかったわけではない。それは，経営学の父とも称される，バーナードにも遡ることができる（桑田 [2012]）。周知のように，主著である Barnard [1938] では，異種混合の協働体系たる企業における管理実践を論じるために，抽象化された公式組織の概念が必要であることが示されていた。これは，Keen [1980] と同様に，経営実践の理解は，既存の科学から演繹することはできないし，またその必要もないという学問観による。バーナードにとっての学際性とは，既存のどの科学でも説明できない対象として，公式組織を見出すことにあった。その意味で，彼の議論は，一方で実務家としての実践感覚に支えられたものであったが，他方で当時の科学を批判するものでもあり，実務家よりも社会科学者に対して投げかけられていたことを見過ごしてはならない。

　晩年の Barnard [1958] はこの考え方を拡張し，公式組織の本質は，人々に影響を与える道徳的制度（moral institution）であるとした。ここで，公式組織に限

表1-1 バーナードに感得されたビジネス状況における道徳性

- 個人として守るべき道徳的責任
- 代理的あるいは公的な責任
- 組織人格として振る舞う職員としての忠義
- 法人としての社会的責任
- 個人的関心や利害を超越する存在である組織の利益のために個人的犠牲を払う組織的忠誠
- 非効率に対し非経済的なまでの道徳的嫌悪感を伴う経済的責任
- 高い業績水準を守ろうとする技術的および科学技術的責任
- 規則の遵守が組織の統一性とモラルを維持するための公正と正義のためには必須であると考える法的責任

らず道徳性を帯びた概念は，存在論的な実体として確立されたものというよりは，人々の規範的な根拠としての客観性を帯びた認識論的な前提である。例えば，経済的な道徳性（経済的責任）も，単に無駄を排除することではなく，無駄を出すことへの罪悪感に裏づけられ，そのことが時には非経済的な「経済的行動」さえ導く（例えば，遠く離れたオフィスに消し忘れの電気をみつけたら，わざわざ戻ってでも消さざるをえない心境のように）。われわれの実践は，このようにときに矛盾するさまざまな道徳的制度が折り重なりながら，かたちづくられていく（表1-1）。

そう考えると，バーナードが当初考えていた公式組織と同様に，技術や情報もまた，独自の道徳性をもった概念として捉えるべきであり，それぞれの道徳性をもった概念が折り重なってかたちづくられていく実践を探求することが，研究者による分析の基本的な流れになる。当然ながら，組織以外にも存在する道徳性を有する概念によって，さまざまな学問的アイデンティティが考えられよう。バーナードは，こうしたさまざまな道徳的制度の体系的分類とその応用に，社会科学者の可能性をみていた。既存の科学に対して厳しい態度をとり，とくに社会科学者に対しては挑発的に，公式組織の概念を用意したバーナードであったが，この点では大学に所属する研究者が寄与する積極的な可能性をみていたのである（Barnard [1958] pp. 3-4，邦訳237-239頁）。

5 深淵をなす二律背反性——技術，組織，そして情報概念の相互参照

さて，先行研究の源流を振り返った今，われわれは，もともと技術と組織という概念は，認識論的な客観性を帯びた実践的な概念であったことに改めて気づかされた。このことは，とくに第3節で触れた相互作用論（ないし社会物質性）をめ

ぐる論者が陥ってきた論点ずらしから逃れるためには，技術や組織の関係をその概念がもつ道徳性を通じて実践的に把握する，そうした方法論的考慮が必要にならざるをえないことを示唆している。

　この節では，技術や組織という概念が有する道徳性の具体的な内容に踏み込みながら，情報技術と組織の関係性を探求する意味合いを検討してみたい。今日，われわれが依拠する多様な道徳的制度のうち，技術と組織を取り上げることは，いかなる意味合いをもつのか，残された概念である情報の行方はいかなるものか，そして，固有の道徳性を有したいくつかの概念のもと，情報経営研究はいかなる分析を行うべきなのか。これは，論点ずらしの漂流を作り出してきた，情報経営研究の学問性をめぐる濁流と科学主義という伏流の，さらに奥底にある「深淵」を覗こうとすることに他ならない。

　以下では，まず第3節でも近年の議論における思想的背景として触れてきた，社会構成主義の古典的業績である Berger, Berger and Kellner [1973] に立ち戻ることにしたい。すでに社会構成主義の骨子を論じながら，改めて古典的業績に立ち戻る理由は2つある。1つは，具体的な分析対象として工業生産（技術）と官僚制（組織）を取り上げていた点である。彼らは，ウェーバー（Max Weber）の近代化論を批判的に継承するかたちで，この2つの概念に注目していた。もう1つは，彼らの分析方法である。後述するように，彼らの分析では，工業生産と官僚制が相互に参照（in relation to）されることでかたちづくられる，多様な生活世界が描かれる（e.g., Kallinikos, Leonardi and Nardi [2012] p. 5）。ここで重要なのは，工業生産と官僚制という概念は，二分法的な位置づけではなく，さまざまに実践をかたちづくる二律背反的な認識前提として理解することにある。

　この二律背反する認識前提を相互参照するという方法は，近年の制度派組織論で注目されている，制度ロジック概念（e.g., Thornton, Ocasio and Lounsbury [2012]）にも通じている。かつて，決定論的視座と批判された制度ロジック概念が，今改めて脚光を浴びているのは，その方法論的含意にある。制度概念もまた，実体的な存在として定位すれば，人々を一方的に拘束する決定論に陥る。しかし，もともと社会構成主義に根ざした制度概念は，認識論的な超越性を有するがゆえに，多様な実践をかたちづくる型（form）として把握したところにその要諦があった（松嶋・髙橋 [2009]）。この含意を論じたのが制度ロジックであり，ウェーバーの理念型に依拠した方法論的深耕が図られてきた（Thornton, Ocasio and Lounsbury [2012]）。なかでも，概念の提唱者である Friedland [2012] が強調したのが，象徴

性と物質性という伝統的な実体二元論（Cartesian dualism）を単に退けるのではなく，理念型として積極的に捉え返すことにあった。すなわち，矛盾する複数の制度ロジックを認識の理念型としてあえて与えることによって，それぞれの制度ロジックから取りこぼされた実践を，積極的に相互参照していくことが可能になる。このとき物質性の概念は，とくに人知を超えた物的な強制力に注目するための理念的装置（ideal apparatus）として働くのである（早坂［2014；2015］；松嶋・早坂・上西・浦野［2014］）。

ところで，情報経営研究としては，近代化そのものに遡る技術と組織以外にも，見過ごせない概念が残っている。情報概念である。情報概念に関して，特定の古典的業績を取り上げることは難しいが，例えば，古くはマクルーハンが示したように，言語に関する技術の発展が，われわれの生活世界を大きく変えてきた（McLuhan［1962］）。つまり，書かれたものは，人々の即時的な反応ではなく，われわれの沈考を導き，近代における個人主義を助長してきた。これも，メディアの物質性に仮託された強制力としても捉えられるが，言語の記号化によってわれわれが具体的なコンテキストから引き離されるという，技術とは正反対の道徳性をもった概念である点に，注意を向けなければならない。本節では，技術と情報の概念を二律背反的に捉える，Fuller［2002］の議論を手がかりに，情報経営研究の学問的アイデンティティに迫っていきたい。

5.1　工業生産と官僚制の二律背反性

社会構成主義の理論的根拠の1つとして，近代化を論じたウェーバーの議論がある。近代化の成立を代表する制度が，資本主義経済と官僚制国家であると喝破したウェーバーの慧眼は，近代化が前近代と非連続的に生じたのではなく，プロテスタントの独特な宗教倫理のもとで生み出されたことを指摘したことにあった（Weber［1904］）。Berger, Berger and Kellner［1973］の関心も，同じ眼差しから成立していた。というのは，近代化によって成立した制度は，新たな道徳性を帯びつつ，もともとの担い手（carrier）から離れ，他の担い手へと伝播する。今日，われわれの生活世界は，資本主義経済と官僚制国家から自律化した，工業生産と官僚制という制度が支配的となり，改めて技術と組織という概念がもつ道徳性を検討する必要がある（pp. 15-16, 邦訳7-9頁）。

具体的には，工業生産では，物理学や数学などの科学的知識に裏づけられた生産性がその特徴として挙げられた。そこでは個人の解釈からは超越した存在とし

て法則や定理が前提にされるため，例えば，特定の目的（機能）と手段（技術）は分割不可能であるといった「物理的な強制力」によって把握される。他方で，組織は個人的人格と相対する「合法性という根拠」から把握されるが，しかし，そこには技術と比べて恣意性が介入しやすい余地が残っている（これは制度化が不十分なわけではなく，恣意性が介入しやすい制度だということである）。ある目的を遂行するのに，必ずしも官僚制を用いる必要はなく，手続きの煩雑化にみられるようにその手段は細分化する傾向にある。

　Berger, Berger and Kellner [1973] の議論の真骨頂は，こうした工業生産と官僚制という，今日的な制度を析出する一方で，これらが相互に参照されることで，多様な実践をかたちづくるプロセスを，実践の内部から観察することで，近代人に特有の生活世界のあり方を浮き彫りにすることにあった。具体的には，工業生産と官僚制のもとで生活を営むわれわれは，こうしたよそよそしい公的領域からの避難所として私生活を構成する一方で，再び公的領域に安息を求めるようになるという。例えば，家事を誰それが何時までに担当するといった決めごとが書かれたメモが冷蔵庫に貼られるのは珍しくない。私生活の官僚制化とは反対に，職場でのクリスマスパーティやあだ名で呼び合う関係などが持ち込まれたりする。あるいは，作業工程で用いる1つのネジに審美的ないし宗教的な啓示を感じ取って，白昼夢を楽しんだりするかもしれない。反対に，パイロットが飛行機の操縦中にクロノメーターに集中するように，伴侶とベッドをともにする際に時間を気にすることはないだろうが，なかにはクロノメーターを決して離さないという献身的なタイプもいる。仕事のうえでも，旅券の交付に際し賄賂を贈らなかったという個人的理由が介入し，ただし表向きには書類上の不備という名目で拒否がなされることはよくある。こうした非公式組織の濃密な人間関係と政治ゲームに疲れたとき，工場での無機質な仕事は一種の安堵感を与える。工場で使われる生産性は容易に利害の一致を可能にし，協調的な雰囲気に浸ることができるからである。ただし，より機能的，革新的であるべきという技術的エートスに疲れきった労働者ならば，休日にガレージで機械をいじるよりはバードウォッチングを好み，合理的な政策を打ち出す政治家よりカリスマ的な政治家を支持する傾向がある。

　『故郷喪失者たち（*Homeless Mind*）』という Berger, Berger and Kellner [1973] の題名は，こうした公的領域にある工業生産と官僚制の二律背反性のもとに，われわれの私的領域が複雑にかたちづくられている様を表したものである。ただし，彼らは右往左往する近代人を価値中立的な視点から描いているのではない。研究

者もまた矛盾し続けるというのが，認識論的な二律背反性の根本をなしている。[10]実践がどのような意味であるかを問うとき，すでに実践的に把握された概念の道徳性に依拠しなければならないからである（e.g., Schatzki, Cetina and von Savigny [2001]）。牽強付会を承知のうえでいえば，故郷喪失者である近代人は，実践の拠り所があるかないかの「存在」を問うより一段深い，そうした確証を問うことがいかなる意味をもつかという認識論的な問いに取り組むべく，宿命づけられているのである（e.g., Weber [1904]）。

5.2 情報と技術に極性化される情報化

これまで近代化の主要概念でもある，技術と組織という二律背反の関係にある概念を検討してきた。しかし，情報経営研究としてはもう1つ，情報の概念を見過ごしてはならない。情報は，言語や記号にまで遡る厄介な概念であり，Keen [1980] もまた，情報経営研究が独自の伝統を蓄積する要でありながら，共有された定義がないと指摘していた。だが，われわれはこの概念の示す対象の多様さよりも，Fuller [2002] で論じられた，その奥深さにこそ目を向ける必要がある。Fuller [2002] は，われわれ研究者は情報技術を単なる道具（tool）ではなく，社会的価値に関する基本的前提に挑戦する概念として考えるべきとする（pp. 137-138, 邦訳202頁）。このとき彼の考察は，実に宗教革命で失われた伝統的秩序を回復するために産業技術の力を論じ，「実証主義」という世俗的宗教を作り出したコント（Auguste Comte）にも遡る（pp. 138, 143, 邦訳203, 210頁）。

Fuller [2002] は，イデオロギーと科学という，哲学者と社会科学者とを区分する認識論的な知識観の正当性を揺るがすものとして情報技術を捉える。図1-1のように，具体的には，知識が埋め込まれているが具現化されない情報と，知識が具現化されているが埋め込まれていない技術という2つの軸で区分する。第2象限（埋め込まれつつ，具体化されている）のイデオロギーと，第4象限（埋め込まれておらず，具現化もされていない）の科学に対して，情報技術は第1象限の技術と第3象限の情報から構成される合成語になる。そして，技術と情報の二律背反的な理解が，今日の複雑な情報化社会を作り出すことになる。

まず，古典的に情報技術は，人々の活動を代替するものとして捉えられてきた経緯がある。情報技術の浸透による労働搾取を論じる，いわゆるマルクス主義的な技術批判である。このとき，情報技術のうち，技術に焦点が当てられている。つまり，具体的なコンテキストに埋め込まれていないために社会的影響力を受け

図 1-1　情報技術と知識類型

知識は具現化されているか？	知識は埋め込まれているか？	
	イエス	ノー
イエス	イデオロギー	技　術
ノー	情　報	科　学

（出典）　Fuller [2002] p. 118，邦訳 174 頁，より筆者作成。

ず，具現化されているがゆえに人間が自らの行動を変更しなければならない。そうした社会的期待が，われわれを拘束するものであろうが，あるいはその逆に解放するものであろうが，インターネット上に時空を越えた真理を求める，サイバープラトン主義（cyberplatonist）を生み出してきた。例えば，インターネット上での論文発表が普及すれば，短期的にはペーパーレス化，そして長期的にはピアレビューのボーダーレス化を導き，科学者コミュニティの権威構造をフラット化させると考えられるかもしれない。

　しかし，これが情報技術のうち，情報に焦点を当てると事態は一変する。情報は，技術のように具現化されておらず，それを解釈する人々やネットワークに開かれた存在である。例えば，活版印刷機によって普及した活字体が，教会の権力者によって音読されていた書物を，信者が自ら黙読し，ニーズに合わせて解釈できるよう用いられた。これが，すなわち宗教改革に他ならない（Fuller [2002] pp. 140-141，邦訳 206 頁）。Fuller [2002] によれば，われわれは情報技術を利用しつつも，物的世界にも接続され続けることから発生する摩擦によって，短期・長期のさまざまな影響が生じる。この摩擦に注目する立場を，サイバー物質主義（cybermaterialist）と呼ぶ。事実，インターネット上での論文掲載が当たり前になりつつある今日でも，大量の紙が使い続けられているのは，実際に紙に印刷されたものをチェックすることが，端的に便利だからである（Fuller [2002] p. 184，邦訳 270 頁）。また，インターネット上にテキストが増えていくほどに，その情報が信頼に足りうるかが問題になる。テキストの内容よりも，著者の知名度がこれまでよりもずっと重要になり，「ピアレビュー」を通じた学会誌の正当化活動も，これまでと変わらず必要となろう（pp. 187-189，邦訳 274-276 頁）。

　このように情報技術が，情報と技術の合成語であるということは，コンピュータの進展が，科学とイデオロギーという伝統的な 2 つの知識の境界を排除するの

ではなく，むしろ二律背反的にお互いの差異を際立たせる（polarize）ことによって，今日的なわれわれの生活世界をかたち作っていく。その方向性は，サイバープラトン主義と，サイバー物質主義のどちらもありうる。むしろ，その相互参照の振幅は，ますます大きくなっていくであろう。ただし，再び注意すべきは，われわれはこの問題を中立的な立場から論じることができないことである。近代の再帰性を論じたギデンズに即していうならば，脱近代の希求は，拒絶する対象である近代化に依存する（Giddens [1991]）。情報化もしかりである。組織論者のクレッグ（Stewart Clegg）によれば，今日の情報化社会では，組織を硬直化させる悲観的なイメージが普及した官僚制に対して，ますます局所的な文脈を超える流動性が意識され，構造的にイノベーションが美徳とされている（Clegg [2005]；Clegg and Lounsbury [2009]）。Woolgar and Grint [1991] もまた，このように反省性がこれまでにないほど高められることが，情報化をめぐる事象で最も注目すべき側面であるとし，このような徹底的な反省性のもとで導かれる変化は，文化的なレベルでの転換（cultural level transformation）というべきだとする。つまり，情報概念は，技術と組織が作り出してきた生活世界，これは近代そのものに他ならないのだが，これに対抗しうる新たな生活世界の形成に向けて挑戦するという道徳性を帯びている。これは情報化の実践だけではなく，これを分析しようとする研究者にも求められる態度になることはいうまでもない。「深淵を覗くとき，深淵もまたこちらを覗いている」のである。

6 実践に接続する研究者の分析

前節までで検討してきたように，情報経営研究の学問的アイデンティティは，情報と技術という二律背反的な関係にある情報技術が，組織に対して与える影響を，これまた相互に参照しながら論じることであった。この二律背反性は，研究者だけではなく，人々が一般的に物事を把握する認識方法に他ならない。従来の相互作用論も，社会物質性概念も，どこかで複雑な現実を写し取った複雑なモデルや概念が，実務的な有用性を担保するというナイーブな想定（信念）を置いていた。つまり，実践的適合性とは，究極的には研究者と実務家が実践を共有している点に求められ，研究者だけに知的特権を与えられるものではない。

他方で，同時に考えなければならないのは，研究者が実践のなかで担っている役割である。実践的な認識プロセスそれ自体は，一般化できるかもしれない。だ

が，われわれが分析するのはそうした認識プロセス一般ではなく，その認識が作り出す複雑な現実であった．実践的転回の方法論的含意を展望する Rouse [2001] が，実践を共有する研究者は，さまざまな役割を担う人々と「同様に特殊である」と看破したように，研究者はやはり分析を行うことに尽きる．ただし，この指摘は，研究者の知的特権をしぶしぶ認めるようなものではなく，分析を通じて研究者が社会のなかでいかなる役割を果たすのかを意識することに他ならない．かくいう Keen [1980] もまた，「単にリサーチする（doing）ことを超えて，リッチで意味ある研究領域を作り上げなければならない」(p. 18) と，メッセージを残していた．

　しかし，このことは思弁的な議論のみならず，実際に研究者が携わる具体的な分析を通じて議論する必要があろう[12]．以下，本節では，チボラ（Claudio Ciborra）たちが Ciborra and Lanzara [1994] のフィールド調査で取り上げた「ソフトウエア工場」を再訪し，この残された方法論的課題を検討する．ここでチボラたちの議論を取り上げる理由は，彼らもまた実践のフィールド調査が，単なる記述を目的としたものではなかったと明示した点にある．Ciborra and Lanzara [1994] によれば，道徳性を帯びた制度的な規範が実践に及ぼす一般的な影響を論じた議論は，これまでにも多く存在した．だが，それらのほとんどは，抽象的なレベルに留まっており，新たな規範を作り出し，具体的に組織や情報システムをデザインするための示唆をいかに与えうるかについて，ほとんど真剣に向き合ってこなかった．それゆえに，彼らは「現実の変化やデザインに対し，もっと実践的で，活動志向的で，経験に根ざした概念」(p. 63)，あるいは「社会変化や変革をルール化した構造的文法ではなく，もっとプラグマティックな概念的ボキャブラリー」(p. 74) を必要とすると力説していた．

6.1　「ソフトウエア工場」再訪

　Ciborra and Lanzara [1994] のフィールド調査の対象になったのは，欧州の大手コンピュータ企業の研究開発部門において，新しい OS（operation system）を開発するために行われたプロジェクトである（図1-2）．背景として，同プロジェクトは，遅くとも2年以内に新しい OS を開発する必要があるというアナリストの警告を受けて始められた．時間的プレッシャーのもと，数百名ものプログラマーが社内からかき集められ，一斉にソフトウエアを作り始めることになるわけだが，そのことが彼らに対してソフトウエアを開発する組織体制の整備を迫った．

図1-2 形成的コンテキストによる実践への影響とイノベーションの
プロセス

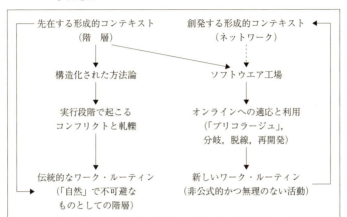

(出典) Ciborra and Lanzara [1994] p. 72, Figure 1, より筆者作成。

　ソフトウエア開発のデザイン方法論は，今ではさまざまに考えられるだろう。だが，当時のチーフ・デザイナーが採用したのは，伝統的な組織体制としての官僚制であった。つまり，開発すべき新しいOSの技術的要求に沿った機能別組織として，組織体制を作り込むことである。具体的には，ソフトウエアの単位をできるだけ小さくし，それらは緩やかに結合された状態にする。いくつかの単位を束ねたサブセットを作る。これにプログラマーを張り付け，統括する管理者が必要な意思決定を行い，イレギュラーなコミュニケーションを避ける。ソフトウエアの開発プロセスは，複数の開発フェーズに分割し，それぞれのフェーズを担当するプログラマーは，開発に関する記録を文書で残し，マニュアルに基づいた統制を行う，というものであった。
　ここで重要なのは，チーフ・デザイナーが識別した官僚制というアナロジーは，構造化された方法論として情報処理の専門家に広く受け入れられ，しかも当時としては最新のソフトウエア開発手法だと信じられていたことにある。こうして，明らかなる合理性に纏わる信奉された規範を，チボラたちは，形成的コンテキスト（formative context）と呼んだ。
　ところが，この規範は，必ずしも実践を再現するとは限らなかった。この大規模プロジェクトの運営のために，人事部もまた，チーフ・デザイナーの考えた方法に沿って，プログラマーのタスクや役割，報酬，キャリアパスなどを設計し，

組織体制を整えようとした。だが，人事部はソフトウエア開発を熟知していなかったため，組織設計は現実的なものではなかった。チーフ・デザイナーは，人事部が設定した作業フローをもっと前倒しする必要があると考え，プログラマーは与えられたモジュールを超えた作業に携わっていた。チーム内では口頭でのコミュニケーションが飛び交い，文書は実際にモジュールが開発されてから書かれるという始末であった。当然ながら，導入された官僚的手続きを通じて，プロジェクトを管理者が統制することも叶わず，プログラマーも組織体制を暗中模索するという状態が続く。開発の遅延，余計なコスト，いい加減な文章化，積み残された仕事など，さまざまな問題が残り，他方では迫り来る開発期限に対して緊急の対応が必要であった。

さて，官僚制という形成的コンテキストが，ある特定の状況でうまくいかなかったとして，即座にプロジェクトの失敗を意味するわけでもない。規範的な基準である形成的コンテキストは，人々の具体的な行動を一意規定するルールのようなものではなく，むしろ，新たなルーティンを創造するための基盤としても作動するからである。実際，人事部の無知による最初の組織体制が失敗すると，今度は，プログラマーたち自身が既存の官僚制を強化し，より厳密な統制を可能にするソフトウエア開発体制の再構築が求められた。

そのために，2つのイノベーションが生まれた。1つは，ソフトウエア開発を合理化する，より構造化されたガイドラインを取り入れることである。具体的には，モジュール化，トップダウンの開発，構造化された手法という3つのコンセプトが掲げられ，ソフトウエア開発のためのさまざまな手続きが精緻に作り込まれていった。これらは，官僚制に根ざした当初の手続きを，より厳密にするものに他ならなかった。当然ながら，これらのガイドラインの導入は，プログラマーたちにも大いに歓迎され受け入れられた。彼らのソフトウエア文化は，合理性，秩序，透明性，一貫性などの独自の価値をもつ。それゆえ，新たに設定されたガイドラインは，プログラマーを芸術家としてではなく，エンジニアとして本来の仕事に専念させてくれるものと，捉えられたのである。

だが，ソフトウエア開発に無知な人事部ではなく，プログラマー自身が設計し，同意したガイドラインでさえ，現実の実践との間には，大きな乖離が生じてしまった。構造化された手法は，現実には驚くほどにさまざまな成果を生み出してしまい，合理化されたはずの組織体制もかつてと変わらぬ，「ゴミ箱」のような状態が続いた。

そのために，もう１つのイノベーションが必要とされた。それは，「ソフトウエア工場」と呼ばれた，一連の開発ツールの導入である。何百ものワークステーションを繋げるネットワークを通じて，個別のモジュール開発に携わるプログラマーを支援するツール群に与えられていた呼称であった。例えば，ラフにプログラムを書いた状態であっても，過去に開発されたプログラムのデータの定義を挿入してくれたり（システムとユーザー間のコミュニケーション），モジュールを保管する共有データベースがチーム内外の調整を可能にした（ユーザー間のコミュニケーション）。これらのツールを利用することで，現場のプログラマーは，それまで官僚制の組織的な手続きを通じて議論したり，交渉したり，承認を得なければならない意思決定を自らの判断で行うことを可能にした。管理者もまた，必要となればいつでもそれ以前のバージョンに戻すという統制が可能になり，さらにデータベースがチームメンバーの人選に必要な情報源になることに気づいた。

ここで注意が必要なのは，彼らのチームワークを可能にしていたのは，ツールそれ自体ではないことである。彼らのチームワークは，それぞれのプログラマーが，自分が担当するモジュールについては十分にテストを行っているという，信頼関係があってこそ可能になる。そして，この信頼は，官僚制を参照したそれ以前の実践を通じて醸成されたものに他ならなかった。それゆえ，プロジェクトの推進に当たり，ソフトウエア工場を最初から導入していればよかったのかというと，決してそうではない。遂行的な実践の末に，形成的コンテキストもまた，累積的（pasted-up）にその性質を変えていくからである。つまり，形成的コンテキストと実践は，概念的には識別されつつ，密接な関係がある。別の言い方をすれば，その境界は曖昧である。だが，ここで重要なのは，実践の内から捉えれば，人々は形成的コンテキストを規範として信奉しつつ，これを参照することによって，多様な目的的行為を可能にしていたことであった。

6.2 実践に介入する研究者の役割

本節の冒頭で述べたように，チボラたちの問題意識は，単なる実践の外部観察ではなく，新たな形成的コンテキストを作り上げていくプロセスへの介入（context-making intervention）にあった。だとすれば，さらなる論点としては，チボラたちがこのフィールド調査を通じて，いかなる介入を行ったのかを問わなければならない。

この点で Ciborra and Lanzara [1994] のフィールド調査において最も重要な介

入は，開発ツールの導入に際して，ソフトウエア工場という言語的表象を与えた点に求められよう。彼らによれば，形成的コンテキストは組織ルーティンを行使し，新たな組織ルーティンを創造する際の基盤にもなる。だが，通常，人々は形成的コンテキストを自明視しており，決定的なブレークダウンの経験がない限り，それらを再検討しようとはしない。そして，彼らが対象とした事例でも，この経験が決定的に欠けていた。そのため，チボラたちは，当初のプロジェクトの組織体制として採用されながらも，さまざまな問題を引き起こしていた官僚制に代わるものとして，一連の開発ツールに「ソフトウエア工場」という新たな言語的表象を与え，新たな形成的コンテキストへの乗換えを促したのである。つまり，チボラたちの言語的介入は，シンボリックな変革エージェントの役割を果たしたと考えられるかもしれない。

　しかし，Ciborra and Lanzara [1994]でも指摘されていたように，プロジェクトで観察されたチームワークは，官僚制に対する信憑に支えられていた。チームワークによる相互調整が可能となったのは，プログラマーがそれぞれ与えられたソフトウエアのモジュール開発において，まさに彼ら自身がソフトウエアのモジュールとなって確実にこなす責任感と，相互の信頼関係が培われていたからである。これこそ，チボラたちが官僚制を形成的コンテキストと位置づけた根拠でもあった。

　そう考えたとき，チボラたちがプログラマーたちに新たな形成的コンテキストへの乗換えを説得することは，必ずしも有用な介入だとはいえなくなる。官僚制への信憑を失うことによって，チームワークが損なわれる可能性があるからである。その意味で，チボラたちの言語的介入は，実のところで形成的コンテキストの変更を伴うイノベーションを研究成果として目的化した，研究者の都合を押し付けているようにもみえる。事実，チボラたちが示したデザイン方法論では，抽象的な言語的表象の提示に留まらず，具体的なレベルの行動への介入（仕事の手順や目的について質問を繰り返すなど）やシステム設計（調整やコミュニケーション，フィードバック機能）など，さまざまな代替案を示していた。他方で，形成的コンテキストの乗り換えを伴うイノベーションには，人々の反省（リフレクション）が必要であることを付しているように，彼らの介入は究極的には，イノベーションを導くことを目的としていると考えて差し支えないであろう。

　ここで問題なのは，イノベーションであればすべてが正当化されるわけではないことである。チボラたちは，「（ソフトウエア工場という）新たな形成的コンテキ

ストが他の働き方を形成した」(Ciborra and Lanzara [1994] p. 71) と言及するが，問題はその働き方がこの企業にいかなる結果をもたらしたかである。2008 年に行われた，日本情報処理開発機構の IT 経営力サーベイ調査によれば，IT ベンダーの競争力に寄与する組織実践は，トップダウンの職務遂行方式であった（松嶋・浜屋 [2010]）。つまり，現場主導のチームワークに根ざした働き方が，IT ベンダーとして有効であるとは限らない。だが，もしこの企業が，専業 IT ベンダーを脱し，異業種への多角化を企図していたら，まったく異なった議論の切り口が必要になろう。あるいは，プログラマーとは異なり官僚制を信憑しないホワイトカラーにプロジェクトの働き方を波及させようとしたのであれば，形成的コンテキストの乗換えにも意義があろう。換言すれば，形成的コンテキストの変更を伴うイノベーションの是非もまた，企業を取り巻く環境によって判断されなければならない（環境の流動化を常態とし，メタ学習によるリフレクションを唯一の解決策とする極論を除いて）。

　しかし，チボラたちの言語的介入がもたらした含意については，別の見方も可能である。それは，イノベーションそれ自体を目的とした形成的コンテキストの乗換えではなく，官僚制を信憑するプログラマーたちを，組織体制ではなく技術主導の働き方に変えるための介入を行ったという見方である。というのは，プロジェクトが問題を抱えた当初，プログラマーたちはモジュール化，トップダウンの開発，構造化された手法などのコンセプトを掲げ，自ら官僚制を強化しようとした。だが，この対策は，プログラマーの責任と相互の信頼関係を担保しつつも，それでは具体的な作業上の混乱を避けられなかった。

　実は，問題解決に寄与したのは，先述のように，2 つめのイノベーションとして導入された開発ツールであり，その技術的な特長が官僚制の統制メカニズムとは異なった調整機能を担っていた。ところが，プログラマーたちは，こうした開発ツールは単なる道具にすぎず，チーフ・デザイナーに政治的な策略を講じる機会を与えることになるため，より合理的な組織体制が整備されれば，最終的には不要であるという態度さえみせていた。そのため，ソフトウエア工場は，必ずしも歓迎されていなかった。あるプログラマーは，より公式化された構造とさらなる自動化が必要であると主張し，別のプログラマーは，組織の混乱はそもそもチーフ・デザイナーの利害に基づくものであり，ソフトウエア工場は彼らに政治的な策略を行わせる余地を作り出すと指摘していた。ソフトウエア工場の支持者でさえ，もっと合理的な別のやり方があれば，そのための組織体制作りには労を惜

しまないという態度であった。

つまり，官僚制を信憑するプログラマーたちは，一方でOSのプログラム構造に類した官僚制には，Berger, Berger and Kellner [1973] が示していた工業生産の論理に理想的な世界をみて取り，他方で開発ツールたる情報技術には，Fuller [2002] が示した二面性のうち情報的側面を消極的に捉えていたわけである。さらに考察を深めていけば，チボラたちが分析対象とした事例では，よりメタな形成的コンテキストとしてプログラムの準分解構造が位置づけられるのかもしれない。

この状況を考えれば，チボラたちが言語的介入で目論んだことも，単なるイノベーションを目的とした形成的コンテキストの乗換えには留まらない。形成的コンテキストの変化を強調しようとすれば，プロジェクトの組織体制が，当初採用されたトップダウンの官僚制から，相互調整によるチームワークへと変わったといえばよい。しかし，そのような説明では，官僚制のもとで培われてきた，プログラマーとしての責任や信頼関係が看過されよう。また，OSプログラムの準分解構造に類した官僚制を好んでいたプログラマーに，「チームワーク」が受け入れられるとも考えられない。

この点で，すでに官僚制は，彼らの働き方を支える形成的コンテキストとして限界を迎えていた。官僚制は確かにチームワークを支える相互の信頼関係を培ってきたが，たとえプログラマー自身がソフトソフトウエア開発の手法を設計したとしても，それは現実の実践から乖離したものであった。彼らのチームワークは，こうした危うい状態のもとで，ようやく可能になっていたのである。だからこそ，チボラたちは，改めて人々のチームワークを支えていた開発ツールに対する評価を回復しなければならなかった。

もっとも，プログラマーの開発ツールの位置づけは，あくまで不十分な官僚制の手続きを補完するものでしかなかった。だが，彼らにはプログラムの準分解構造に類した工業生産的な世界を理想とする価値が備わっていた。チボラたちが与えた「ソフトウエア工場」という，まさに工業生産的なイメージを喚起する言語的表象は，「開発ツールの能力と（プログラマーたちの責任と信頼関係に基づいた）自律性を最大限に活かし生産性を高める」（Ciborra and Lanzara [1994] p. 68）とする認識を誘導し，最終的にプログラマーたちに，ソフトウエア工場を「新たな組織的技術」として語らせるに至ったのである。

7 結　語

本章では，情報経営研究者の学問的アイデンティティを，科学的なディシプリン（RD）を参照することの本来的な意味合いを振り返りながら探求してきた。「MIS は，たぶんテーマにすぎない」。この Keen [1980] の投げかけに始まる，情報経営研究の学問的アイデンティティをめぐる議論について，もちろん本章だけで十分な議論をなしえたとはいえないが，今後の探求課題を含んだいくつかの知見が得られた。

第1に，情報経営研究は，科学主義を脱して，実践的な学問の構築を目指すべきである。このとき，参照する RD によって，情報経営研究を正当化することは十分ではない。行き過ぎた科学主義への迎合は，学問的アイデンティティを濁流状態に陥れるまでの脅威をもつ。経営学全体にもいえるのかもしれないが，このトロイの木馬は，外部からの影響ではなく研究者の内側から発生する伏流である。したがって，この問題に対する処方は，その源流において Keen [1980] が指摘していたように，情報経営研究が歴史を蓄積し，一貫した伝統的領域を作り上げることにあろう。この流れは，経営学における古典的研究にも通じていた一方で，実証主義的思想に支えられた科学主義の伏流にいとも簡単に打ち消されてきた[14]。それゆえ，これも Keen [1980] が率直に述べていたように，情報経営研究が自らを独自の学問として正当化する政治的な取り組みも必要となり，その意味で「科学的」であることを目指すべきなのかもしれない。

第2に，技術研究が共有する技術と組織という2つの概念を，独自の道徳性を帯びた二律背反的な概念として把握し，相互参照的に構成される多様な生活世界に注目することである。これは，従来，経営実践における技術と組織の関係把握とされていた，先行研究の理論的課題に変更を加えるものでなく，認識論的に位置づけ直そうとするものである。もとより，技術と組織は，経営実践で分かちがたく結びついた存在であり，これを中立的な視点から分析的に定義しようとする実体二分法では，論点ずらしを避けられなかった。しかし，ここで重要なのは，研究者が分析的に技術や組織を定義しようとする前に，客観性を有した概念として実践のうちに把握されていることである。そして，技術と組織という二律背反的な概念は，相互に参照されることで，その差異を際立たせながら，複雑な実践を作り上げていく。このような実践への注目のためには，存在論的な主観性を強

調する構成主義ではなく，認識論的な客観性を前提とした構築主義に基づいた考え方が必要になる。

　第3に，情報経営研究は，情報と技術の概念が有する道徳性に寄り添い，あくまで情報技術決定論の立場をとるべきであろう。情報技術決定論の立場をとるべきとする結論は，これまで技術と組織の相互作用論を求め，さらには技術と組織が分かちがたく結びついていることを強調する社会物質性概念が論じられてきた経緯からすると，違和感があるかもしれない。しかし，これまで多くの技術研究が，社会性および物質性を抽象的にも弄ぶことに囚われ，技術そのものを見失っていたのは，皮肉以外の何物でもない。技術研究は，あくまで技術を論じることが基本であろう。ただし，技術は単に物質的な要素に還元できるものではなく，物的な強制力をもつがゆえに実践をかたちづくる機能によって把握される。さらに情報経営研究としては，情報概念が鍵になる。この概念は，記号化された言語によって具体的なコンテキストから引き離す道徳性を帯び，技術と組織が作り出してきた近代の生活世界（さらには実証主義思想に支えられた科学主義）に抵抗する実践を生み出すことになる。学問的アイデンティティは，こうした概念が有する道徳性とともにあることを忘れてはならない。

　第4に，研究者は分析を通じて実践に接続することを，もっと真剣に考えるべきであろう。従来の相互作用論では，どこかで複雑な現実を写し取った複雑なモデルや概念が，実務的な有用性を担保するというナイーブな想定（信念）を置いていた。だが，実践的適合性とは，研究者と実務家が実践を共有している点に求められ，研究者だけに知的特権を与えられるものではない。他方で，研究者の役割は，それでも分析を行うことに尽きる。ただし，このことは，研究者の知的特権をしぶしぶ認めるものではなく，分析を通じて社会実践に積極的に介入することを意識することに他ならない。この点で，Keen [1980] が残した「単にリサーチすることを超えたリッチで意味ある研究領域を作り上げなければならない」というメッセージと，これを実践してわれわれに示してみせた，Ciborra and Lanzara [1994] の分析を改めて振り返りつつ，本章を終えたい。

注

・1　補足すると，技術と組織の相互作用論が，組織変革の探求へと導く，もう1つの論点ずらしが発生していた。今やイデオロギーと化した感のある変化への憧憬もまた（松嶋 [2011]），1つの伏流である。

・2 例えば、技術と組織の関係把握における論点ずらしは、アクター・ネットワーク理論を援用する情報経営研究にも（木佐森［2009］）、さらにはアクター・ネットワーク理論自身にも（Grint and Woolgar [1997] pp. 28-31）、みられてきた。
・3 例えば、首藤［2005］は、筆者の初期の論考である松嶋［2001］に対して、「焦点が人の動きにあるが故に、ITがその人の動きにどのような影響を与えたのかということについては基本的に興味の外にある。ITは人間が行っている業務を完全には代替出来ないが故に、その導入は組織に意図せざる結果を与え組織の人間が動くきっかけになる、という形でしか出てこないのである」（979-980頁）と、正しく指摘していた。ただし、首藤［2005］が提唱するトリック・オブジェクトという概念もまた、ベンダー企業に開発されたERPパッケージに対する過度の期待に対して、「ERPパッケージで可能であると考えていた事と実際の機能の間に隔たりがある」（992頁）ことによって、人々の相互作用に影響するとする限り、同様の論理にあろう（そして、それは誤りではない）。
・4 こうした認識論的な接近を必要とするのは、技術に限らない。具体的な物質（とりわけ個人）とは異なる位相にある抽象的な存在として概念化されてきた経緯をもつ組織概念も、技術と同様に存在論的には異種混合体であるため、当然ながら物質性が含まれている（Pinch [2008] p. 479）。
・5 Keen [1980] は、情報経営研究が独自の伝統を構築するために求められる具体的な指針として、以下の5点を挙げている。第1に、先行研究に根ざして研究を進めていくこと。第2に、研究者コミュニティにおいて共有されたトピック、概念、定義を用意すること。第3に、シニアの研究者が独自の研究フィールドを形成するために動くこと。第4に、明確な焦点をもったジャーナルを発刊すること。第5に、決して異端の排除を推奨するわけではないが、何が正統な論であるのかをとりあえず（some）定義することである（p. 13）。
・6 ちなみに、節のタイトルになった従属変数に対して、独立変数に関するタイトルは、Keen [1980] の論文構成においては存在しない。
・7 ここでいう連結最適化が、経済学的な均衡とは異なることに注意されたい。
・8 いかなる技術にも社会的側面として道徳性が含まれるという議論ではない。機能的であるべきだという道徳性を帯びた制度として技術が識別されるのである。したがって、逆説的ではあるが、物的な強制力（機能的）という社会性を排除した概念把握こそが実践的適合性をもつのである。
・9 制度派組織論では、強制的にその機能が書き加えられる場所（site）として、物質性をメタな理念型に置く工夫がなされ、実践の分析に利用されてきた（Friedland [2012]）。その差異は対象そのものではなく、他の理念型によって見出されることに注意されたい。
・10 そう考えれば、オリコフスキーが繰り返してきたように、われわれもまた積極的に論点ずらしを続けるしかないともいえる。実は二律背反を論じていたカント（Immanuel Kant）に示された一般的な論理的思考のなかに、論点ずらしが含まれていた。その論旨を噛み砕くと、例えば、社会性とは何かと問うたとき、究極的には物質性とは異なるという否定形でしか表現できないことである（e.g., 福谷［2009］271-278頁）。
・11 この背後には、紙媒体の論文の余白に書き込みをすることによって、思考を鍛え上げてきたわれわれの思考様式が根ざしている。あるいは、書くという行為に強制的に伴う物理的な時間の発生こそが、意義ある熟慮を成立させてきたことを、われわれは学んできたと

もいえる。

・12　思弁的な議論の可能性を否定しているわけではない。例えば，Argyris, Putnam and Smith［1985］のように，経営学における行動科学を，アクション・サイエンス（action science）という，対象への介入を前提とした新しい科学思想として昇華させることも考えられよう（福本・松嶋・古賀［2014］）。また，以降，本章で取り上げる Ciborra and Lanzara［1994］もまた，Argyris, Putnam and Smith［1985］に影響を受けていたことを追記しておく。

・13　チボラたちが記した，実践に対する介入を含んだデザイン方法論は，その具体性において今日でも比類するものがないといっても差し支えないであろう。

・14　本章は，現象の外部観察によって一般的法則を求めていくという意味での科学主義を退けているが，科学を支える実証主義的思想そのものを全面的に退けているわけではない。福本・松嶋・古賀［2014］では，近年の情報経営研究において勃興しているデザイン・サイエンスが，特定の状況下で有効な IT 人工物のデザインを志向しながら，その思想は対象を外部観察する実証主義に根差していることに注目する。一見すると科学的厳密性と実務的有用性のどっちつかずとも映るデザイン・サイエンスであるが，情報経営研究の「水源」の1つとされる行動科学，およびそれを経営学独自の科学思想へと進化させたアージリス（Chris Argyris）が提唱したアクション・サイエンス（action science）を参照すれば，科学的厳密性と実務的有用性の対立を超克する，科学的有用性を求めた実証主義のあり方が示される。それは，プラグマティズムの思想に基づいて科学を規範的な社会実践として捉え直し，「科学は価値中立的である」という人々の信憑のうえに，研究者による科学的な方法を用いた現実への介入として捉えられる。アクション・サイエンスの立場をとれば，事実を明らかにする「記述」，最適に不完全な単純化によって意思決定を促す「因果的説明」，研究者と実務家がともに科学的知識の有効性を確認する「仮説検証」といった実証主義的方法は，現実へ介入するための有効な手段として再解釈される。そして，それは本来コントが目指した実証主義的思想でもあった。

第 I 部
文献レヴュー

第2章　経営の情報化再訪
第3章　先行研究の批判的検討
第4章　研究者の分析実践

第2章　経営の情報化再訪

　経営の情報化が本格的に始まった1960年代以降，情報技術の利用が組織に与える影響はさまざまな観点から論じられてきた。しかし，これまでの議論では検討される論点が必ずしも体系化されておらず，さらにそれらの論点には相互に矛盾する命題を含んだパラドクスが必ずといってよいほど含まれる。これは，情報技術の発展が速く問題領域が多種多様に及ぶことや，情報技術の利用を通じた意図せざる結果を契機に社会的な意識それ自体が変わり続けていること，そして，こうした変化を捉える方法論が用意されてこなかったことに，その原因がある。本章では，情報化の歴史とともにパラドクスが生じるメカニズムを解きほぐしながら，現在も進行中の情報化をどのように捉えることができるのかを検討する。

1 情報化のパラドクス

　情報化の推進によって，当初期待したような効果とは異なった，あるいはまったく逆の効果が現れる。このような現象は，広く情報化のパラドクスと呼ばれる。そのうち，今日，最も広く知られたパラドクスは，情報化投資がマクロ的な経済指標（労働生産性の上昇率）に現れていないことを指摘する，生産性パラドクスである。このパラドクスは，経済学者ソローによって1987年7月12日付の*New York Times*紙上で発表され，大きな論争を巻き起こした。しかし，その後重ねられた経験的研究の結果として，1990年代後半の米国でみられた労働生産性の加速に対する影響要因として情報化投資が確認され，パラドクスの解消が宣言される。いわゆるニュー・エコノミー論の誕生である。これらの研究は，第9章でその分析方法論とともに改めて振り返ることにしよう。

しかし，われわれは，この宣言に満足することはできない。マクロ的な経済動向の内的論理を担う組織レベルにおいては，情報化投資の影響として結果としての生産性ばかりではなく，情報化によって影響を受ける人的ないし組織的な間接的要因をも考慮しなければならない (Strassmann [1990]；ブリニョルフソン [2004a])。実際，組織レベルで検討する限りにおいて，生産性以外にも未解決の情報化のパラドクスは山積みである。それゆえ，本章では以下，情報技術と組織変化を結びつけて論じられてきた代表的な7つの命題について，決して遠くはない時代から始まった，経営の情報化の歴史を再訪しておきたい。

1.1 情報技術は組織をフラット化する

情報技術の組織に対する影響をめぐる議論は，Leavitt and Whisler [1958] によって，*Harvard Business Review* 誌上で発表された「1980年代の経営 (Managing in the 1980's)」にその端緒を求めることができる。Leavitt and Whisler [1958] は，中央集権的な情報システムが導入されると，とくに情報の伝達に関わる機能が情報システムに集中するため，中間管理職が不要になり，組織のピラミッドは低くなると予測した。

もっとも1950年代は，民間企業における情報技術利用の萌芽期にあり，1952年に米国で CBS (Columbia Broadcasting System) 局が大統領選挙の予測に利用し，わが国では1959年に小野田セメントが会計処理に利用したのがその始まりであった。この頃の情報技術は大量のデータを集中的に処理するバッチ処理を主とした EDP (electronic data processing) と呼ばれるものが主流であり，会計や人事管理などの限定された業務領域でのみ，まさに計算機として情報技術が利用され，技術的にも未だ彼らのいうような組織的な影響を与えうるものではなかった。

Leavitt and Whisler [1958] の命題の検証は，1960年代に勃興した MIS を待つことになる。1964年に IBM の S360 が発売され，磁気ディスクを本格的に採用することによるオンライン・リアルタイム処理によって，それまでバッチ処理で別個に行われてきたデータ処理を統合させることが可能になった。さらに，タイム・シェアリングの登場を背景に，エンドユーザーにデータを提供する技術的環境が整ってきていた。MIS の創始者である Gallagher [1961] によれば「効果的な MIS の最終目標は，マネジメントのあらゆる階層に影響を与える経営内のすべての活動を，それら (マネジメント) の階層に完全に知らせることである」とするように，Leavitt and Whisler [1958] の基本的な仮説を含んでいた。

ところが，MIS が思い描いた組織変化は実際にはみられず，現在に至るまで中間管理職は依然として保持され続けている。MIS によって Leavitt and Whisler [1958] が予言した組織変化はなぜ起こらなかったのであろうか。1 つは，MIS は管理者が必要としていない情報を提供していたということである。MIS は基本的に定型的な情報処理を担うものであった。MIS で管理者に提供された情報は，管理者が必要としているものというよりは，MIS によって自動化された業務から付随的に生じたものを提供しているにすぎなかったのである（Zani [1970]）。

Mintzberg [1972] は，このことを「MIS の神話（the myth of MIS）」にすぎないと批判した。そのために彼は，現実の管理者の日常行動について延べ 5 週間にわたる観察調査を行うなかで，管理者はそのほとんどの時間を口頭による接触に費やしていたことを発見する。その具体的な内容は「組織が与えてくれる日常的な報告の類には関心を示さず，噂や推量，風潮のように，曖昧でもいいから最新の情報を探索すること」「希少な対面機会の取捨選択によって，組織内への取り組み意識を示したり，組織外へ公式的な要請をすること」など，管理者の情報活動は，MIS 論者がナイーブに描いていた姿からかけ離れていたのである。

また，中間管理職の役割についても見過ごされてきたことがある。もし，中間管理職が情報伝達以外の機能をもっていたとしたら，MIS が導入されたとしても中間管理職の役割はなくならない。このことを指摘し，同じく *Harvard Business Review* 誌上で Leavitt and Whisler [1958] に反論したのが Anshen [1960] であった。もっとも，それでは中間管理職が情報伝達を超えて，どのような役割を担っているのかについて，Anshen [1960] は詳しく論じていない。しかし，少なくとも，MIS の実践を通じて，中間管理職が単なる情報伝達を超えた役割を担っていたことはわかってきた。

このように，MIS は当初期待された成果をあげることができず，「MIS は幻想（mirage）である」と囁かれるようになった（Dearden [1972]）。しかし，MIS が企業の情報化に与えた影響がまったくなかった，ということではない。MIS によって最終目標とされた経営者に対する情報提供こそ，うまくいかなかったかもしれないが，この MIS の失敗を克服すべく，情報化の実践や研究がさらに加速することになるからである。

1.2 情報技術は組織の意思決定を代替する

　MISは定型的な情報処理の自動化を達成した一方で，管理者に必要なデータを提供するという目的は達成できなかった。管理者が必要とする情報を提供するには，そもそも管理者が行う意思決定についての概念枠組みが必要になる。

　こうした問題意識に対して，管理者の意思決定に関する理論的基礎を提供したのが，サイモン（Herbert A. Simon）であった。周知のように Newell and Simon [1972] は，組織を意思決定と情報伝達からなる情報処理システムとして捉え，とくに MIS が見過ごしてきた管理者ないし専門家による意思決定メカニズム（発見型のヒューリスティックス）の解明に挑んだ。

　サイモンによる理論的な基礎づけは，Scott Morton [1971] によって企業における情報技術活用の雛形となる概念枠組みとして展開される。Scott Morton [1971] は，サイモンのプログラム化された決定（programmed decision）と非プログラム化された決定（non-programmed decision）という区分を援用し，構造的な問題（structured problem）と非構造的な問題（unstructured problem），これに半構造化された問題（semi-structured problem）を加えた3種類に分類した。この区分のうち，とくに半構造的意思決定に対する支援として DSS（decision support system）や EIS（executive information system）などの，経営支援システム（management support system: MSS）が推進されることになった（Keen and Scott Morton [1978]）。

　このように，組織を情報処理システムとして捉えることで，情報化による組織への影響としても，Leavitt and Whisler [1958] が指摘したような情報機能の集中という議論とは異なった，意思決定権限の集権化という観点から検討することが可能になる。ちなみに，Leavitt and Whisler [1958] でも組織の集権化が論じられていたが，MISの実践が示してきたように情報機能の集中と意思決定権限の集権化は別の議論として捉えられなければならない（Myers [1967]）。このような観点から，とくに DSS が中間管理職の意思決定を代替することになれば，組織の重要な意思決定は，すべて DSS を作り込む情報システム部門やデータベースにアクセス可能な経営者に集権化していく，という議論がみられるようになった。

　他方で，上記のような議論に理論的基礎を提供した当の Simon [1977] は，情報技術による組織変化としては逆に，専門的な意思決定の分散による分権化を予測することになった。彼は1960年において，すでに定型的意思決定が情報技術によって代替されつつあるという観察をもとに，20年後には専門家が行うような非定型的な意思決定さえ，ES（expert system）などのようなプログラムで代替

されると考えた。そして，このプログラムが経済的な問題をクリアすることができるのであれば，組織の誰もが，組織の至るところで専門家と同じような意思決定を行うことが可能になり，組織の意思決定は集権化するのではなく，組織全体に分散し，分権化すると考えたのである。

また，個人の意思決定の代替ではなく，組織そのものを情報処理のシステムとして注目することで，組織戦略としての情報技術の利用を論じるのが Galbraith [1973] および Galbraith and Lawler [1993] であった。ガルブレイス (Jay R. Galbraith) は，サイモンを理論的基盤とし，組織を外部環境の不確実性を削減する情報処理システムとして捉え，不確実性が増大したときの情報処理負荷に対して，2つの戦略を展開する。1つは，組織にかかる情報処理負荷そのものを軽減させる戦略で，環境の管理や組織スラックの配置，自己充足的な作業単位の設計などを通じて，組織が処理する情報量そのものを削減しようとするものである。もう1つは，組織の情報処理能力の拡充戦略で，垂直的な情報処理能力の向上や，水平的なコミュニケーションの促進によって情報処理能力を向上させようとするものである。Galbraith [1973] によれば，情報技術は垂直的な情報処理能力の強化ツールとして位置づけられていたが，今日の情報ネットワーク技術をもってすれば水平的な情報処理能力に対しても情報技術が関与することになろう。

このように，情報処理システムとして組織の意思決定を捉える概念枠組みは，情報化と組織との関わりをさまざまなかたちで検討することを可能にした。しかし，これらの議論の妥当性は，そもそも組織の意思決定を情報処理システムとして捉えることが妥当かどうかにかかっている。事実，サイモンの研究を基点として発展してきた認知科学においても，コンピュータと情報処理というメタファーをもとに人間の認知プロセスを研究する限界が指摘されている (Gardner [1985]；Brown, Collins and Duguid [1989])。換言すれば，組織の意思決定を情報処理システムとして捉える概念枠組みは，実際にそれが情報システムとして作り込まれて実践されるほど，そのような理解では捉えきれない人間の認知や組織的行動の複雑さを明らかにしてきたといえよう。

1.3 情報技術は組織における人間のコミュニケーションを妨げる

1970年代後半になると，汎用的な情報技術では捉えきれなかった身近な業務に対しても，ワード・プロセッサやパーソナル・コンピュータおよびそれらを繋ぐネットワーク技術を利用しようとする OA (office automation) が登場する。OA

には，何か明確な理論的背景があるわけではないが，オフィス活動を少なくとも部分的には情報技術で代替することによって，組織におけるさまざまな活動を支援することを目指す実践である。他方，少なくともこの頃になると，情報技術に過度な期待が抱かれることは少なくなり，むしろ情報化に伴う問題点の指摘が目立ち始める。とくに OA 化に対して指摘されてきたのが，情報化による人間関係の希薄化や対面によるリッチなコミュニケーションの阻害である（e.g., Fulk and Boyd [1991]）。

人間関係の構築に関わるコミュニケーション・メディアの効果は，主に社会心理学で探求されてきた。その代表的業績として，ショート（John Short）たちによる社会的実存感（social presense）と，ルター（Derek R. Rutter）による社会的手がかりの減少（cuelessness）がある。ショートたちは，対面・テレビ・電話・ラジオ・ビジネスレター（文書）を取り上げ，メディアごとにコミュニケーションの相手があたかもそこにいるかのような感覚，すなわち社会的実存感が異なることを発見した（Short, Williams and Christie [1976]）。ルターは，ショートたちがいうような社会的実存感が得られるメディア効果の違いを社会的手がかり（social cue）として，視覚的な手かがりという物理的な特性と，その場に居合わせることによる存在感という心理的な特性の交互作用特性によって捉え，それらは対面的状況を準拠点にして徐々に減少していくことを明らかにした（Rutter [1984]）。彼らの議論は，その後コンピュータを介したコミュニケーション（CMC: computer mediated communication）にも適用され，数多くの経験的研究が蓄積されてきた（e.g., Sundstrom [1986]）。

また，組織コミュニケーション論では，ダフト（Richard L. Daft）たちによって，解決すべき課題の性質との対応からメディアの選択行動が検討される。ダフトたちは，タスク特性やそこで必要になる情報の性質と，さまざまなメディアがもつ技術特性に注目する。すでに必要な情報がわかっており，不足した情報の追加獲得が求められるような不確実性が高い状況では，データ化された情報を伝えることができる無駄がないリーンなメディア（例えば，文書や MIS）が適しており，その反面，問題の定義が不明確であり，とりわけ相手の反応を探り合いながらの調整が求められる多義性が高い状況では，対面的状況のようなリッチなメディアが必要である，とした（Daft and Macintosh [1981]：Daft and Lengel [1986]）。

以上のような議論は，長らく対面的状況に慣れ親しんできたわれわれにとっても納得のいくものであろう。しかしながら，経験的研究が蓄積されるとともに，

このような問いそのものに齟齬が出始めている。例えば，古典的な社会心理学研究では人間関係の形成をめぐって対面的なメディアの優位性が示されていた。これに対して，社会的実存感が十分に得られる対面的状況では，それが発言すること自体の社会的圧力となったり（評価懸念），発言内容がその場，その時の議論の文脈に限られてしまう（プロダクション・ブッキング）という逆効果を生むという指摘がある（Sproull and Kiesler [1991]）。CMC は，じかに対面する必要がなく，場合によっては名前を伏せて発言するという匿名性が得られる。また，その時，その場に居合わせなくともコミュニケーションを可能にする非同期性があり，文脈に限られない発言を可能にする。このように，CMC の実践は，むしろ，われわれの慣れ親しんだ対面的状況が備えていた，ネガティブな側面をも明らかにしてきたのである。

同様に，Hatch [1987] による管理者の日常行動に関するフィールドワークでは，当初予期していなかった結果の１つとして，個室にいる管理者のほうが，オフィスにいる管理者よりもコミュニケーションに積極的であり，人的ネットワークもより広いものであった（顔が広かった）ことが挙げられている。これは，個室にいる管理者のほうがコミュニケーション不足に関する危機感を抱いていたためであったとされる。つまり，さまざまなリッチなコミュニケーション・メディアを通じて何気なく伝わり，相互に納得しあえるような対面的状況よりも，より積極的なコミットメントを求めるようなメディア状況では，情報に対する積極的な意識を喚起する効果があるといえよう（金井 [1995]）。

このように，現実には，情報技術という新しいメディアの登場とともに，われわれのコミュニケーションに対する意識そのものが変化している。対面的状況を準拠点にして情報化が人間のコミュニケーションを妨げるという問題設定では，このような変化を捉えることができない。換言すれば，つい最近までわれわれは，慣れ親しんできた対面的状況を規範とするあまり，新しいメディアの登場によって人間のコミュニケーションのあり方に根源的な変化が起き始めていたことを見過ごしてきたのである。

1.4 情報化はスキルの解体と人間疎外をもたらす

かつて情報化は，農業革命，工業革命に続く，脱工業社会という第３の革命であるという位置づけのもとで，産業のサービス化と並行して捉えられてきた。その結果，ヒト・モノ・カネに直接的に関わる組織活動ではなく，意思決定やコミ

ュニケーションなど，情報に関わる目にみえない組織活動に焦点が当てられがちになる。実際，これまで検討してきたように，経営の情報化に関する議論はより抽象的な意思決定の問題やホワイトカラーを対象としてきた。

ところが，実践的に経営の情報化は，むしろ MIS 以前から行われてきた会計や人事管理などの定型的な情報処理や，モノに直接的に関わる生産現場において着実に進行してきた。とくに生産技術の制御用半導体が市場に供給され始めた 1980 年代以降の生産プロセスの情報化は，ME (micro electronics) 革命と呼ばれ，産業用ロボットに始まり，NC (numerical control) 工作機械，CAD/CAM (computer-aided design/computer-aided manufacturing)，MRP (manufacturing resource planning) などが次々と生産現場に導入されてきた。これらの実践が志向してきたのは，まさに人間の作業を代替させることであり，この実践への取り組みをわが国では独自に FA (factory automation) と呼んできた。

もちろん，現実にはすべての生産プロセスにおけるすべての作業が代替され，工場が無人化されているかというとそうではない。しかし，FA の延長線上には，このような無人化された生産現場が想像されており，それがさまざまな論争を呼んできた。その1つに，生産プロセスの自動化が労働者のスキルを解体し，その結果として労働の無意味化がもたらされるという批判がある。もっとも，このように機械化によって人間のスキルが解体され人間疎外に至るという問題は，経営の情報化固有の話ではない。例えば，Braverman [1974] など，機械化とスキル喪失および人間疎外の問題はむしろ産業化とともに古くから論じられてきた。しかし，このような心配は，少なくとも現在に至るまで現実の問題にはなってない。

それでは，この古くて新しい問題をどのように捉えたらよいのであろうか。そもそも有史以来，われわれは，さまざまな技術を利用してきた。そう考えると新しい技術の登場は，人々のスキルを奪うというよりは，新しいスキルとして再構築されると考えるべきなのである。実際，とくに生産プロセスに関わる情報技術の場合には，単純な作業が機械によって代替された結果，情報技術の状態を正しく理解し，作業の進行状況の判断を求められるような，情報技術を通じた生産活動に関わるより複雑なスキルが必要になっている。奥林・庄村・竹林・森田・上林 [1994] は，このように ME 技術革新によって生まれた知識労働者をテクニシャンと呼んだ。テクニシャンは，基本的にチーム型の作業方式において，多品種少量生産体制のもとで予期せぬ変化に柔軟に対応する自己管理能力が求められており，その分，管理組織についてはある程度フラット化することが経験的にも明

らかにされている。また，彼らの議論では，このような働き方の変化のもとで，労働者は自らが仕事生活や仕事を離れた生活をも設計する，労働生活の質（quality of working life: QWL）に改善がみられることが示されていた。

　生産プロセスの自動化に関わる伝統的な問題には，先にみた情報化によるコミュニケーションをめぐる問題と同じような論理がある。つまり，慣れ親しんできた状況を規範的に問題ないものとして捉えることによって，情報化の実践を通じてわれわれの働き方や生活の価値観そのものが変化していくことが見過ごされてきた，ということである。

1.5　情報技術はビジネス・プロセスを革新する

　1980年代より着実に進んできたFAは1980年代後半になって1つの転回点を迎える。それが，CIM（computer integration manufacturing）である。CIMは，FAでは生産プロセスを個別に自動化してきたのに対して，それらを統合しようという動きである。早くからCIMの必要性を提唱してきたHarrington [1973] は，個別領域で発展してきたオートメーションやCAD/CAM，MRPなどのアプリケーションが，全体として統合されることによってはじめてシナジー効果を発揮するとし，それには大量生産における分業のあり方や各職能の技能にも大きな変化が必要になると指摘する。このようにCIMで特徴的であったのは，生産プロセスに直接的に関わる作業領域だけではなく，それに付随する事務機構をも取り込み，企業間取引機能やマーケティング機能を取り込んだビジネス・プロセス全体の統合へと展開することになったことである。

　このような発想は，1990年初頭にブーム化したBPR（business process reengineering）にもみることができる。Hammer and Champy [1993] によれば，BPRはコンピュータによって既存の業務を置き換えるのではなく，「プロセス」全体を「根本的」「ラディカル」「抜本的」に再設計する必要があることを主張した。この背後にはアダム・スミス（Adam Smith）によって示された，ピン製造に関わる分業と専門化（最初の人が針金を引き伸ばし，次の人がそれをまっすぐに伸ばし，3番目の人がこれをカットし，4番目の人が先を尖らせ，5番目の人がピンの頭部を作る）に示された組織原則に対する批判がある。BPRはこのような組織原則の延長線上にあるのではなく，顧客に対して価値を生み出すプロセスとなるよう，ゼロから組織を設計し直さなければならないという発想である。

　しかし，プロセス志向で組織を設計するためには，分業と専門化を犠牲にする

ことによるデメリットが解消されていなければならない。BPR において，情報技術はそのためのイネーブラー（実現可能要因）であると位置づけられる。つまり，情報技術によってすでに組織の専門的機能が相当程度に OA や FA によって担われていることを前提としてはじめて，プロセス単位で仕事を分割することが可能になるのである。

　このように情報システムを梃子にしたビジネス・プロセスに沿って組織の側を合わせるという BPR の思想は，即効薬的な効果を期待させたことから一世を風靡したが，実際にはうまくはいかなかったというのが定説となった。とくにプロセス志向への人間の変化は，それを情報技術で置き換えるほど簡単なものではなかった。その反省を込めて Davenport [1993] は，修正型のリエンジニアリングを提唱する。人的および組織的要因が密に関わるプロセスの革新には，組織文化の改革との連動が必要であり，そのためには継続的な学習が欠かせないという。

　さて，1990 年代前半にブーム化した BPR の思想は，ブームが去った今でも根強い。例えば，ドイツ SAP 社が開発したパッケージに代表され，近年，多くの企業で導入されている ERP（Enterprise Resource Planning）は，その典型である。ERP とは，製造プロセス管理やそれに伴う在庫管理，資材調達，財務・会計情報など，企業において基幹となるさまざまな情報を統合することを謳うソフトウエアである。つまり，企業の統合問題は，このパッケージで解決されることになる。しかし，このことは，翻って ERP を採用する企業が，パッケージに合わせてそれまでの業務のあり方やビジネス・プロセスを変更しなければならないことを意味する。多くの企業にとって，パッケージに合わせた組織の変更は非常に困難な課題であり，その結果，ERP はコストがかかるわりに，なかなか成果に結びつかないと指摘されるようになった。修正型の BPR を提唱した Davenport [1998] もまた，ERP の導入にあたっては組織や戦略との整合性について注意を払うことに，もっと慎重でなければならないと指摘していた。

1.6　情報化は企業の競争優位になる

　企業の情報化が進み，それまでの情報化実践が振り返られるようになった 1990 年代において，情報技術による単線的な組織変化ではなく，情報技術と組織や環境との整合性（aliment）が論じられるようになる（Walton [1989]；Scott Morton [1991]；Allen and Scott Morton [1994]）。そこでは，CIM や BPR では見過ごされていた（いる）人的ないし組織的要因との整合性に対して，さらに環境とい

う変数が加えられた。

　とくに環境との関わりで戦略的な観点から，企業における情報技術の利用を捉える視座が，SIS (strategic information system) であった (Wiseman [1988])。それまでの情報システム設計は，主に組織内部やビジネス・プロセスの効率化や合理化に主眼があり，競争環境における企業の対応が見過ごされてきた (Porter and Miller [1985])。単一の企業を超えて取引企業や顧客を含めたビジネス・プロセスの革新を論じる BPR でさえ，プロセスの改革に成功してもビジネス的には成功しないという「プロセス・パラドクス」を孕んでいる (Keen [1997])。

　これに対して SIS とは，何か具体的な情報技術と関連づけられるものではなく，それらの情報技術をあくまで戦略的な観点から利用する必要性を示す視座であった。例えば，SIS としてよく引用される事例として，アメリカン・エアラインとユナイテッド・エアラインの座席予約システムがある。このシステムを最初に導入したのは，ユナイテッド・エアラインであった。ユナイテッド・エアラインは，旅行代理店にフライト検索，予約，チケット発行という一連の業務を処理することを目的に「アポロ (Appllo)」を導入した。アポロがユナイテッド・エアラインのフライトに専用のシステムであったのに対して，アメリカン・エアラインはすべての航空会社のフライトを含むシステム「セーバー (Sabre)」を導入することで，これに対抗しようとした。また，アメリカン・エアラインは，セーバーに自社の便名を優先するようにプログラムに仕組んだ (アルファベット順に並べるとアメリカン・エアラインは AA となり，ディスプレイの一番上に表示されるので，自社の便が満席になるまで常に予約を埋めることができる)。それによって，アメリカン・エアラインは旅行代理店で販売される航空券市場の 41% のシェアを獲得するに至ったのである。

　このように，SIS において情報技術は，戦略的観点から利用される。しかし，情報技術を戦略的観点から利用することによって生じる問題もある。それは，他社には模倣できない競争力のあるビジネス・プロセスを情報システムとして作り込むことが，かえって模倣可能性を高めてしまうことである。加護野・井上 [2004] は，この論理を情報化のパラドクスとして指摘していた。情報システムとして具現化されるビジネス・プロセスそのものはすぐに模倣され，だからこそ背後にある目に付きにくい工夫が，経営戦略上で重要になる。

　実際，ユナイテッド・エアラインや他の航空会社は，すぐにセーバーと同じビジネス・プロセスを作り出すことになる。しかし，アメリカン・エアラインがセ

ーバーを導入したことが戦略上で重要であったのは，そこから派生したさまざまな事業展開であった。例えば，アメリカン・エアラインが稼ぎ出す利益は，航空事業のそれよりも，セーバーを通じて予約されたホテルやレンタカーの手数料，他社の航空会社によるセーバーの利用料，旅行代理店によるセーバーの端末リース料などによるものが勝っていた。また，セーバーのデータベースを利用して，飛行機の利用実績によって往復航空券を配布することで，顧客のロイヤリティを作り出すことができたのである。このように，アメリカン・エアラインの競争優位は，セーバーによる座席予約システムそのものではなく，セーバーを利用することで可能になるさまざまなビジネス・プロセスにあった。

1.7 情報技術は企業の境界を越えたオープンな市場取引を可能にする

情報技術が情報処理という機能のほかにネットワークという機能をもち，とくにインターネットというかたちで利用可能になった1990年中盤以降には，情報ネットワーク技術で結合された電子市場が確立される。それに合わせて，企業の境界を越えたオープンな市場取引が可能になるという議論が台頭するようになる（Malone, Yates and Benjamin [1994]）。

こうした議論の理論的背景として，取引コスト理論（transaction cost theory）がある（Williamson [1975]）。取引コスト理論では，情報技術による経済的インパクトを，情報の非対称性を削減することによる市場原理の拡大に求める。インターネットをはじめとした今日の情報ネットワーク技術を利用することによって，それまでは情報の伝達コストがかかることを理由に偏在していた情報が広く共有される。それによって，組織内取引よりはオープンな市場取引が促され，価格も一物一価に収斂していくと考えられた。このような考え方を背景に，1990年代中盤には情報ネットワーク技術を活用したアウトソーシングや，固定的な境界をもたないバーチャル・オーガニゼーション（Davidow and Malone [1992]）などが注目された。

しかし，実際には，企業が解体され取引が市場の原理に近くなっているかというと，そうではない。國領 [1999] は，現実に企業の境界を越えたオープンな取引を可能にするための必要条件として，インターフェースの標準化によるモジュール化を指摘する。具体的には，EDI（electronic data interchange）やCALS（commerce at light speed）といった，企業間でのデータのやりとりを可能にするための通信プロトコルから始まり，部品に互換性をもたせる技術規格などが策定される

ことによってはじめて，企業は従来型の系列的な取引を超えて外部のリソースを活用することが可能になる。

ただし，このようなモジュール化によって，取引コスト理論で考えられたように組織の境界そのものが消えるというわけではない。モジュール化によって確かにそれまでの企業の境界を越えられるかもしれない。他方でモジュール化は，業界として安定した取引構造であるアーキテクチュアを作り込むことを意味する。それゆえ，モジュール化による取引では，イノベーションがアーキテクチュアで定められたルール内でのインクリメンタルなレベルに留まり，アーキテクチュアそのものの更新を伴うラディカルなイノベーションが妨げられるという，まさに組織的な課題を孕んでいるのである。

このように，モジュール化による企業境界を越えた取引は，モジュール化という業界レベルでの利害関係者の組織化に支えられている。そこでは，情報ネットワーク技術によってあらゆる境界を越えた取引が可能になるというよりは，情報ネットワーク技術を活用した企業間取引ができるような組織境界が再設計されたものとして考えるほうが妥当であろう（矢寺・浦野・松嶋 [2015]）。

このような問題意識のもとで，社会全体に広がる情報ネットワーク技術と組織の設計原理として議論されてきたのが，ネットワーキングの概念であった（今井 [1984]）。今井・金子 [1988] は，シリコンバレーにおけるベンチャー・ネットワークには，情報ネットワーク技術によって形式的な情報が時空を越えた異質な領域との交流をもつことによって，その背後にあるコンテキストにも新しい価値が創発されるメカニズムがあるという。この創発メカニズムについては当初の研究では明らかにされてこなかったが，金子・松岡・下河辺 [1998] では，そのダイナミズムの源泉は情報ネットワーク技術そのものではなく，自らネットワークを設計することによって何かを成し遂げようとする人々の自発性（will）が鍵になると指摘されている。自発性にすべてを起因させるべきかどうかは検討の余地があり，さらに自発性と情報ネットワーク技術との関わりについても議論が必要であるものの，いずれにしても情報ネットワーク技術の普及が，そのまま境界を越えたオープンな市場取引を実現させることはない。それだけは，確かであろう。

2 パラドクスの正体

前節では，経営の情報化をめぐる歴史的な経路に寄り添いながら，これまでに

取り上げられてきた論点について概観してきた。実に多様な論点が情報化の問題として取り上げられつつ，多くの場合にはまったく正反対の主張が存在していた。そして，重要なことは，こうした主張の対立を通じて，新たな論点が見出されつつ，企業の実践がどんどん先に進んできたということである。それゆえに，研究対象として経営の情報化を紐解けば，矛盾する命題を含んださまざまなパラドクスに遭遇せざるをえない。

本章の目的は，このパラドクスを解消することではない。そうではなく，なぜこうしたパラドクスが繰り返されるのかという問いに大まかにも答え，経営の情報化を通じて，われわれ研究者は何を探求すべきかという指針を得ることにある。この目的のためにここで考えておきたいのは，なぜ技術の利用が，当初の設計意図とは乖離した「意図せざる結果」を生み出すかについての一般的理解である。第3章で詳しく議論するが，社会学者であるギデンズによって議論された，意図せざる結果を通じて変容していく近代の再帰性（cf., Giddens [1984]）は，先行研究においても最も重要な論点の1つとして議論されてきた。何がしかの行動が予期せぬ結果を招くことはいうまでもないが，ここでは意図せざる結果がなぜ発生し，どのような影響を与えうるのかについての基本的理解を確認しておきたい。

さらにいえば，意図せざる結果それ自体は，広く社会科学で議論されてきた概念の1つであり，第4章で触れるような方法論的な議論へと展開していく。換言すれば，実践がパラドキシカルであるのは，第1章で議論してきたようにコンピュータを導入・利用する情報化に限らず，脱文脈的な技術や組織に基づいた近代の実践に共通した特徴なのかもしれない。パラドクスの正体は，最終的には，研究者の認識のあり方に求められるのである。

2.1 「人と技術」の位相で生じる意図せざる結果

技術の利用が当初の設計意図や利用目的を超えた思わぬ結果をもたらすことは，経験的にもいうまでもないことであろう。だが，この当たり前にすぎる経験的な感覚から，意図せざる結果そのものに踏み込んで考えることが，少なくなっているようにも思える。次章で検討するが，そのことが，経営の情報化を探求してきた研究の躓きになっていた。

われわれが意図せざる結果を生み出すのは，当初の設計や利用の際にすべての状況を考えつくして議論できないことからきている。われわれの行動を裏づける知識は，時間的・空間的にローカルな状況で形成された知識に依存しており，そ

の限定性は差し当たり問題がない限り暗黙裡にある。今や経営学においてもお馴染みのポランニー（Michael Polanyi）であるが，暗黙知は，すべてを語りえない寡黙な職人が有するような知識能力を示す概念ではない。むしろ，われわれがもちうる意識の限定性を説明する概念であった。人々が意識することができるのは，具体的な問題として引き寄せられる部分的な焦点（遠隔項）にすぎず，その背後にはさまざまな意識されない暗黙知（近接項）が潜んでいる（Polanyi [1958 ; 1966]）。われわれは，当該の社会状況において問題なく行動できる限り，暗黙裡にされた慣習をいちいち意識的に自問するようなことはしない。そして，それが暗黙裡にされている状態では，それを内省することすらできない。このように投企（be thrown）された存在である人々は，暗黙知に支えられることで多様な状況に対応できるというより，アドホックに対応するしかない。

　こうした理論的含意を踏まえれば，情報技術の利用を通じた意図せざる結果も，人と技術の位相では，以下のように議論できる。われわれは時空に制約されたローカルな状況に埋め込まれながら，何かしらの部分的な問題意識のもとで情報技術を利用しようとする。そこでは，われわれが当然視している組織慣行のすべてが意識的に検討されているわけではない。しかしながら，このようなわれわれの事情にはおかまいなく，情報技術は日常的な仕事実践を基礎づけてきたローカルな状況を変更してしまうかもしれない。その結果，その置き去りにされた組織慣行が，新たな問題として即興的に眼前に立ち現れてくる。ここで注意すべきなのは，このように意図的な行為の結果として生じる意図せざる結果は，観察者である研究者によって意味同定されるものではなく，意図せざる結果に直面する当事者によって反省的に意味づけられることである。行為主体は期待していた行為の結果が得られなくなったとき，つまり，意図せざる結果に直面したとき，はじめてそれまで意識的に考慮されてこなかった組織慣行の一部を意識の俎上に載せ，再検討することが可能になる。このことを Polanyi [1966] は，暗黙知の焦点化（focusing）と呼んだ。

　ギデンズの議論もまた，ポランニーの議論を参照しながら，意図せざる結果による反省的な社会実践の再定式化を進めたものであった。ギデンズは，行為主体に外在するマクロ構造を説明概念に据えることを拒否し，徹底的に行為主体の実践的な営みに注目する。そこでは，人々は社会に関する認識と同時に自己のアイデンティティを形成することが含意されている。それゆえ，ギデンズはそれまでの社会学では潜在機能として捉えられてきた「意図せざる結果（意図されない結

果)」とは，観察者によって与えられたラベルにすぎないと批判する。ギデンズがいうところの意図せざる結果とは，意図を抱いた行為主体が目的的な行為の結果として，直面する行為の断絶を意味する。意図せざる結果によってそれまでの実践が断絶されることによって，アイデンティティの危機として緊張状態 (critical condition) が作り出される。人々はこの緊張状態を解消することに動機づけられることで自らの状況に対する理解を再構築し，新しい行為の条件として組織化していく (Giddens [1984] pp. 60-64)。このような知識能力 (knowledge ability) をもつ行為主体の反省的な問い直しによって，意図せざる結果は構造の再生産へと結びついていく (Giddens [1984] pp. 293-297)。

　情報技術の利用による意図せざる結果を通じた再帰的メカニズムを通じて，われわれの経験世界が再構成されていく点については，すでにメディア社会学などで具体的に論じられてきた。Meyrowitz [1985] は，1980年代のアメリカではテレビやラジオなどの電子メディアの発達とともに，これまでのように時空に分断された3つの活動領域 (男女の領域，大人と子どもの世界，企業や社会の上下関係) を再構成する必要が生じると指摘してきた。Meyrowitz [1985] はこのことを「場所の意識の喪失 (no sense of place)」と呼ぶ。しかしながら，それは，われわれが場所に対する知覚と論理を一方的に失っていくことを意味するわけではない。失われてしまった知覚と論理は，新たな役割体系として再構築されているはずだからである。例えば，電話による対話は，隣人よりも明らかな親密性を再構築している (Giddens [1992])。児島 [1999] によれば，この意味において Meyrowitz [1985] の議論は「場所の意識の喪失」であるとともに，「場所の新たな意識 (new sense of place)」というべきものである (22-24頁)。Giddens [1990] もまた，このように時空を分離させる技術は，われわれをローカルなコンテキストから引き離す，脱埋め込み (dis-embedding) メカニズムをもつ反面で，それが経験される場面では再びローカルな時空のもとに再埋め込み (re-embedding) される，という観点から近代の再帰的性質を捉えていた。

2.2 「技術を介した人と人」の位相で生じる意図せざる結果

　技術利用の意図せざる結果としては，もう1つ，技術利用によって生じた他者との関係性で生じるものがある。もちろん，ここでも個人のローカルな限定性は前提とされているが，ここでは情報技術を介して時空を越えた活動が他者とのコンフリクトを招き，その関係性が再構築されていく政治過程 (political process)

に焦点が当てられる。

　Kling [1980] は，組織で共有された目的が存在し，人々はその目的に対して体系的に秩序化されていることを前提とし，情報技術をその目的達成の合理的な手段として位置づける視角をシステム合理主義と位置づけた。これに対して，もともと組織には調停不可能で相容れない目標を抱く複数のグループが存在することを前提とした視角を区分的組織と呼んだ。後者の立場をとれば，組織内でどのグループが目標を達成するかは，彼らが有する権力によって左右され，情報技術も政治的手段の1つとして位置づけられる。同様に，Thomas [1994] は，政治的対立の文脈（例えば，デザイン部門と設計部門の政治的対立）のもとで導入される新しい生産技術や情報技術は，組織の目標達成やそのための技術の裏づけとはしばしば別の政治的理由で，導入されていることを指摘してきた。

　もちろん，組織に所属する人々は対立するだけではなく，相互依存しながら行動している。ここで重要なのは，彼ら自身の視点からすれば，少なくとも秩序が維持されている場面においては，組織は整合的に映っていることである。

　例えば，認知科学者であるハッチンス（Edwin Hutchins）は，状況認知（situated cognition）の立場から，アメリカ海軍の航行チームで分担されているさまざまな作業を調整する手段として，最新技術（コンピュータ航行システム）とともに，さまざまな古い技術（羅針盤やメルカトル図法，コンパス，定規，鉛筆など）が相変わらず利用され続けていることに注目する（Hutchins [1990]）。技術の利用は，それ自体が隣接する作業に対してさまざまなメッセージを発しており，ただ個人的な作業をこなす以上に，それを利用する他者との調整機能をもつオープン・ツール（open tool）といえるのである。さらに，ハッチンス [1996] では，オープン・ツールの側面を強く備える情報技術では，さまざまな視点を反映しながら組織を編成していくインターフェースとしての側面を意識した技術設計が必要になると指摘する。つまり，われわれの技術の利用は相互依存的な社会状況に投企されたものであり，多面的な解釈に支えられた技術の利用それ自体が組織を編成している。

　すなわち，技術を介した人と人との位相で生じる意図せざる結果は，ハッチンスが指摘したオープン・ツールを前提として，Kling [1980] が指摘した組織の政治的対立を顕在化させるようなダイナミックなプロセスとして注目することができよう。同じく認知科学者であり，技術を媒介にした集団の認知のあり方を探るスター（Susan L. Star）たちの議論は，このような位相に注目した研究の1つであ

った。Star [1989] によれば，組織的に共有された技術の利用は，ローカルな仕事のコンテキストでは強く構造化されたものでありながら，本来弱く構造化された他の仕事のローカルなコンテキストを橋渡しする，境界オブジェクト (boundary object) になる。境界オブジェクトとしての情報技術は，一方で組織を編成するものであると同時に，技術の利用方法をめぐる交渉を通じて組織の境界を描き直すという作用をもつ。ここで，組織の境界とは何かしらの実体的な存在として，例えば企業の分業関係や権限関係としてだけ存在しているわけではない。どのような秩序もすべてローカルな状況に埋め込まれた仕事実践に裏づけられたものであるからである。

　Gerson and Star [1986] では，より具体的に，ある保険会社のオフィス情報システムの導入をめぐって，相互に関わりあう医師や患者，人事部，マーケティング部門，医療費チェック部門，製品開発部門，情報処理部門，法務部門，調査部門という9つの設計主体を取り上げる。新しい情報システムの利用方法は，それぞれの部門間の要求が競合したものであった。このことを Gerson and Star [1986] は，9つの設計主体のローカルな状況に照らし合わせて見出した。そして，その情報システムの導入過程では，もともと立場によってさまざまに異なっていたローカルな要求がコンフリクトというかたちで明確化され，境界オブジェクトとしての情報システムの利用方法をめぐる政治的交渉を通じて，それらの競合するローカルな要求も擦り合わされ，それとともにタスクの境界が再構築されていく二重の過程を明らかにした。

　先述のギデンズとともに近代社会の再帰性を強調してきたベック (Ulrich Beck) によれば，近代化，とりわけ近代における高度技術化とともに，誰もが自らの行動によって引き起こされるリスクが問われる場面では，それまで政府機関などによって俯瞰的に定められ，もはや問われなくなってしまった社会関係が改めて交渉の対象になり，民主主義的な政治メカニズムが復興する (Beck [1992：1994])。ベックは，これを政治の再創造 (reinvention of politics) と呼んだ。このような民主主義的な相互交渉を徹底化するための情報技術の利用は，合理主義的な高度産業化という文脈で捉えられてきた情報化の議論では，十分に検討されてこなかった側面なのである (伊藤・花田 [1999]；吉田 [2000])。

2.3　意図せざる結果を探求する意義

　本書は，情報化という摑みどころのない現象に対して，その摑みどころのなさ

に挑もうとするものである。これまでの議論で示された論理を端的に示せば，次のようなものになろう。それは，情報技術の利用を通じた直面する意図せざる結果が，現場レベルの実践でもはや問われることがなくなった組織慣行に対する反省的な問い直しを喚起するとともに，組織のさまざまな境界領域において政治を再創造するという，2つの分析位相が必要になってくるということである。

　それでは，なぜわれわれは，こうした情報化を，摑み損ねてきたのであろうか。佐藤［1996：2010］は，コンピュータにはわれわれが抱くさまざまな夢を織り込んで論じさせてしまう，「AI的アナロジーの罠」があると指摘する。われわれは，技術による社会変化（技術決定論）を論じるときには，まず，技術そのものの発展の予測をして，その次にその技術発展に基づいた社会変化を論じようとする。ところが佐藤によれば，このような技術予測はこれまで当たった試しはない。なぜなら，われわれは，技術予測に際して決して中立的な立場にいるわけではなく，実際には意識的なものであれ，無意識的なものであれ，どこかで「社会がこうなるはずだ」という社会予測に基づいているからである。Brown and Duguid [2000][1]は，同様に情報という魅惑的な用語に引きつけられた自己成就的予言の設計思想を，狭窄的デザイン（tunnel design）と呼び，それが情報化に関して過度に単純化された（oversimplified）仮説群を生み出してきたと批判する。Brown and Duguid [2000]が具体的に指摘したのは，以下の6つの次元（6D vision of tunnel design），すなわち，脱大規模化（demassification），脱集権化（decentralization），脱ナショナリゼーション（denationalization），脱専門化（despacialization），脱間接化（disintermediation），脱集計化（disaggregation）であった。本章で時代を追いながら振り返ってきた7つの命題とも当然重なる部分もあるわけであるが，ここで重要なのは，情報化の摑みどころのなさは実はわれわれ研究者の問いの立て方にあったことである。

　それでは，われわれは，どのような問いを立てるべきなのだろうか。1996年の *Information Systems Research* 誌に掲載されたベスト・ペーパーを中心に編集された *Information Technology and Organizational Transformation* において，編者のイエーツ（JoAnne Yates）とヴァンマーネン（John Van Maanen）は，次のように指摘していた。まず，①情報技術をコンピュータというアナロジーだけで捉えるのをやめ，より原始的な計算機や書類，ホワイトボード，図書館，さらには人間の記憶などをすべて含む，より根源的な観点から議論する必要があること。そして②抽象的で一般化された仕事の表象（不確実性・複雑性・セグメンテーショ

ン・権限構造など）を前提に，情報技術による構造的な変化を論じるのではなく，実際に情報技術を利用する人々の仕事実践（work practice）を通じたインクリメンタルな変化に根ざした議論が必要である。

このことを示唆的に論じるのが Campbell-Kelly［2001］による，1801 年から 1911 年までのイギリスにおける国勢調査のデータ処理に関する歴史的進展と，それに関連する組織変化についてである。この間，イギリスにおける国勢調査のデータ処理は，分散的な手作業処理から中央集中的な手作業処理，そして最終的にはパンチカードによる情報処理へと移行する。しかし，この時代は企業の情報化が本格的に始まるはるか以前の出来事であり，最も「高度な」情報技術としても，せいぜいのところでホレリス（Herman Hollerith）が発明したパンチカードが登場する程度である（ホレリスのパンチカード機を製造・販売していた会社こそ，今日の IBM の前身である）。このように，Campbell-Kelly［2001］の分析対象は，一見すると暗にコンピュータの利用を含意する情報化とはかけ離れたものにみえる。しかし，ここで注意しておきたいのは，情報技術はコンピュータの利用ばかりではなく，より単純化されたデータ処理方法や社会構造が，効果的な情報技術を構成しうることである。

例えば，当初，イギリスの国勢調査は，ボランティアによって構成されており，戸別調査の際に調査員に調査票のフォーマットや説明書きを配布することで，必要な情報を聞き出せるような工夫がなされていた。また，調査者から送付された報告書から必要な数字を引き出しやすくするために，要約シートのフォーマットが作られた。膨大な情報を処理するために国勢調査局が設置された。国勢調査局の調査員がまとめた集計書は，たとえ調査票の個別データをそのまま書き写したものであったにせよ，書類のかさを減少させページをめくる手間を減らすことができた。データを書き写すという作業は，転写に伴う記入ミスをチェックするという必要を生む。そのために，転写の各プロセスにおいてエラーを確認する格子が書き込まれた。1800 年代後半になって，アメリカで開発されたパンチカード機は確かに大量のデータを処理するには都合がよかったが，すぐにイギリスの国勢調査には導入されることはなかった。なぜなら，少なくとも当時のイギリスにおける国勢調査に必要な情報の処理には必要なく，無駄な費用をかけると判断されたからである。しかし，取り扱う情報量の増大とともにいったんパンチカード機が導入されてしまえば，それに伴ってそれまでの人員構成が変更され，必要な人的スキルも再形成されていった。

Campbell-Kelly [2001] によれば，このような国勢調査をめぐる実践そのものが，効果的な情報技術とは何かを語っている。つまり，情報化とは，単に企業にコンピュータをはじめとした情報技術を導入するという現象を指すものではなく，何かしらの立場から処理すべき情報を見出し，具体的な情報処理の仕組み（その象徴的なものとしてコンピュータが位置づけられる）を導入し（場合によっては技術を不必要なものとして判断することを含み），また，そのような（コンピュータの利用を含んだ）情報処理活動を受け入れることができる組織体制や社会環境を整備していくという，一連のプロセスすべてを含む活動として捉えられるのである。

　このように考えると，意図せざる結果を必然的に伴う経営の情報化を分析するということは，実のところで組織や社会そのものを見直すことに他ならない。だからといって，情報技術そのものが分析対象にならないわけではない。情報技術の利用によって，時空に埋め込まれた組織慣行が置き去りにされることで，人と技術，技術を介した人と人との位相で，さまざまな意図せざる結果が経験され，そこから既存の組織実践が逆照射されるからである。そして，われわれ研究者もまた，やはり同様に時空の制約を共有した存在でしかない。研究者もまた，「AI的アナロジーの罠」にかかっていることを自覚しつつ，技術利用を通じた意図せざる結果に注目し，自らの知識基盤を自己点検していくしかない。

　意図せざる結果を契機にした再帰的近代化を論じたギデンズは，このように当事者の解釈に研究者の解釈を重ねる二重の解釈学 (double heuristics) という方法論的立場を示していた。そのうえで彼は，研究者の言説が社会実践のリソースとして利用されることで，言説の一般性が損ねられてしまう可能性を指摘していたことを見過ごしてはいけない。自ら理論の破綻を生み出してしまう社会科学者の宿命について，ギデンズはこう考えた。暗黙知に支えられた近代社会は，暴走するトラックのようなものであり，常に破壊の危機に晒されている。それゆえ，社会科学の研究者は，自らもまた社会に埋め込まれた存在でありながら，考えうる明白なリスクを避けるための道筋を，敢えてユートピア的な解決策として提示していく政策的な態度が求められる。ここで重要なのは，社会科学の研究は，単に知識の一般性を求めるものではなく，実践に接続されていることである。意図せざる結果の分析を行う研究者は，自らも共有した日常的な理解への批判を通じて，実践の構成に政治的に参加している。経営の情報化の分析も，単に現実の動きの早さがゆえに一般化が困難であることを嘆いたり，その論点の捉えづらさに翻弄されるのではなく，究極的には研究を通じて実践に参加する運動であることを，

意識しなければならないであろう。

注

・1 本章では詳しく触れないが「情報」の定義には，実際にはさまざまなものがある。児島 [1999] によれば，われわれが一般に「情報化」と呼んでいる用語は，大きく2つの意味合いをもつ。1つは，「技術」からのアプローチであり，コンピュータを利用するあらゆる局面を指し示すという意味合いがある。もう1つは，「情報」という視点からのアプローチであるが，ここでこの情報をどのように捉えるかによってその内容も多様な色彩を帯びてくるという。例えば，最も初期の情報化提唱者の一人である梅棹 [1988] は，情報を「人間と人間の間で伝達されるいっさいの記号系列」(39-40頁) であるとし，さらには人間と人間との間のコミュニケーションに媒介されずとも「人間の感覚諸器官が捉えたものは，すべて（感覚）情報である」(76頁) と広く定義した。梅棹は，このように情報を人間の精神活動の媒介として捉えることで，いわゆるものづくりを基盤にした産業とは異なる「五感の産業化」の可能性を指摘していた。むろん，組織論の文脈では，とくに本項で検討しているように，サイモンの大きな影響のもとで，コンピュータのアナロジーのもとで情報処理システムとしての組織や個人の意思決定過程におけるインプットやアウトプットとして情報が捉えられてきた。しかしながら，それは広い意味での情報の一側面でしかなく，情報の捉え方によってさまざまな様相が現れるのである。実際，人間によって解釈された意味としての情報 (Daft and Weick [1984]) や，多様な意味の交渉媒体としての情報 (Wenger [1998]) など情報を捉える視点は多様であり，それは組織や社会そのものをどのように捉えるのかという問いとセットにある。ここで重要なのは，情報化の概念が特定の情報のイメージに囚われているのではなく「多相的」なものであるということであり，組織や社会そのものの新たな理解可能性に対しても常に開かれた研究課題をもっているということである。

第3章 先行研究の批判的検討

　本章では，経営の情報化をめぐる基本的な問いである，情報技術と組織の関係性を論じてきた先行研究を，批判的に検討する。第2章で示してきたように，経営の情報化は，技術の進展とともに，多様な問題領域へと広がり続け，意図せざる結果の発生とともに前提条件さえ変わっていく摑みどころのなさを，その特徴としてきた。だが，そうした摑みどころのなさがゆえに，経営の情報化をめぐる議論は，情報技術と組織（社会）との関係性を探るという，抽象化された問いとして整理されてきた。このような問いのもとでは，その因果関係の類型として必然的に3つの記述モデルが導かれる。まず，情報技術から組織に対する線形的な因果関係を論じる，技術決定論（technological determinism）。次に，情報技術を有効に利用するための組織設計を論じる組織による規定（organizational imperative），あるいは実際の技術利用に影響する社会的コンテキストに注目する社会決定論（social determinism）など，因果関係だけみれば広く組織決定論（organizational determinism）としてカテゴライズされる議論がくる。そして，情報技術と組織や社会が相互に影響する過程を重視する，創発的視角（emergent perspective）ないし各種の相互作用論に至る。このように情報技術と組織を二分法的に捉えることによって，当然ながら導かれる3つの因果関係に示される記述モデルは，とりわけMarkus and Robey [1988] によって代表的な先行研究が整理されて以降，意識的に検討されるようになった。

　本章の目的は，この記述モデルのうち，どれが優れているのかを論じようとするものではない。この3つの記述モデルには，そもそも最初の技術決定論を退け，組織決定論を経由しつつも，最終的には相互作用論に至るという，三段論法が仕込まれている。だが，本章では，技術・組織決定論を退け，相互作用論に至る三

段論法にこそ，われわれが情報化を摑み損ねてきた原因があることを検討したい。そのために本章では，第2章のように経営の情報化の歴史的変遷に寄り添った包括的レヴューではなく，鍵になる代表的な議論に絞り込み，思い切って批判的に検討する。もちろん，学術的なレヴューは，そもそも批判的でしかありえないが，本章では，少し異なった狙いももたせている。1つは，先行研究が抱えている課題を検討するという，通常の意味での批判性である。もう1つは，先行研究の読まれ方や受け入れられ方に対する批判性である。後者の立場では，すでに顧みられなくなった先行研究に対して，十分に光が当てられてこなかった側面や，時代とともに忘れられた理論的含意を再検討する。

1 ウッドワードの技術決定論

　技術決定論を最も広い意味で捉えれば，技術が組織や社会に対して何がしかの影響を及ぼすという因果関係で論じられる，すべての記述モデルが該当する。しかし，技術決定論それ自体は，はっきりと具体的な研究群として取り上げられるようなものではない。技術それ自体が有する内的特性（技術特性）によって，組織や社会のあり方が決定される，線形的な技術決定論（あるいはハードな技術決定論）を論じた研究は，ほとんど存在しない。自然科学との差別化が求められてきた社会科学では，むしろ，線形的な技術決定論は常に批判の対象であったからである。

　以下，本節では，決して自ら技術決定論者だと名乗ったわけではないのだが，コンティンジェンシー理論の嚆矢であり，技術決定論の典型として取り上げられることが多い，ウッドワードが率いた古典的議論を再訪したい（Woodward [1965 : 1970a]）。イギリスの新興工業地帯（サウス・エセックス地区）における製造企業を対象とした経験的研究を通じて，彼女たちが見出した経験的研究の中心的命題は，「企業で採用されている生産技術が組織構造を規定する」というテーゼであった。この結論をみれば，確かにウッドワードたちは，間違いなく技術決定論として位置づけられよう。ところが，一方では，企業で採用される生産技術による影響の重要性を強調するウッドワード自身が，他方では，技術的要因だけによる説明に対しては批判的ですらあった。さらに最終的には，ダイナミックな相互作用の理解の必要性を論じることになったウッドワードたちが，なぜ技術決定論を帰結する必要があったのか，改めて再訪してみよう。

1.1 トートロジカルな技術変数の定義

まず，最初に Woodward [1965] が，当初のサウス・イースト・エセックス大学におけるプロジェクト（サウス・エセックス研究）として行われたサーベイ調査を通じて提示したエビデンスから検討してみよう。周知のように彼女は，企業が採択する生産技術を大きく3つのカテゴリーに分ける（単品・小バッチ生産，大バッチ・大量生産，装置生産）。そして，生産技術によって組織構造に関する諸特性（階層の高さ，階層の広がり，作業員とスタッフとの割合など）との関連が検討された。その結果は，生産技術のカテゴリーごとに組織構造の傾向が異なるというものであり，また業績との連関でもカテゴリーごとに特徴的な組織特性があることが確かめられた。これが一般的に，ウッドワードたちの研究を技術決定論とするエビデンスであろう。

しかし，ここで早合点してはならないのは，このエビデンスが実際のところで意味する内容である。技術と組織との関係を捉えるためには，組織特性とは独立した技術特性を定義する必要がある。それでは，ウッドワードたちが定式化した生産技術のカテゴリーは，どのように導かれたのであろうか。この点で Woodward [1965] は，当初は古典的議論に基づいて技術的条件を与件とした組織の諸変数に関する分析から始まり（chap. 2），組織の諸変数と業績との関係性がまったくみられなかったことから，当初は考えていなかった技術変数に注目することになる（chap. 3）。技術の分類軸としては，歴史的な発展および技術的複雑さとして9（複合的なタイプを含めると11）のカテゴリーを抽出する[*1]。そして，技術変数に対する注目の経緯はどうあれ，結果的には技術と組織との関係性を，それぞれ独立に定義した変数間の関係として捉える（chap. 4）という標準的な手続きを踏まえている。

ここで注意すべきは，技術変数の定義が，それほど簡単なことではなかったことである。Woodward [1965] では，先行研究のなかにも確からしいカテゴリーないし尺度が存在しておらず，企業ごとにそれぞれ独自性をもつ多種多様な生産技術について，独自の定義を与える必要があった。例えば，当時すでに，生産技術者によって利用されていた「単品生産」「バッチ生産」「大量生産」というカテゴリーが存在したが，それは生産技術者の作業内容を説明するものの，彼女が対象とする多様な企業を区分するには適切ではなかった（Woodward [1965] p. 38，邦訳46頁）。また，調査の最中にも頻繁に起こっていた技術変化も，技術変数の定義をやりにくくしていた。そのため，例えば，単品生産に部分的に自動装置が導

入されたとしても，生産システムの本質に根本的な影響を及ぼさない場合には，組織に大きな影響を与えないと判断せざるをえなかった（Woodward [1965] p. 72, 邦訳 88 頁）。つまり，ウッドワードが与えた生産技術のカテゴリーは，実際には経験的に技術をつぶさに調べることで，組織と独立したまったく別のカテゴリーを見出すという標準的な手続きに基づいたというよりは，むしろ，ありうべき組織との関係を予測に入れて与えられたカテゴリーであったのである。

初期のサウス・エセックス研究を引き継いだ，インペリアル工科大学での研究プロジェクトでは，こうした側面がより意識的に検討されていた。技術の定義や分類は，経験的というよりは分析的であり，技術の全部を漏れなく測定することではなく，組織の行動や管理構造に反映するであろう，一部の「目立った特徴（salient technological characteristics）」（Woodward [1970a] pp. 13-16, 邦訳 16-19 頁）に絞りこむことが重要である。このとき，技術変数の定式化として重要なのは，「それ自体社会的である用語でしか表現できないような技術分類法を選択しないように留意すること」（Woodward [1970a] p. 20, 邦訳 24 頁）にすぎない。つまり，目立った技術の特徴は，組織の構造や管理方法に反映され，その反対に組織の構造や管理方法に反応するのが，技術の目立った特性となるトートロジーである。このトートロジーによって，ウッドワードたちの研究の意義が損なわれるというわけではないが，彼女らの技術変数は，組織構造に影響を与えるであろう生産システムに関連する技術特性を，仮説的に抽出したものであったことに留意しなければならない。

1.2 想定外の分析結果への理論的対応

さて，上述のように，トートロジカルに定義された技術変数に基づいた分析とは，どのようなものになるのであろうか。もともと組織への影響に対する予想を含んで定義された技術に基づいた経験的研究が，中立的な事実の「発見」をもたらすわけではないことは明らかであろう。ウッドワードたちの研究では，技術と組織の関係に，2 つの傾向を見出している。1 つは，カテゴライズされた技術尺度に沿って，リニアに反応するような傾向であり，例えば組織の階層数（+），費用のなかの賃金の割合（－），一般従業員に対する管理スタッフの割合（－）などである。これらは，基本的にはウッドワードたちの仮説的に定義された技術変数に含み込まれた傾向であった。

もう 1 つは，技術尺度の両端においては類似した反応をするが，バッチ生産お

よび大量生産という中間領域においてはリニアに反応しておらず,しかも,大きなばらつきがみられる傾向であった。それは,ライン末端監督層の平均管理者数,末端管理者が管理する従業員の数,(とくにライン部門における)大卒者の割合などの諸変数である。また,技術尺度の末端ほど組織に対する意識が薄く,有機的組織を採用する傾向があり,中間領域ほど組織に対して意識的であり,そこでは機械的組織が採用される傾向があった。これらは,ウッドワードたちによって用意された技術変数では,うまく説明できなかった傾向に他ならない。

彼女たちは,この2つの傾向は,それぞれのカテゴリーの生産技術が状況を規定する強さとして理解することが可能であると考えた。まず,単品・小バッチ生産が採用される場合,製造作業の予測や管理がほとんど不可能であることから,多くの作業は開発能力と熟練技能をもった個人に依存するようになる。組織の命令系統は一本化され,組織の階層も低くなる。これとは反対に装置生産が採用されれば,生産システムの予測や管理そのものが技術に組み込まれているため,計画や企画の階層が厚くなる。また,プラントを操業するライン部門は製造技術の点検業務で重要な役割を果たすが,一般的な熟練技術者としての高給をもって受け入れることはできなかった。彼らをふさわしい処遇にするためには,おのずと大卒者が採用されることになり,そのことが結果的に,個人のレベルで冷静かつ柔軟に対処するような有機的組織の運用を可能にしていた。

Woodward [1965] は,サーベイ調査の結果に基づいてその詳細を分析したケース・スタディによって,生産技術がもたらす制約に対する組織的反応は,因果関係としても確認されたとしている。これに対して,技術変数を構成する尺度の中間領域については,生産技術による影響は厳密な制約としてではなく,組織を決定する緩やかな範囲を示している。つまり,バッチや大量生産は,職務機能別の分化と低い学歴のライン労働者を大勢必要とした。このように分化した組織では,それぞれの職務機能別の目標が生まれ,また労働関係の側面でもコンフリクトを生じさせた。このコンフリクトを調整するために,管理者は意識的に組織設計を行う必要があるが(そして,それは古典的な管理原則に近いものが多いが),とりうる組織の構造や管理方法には組織ごとに大きな差異が存在する。ウッドワードによれば,このような傾向は,技術ではなく,管理に関する変数で説明すべきである。

しかし,ここで立ち止まって考えてみると,もともと仮説的に定義された技術と組織との関係に関する分析結果から得られた,技術尺度の中間領域のばらつき

を,技術的には捉えられないものだといい切ってよいのであろうか,という疑問がわく。なぜなら,そもそもウッドワードたちが「目立った特徴」として定義した技術変数は,組織を制約する技術特性として仮説的に定義されてきたわけであり,用意した技術変数で説明できない変化があったとすれば,それは技術変数の定義を精緻化すべきことを示唆しているとも考えられる。

実際,この点でウッドワードたちは,2つの立場を行き来する。例えば,インペリアル工科大学における研究プロジェクトにおいては,Rackham and Woodward [1970] は,当初の技術分類は組織の比較分析の基盤とするには大雑把すぎたと反省しつつ,より詳細に技術変数を定義することを目指した[2]。しかし,他方でReeves and Woodward [1970] は,当初の技術尺度では説明できない中間領域のばらつきを説明するため,組織を統制する手法としてのコントロール・システムを探索する。プロジェクト全体としては技術変数の精緻化ではなく,コントロール・システムの探求によって全体を把握しようとするトーンが強く,さらにはコントロール・システムを技術と組織を媒介する中心的な分析枠組みとすることが目指されているようにもみえる。

ところが,コントロール・システムから組織の構造や管理方法が選択される理由を探る立場からは,今度はコントロール・システムに与えた分類に対して,生産技術が紐づけられる。具体的には,コントロール・システムを区分する次元は,コントロールが人格的なものか,機械的(ないし非人格的)なものかの差異と,コントロールが統合されたものであるか,断片化しているかの差異によって把握される。単品生産はその生産様式からして人格的に統合されたコントロール・システムを作り出し,装置生産は機械的に統合されたコントロール・システムになる。これに対して,技術尺度の中間領域であるバッチ生産・大量生産は,ともに機械的ではあるが,小バッチのように統合されている場合もあれば,大バッチのように断片化している場合もあり,ちょうどコントロール・システムの概念によって,その差異をうまく説明できることになる。換言すれば,生産技術のカテゴリーをもってコントロール・システムを検討することも可能であり,実際Woodward [1965] では,すでに生産システムの相互関連性から導き出した技術尺度(生産密度)によって中間領域の分類に成功しており,「いろいろな特徴の相違は,独立的な管理体系という概念によらなくても,むしろ,技術の相違でできたかもしれない」(Woodward [1970a] p. 188,邦訳225頁)としている。

つまり,ウッドワードたちの議論では,技術変数とコントロール・システム変

数がともに組織構造を補完的に規定する独立した要因として影響を及ぼすという考え方と，他方ではコントロール・システムを中心にした因果関係によって「説明変数としての技術を消去する」(Woodward [1970b] p. 236, 邦訳 317 頁) という考え方の両方がみられる。例えば，非製造業に対しては，コントロール・システムを中心にした分析になると考えるが (Woodward [1970b] p. 243, 邦訳 326 頁)，説明変数としての技術を消去することは不可能であることも認めている。

そして，最終的には，ウッドワード自身が，技術とコントロール・システムを分離することに対しては懐疑的立場をとり，現実の仕事状況においては，技術とコントロール・システムは渾然一体となっており，必ずしも尺度化されない不確定性概念のもとに纏め上げられるとする (Woodward [1970b] pp. 237-243, 邦訳 319-327 頁)。それゆえ，コンティンジェンシー理論の古典としては不可思議に思えるかもしれないが，「新しい中範囲の理論についてめざましい成果が得られたと言うことを主張するものではない」(Woodward [1970b] p. 242, 邦訳 326 頁) とさえ結論づけていることも見過ごしてはならない。つまり，ウッドワードたちは，生産技術によって組織が決定される側面を強調したものでも，またそれを数量的に根拠づけてきたわけでもない。生産現場は，その根本で「あるシステムにおいてそれぞれ異なった場所で働いている人々は，それらの全体のシステムがどうなっているかについて各人がそれぞれ異なった概念を形成する」(Woodward [1970b] p. 242, 邦訳 325 頁) ことを強調していたのである。

1.3 分析対象と方法にみられた変化

ウッドワードたちによる一連の研究で，時間の経過とともに最も変化したのが，分析対象とその方法である。当初の議論では，既述のように，技術と組織の相互依存的な関係を認めながら，比較的短期のスパンでは特定の「目立った技術」が組織の構造を制約している事例を識別することが期待できるとする立場をとった (Woodward [1970a] p. X, 邦訳 5 頁)。これに対して，上述のように技術とコントロール・システムが渾然一体となった状況に注目するということは，技術の作用を左右するより長期的なプロセスを検討することに他ならない。換言すれば，こうした分析対象の変化は，初期のサウス・エセックス研究において，仮説的に取り出した技術ないし管理の変数に囚われ，結果として生産現場から乖離した分析に陥ったことに対する反省とも考えられないだろうか。

実際，初期のウッドワードの研究では，確かに技術特性と組織特性とがいった

ん分類されると，組織と技術の関係に関する分析がステロタイプ化する傾向がみられた。例えば，装置生産は，技術尺度の中間領域に比べてほぼ自動的に組織の構造や管理方法を強く規定するカテゴリーであるとされた。実際，サウス・エセックス研究におけるサーベイ調査を追試したケース・スタディでは，装置生産のオートメーション化に挑んだ事例が取り上げられている（Woodward [1965] pp. 233-238, 邦訳279-285頁）。そこでは，オートメーションは，管理者層にも，労使関係にもスムーズに受け入れられ，それ以前の体制で配置された助手をリストラする以外に，さしたる混乱はなかったとされている（反対に，個別生産からバッチ生産，装置生産からバッチ生産に移行した組織では，さまざまな混乱が生じていた）。しかし，生産技術そのものの運営が複雑な組織を必要としなかったことと，それ以前の技術を利用していた組織において新技術が導入されることで生じるはずのコンフリクト（例えば，リストラに対する助手の抵抗）とは別物であろう。この点で，彼女の議論は，初期の研究成果を踏まえてステロタイプ化していたのである。

　技術と組織との動的な関係は，インペリアル工科大学の研究プロジェクトでの，より詳細なケース・スタディを行うことで再検討されることになった。Hedley [1970] は，それまでバッチ生産において顧客ごとに発生する多様な発注を請け負ってきた6社の傘下企業グループを抱えるX事業部における，すべての製造計画・製造管理をコンピュータで統合的に生産することを目指した事例を分析する。ここでコンピュータによる統合的な管理とは，オートメーションと同様に，装置生産の技術カテゴリーが有する技術特性ないしコントロール・システムの特徴を反映した典型的な事例である。つまり，サウス・エセックス研究の知見によれば，このカテゴリーへの移行に当たっては，さしたる混乱はないはずである。しかしながら，Hedley [1970] のケース・スタディで詳細に描かれたのは，新しいコンピュータが既存の組織化されたさまざまな利害のもとで，多様なコンフリクトを発生させながら導入されていくプロセスであった。

　まず，同社が統合的な管理のためにコンピュータを導入することそれ自体は，経営資源の効率化という産業界全体の動向を反映して，親会社に就任した新社長によって決定されたものであった。技術的に実行可能なプランを作成するためのコンピュータ部門が組織され，親会社の取締役会でもX事業部に協力要請がなされた。ここではコンピュータ部門が提示したプランこそ，強く組織の構造や管理方法を規定するはずのコントロール・システムであったと考えられる。

　しかし，コンピュータ部門によるプランを実行するための協力要請に当たり，

X事業部の傘下企業は，これをすんなり受け入れることはできなかった。なぜなら，それ以前において，傘下企業は個別顧客のニーズに応える生産体制をとっており，企業ごとの「自主自律性」を欠かせないものと考えていたからである。とくに彼らの反発を招いたのは，コンピュータ部門が彼らの生産全般に関わる影響を及ぼす権限をもちながら，その責任が伴っていなかったことである。実際，コンピュータ部門は，傘下企業の仕事に対する経験がまったくなかったにもかかわらず，取るに足らない技術的な問題と考えているようにみえた。結局，傘下企業はコンピュータ部門に屈するくらいであれば，むしろ傘下企業の出身者から構成されるX事業部の干渉を受けたほうがましだと考えるようになり，彼らの自主独立性を事業部に委ねることにしたのである。

他方，それまで本社およびコンピュータ部門と傘下企業との板ばさみにあったX事業部は，傘下企業の委任を受けることによって，事態を一変させることができた。具体的には，傘下企業の2社に焦点を絞り，それぞれの企業の実情に合わせたアプリケーションを開発した。そのために，対象となった2社のなかにコンピュータ計画を推進する作業班を設置し，コンピュータ部門に彼らとの共同作業を行うことを提案した。また，このような取り組みを通じて，X事業部は，それまでの自主自律的な傘下企業に比べてその存在感が薄かったX事業部の存在感を増すことができ，本社に売り込むという副次的な目的も達成できた。

もちろん，X事業部がイニシアティブをとったとしても，傘下企業2社の態度には開きがあった。うち1社は，X事業部が編成された当初から存続しているX事業部内でも最大の存在であり，40年にわたる自主独立の伝統が末端まで浸透していた。もう1社のほうは，現在のX事業部を構成する経営陣によって作られた新しい会社であって，はるかに親密な関係をX事業部との間に結んでいた。このような歴史的経緯を踏まえると，たとえ同じバッチ生産のもとで組織を運営してきた企業であっても，コンピュータ化に対する取り組み態度の違いに差異がみられるのは想像に難くない。

アプリケーションの開発が進み，その運用が開始されるとともに，新たな動きがあった。それは，コンピュータ部門と本社との間で起こった。コンピュータ部門はその仕事柄，コンピュータ化を不満に思う人たちよりも，より多くの文書化された報告を本社に対して送っていた。彼らの具体的な報告内容は，アプリケーションの開発を今後も進めていくためには，必要とされるハードウエアも更新すべきとする技術的要件を中心としたものであった。しかしながら，その技術的要

件が前提としていたことは，先行する 2 社に限定されたアプリケーションの開発ではなく，X 事業部全体の生産システムが機械的に統合されることを想定したものであった。本社は，彼らの提案を判断できる専門知識を有していたわけではなかったが，他社より先んじて新技術を導入しているトレンドセッターの評判を得られると考えたことから，追加予算の支出を承認することになった。

　追加予算の承認は，再びコンピュータ部門と X 事業部の傘下企業との間でのコンフリクトを生み出すことになった。すなわち，傘下企業にとって最も重要であったのは，コンピュータの導入とシステムの設計，とりわけ自分たちの直面している問題は他社とはまったく異なった性質であり，それぞれの個性を活かしたシステムの「理に適った（reasonable）」探索を行うべきであると考えていた。これに対して，コンピュータ部門は，コンピュータの導入とシステムの設計は結びついており，両者を切り離すことは到底不可能であると考えていた。

　この対立に対して，最終的に方向性を与えたのが X 事業部であった。X 事業部は，新しいコンピュータを導入することが事業部あるいは企業レベルでの大きな勢力関係の変化から，避けれられないことを認識していた。しかし，すでにそれまでにかなりの時間と巨大な投資がなされてきたプロジェクトを頓挫させるわけにはいかなかった。そのため，決定の責任は X 事業部がとることを明確にしたうえで，新しいコンピュータ導入を成功させることを事業部の重要課題としたのである。ここでさらに付け加えるならば，このようなコンフリクトの解消に一役買ったのが，インペリアル工科大学の調査研究が進められていたことであった。研究者たちの調査報告書が得られることによって，X 事業部の管理者は傘下企業の経営層の反応をより完全に知ることができ，彼らと問題を検討するための材料となることが期待されていた。

　このように，Hedley [1970] の事例分析で詳細に描かれているのは，コンピュータの導入は，先行する技術の利用方法や組織にさまざまに影響され，多様な利害の政治的な交渉対象となることであった。サウス・エセックス研究で観察された当初の技術カテゴリーでは，リニアな反応をみせていた技術尺度の両端をなす生産技術でさえ，受動的に特定の組織が形成されるとはいえないのである。

1.4　なぜ彼女たちは，「技術決定論」を論じなくてはならなかったか

　最後に付け加えておきたいことは，ウッドワードたちが，あえて誤解を与えた技術の定義や分析方法を必要とした理由である。それは，当時支配的であったテ

イラー（Frederick W. Taylor）やファヨール（Jule Henri Fayol）たちによる「古典的な」管理原則に対する批判的な問題意識である。

当時の古典的な管理原則としては，テイラーの科学的管理法や，それに続く人間関係論などが挙げられるが，現象としては彼らもまたウッドワードとほぼ同じ生産現場を観察していたはずであった。ところが，テイラーの科学的管理法で顕著にみられたように，彼らの議論は，特定の技術的環境（とくにバッチ・大量生産）に根ざした現場に注目したものでありながら，理論的に技術的環境を一切無視した，過度の一般化が行われているように思えた。科学的管理法に続く人間関係論のホーソン実験に至っては，せっかくの発見事実を，古典的原則を補完するやり方（例えば公式と非公式，あるいはマクロとミクロの棲み分け）でしか位置づけていなかった。つまり，ウッドワードたちは，産業革命以降，企業に多大な影響を与えていた技術の変数を理論的に排除していた当時の古典的管理論に，どうしても我慢ならなかったのである。

実際，このような学問の状況下にあって，ウッドワードは，「観察した古典理論の過ちが人間の一貫性のなさという人間性の介入によるものだとほのめかしてさえいたら万事うまくいったのであろう」と述懐している（Woodward [1965] p. 245, 邦訳294頁）。しかし，だからこそ彼女は，「その過ちは人間的な要因によるものではなくて，環境的な要因を見落としたためである」（Woodward [1965] p. 245, 邦訳294頁）と断言する必要があった。この彼女の批判的な目的は，ある意味では達成され，最初の発表を行った当時からさまざまな批判に晒されたのである（Woodward [1965] p. 245, 邦訳294頁）。

しかし，これら批判者は，必ずしもウッドワードたちの真意を理解していたわけではなかった。管理原則を実行する組織や人の問題ではなく，技術的環境によって企業の行動が説明できることになれば，経営学の意義が大きく損なわれる。批判者たちの脳裏には，このような単純な記述モデルとしての技術決定論があったと考えられる。しかし，パラドキシカルな技術変数の定義の背後でウッドワードたちの念頭にあったものは，決して単純な記述モデルではなく，以下の引用に明言されているように，「ダイナミックな相互作用の理解」であった。

「なるほど本章は──本書が全体としてそうであるように──比較に準拠する調査研究法においては，労働者の社会的な特性や仕事への指向よりはむしろ技術の方が，組織の比較分析に当たって有効な変数になりうるという見

解を支持してはいる。とはいうものの，そのことは，必ずしも特定の理論的立場に立っていることを意味するものではない。実際のところ，労働者の態度と行動をとことん，満足の行くように説明するためには，仕事内の変数と仕事外の変数の，ダイナミックな相互作用の理解が不可欠である。」
（Wedderburn and Crompton [1970] p. 12, 邦訳 14 頁）

このこととは対照的に，人間関係論に対しては，パレート概念のもとで公式組織と非公式組織を分離することそれ自体に批判的であり，それらの公式―非公式は，現場の状況では不可分な存在であることを指摘している。このような立場を考えれば，技術決定論を導くために必要となる，技術と組織を独立した実体と考える二分法的発想に対しても，ウッドワードたちは批判的な立場にあったことはいうまでもないであろう。

「公式な組織と非公式な組織の相互依存ということが，その考え方の根本になっていたのである。が，組織のこの二つの側面を完全に切り離された，全体のなかのほとんど独立的な部分同士とする考え方が出てきて，ことがおかしくなった。つまり，各々は完全に別個に考察でき，これらの相互作用も，完全に切り離されたいくつかの組織間の相互作用や完全に分離された部分組織間の相互作用と同じようなやり方で，分析できるという考えが生まれてきたのである。1940 年代の後半は（中略）この期間があんなに不毛であったのは，こういう風に本来の社会システムの考え方を歪曲したせいかもしれない。」（Woodward [1965] p. 244, 邦訳 293 頁）

それにもかかわらず，彼女らが技術を組織に決定的に影響を与える変数として捉えたのは，技術を近代の組織のあり方を決めてきた，最も重要な要因と考えたからであった。そして，技術を管理することが，経験的にも確認されなかった一般的な管理原則を追求するより，有用な含意を導くと信じたからであった。こうした信念が，これまで繰り返し確認してきたように，トートロジカルな技術変数の定義に執心した，彼女の分析に刻み込まれている。換言すれば，ウッドワードたちにとって技術決定論に帰結することは，近代以降の産業組織がその関わりを避けることができない技術を管理の対象と考える限り，当然のことだったのである。

2 組織が技術の何を決めるのか？

　情報技術が客観的な技術機能を有していたと仮定しても，それが実際の社会や組織において一定の目的で利用されるとは限らない。ある情報システムの設計は，組織の戦略や経済的理由，政治的理由，さらには文化や制度的な基盤，あるいはそれらの複雑な組み合わせによって説明されるからである。こうした側面に注目する視角が，組織による規定，あるいは社会決定論と呼ばれる視角であった。

　簡便のためにこれらをまとめて組織決定論と呼べば，この視角は，技術決定論とは逆に，組織から技術に対する因果関係を含んだすべての議論を指す。だが，技術決定論が，技術と組織の複雑な関係を前提としたうえで論じられてきたように，組織決定論もまた，組織が技術の何を決めるのかということを真剣に考えれば，一緒くたに議論されない多様性を含んでいる。さらに，そのほとんどの議論が，どこかで技術決定論を潜在させており，単純に技術決定論と対立する議論ではないことがわかってくる。換言すれば，この視角に残存する技術決定論から，われわれが対峙すべき理論的課題を逆照射できるであろう。

2.1 技術決定論を前提とした規範的な組織設計論

　組織による規定という，いささか風変わりな訳語が必要になったこの類型は，先行研究の類型化に大きな影響を与えた Markus and Robey [1988] によって定められた。彼らが，この視角を代表する研究として位置づけたのは，コンティンジェンシー理論としても知られる Galbraith [1973] および Tushman and Nadler [1978] や，ダフトたちによるメディア選択理論 (media choice theory) であった (e.g., Daft and Lengel [1986])。ここで問題なのは，学説史上のいきさつはどうであれ，これらの研究において，組織が技術の何を規定していると考えているのかである。

　具体的にみてみると，Galbraith [1973] は，情報処理モデルを組織設計に結びつけ，企業における情報化戦略を提示する代表的な研究と考えられる。Galbraith [1973] の視角では，コンピュータを中心とした情報技術の利用に限らず，組織の情報処理の負荷に関連する組織設計を通じて，さまざまな情報化戦略が捉えられていた。まず，基本となるのは，不確実性がない場合に最も合理的な機械的組織である。機械的組織では，組織目標が明確であり，それを実行するための

ルールや手続き，それを管理するための集権的な権限階層が特徴的であり，情報処理を最も効率的に行うことができる。ところが，組織に課せられる意思決定環境の不確実性が高まるに伴って，この不確実性を削減するために必要な情報処理を可能にする組織設計，つまり情報化が必要となる。

　Galbraith [1973] によれば，不確実性に対処するための情報化戦略としては，組織に課せられる不確実性そのものを削減するための戦略と，組織内における情報処理能力を増大させるための戦略の2種類がある。前者の情報化戦略は，例えば，製品ごと地域ごとの事業部（自己充足的な組織単位の設計）を設置したり，作業工程間の在庫量を増加させることで（組織スラックの配置），不確実性を発生させる組織内での調整の必要性そのものを軽減する。しかしながら，どんなに組織内での調整の必要性を軽減させようにも限度があり，どうしても組織の内部で処理すべき不確実性がなくなることはない。それゆえ，Galbraith [1973] は，組織の情報化戦略としては，組織内部の情報処理能力を拡充する必要が出てくるという。例えば，組織における垂直的な情報処理能力を高めるため，MISのように組織で発生した情報を集権的に管理したり，管理者の情報処理能力を高めるために専門スタッフを拡充することなどが必要になる。これに対して，組織における水平的な情報処理能力を高めるためには，コミュニケーション・メディアとしての情報技術の利用や，プロジェクトチームやマトリックス組織などが必要になる。なお，コンピュータとしての情報技術の利用に関しては，Galbraith and Lawler [1993] で，より深く掘り下げて論じられた。

　Markus and Robey [1988] が，Galbraith [1973] と並んで，組織による規定を論じた研究として取り上げたのが，ダフトたちによるメディア選択理論である。ダフトたちの研究は，Galbraith [1973] による情報処理と，Weick [1979] による意味形成（sense making）を理論的基礎とし，組織が直面するタスクの特性に応じて，組織におけるコミュニケーション活動には，不確実性の削減と多義性の解消という，2つの異なったあり方が存在することを示す（Daft and Wiginton [1979]；Daft and Weick [1984]）。この組織におけるコミュニケーションのあり方に，情報メディアのリッチネス（richness）とリーンネス（leaness）の連続軸として表現される技術特性が対応する。タスク特性として問題となっている構造が明快であり，不足した情報の追加獲得が求められる不確実性が高い状況では，形式的な情報（データ）を無駄なく伝えることができるリーンなメディアが適している。Daft, Lengel and Trevino [1987] によれば，コンピュータ・メディアは電話に次ぐリー

ンなメディアとして位置づけられる。その反面，問題それ自体が不明確であり，相手の反応を探りながら相互に調整することが求められる多義性が高い状況では，対面的状況で得られる多様な情報手がかり（information cues）が伝達でき，フィードバックが多く，個人的な感情が伝えられるリッチなメディアが適する。つまり，組織は対処すべきタスク特性に応じ，適切な情報メディアを選択しなければならない（Daft and Macintosh [1981]；Daft and Lengel [1986]）。

こうしてみれば，彼らの議論は，情報処理なり，意味形成なり，必要性に応じて組織に情報技術を選択させるための組織設計論であったといえる。Galbraith [1973] が論じた情報化は，情報処理という理論上の組織から，不確実性を削減する組織設計か，もしくは情報処理能力の拡張として情報技術を採用すべきかという規範的な指針に他ならない。だからこそ，Galbraith [1973] を応用し，組織設計論を論じた Tushman and Nadler [1978] が，積極的にこの立場に位置づけられる。ダフトたちの議論も，Galbraith [1973] の主張と同様に，組織の不確実性ないし多義性のもとで適切な技術の選択を求める，規範的な合理的選択理論（rational choice model）であったと指摘される（Rice [1992]）。[4]

そして，こうした議論では，情報技術も与件とされていることを見過ごしてはならない。あくまで，情報処理なり，意味形成なりの必要性に応じて選択される対象であって，その情報技術が組織的に有効であることは前提とされている。その意味では，素朴な技術決定論が潜在している，といってもよいであろう。もちろん，組織設計論を規範的に論じる議論として，利用可能な技術を考察の対象に入れることに論理的な問題はない。だが，第1にそうした技術選択が組織で有効であるかについての経験的検証と，第2に組織設計を論じるときに素朴に前提とされた技術特性が予想通りの機能を果たすことに対する理論的裏づけが必要になることはいうまでもない。

2.2 情報技術と組織のアライメント・アプローチ

もちろん，組織から情報技術に対する影響を論じるすべての議論を，技術を与件とした規範的な組織設計論だとするのは，あまりにも偏狭な理解であろう。コンティンジェンシー理論は，当然ながら経験的研究を伴ったものでもあった。では，情報技術に関するコンティンジェンシー理論の経験的研究は，技術決定論を潜在させた規範的な組織設計論と，どのような違いがあったのだろうか。

実際，1970年代後半から1980年代にかけて，コンティンジェンシー理論の隆

図 3-1　MIT 90 年代プログラムのフレームワーク

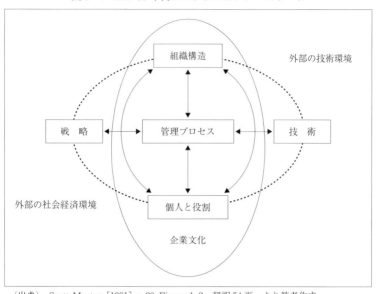

（出典）　Scott Morton [1991] p. 20, Figure 1.2，邦訳 54 頁，より筆者作成。

盛とともに，情報技術と組織との適合関係に関する多くの経験的研究が蓄積されてきた（e.g., Conrath [1973]；Pfeffer and Leblebici [1977]；Robey [1977]；Ginzberg [1980]；Carter [1984]）。そのなかでも，経験的な調査とともに体系的な光を当てた金字塔的存在としては，MIT のスコット・モートン（Michael S. Scott Morton）たちによって産学協同で推進された，5 年間の調査プロジェクトが挙げられよう（Scott Morton [1991]；Allen and Scott Morton [1994]）。Scott Morton [1991] では，技術─組織システムの構成要素として組織構造，戦略，個人とその役割，そして技術を置き，外部の社会経済環境と技術環境の影響のもとで，これらシステムの構成要素が相互依存的に影響するモデル（MIT 90 年代プログラムのフレームワーク）を描いた（図 3-1）。一見すると，これは，線形的な技術決定論を排した相互作用モデルにみえるかもしれない。

　しかしながら，本書では先に検討してきたように，典型的な技術決定論者と批判されてきたウッドワードたちもまた，技術以外のさまざまな要因の相互作用が前提とされてきた。図 3-2 にみられるように，Woodward [1970a] に示されたフレームワークは，スコット・モートンたちのそれに通じているか，それよりもや

図3-2 経済組織におけるビヘイビアの源泉

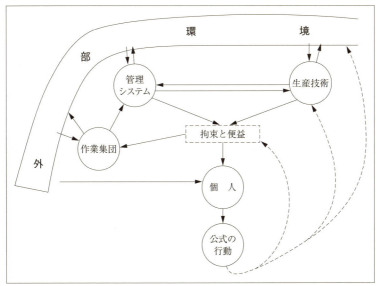

（出典） Woodward [1970a] p. 8, Figure 1, 邦訳8頁，より筆者作成。

や複雑にもみえる。例えば，ウッドワードたちのフレームワークでは，生産技術や管理システムの拘束（および便益）とみなす存在として個人が置かれていた（Woodward [1970a] p.7, 邦訳9頁）。これら個人は一方的に環境要因の「操り人形」ないし「受身の大衆」ではなく，生産タスクの達成に必要な一連の手続きは，その時点で利用できる労働者の性格も考慮に入れるべきとしていた（Woodward [1970a] p. 14, 邦訳16頁）。

もちろん，ウッドワードたちが技術を分析の中心に置いていたのに対して，スコット・モートンたちは，技術のほかにも，さまざまな社会的環境を分析的に併置している。また，技術─組織システム内の構成要素も，ダイナミックに相互作用することが描かれているとともに，そのシステム自体が環境との相互作用をするという複層構造をもっている。組織の内的体系に加え，環境の主体的な選択に関する戦略的変数も導入され，組織の外的体系も分析の射程に入れられている。整合性（alignment）というキーワードが使われ，技術と組織内外の相互依存的なシステムの構成要素を戦略的に配置していく，戦略的整合プロセス（strategic alignment process: SAP）の重要性が指摘されている（Venkatraman [1991]；Henderson and Venkatraman [1994]）。だからこそ，スコット・モートンたちを中心にしたフレームワークは，アライメント・アプローチと呼ばれ，それまでの技術決定論的な議論とは一線を画した，包括的なフレームワークと評されることになった（Walton [1989]；Luftman [1996]）。

しかしながら，ここで注意する必要があるのは，それらシステム構成要素間の相互作用のあり方である。システム内部のダイナミクスに比べて，組織環境との相互作用には，外部の社会経済環境ないし技術環境に裏づけられた一方的な影響過程が想定されている。もちろん技術―組織システム内だけをみれば，システムの構成要素はどれも独立的に描かれている。また，システムの構成要素間にも両方向に矢印が描かれ，相互依存的な因果関係を有するようにみえる。しかし，それらのシステム構成要素は実際には対等で，独立的な要素として置かれてはいない。なぜなら，図3－1にみられるようなアライメント・アプローチでは，とくに環境と技術については，その裏づけを組織に外在する環境要因（社会経済環境と技術環境）として置いているからである。

組織に外在する環境要因を分析の前提としたアライメント・アプローチには，次のような物語があらかじめ仕組まれている。まず，組織は自ら設定した戦略の実行に必要な要請を，外部の社会経済環境から受ける。多様な一般的環境のどの部分をタスク環境として選択するか（どこに事業戦略のドメインを設定するか）については，組織の側の選択に委ねられているのかもしれないが，いったんあるタスク環境を選択したあとは，外的な社会経済環境からの要請を受ける。組織は自らの事業戦略として選択した環境からの要請に合わせて，組織構造や管理プロセス，個人とその役割（組織文化）を変更する必要に迫られる。このとき，最も操作的に変更可能なのは組織構造である。ただし，組織構造を変更したとしても，そのまま組織が機能するわけではない。ウッドワードたちが技術決定論者というレッテルを貼られたことに対して反論してきたように，スコット・モートンたちもまた，人々は外部の社会経済環境の変化や，変更された組織構造にただ反応する操り人形のようなものではなく，自律的な反応行動をとると指摘する（Scott Morton [1991] p. 21, 邦訳 55 頁）。ところが，どんなに人々が自律的に行動しようが，外的な環境は依然として組織の外部にある。

それゆえ，次に必要になるのが，組織構造とともに内部の組織プロセスをも，外部の社会経済環境に適合させることである。そのために組織は，さまざまな技術（情報技術）の導入によって，組織内の意思決定やコミュニケーションという

組織の根幹をなす部分に直接影響を与える必要がある。換言すれば，適切な情報技術の利用を通じて組織文化を操作できる組織が，組織の有効性を確保することになる。そういう意味で，技術とは，組織に対する要請をもつもう1つの外部環境なのである。ここで逆向きに描かれている矢印は，フィードバックを通じて，組織構造を外的な環境に，管理プロセスや個人やその役割を組織構造に合わせて作り変えていく適応過程にすぎない。

このように，たとえシステムの構成要素の相互依存関係を解明しようとしても，スコット・モートンたちのアライメント・アプローチにおいては，システムの変化を決定する要因は，あくまで組織を取り巻く外部の社会経済的環境や技術環境に帰結されるという「環境決定論」ないし「技術決定論」が導かれる。加護野[1980]によれば，「構造—機能主義的な組織分析の特徴は，組織と環境との相互依存関係を分析する点にあるといっているが，コンティンジェンシー理論の基本的なアイデアは，当然の含意として，より多くの成果を志向するかぎり，組織は組織特性を環境あるいは技術に適応させねばならないという認識を含んでいる」(31頁)。同様に，Burrell and Morgan [1979] は，オープン・システム論を名乗るコンティンジェンシー理論も，外的環境を分析的に置いている限り，全体としては環境決定論が仕込まれたクローズド・システムと考えるべきとする (pp. 180-181, 邦訳219-220頁)。確かに，オープン・システム論を名乗るコンティンジェンシー理論が，オープン・システムを論じていなかったとすれば，そこには論理的な瑕疵が指摘できよう。だが，オープン・システムは，あくまでコンティンジェンシー理論の理念的なモデルであることも，留意しなければならないだろう。占部 [1980] は，本来，生物を説明するオープン・システムのアナロジーは，意思決定の過程をもたずに環境に反応する自然システムであり，あくまで経営者の意思決定を通じて適応する人為的システムとの混同を避けなければならないと指摘していた (13頁)。

2.3 組織設計論を徹底してみる

さて，スコット・モートンたちの議論を，経験的なコンティンジェンシー理論として考えたときには論理的には技術決定論に包含されざるをえなかったとして，今度は Galbraith [1973] やダフトたちのように，わりきって規範的な組織設計論を徹底してみる位置づけを考えてもよいであろう。実際，Walton [1982] は，社会技術システム論の観点から，情報技術の社会的影響に注目した多くの研究によ

って，情報システムの導入に対する抵抗や失敗が繰り返し報告されてきたことに対して，それらの議論はこうした抵抗を回避するための，規範的な組織設計論として拡張されなければ意味がないと主張していた。

　もっとも，論理的に技術決定論が仕込まれているアライメント・アプローチには，観察者による規範的な視点もまた含まれていることはいうまでもない。ところが，アライメント・アプローチを提唱してきたスコット・モートンたちの議論では，実際には情報技術の導入に先立って，組織を変更することの困難が指摘されていた。McKersie and Walton [1991] によれば，情報システムの技術的要件と組織の要求を適合させるには，ベンダー企業や情報システム導入者が現場に「押し込む」よりも，現在の組織体制をそのままにして情報システムの導入を進め，その後，適応的なかたちで組織変革に注力するほうが現実的であった。

　　　「まえもって組織変革をするということは不可能であるという理由から，この戦略は一部の実務家によって現実的に進みうる唯一の方法と見られている。あるコメンテータは我々の報告の一つを聞いて次のように言った。『最初に組織を変革するという提案に従ったなら，床の上いっぱいに血が流れるだろう。』」(McKersie and Walton [1991] p. 253，邦訳 460 頁)

　それゆえ，その後の議論は，新しい情報システムを受け入れさせるための組織変革よりは，むしろ変革の契機として情報技術を捉え，組織が情報技術を利用可能なものにしていく適応能力の開発へと論点を移していく。例えば，Schein [1994a] は，情報技術の潜在的な能力を活かすためには，直接的に組織構造や組織プロセスを変革しようとするより，試行錯誤のもとで必要な組織開発を進めていく，絶え間ない変化を管理する能力，つまり革新的文化 (innovative culture) が必要であるという。Schein [1994a] によれば，情報技術が本来もっている潜在力を活かすためには，単なる自動化や情報の集中管理という意味合いだけではなく，組織の本質的な組織構造や組織プロセス（意思決定やコミュニケーションのパターン，権限関係など）などの変革が必要となる。しかし，この変革の対象となる組織構造や組織プロセスでは，「文化基盤や信念，価値，人間の先入観などが技術的・構造的選択肢の検討に影響を与え，それを制限し，組織デザインに確実に影響する」(Schein [1994a] p. 126，邦訳 175-176 頁)。このとき，組織の変革を必要とする情報技術の活用には，少なくとも部分的には変化を好む組織文化が必要になる。

換言すれば，少しでもそのような文化的要素があれば，情報技術は組織の革新能力を増大できる。

　情報技術をうまく導入するには革新的組織文化が（少なくとも部分的には）必要であるという含意は，論理的には成立する。しかし，革新的組織文化の醸成は，情報技術の導入やそれに伴う社会体制の整備よりもずっと困難な示唆を導くことになるであろう。Ogburn and Thomas [1922] は，システム内の目的的な適合状態を具体的なレベルで解明するという実践的意義をもつアライメント・アプローチでは，このようにいたずらに曖昧な文化特性に落とし込むことで，その実践的な意義を損ねてはならないと指摘してきた。

　もちろん，実践的な意義をまるで考えていなかったわけではない。Schein [1994b] は，組織文化の創造主体であるリーダー（CEO）の役割に注目した。具体的には，Lewin [1951] や自らの理論枠組みのもとで，情報技術を活用するための組織変革のステージとして，「解凍」（CEO が自ら電子メールを使ってみせることなどを通じてその重要性を示し，組織メンバーの不安感を煽る。その一方で，トレーニング・クラスなどを用意することによって心理的な安心感を与える），「変革」（モデルとなる革新的な行動を模範として示したり，プロセス・コンサルテーションを行う），「再凍結」（情報技術についての考え方や情報技術に対する長期目標を定着させる）という 3 つのステージを提示する。いわば情報技術の活用による組織変化を実現する文化的適応に加えて，さらに働きかけるリーダーの役割に注目するという，メタレベルでの処方箋である。

　さて，既述のように組織設計論を前提とした議論では，技術それ自体は選択対象となる与件であった。組織の必要性に応じて求められる技術が有効たりえる根拠はないが，組織設計論を目指すのであれば，利用可能な技術を考察の対象とすることに論理的な問題はない。むしろ，Schein [1994a；1994b] のように，情報技術やそれに適応した組織変革を導くための根拠を，その変革の対象となる組織の背後にある革新的組織文化に求め，さらには文化的適応を導くリーダーの役割へとどんどん背進させていく議論は，組織設計論として有効であるといえるだろうか。社会技術システム論の観点から，規範的な組織設計論を主張した Walton [1982] であったが，初期のウッドワードたちが仮想敵にしてきた理論の 1 つに，Trist and Bamforth [1951] の社会技術システム論も存在していた。もちろん，社会技術システム論もまた，技術が産業組織に与える影響は認識していた。ただし，社会技術システム論では，技術を与件として考え，操作の可能性を組織の側に求

めていた。もちろん，社会技術システム論が想定していたのは，炭鉱掘削技術のように，いったん受け入れた後にはそれほど簡単に入れ替えることができないものであり，その場合には技術の側に組織を適応させる必要性があった (e.g., Rice [1953])。だが，今日の情報技術のように，現場の要望に沿ってカスタマイズ可能な技術については，技術の特性への文化的な適応や，そうした適応を可能にする革新的な組織文化を開発する方法を議論するよりは，ウッドワードたちのように技術変数を操作化したほうが，有益な含意が得られるとは考えられないだろうか。

2.4 情報処理モデルに密輸入された研究者の解釈

これまで，本章では，組織による規定に位置づけられてきた先行研究を検討してきた。コンティンジェンシー理論としても知られる彼らの議論が，技術決定論として位置づけられることになるのは，当然のことでもあろう。だが，これらの議論が，企業の環境適応に対する処方的な含意を見出そうとするものであったと考えれば，技術決定論を前提とすることそれ自体は問題ではなく，むしろ，実践的な含意を得るために積極的に技術変数の操作が必要になる。

だが，この議論にも，1つ前提条件がある。それは，彼らが実践的な含意を見出そうとするときに依拠している理論的根拠が，適切なものであることである。Crowston and Malone [1994] によれば，情報技術の影響を論じてきた当時の研究には，「何のために情報技術が特に有益なのか——すなわち情報処理——」(p. 261, 邦訳152頁) が議論されていなかったと指摘する。そういう意味で，より一般的な理論体系の提供は，情報処理モデルとしての意思決定論を提唱したサイモンに求められる。いうまでもなく，Galbraith [1973] や Tushman and Nadler [1978] もまた，サイモンの議論に理論的な基礎を求めていた。[7]

しかしながら，ここで注意すべきは，Galbraith [1973] の議論では，サイモンによる情報処理モデルを経験的に精査すべき対象というよりは，理論的な裏づけとしてのみ位置づけていたことである。周知のようにサイモンの情報処理モデルは，コンピュータ学者のニューウェル（Allen Newell）とともに，コンピュータ上にシミュレーション（模倣）した GPS (general problem solver) をその最も基本的なものとしている (Newell and Simon [1972])。このサイモンの情報処理モデルは，いくつかの条件のもとで導き出されたものであった。1つは，（例えばタイムシェアリング・システムのように）実践の場面で利用されるコンピュータという人工物

は，コンピュータ部品の固体物理学や生理学とは区別される，経験的なモデルとみなすことができるという想定である。このように考えることによって，サイモンは「神経学的に解決されるのを待つことなく，我々は心理学の研究を進めることができるだろう」(Simon [1996] p. 21, 邦訳 27 頁) という。もう 1 つは，人間（社会）の認知構造はその一部を理解することができれば，その全体を推量することができるというものである。Simon [1960] によれば，氷山の一角として水面上にみえている一部分を理解することができれば，その水面下にある大部分も推量することができ（氷山はすべて同じ性質の物質から構成されている），いずれは人間の直感を含めたすべての思考を解明することが可能になる。最後に，コンピュータが人間の認知構造を反映している経験的なモデルとして正常に作動する限り，それを組織や社会のモデルに援用することも可能である，というわけである。

　「人間の作った人工物のなかで，ディジタル・コンピュータほど，この種の機能的記述に便利なものはない。それはまことに変幻自在である。というのは，その行動において見出しうる特性はほとんどすべてが——それが正常に作動しているかぎりでの話であるが——組織的な特性であるからである。」
(Simon [1996] p. 17, 邦訳 22 頁)

　しかしながら，このようなサイモンの想定に対しては，批判も多くなされてきた。1970 年代から，サイモンに対する異議を繰り返し論じてきたのは Mintzberg [1972；1973] である。すでに第 2 章で触れてきたように，彼は企業に対して導入された MIS に対して，そもそも MIS で想定された管理者の意思決定モデル（問題を定義し，代替案を探索・評価し，選択する）そのものが，MIS の神話にすぎなかったことを指摘した。周知のように Mintzberg [1973] は，管理者の日常行動について延べ 5 週間にわたる観察調査を行った。その含意はきわめて多岐にわたるものであるが，そのうちの 1 つとして，管理者はそのほとんどの時間を口頭による接触に費やしていたことを指摘する。その具体的な内容としては「組織が与えてくれる日常的な報告の類には関心を示さず，噂や推量，風潮のように，曖昧でもいいから最新の情報を探索すること」「希少な対面機会の取捨選択によって，組織内への取り組み意識を示し，組織外へ公式的な要請をすること」など，彼が指摘した管理者の複雑なコミュニケーションは，サイモンが想定した認知モデルとは，経験的にもかけ離れたものであったことを示したのである。

しかし，サイモンの根源的な問題は，いったい何だったのだろうか。それは，サイモンによって提示された情報処理モデルが，コンピュータという具体的な技術に仕込まれた形式的なプログラムに，人間の認知行動や組織，社会を投影したものであったことにある（Mintzberg [1989] chap. 4）。サイモンの情報処理モデルの根源は，あくまでコンピュータ上のシミュレーションにある。しかし，それは当時のコンピュータのプログラムをアナロジーにして人間の思考をシミュレートし，それを組織活動や企業の経済活動全般にまで敷衍したものであった。

例えば，Simon [1960；1977] によれば，認知構造を検討する際にコンピュータ上でシミュレートすべき被験者（専門家）の選択については，研究者の主観的な価値判断を逃れうるものではないことを認めている。それでもサイモンは「我々は専門家をどのように選ぶのであろうか。もっとも容易かつ普通の方法は，自己の信念や偏見をもっている人を受け入れることであろう」（Simon [1977] p. 7, 邦訳10頁）という。そして，専門家が具体的な問題を解決する際に，何を考えてもらうかを口に出して話してもらう実験手法を通じて，問題状況を解決するより一般的な思考方法を抽出する。このように，一見してトートロジカルな被験者の選択が許容されたのは，われわれ研究者が専門家でなくとも論理的な意思決定を判断するレフェリーにはなりうる（自分自身でチャンピオン・ボクサーになる必要はない），という考え方に基づくものであった。

ここで見過ごしてはならないことは，専門家の選択と専門家の思考方法の抽出に際して，研究者による再解釈が加えられていることである。サイモンによって描かれた情報処理モデルとは，人間の認知構造そのものではなく，技術システムに自ら理想的であると認める人々の思考をなぞったものであった。このとき，コンピュータという新しい技術が，サイモンの情報処理モデルに対して権威づけを与えてきたとさえいえる。周知のように，サイモンが端諸となって切り拓かれてきた認知科学の領域でも，コンピュータをアナロジーにして人間の認知メカニズムを探る理解の方法の不適性が指摘されることになったことは，いうまでもない（上野 [2001]）。

ここにきて，先行研究に潜在する，最も深刻な課題がみえてくる。それは，技術を与件とした規範的な組織設計論でも，あるいは外部環境である技術からの影響に優位性を置いたコンティンジェンシー理論のフレームワークでもなく，技術概念に研究者の解釈を密輸入させてしまう問題である。それゆえに，サイモンのシミュレーションを通じた解釈の密輸入を指摘した認知科学者は，コンピュータ

という抽象物から，さまざま人工物や他者と関わる現場の実践に注目し，状況に埋め込まれた人間認知の解明へと向かうことになる (e.g., Suchman [1987]；Lave [1988]；Lave and Wenger [1991]；上野 [1999；2001])。もちろん，日常的な実践に注目するだけで，研究者による解釈の密輸入が解消するとまではいえない。より根底には，研究者のあり方そのものを問う，認識論的な課題が潜んでいるのである。

2.5 社会的に構成された「技術決定論」

これまで本節では，Markus and Robey [1988] に示された，組織による規定に基づいて，この視角に含まれる議論がさまざまに含んでいた理論的課題を批判的に検討してきた。だが，組織から技術に対する影響を論じる立場としては，技術を与件とせず，技術そのものに対する解釈を論じる議論も存在する。こうした議論は，技術社会学に顕著にみられた。具体的には，技術の社会的構成 (social construction of technology) (Bijker, Hughes and Pinch [1987]；Bijker and Law [1994]；Kline and Pinch [1999]) や，近代の実体二元論の克服を目指すアクター・ネットワーク理論 (Latour [1987]；Strum and Latour [1999]；Callon and Latour [1992])，構築主義の方法論であるリフレキシビティを通じて技術研究を再考する立場 (Woolgar [1991]；Grint and Woolgar [1997])，そして，これらさまざまな議論を発展的に統合することを目指す技術の社会的形成 (social shaping of technology) などの動きがある (Williams and Edge [1996]；MacKenzie and Wajcman [1999a]；原 [2001；2007])。

本書では，なかでも代表的な議論である，技術の社会的構成を議論することにしたい。彼らの議論をごく単純化していえば，従来の線形的な技術決定論を批判するために，社会に複数存在する準拠集団の多元性 (heterogeneity) に注目し，さまざまな立場の違いを反映した解釈の柔軟性 (flexibility) をもつ技術が，社会的に解釈が収斂して安定化 (closure and stabilization) していく過程を示すという特徴がある (Pinch and Bijker [1984]；Kline and Pinch [1999])。こうした論理展開は，技術社会学の前身でもある科学社会学で論じられていた，相対主義の経験的研究プログラム (empirical program of relativism: EPOR) に遡ることができる (e.g., Collins [1981])。すなわち，客観的な知識として確立されたものと思われている科学的知識も，多様な解釈をもつ科学者間の論争を通じて，合意された1つの真実にすぎないという考え方である。

だが，科学という，最も客観的と信じられている典型的な知識を相対化する

EPOR に比べ，情報技術はもともとその利用の仕方はオープンに開かれていることは，当たり前のことにすぎない。そのためもあってか，研究開発や基礎的な技術開発など，自然科学的な知識を伴う場面の説明としてはともあれ，経営の情報化を対象として技術の社会的構成を主張する先行研究は，あまりなかったように思われる。

　換言すれば，情報技術は，技術の社会的構成を例証するための，典型的な対象でもある。例えば，技術社会学者である Feenberg [1992] は，フランスにおけるテレテル（ビデオテックス網）の普及過程に注目した。テレテルは，情報化社会を見据えたフランスの国家プロジェクトとして推進された。ミニテルと呼ばれたコンピュータ端末の無料配布が行われ，1981 年に 4000 台配布され，その 10 年後には 500 万台を超えるものであった。国家を統合するためのインフラとしてその整備が進められたため，利用者のニーズや地域ごとの特殊事情などをほとんど省みることなく，一気に普及を進めることができた。ところが，1981 年の社会党政権の誕生を契機に，国家に権力が集中することを危惧する人々から，テレテルに対する批判が立ち上がる。Feenberg [1992] は，この批判を通じてテレテルの技術システムに対する意味づけが開放されたと指摘する。テレテルはその後，国家が情報を集約するためのメディアとしてではなく，むしろ，多様な人々が参加する，コミュニケーションのメディアとして機能し始める。列車や航空券などの予約システムなどの商用サービスのほかにも，ピンクチャットにのめり込む人々が大量に発生したり，あるいは 1986 年の学生運動（ストライキ）の際には，短時間に全国から 3000 あまりのメッセージが寄せられた。国家主導で導入されたテレテルの当初の意図とは異なり，それ自体がさまざまな社会的勢力（技術者，政府，フランステレコム，サービス提供会社，情報提供会社，ユーザーなど）を錯綜させるメディアになった。そして，このように競合しあうさまざまな利害が交錯するなかで，新しいメディアが社会的に定義されていくことを，Feenberg [1992] はテクニカル・コード（technical code）の定着と呼んだ。ただし，実際には，テレテルの解釈が収斂することはなく，インターネットの台頭とともに 2000 年以降に廃止されるのだが。

　このように技術の社会的構成は，さまざまな（社会的な）準拠集団を通じて技術に対して解釈が加えられるプロセスを強調しつつ，その安定化もさまざまな人々の相互作用からなる社会的なプロセスを通じて説明するものである。Feenberg [1991] は，技術決定論に対する批判的視点こそ，技術社会学に必要な立場

であるとする。だが，技術に対して社会の優位性を過剰に強調する彼らの立場にも，特有の理論的課題が指摘されよう。まず，技術決定論を退けようとする彼らの議論では，技術特性の代わりに技術の解釈を左右する社会システムの存在を与件としている。もちろん，社会システムは，準拠集団の利害対立を含んだものかもしれないが，そうした準拠集団の利害関係が，技術の利用を通じて変化する可能性については十分に論じていたとはいえないだろう。安川・杉山 [1999] は，このことは Feenberg [1992] による「テクニカル・コードの定着」という言い方にも暗示されており，テレテルの利用を通じて自らの利害を達成する人々によって，社会システムが再構成される側面を見過ごしていると指摘する。[10]

さらに，より重要な問題として，技術の解釈を強調する立場では，技術そのものが分析からこぼれ落ちてしまう傾向がある。Feenberg [1992] が指摘するように，テレテルが中央集権的な情報メディアから，コミュニケーションのためのメディアへと変貌していったのは，単なる解釈上の問題ではなく，ネットワーク化された情報技術の特性ゆえの変化でもあったに違いない。さらに，実際には収斂しなかったテレテルの解釈も，今日のインターネット技術の利用にみられる流動性にそのまま繋がっている。換言すれば，技術の意味的な解釈を強調し，物的な側面を捨象する研究は，そもそも技術研究として成立するのかという疑問も出てくる。技術の社会的構成を含め，技術社会学の研究者の間では，技術決定論の否定という態度が共有されてきたが，そこまで否定しようとする技術決定論とは，いったい何なのだろうか。

実のところで，技術決定論を退けなければならない理由は，それほど明快なものではない。Pinch and Bijker [1987] によれば，技術社会学における技術決定論に対する否定的態度の背後には，もともと自然科学を批判対象とした科学社会学を背景としているという，研究領域固有のコンテキストがある (pp. 26-28)。つまり，技術決定論は，あくまで学問的に創られた仮想敵にすぎないとさえいえるのである。もちろん，だからといって，技術社会学が純粋に学問的な関心しか持ち合わせていなかったといいたいわけではない。例えば，技術社会学で議論されてきた個別の議論も，Rip and Schot [2002] に示されたイノベーションへの旅 (innovation journey) のように，科学的な発見から，新たな技術を形成し，さらには市場へ普及し，社会全体の変化に至る一連のプロセスに統合することで，実践的に有用な知見を引き出す知識体系にまとめられると考えることもできよう。だが，ここで注意しなければならないのは，この体系化されたイノベーションへ連なる

一連のプロセスこそ，MacKenzie and Wajcman [1999b] が指摘するように，われわれの日常の信念として浸透している技術決定論に他ならず，それが企業にとって有用な知識である根拠もないことである。

3 相互作用論の（不）可能性

　最後に，単純化された技術決定論を避けるとともに，既存の組織や社会による支配からも逃れようとするのが，情報技術と組織の相互作用を論じる立場である。実は，論者によって呼び名と，その内容も異なる。例えば，嚆矢となる Markus and Robey [1988] による創発的視角や，彼らの議論に準拠した分類研究 (e.g., Robey and Sahay [2001])，さらには創発的視角のプロセスを探求して，ギデンズの構造化理論に依拠する研究 (Orlikowski and Robey [1991]；Orlikowski [1992])，その他，情報技術と組織の相互規定性を前提とした社会物質性の議論 (e.g., Leonardi, Nardi and Kallinikos [2012]) などである。これらの議論に共通することは，情報技術や組織のいずれかに決定的な優位性を置かないということである。

　しかし，相互作用論は，とりたてて画期的な考え方ではない。技術決定論，組織決定論，相互作用論という三段論法に基づけば，当然ながら相互作用論が目指すべき記述モデルだということになる。だが，今や典型的な技術決定論とラベリングされるウッドワードたちも，実際には複雑な相互依存関係を想定していたように，技術と組織が相互作用する状態にあることは，いうまでもない。換言すれば，いうまでもない相互作用をいかに論じるかが，相互作用論を論じる際の難しさである。それゆえ，一口に相互作用論とはいっても，他の記述モデルに比べても，論争が絶えない。技術と組織の相互作用状態は当たり前のことであったとしても，相互作用論は決して当然ではない。本節では，相互作用論の（不）可能性をめぐって，代表的な3つの論争を取り上げておきたい。

3.1 分析方法としての創発的視角

　相互作用論の立場において，最も重要な研究として位置づけられるのが Markus and Robey [1988] によって，創発的視角と呼ばれた視座である。彼らは，Pfeffer [1982] にならって，情報技術と組織の関係性をめぐる因果構造 (causal structure) を，因果関係 (causal agency)，論理の構造 (logical structure)，分析単位 (unit of analysis) という3つの視点から分類する。因果関係とは，何を原因変

図3-3　因果構造（causal structure）の次元

因果関係	論理の構造	分析単位
技術決定論	変数による理論化	マクロ
組織による規定		ミクロ
		―ミクロ
創発的視角	プロセス理論	―ミックス

（出典）　Markus and Robey [1988] p. 584, Figure 1,
　　　　　より筆者作成。

数とし，何を従属変数とするかという観点である。論理の構造とは，どのような時間幅で因果関係を捉えるかという観点である。分析単位とは，分析の焦点となるのが個人や集団（ミクロ）か，あるいは組織や社会（マクロ）かという観点である（図3-3）。

　Markus and Robey [1988] は，このうち因果関係に注目した分類によって，先行研究を技術決定論と組織による規定に分け，そのどちらとも異なる第3の立場として創発的視角を位置づけた。彼らが指摘する創発的視角とは，因果関係を技術や組織のどちらか一方に固定することなく，事前には予測できない継時的なプロセスの観点から，そして，分析レベルは組織と個人をミックスしたものという特徴をもつ。実際，彼らが創発的視角を提示する際に依拠する Pfeffer [1982] では，March and Olsen [1976] の意思決定論や，Weick [1979] による組織の認知的視角（cognitive perspective on organization）が引用され，そうした理論的背景のもとで，組織の意思決定を断片的で非連続であり，そして行動の結果について歴史的な意味づけがなされる立場であるとする（pp. 9-10）。つまり，創発的視角を論じる際に，Markus and Robey [1988] が目指したのは，客観的な技術特性をもとにした議論と，組織によって選択されたり，解釈される技術に関する議論を相互に橋渡しすることであった。そもそも，彼らが類型化した技術決定論と，組織による規定に位置づけられる先行研究が，このような対立図式にあったかどうかは疑問だが，議論を単純化するにはわかりやすい整理であろう。

　しかしながら，Markus and Robey [1988] の議論は，外的な特徴として観察される理論の構造（structure of theory）によって分類を試みようとしたものであり，とくに創発的視角に求められるプロセスに関する理論の内実（substance of theory）は含まれていなかった（p. 584）。情報システムの導入が当初の目的通りには進まないのはいうまでもないが，創発的視角ではプロセスという特徴を見出した以上

には，必ずしも適切な説明を与えているわけではなかったのである。結局のところ，説明概念としての創発とは，技術や組織の個別要素に還元できない残余カテゴリーとして姿を現しているにすぎない。その意味で創発的視角とは，実際にはそれ自体が理論として完成したものではなかった。

わが国で早くから情報技術と組織の相互影響過程に注目し，スパイラル・モデルを提唱した島田［1991］が，実は慎重な議論を展開していたことは，注目に値しよう。島田［1991］の議論で特徴的なのは，Markus and Robey［1988］が創発的視角で類型化したように，情報技術と組織という概念同士の相互依存関係ではなく，情報システムを導入しようとするトップ・マネジメントの意図によって，情報技術と組織とが媒介されると考えたことにある。島田［1991］によれば，「組織再編成案をつくるときには，情報技術の考慮なくしては作れなくなるとともに，逆に情報システムの開発を行うときには組織再編成を考慮しなければならなくなっていくとみられる」(29頁)とする。そして，因果関係のモデル化に際しては，技術決定論や組織決定論と創発的視角を並列して捉えるのではなく，相互作用を包含した「ソフトな技術決定論」と「ソフトな組織決定論」と捉えるべきであり，創発的視覚をあえて独立的なタイプとして設ける積極的な意義に乏しい（その意義を検討するのは，今後の課題である）と指摘していた (31頁)。そのうえで，情報システムを設計する視点をトップ・マネジメントに置いてみたときには，情報システムの技術的進展とともに，その（相互作用を含み込んだ）因果関係は，従来のような技術主導のものから，それを利用するユーザーのニーズという組織の特性に左右される傾向が強くなることを主張したのである。

さて，創発的視角を理論的に精緻化していくことを考えれば，Markus and Robey［1988］に残された，相互作用プロセスの理論的内実を埋めていくことが理論的課題として重要になろう。実際，この理論的課題を引き受けた議論を，次項以降では，詳しく検討していく。だが，その前に，この創発的視角には，別様の発展の可能性が残されていることを検討しておきたい。それは，現実把握のための理念型として，技術決定論と社会決定論を相互参照するという，方法論的な発展の可能性である。

例えば，上林［2001］によれば，技術決定論の背後には，工業化やそれに伴う技術革新，民主化・近代化の進展によって，当初はさまざまな形態をもっていた社会が類似化していく基本仮説である「収斂理論」がある。ちなみに，この収斂理論に対比されるのが「拡散理論」である。拡散理論では，収斂理論とは逆に工

業化や技術革新,民主化・近代化は,それぞれ異なった社会のなかで進展するため,その基本構造は変わらないとする基本仮説がある (36-38頁)。この2つの理論は,どちらが正しく,どちらが間違っているのかを問うようなものではない。どちらも,われわれが対象を認識する際の前提であり,必要に応じて使い分けられるものである。上林 [2001] もまた,イギリスと日本の工場に導入された情報技術システムの組織的利用パターンの国際比較に当たっては,理論的には当然ながら技術と組織の相互依存関係を重視しつつも,分析的には相互作用に影響する思想や文化,社会制度といったより広い社会的諸要因を視野に収める必要があるとする (137頁)。換言すれば,敢えて拡散理論として国レベルの文化的作用を前提とすることで,ただ創発的相互作用という一般的な結論を導くのではなく,文化に影響されるさまざまな相互作用のプロセスを,より具体的に分析の俎上に載せることが可能になるのである。

このように技術決定論と組織決定論を,分析方法として積極的に捉え直す可能性は,技術研究からではなく,制度概念を扱う制度論者からも提唱されている。制度研究は,技術研究とは対照的に,人々の実践的な生活世界を抽象化された社会的事物である制度の概念を利用して説明してきた。そこでは,当然の帰結として,制度による過剰な支配を退ける理論的課題が生まれる。いわゆる制度決定論から逃れるために求められたのが「制度的企業家 (institutional entrepreneurship)」概念であったが,制度に対する優位性を企業家主体に与えることが制度研究として論理矛盾を抱えることの是非をはじめ,制度概念そのものをめぐる論争が繰り広げられてきた (e.g., Greenwood, Oliver, Sahlin and Suddaby [2008];桑田・松嶋・高橋 [2015])。そうした論争の傍らで,近年,フリードランド (Roger Friedland) を中心に,単に現象を説明するための概念として制度を議論するのではなく,制度論者が嚆矢となる議論として位置づけてきたウェーバーのように,われわれの認識前提となる理念型として,制度 (ロジック) を捉え直そうとする動きがある (松嶋・早坂・上西・浦野 [2015];早坂 [2015])。

Friedland and Alford [1991] によれば,そもそもわれわれの実践的な生活世界は,制度の象徴性 (symbolicity) だけでなく,物質性 (materiality) の側面も捉えなければならない (p. 247)。実は制度論者は,Jepperson [1991] が制度の物質的次元を指す担体 (carriers) 概念を提唱して以降,継続的に制度の物質性に注目しており,象徴システム,関係システム,ルーティンに加え,技術的人工物もまた制度の担体であることが指摘されてきた (e.g., Scott [2008] pp. 79-85)。ところが,

分析対象とする制度の象徴性とは区分されたコンテキストとして物質性を扱う限り，制度そのものの物質性を把握したことにはならない。Friedland [2012] によれば，より根源的な問題は，哲学的な観念論と唯物論の対立にある (p. 589)。そのため，Friedland [2009] では，アリストテレス（Aristotle）の形相質料論に遡り，ある対象の形相（象徴性）を問うとき，質料（物質性）に言及せざるをえないトートロジーを許容せよという命題に注目する。つまり，制度論者が不可避に象徴性に眼を奪われるならば，物質的な世界に眼を向けるため，敢えて「物質性」という別の象徴性を置く必要があるというのである (pp. 56-57)。これに対して，技術社会学者である Pinch [2008] は，物質性に関して制度研究として寄稿し，そこでは制度が技術を含むとともに，技術も制度が組み込まれた異種混合の集合体であるとした。アクター・ネットワーク理論に由来する異種混合性の含意については，本節の第3項で改めて触れる。しかし，本項での重要な論点としては，異種混合の生活世界を前提とするからこそ，むしろ，分析のために制度とは別に物質を焦点化するような認識装置，すなわち物質性の概念が必要になるという考え方である。

　さて，フリードランドの議論を省みたとき，Markus and Robey [1988] では因果関係の構造しか示されなかった創発的視角も，実は技術決定論と組織決定論の双方を認識前提として利用する分析方法として発展させることができる。どちらが記述モデルとして優れているかというよりは，そこから引き出せる含意を比較検討する分析方法である。古くは，ウッドワードたちが渾然一体となった生産現場を管理するために，「目立った特徴」として技術変数を定義しつつ，技術変数には収まらなかった部分をコントロール・システムの変数に振り分けていた。社会技術システム論では，導入ずみの大規模な技術に適応するために，人々の働き方を変更する組織開発論を論じていた。トップ・マネジメントに注目した島田 [1991] も，もし仮に情報システムを売り込もうとするベンダー企業の立場をとれば，顧客企業が利用する既存の技術と組織の複雑な相互作用を解明しつつ，彼らを「落とす」ポイントとして情報システムの技術的スペックを示すことが有用であろう。あるいは，エンド・ユーザーの立場をとれば，彼らが利用することになる新しい技術利用によって生じる，（必ずしもベンダー企業が説明していない）さまざまな意図せざる結果を解明することが有益であるかもしれない。このように，技術決定論と組織決定論を論理構造として並存させる創発的視角は，単なる記述モデルとしての一般性ではなく，採用すべき記述モデルの有用性を再考させる方

法論的可能性をもっているとは考えられないだろうか。

3.2 構造化モデルをめぐる論争

　Markus and Robey [1988]に残された創発的視覚の課題を受け，技術と組織の相互作用のプロセスを概念化したのが，オリコフスキーたちによる技術の構造化モデル（structurational model of technology）（Orlikowski and Robey [1991]；Orlikowski [1992]）である。オリコフスキーたちは，構造と行為の二重性を指摘するギデンズの構造化理論を援用し，組織構造と実際の技術利用が相互に条件づけあい，影響しあう再帰的（recursive）な関係を指摘しようとする。その基本原理は，情報技術は当初，計画的に導入されるかもしれないが（計画に基づいた変化），実際に情報システムを導入し，利用してみることによって思いがけない変化が生じ（機会に基づく変化），当初の設計意図とは異なった組織変革がもたらされるというものであった（Orlikowski and Hofman [1997]；Orlikowski [2001]）。

　具体的にオリコフスキーたちが検討するのは，ソフトウエア開発を行うゼータ社の顧客サービス部門（CSD: Customer Survice Department）における，顧客からの問い合わせ案件を処理するための情報システム（ITSS: Incident Tracking Support System）である。この情報システムは，もともとCSDにおける顧客対応業務の効率化を目的として導入された。ところが，実際に情報システムを利用することを通じて，ITSSについての「知られざる機能（例えば，データベース機能やグループウエア機能）」が発見され，当初の設計意図を超えた使われ方がなされていく。例えば，検索機能を追加することによって顧客対応の内容を共有化することができるのではないか，ソフトウエアのバグ追跡システムを作ることができるのではないか，蓄積された顧客対応データを新人の育成プログラムに活かすことができるのではないか。これらは，ITSSについて知られざる技術的要件と職務の要件とが合わせられていった結果生じた，意図せざる結果ないし創発的な変化である[11]。

　しかしながら，ここで注意が必要なのは，ギデンズが社会理論の一般モデルとして提唱する構造化理論の目的は，理論的な構成諸概念を独自に内容規定することで，再帰的なメカニズムを提示した点にある（Giddens and Pierson [1998]；宮本 [1998]）。とくに，ギデンズに特徴的なのは，あくまでデュルケーム（Émile Durkheim）以降の社会理論において共通してみられた，行為主体に外在して存在するマクロな社会秩序の存在を批判的に捉えることであった（Giddens [1977] pp. 291-296, 邦訳 248-253 頁）。構造化理論で特徴的なのは，構造（構造化特性）とは，

マクロな社会秩序という創発的な存在を指すものではなく，あくまでも記憶のトレース（memory traces）である行為主体の知識として内在する，仮想的な規則と資源（rule and resource）と捉えるところにあった。つまり，構造と行為の再帰的な関係とは，それまでの構造—機能主義的なマクロ構造論と解釈学的なミクロ行為論を橋渡ししようとするものではなく，（われわれ研究者を含んだ）行為主体の実践に徹底的に関わることによって，それらを新しいかたちで再構築していかねばならない。Giddens [1993] が（狭義の）理解社会学に「共感的」であるとともに，安易なミクロとマクロの接合には「批判的」であらんとするのは，まさにこの点にあったといえよう。

> 「構造の二重性という概念は，社会分析の論理と密接に結びつく。二重性の概念は，それだけで社会的再生産なり社会的変容の諸条件について何らかの形の一般化を提示できるわけではない。この点は根本的な意味をもつ。なぜなら，さもなければ構造化理論の見方は，たしかに還元主義という非難を免れないからである。（中略）むしろ，それは，論理のレヴェルにおいても，私たちの実際の日々の生活においても，たとえ私たちの行為がもっとも厳格な社会制度の諸要素に寄与するにせよ，もっとも急進的な社会変動に寄与するにせよ，私達が行為の流れの外側にはみ出ることはできないという主張につながる。」（Giddens [1993] p. 5，邦訳 18 頁）

ところが，オリコフスキーの構造化モデルでは，組織と技術の相互作用を論じる際に，技術や組織を解釈する行為主体と外在的な組織や情報技術が併置されていた。これは，彼女が Markus and Robey [1988] の創発的視角に影響を受けていたことがその理由として考えられる。そのために，彼女の分析は部分的に技術決定論を取り込んだ，技術と組織の相互作用論に留まるのである。先述のように，このようなアプローチは，線形的な技術決定論に社会的な要素を組み込んだ，「ソフトな技術決定論」であるともいわれる。Orlikowski [1992] による説明が含意することは，われわれは本当の状況に気づいていないが，技術を利用していくなかでフィードバックを得ることで，それらの技術的環境に適応するにすぎないということである。このことに鋭い批判を加えたのが，Grint and Woolgar [1997] であった。

「彼女は，多くの著者たちが技術概念をハードウエアとしてしか捉えていなかったことに対して警鐘を鳴らす。しかしながら，Orlikowski [1992] は，また，そのようなアプローチは『技術の決定的な側面に対する洞察』を与えるという意味で価値があるとし，彼らに欠けていたのは『技術を発展させたり，正当化したり，変化させたりする人々の行為』をほとんど無視してきたことであるという。その結果，彼女の視角は技術の説明に技術と組織との相互作用を合わせるようなものとして現れるのである。オリコフスキーには，このように技術の決定的側面が残されているという点において，きわめて技術主義的な思考がある。(中略) また，機械が人々の行動によって媒介されるということについても肝心な情報を見過ごしている。オリコフスキーによれば『媒介』とはより一般的な広い意味での技術の解釈過程ではなく，単に技術と (組織と) の相互作用のことを意味している。(中略) (オリコフスキーの) 明快なインプリケーションはこうである。われわれは，技術をめぐる事象の重要性を捉えるための理論を開発するために，技術の客観的説明を取り込んでいくべきである，と。(中略) オリコフスキーの立場は，最終的には『技術の物的な特性』による制約があり，これらは人々が解釈によって上書きされ，現れてくると考えているということに間違いないであろう。(中略) 客観的な現実と社会的に構成されたプロダクト。しかしながら，客観的な現実として説明されているそのものが社会的に構築されたものにすぎない。もし，それらをあえて分けようとしても，それは同じことを違った表現で言い換えているにすぎないのである。」(Grint and Woolgar [1997] pp. 21-23)

　こうした徹底的な批判に対して，もちろん，オリコフスキー自身は技術の内的特性はあくまで「分析的な利便性においてのみ (analytical convenience only)」(Orlikowski, [1992] p. 408) 置いたにすぎないことを強調する。しかし，このことがオリコフスキーの議論を不徹底なものにしている。組織や情報技術の間に行為主体を媒介させたとしても，客観的な内的特性をもつ技術に対する適応過程が説明されるのであれば，そのような人間モデルは冗長な概念であるといわざるをえない。つまり，オリコフスキーの分析で「知られざる機能」として説明される技術特性が，誰の視点から描かれたものであるのかという問題については，彼女はほとんど無自覚だったのである。

　ウールガー (Steve Woolgar) 自身は，社会学や技術社会学における構築主義に

図3-4 解釈された歪み（ディストーション）の背後にあるもの

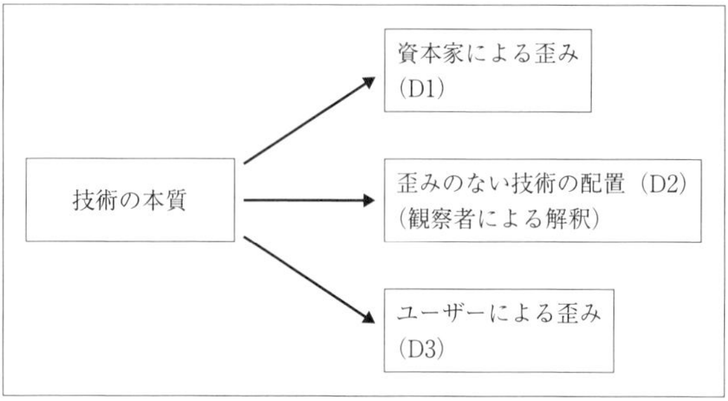

```
技術の本質 ──→ 資本家による歪み（D1）
         ──→ 歪みのない技術の配置（D2）
             （観察者による解釈）
         ──→ ユーザーによる歪み（D3）
```

（出典）　Grint and Woolgar [1997] pp. 35-36，より筆者作成。

潜む問題に対して，徹底的に批判的な立場をとる研究者であった。構築主義に対して社会学で起こった方法論的論争については，次章において意図せざる結果の方法論的課題として詳しく検討する。そこでは，技術にせよ，社会問題にせよ，社会性を帯びた現象として説明される対象は，実は研究者による恣意的な存在論的線引きによって，そうなるように分析的に仕込まれたものであると批判される。それでは，こうした問題を生み出している原因は何なのか。オリコフスキーを批判した Grint and Woolgar [1997] は，解釈の密輸入を生み出した根源的な原因は，われわれ研究者が技術ないし組織に固有の特性があると素朴に信じる本質主義（essentialism）にあるという。図3-4は，Grint and Woolgar [1997] に示された本質主義の論理である。技術の本質を前提とすれば，現実場面における技術（や組織ないし社会）の解釈は，資本家（D1）やユーザー（D3）の視点から，どこか歪んで解釈されたものとして分析されることになる。しかしながら，このとき歪みのない技術の本質とは，これを分析している研究者（D2）の視点にすぎないわけであって，技術と組織とを最適化しようとする物語は，研究者によるシナリオD2のもとに最初から仕込まれているのである。

　Grint and Woolgar [1997] の本質主義の指摘は，一方では，実体二分法に関する存在論的な挑戦に繋がり，他方では，研究者による認識論的課題の問いへと結びつく。技術社会学において，近代固有の実体二分法を問い直したのが，次項で改めて触れるアクター・ネットワーク理論である。余談になるが，このアクター・ネットワーク理論を代表する研究者の一人であるラトゥール（Bruno Latour）とウールガーは，科学に対する人類学的アプローチの嚆矢となる *Laboratory*

Life: The Social Construction of Scientific Facts を発表していた（Latour and Woolgar [1979]）。彼らが分析対象としたのは，1977年のノーベル生理学・医学賞を受賞した，カリフォルニアのソーク研究所（ギルマン実験室）に所属する科学者たちが，甲状腺刺激ホルモン放出ホルモンの構造を作り上げていくプロセスであった。彼らは，実験よりも多くの時間を論文収集のために費やし，発見事実の新しさを論文にまとめる作業に費やしていた。また，そのためには，さまざまな実験装置からデータを得て，図表や数式にまとめる技能，さらには，データを得るための実験装置を購入し，必要な技能をもったスタッフを雇用する資金が求められていた。ラトゥールはその後，モノと人，技術と社会などの，近代固有の実体二分法を退ける試みとして，アクター・ネットワーク理論を提唱する。これに対して，ウールガーは，実験室の現場で観察した，研究者たちの科学的事実をめぐる競争的な言説に対して，科学的知識に対する認識論的課題を掘り下げていくことになるのである。

3.3 社会物質性の可能性

最後に，相互作用論の行方を論じる議論として，目下論争中ではあるが，近年の研究者によって注目されている，社会物質性を取り上げておきたい（e.g., Leonardi, Nardi and Kallinikos [2012]）。ここで「行方」という言い方が必要になるのは，社会物質性を論じる論者が，従来の技術決定論，組織決定論，相互作用論という，情報技術と組織の因果関係をもとにした3つの記述モデルを発展的に論じていく三段論法を退け，決定論，相互作用論，社会物質性という，「新」三段論法を用いているからである（e.g., Orlikowski and Scott [2008]）。この分類自体は，論理的な必然性から求められたというよりは，やはり既存研究に対する差別化を図ろうとするレトリックにすぎない。だが，このレトリックを通じて，今や研究者の間で相互作用論が退けられようとしていることは，注目に値しよう。

では，社会物質性とは，いかなる概念なのだろうか。牽強付会であることを恐れずいえば，社会物質性を論じている研究者のなかには，2つの異なった立場が存在している。1つは，社会と物質とを構成的なもつれ（constitutively entanglment）のメタファーを通じて捉える立場であり，もう1つは，うろこ状の重なり（imbrication）というメタファーを通じて捉える立場である。この2つの異なったメタファーの背後には，広く社会構成主義を二分している，主観的な解釈を強調する construc-tivism の立場と，技術や組織を客観化された認識前提として置く

construc-tionism の立場が存在する（Leonardi and Barley [2008]）。また，関係的存在論（relational ontology）へのコミットメントを示すのか，あるいは認識論上での客観性を求めるのかという，哲学的な問いの違いも存在する（Faulkner and Runde [2012]；Leonardi and Rodriguez-Lluesma [2012] p. 84）。本書の紙幅でこれらの背後理論を網羅することはできないが，この2つの立場の論者が，どのように従来までの相互作用論を乗り越えようとしているのかに注目しておきたい。

　まず，もつれのメタファーをもって，社会物質性を概念化しているのが，構造化モデルの提唱者でもあった，オリコフスキーであった（Orlikowski [2007；2010]；Orlikowski and Scott [2008]）。彼女が社会物質性概念を必要とする背景としては，当然ながら，構造化モデルに対して向けられた批判があった。構造化モデルに潜在していた技術の本質主義を指摘したウールガーの批判は先述の通りだが，他方で，彼女たちの構造化モデルは，情報技術を利用する個人の解釈能力を強調しすぎた議論であるとも批判されていた（e.g., Leonardi [2013] pp. 64-65）。この批判に対して，Orlikowski [2000] は，構造化モデルで分析対象としてきた実践的な技術利用（technology in practice）とは別に，技術的人工物（technological artifact）固有の物質性を概念的に用意しようとする。このとき，彼女たちが参照していたのが，先述のアクター・ネットワーク理論であり，技術の社会的構成で取りこぼされた非人間的な物的存在を社会的存在と同等に扱う理論的特徴に注目し，彼女たちの構造化モデルに欠けるとされた情報技術固有の物質性を扱う理論として取り入れようとした。だが，いうまでもなく，こうした概念規定は，技術が有する物質性と組織が相互作用するという，従来までの議論を精緻化するに留まる。もちろん，従来までの議論を精緻化しようとする限りは，正しいのだが。

　他方で，アクター・ネットワーク理論それ自体の理論的含意としては，人間的存在と物的存在のような異質なアクターが持続的な提携状態を結ぶ，異種混合的なエンジニアリング（heterogeneous engineering）という考え方があった（Callon [1987]）。この考え方に注目すれば，技術は，一方では物的な機械に転化されることで人々の意識から消えつつ，他方では技術利用を通じて社会制度に埋め込まれる。われわれが技術と呼ぶべき対象は，このように物的ないし社会的な秩序が相互依存的に成立する，静かなインスクリプション（silent inscription）として捉えられるのである（Joerges and Czarniawska [1998]；Pinch [2008]）。

　このような経緯でオリコフスキーが提唱することになった概念こそ，もつれの状態をメタファーにした，社会物質性の概念であった。彼女がもつれというメタ

ファーを用いていおうとしたことは，アクター・ネットワーク理論が論じた，異種混合の集合体に他ならない。オリコフスキーによれば，社会的存在と物質的存在がもつれた状態にある異種混合性に注目するためには，既存の決定論や相互作用論にみられた分離主義の存在論（ontology of separateness）とは一線を画した，関係的存在論（relational ontology）へコミットしなければならない（Orlikowski and Scott [2008]；Orlikowski [2010] p. 134)。そして，日々の実践の社会物質的側面に焦点を当てることで，組織生活が作られていくさま（ongoing production）を検討する可能性に開かれるという重要性をもつとする（e.g., Orlikowski [2007] p. 1445)。

ところが，このもつれのアナロジーに基づいたオリコフスキーたちの議論は，理論的な困難を伴う。というのは，もつれを存在論的に前提とした途端，全体としてのもつれを，いかに分析できるかという新たな問題が作り出される。もつれの状態を分析するためには，もつれていない「何か」で説明しなければならない。だが，あらゆる存在にもつれを想定した状態で，もつれていない「何か」を用意することは，論理的には不可能である。ちなみに，彼女たちは，改めて「分析的にだけ（analytical only)」（Orlikowski [2007] p. 1438）人間や人工物を用意するとするが，こうした論点ずらしがかつて Grint and Woolgar [1997] が批判した，本質主義の錯誤を逃れうるものでないことはいうまでもない。

他方，オリコフスキーたちの議論とは異なったアプローチで社会物質性を議論しようとするのが，うろこ状の重なりというメタファーを採用した，レオナルディー（Paul Leonardi）をはじめとした若き論客たちである。このメタファーは，屋根瓦（tegula および imbrex）が相互に重なり合うことによって機能する様相を示すものであり，先行研究のなかでは，序章で「ソフトウエア工場」の議論として取り上げた，チボラの遺稿（Ciborra [2006]）でもブリコラージュ（bricolage）の概念としてすでに触れられていた。Ciborra [2006] では，世界内存在（実践のうちに捉えられた存在）を理論的基礎にしたハイデガー（Martin Heidegger）の技術概念を参照しながら，計算可能な表象を与える情報技術とリスクの関係を論じていた。例えば，多様な原因から生じる事故に対しても，情報が蓄積されたデータベースを通じてリスクの予測が可能になり，保険業界も多様な保険商品を設計できる。他方で，インターネット・バンキングのように，情報ネットワーク技術自体が物質的にも，社会的にもさまざまなリスクを含む。ただし，うろこ状の重なりというメタファーの理論的基礎づけはハイデガーに限らず，現在も幅広い議論の渦中にある（e.g., Taylor [2001]；Sassen [2002]；Barad [2013])。ここでは2つの対

照的な立場を作り出している争点に注目し，このメタファーが有する特徴を2点だけ，示しておきたい。

　第1に，社会構成主義に含まれる2つのパラダイム（といっても差し支えない考え方）の対立である。Leonardi and Barley [2008] は，ピアジェ（Jean Piaget）の発達心理学を発展させたパパート（Seymour Papert）の議論に基づきながら（e.g., Papert [1991]），今日の社会構成主義のなかでも，主観的に与えられる解釈に注目する立場（construc-tivism）は，広く一般に浸透している考え方ではありつつも，限界もあると指摘する[13]。例えば，技術の社会構成主義では，当初開放されていた技術の解釈が，さまざまな準拠集団間の交渉プロセスを通じて収斂し，安定化していくプロセスが論じられていた。そこで何が構築されていたかといえば，あくまで技術に対する人々の解釈であり，それが必然的に技術自体を分析から取りこぼす結果になった。だからこそ，オリコフスキーたちも，非人間的な物質性を強調せざるをえなかったのであるが，技術を扱えない技術研究は，そもそも理論的に欠陥があったとも考えられよう。こうした指摘は，実は技術研究だけに向けられたものではない。Hacking [1999] によれば，今や社会科学全般にみられる社会構成主義は，いうまでもない理論前提を追認したにすぎない。その構成の内実をみても，やはり人々の解釈や相互作用が論じられているにすぎない。Hacking [1999] が，ラディカルな政治的態度の標榜と皮肉ったように，今や社会的に構築されているという説明それ自体が，従来の言い古された概念を修飾してきたにすぎないことは否めない。

　だが，社会構成主義には，もう1つの（本来の）顔（construc-tionism）があった。例えば，社会構成主義の古典とされる Berger and Luckmann [1966] に立ち戻ってみれば，意外にも前提となる基本的な考え方が見過ごされてきたことがわかる（浦野・松嶋・金井 [2011]）。Berger and Luckmann [1966] によれば，社会構成主義において，「社会」とは自明で強制的な事実として物象化され，端的にそこに存在する，という認識から始まる（pp. 21-23，邦訳32-34頁；p. 60，邦訳93頁）。つまり，「社会的に構成されている」というときに重要なのは，社会を構成する主体の解釈でも，主体の相互作用でもない。われわれが社会を解釈しようとする，すでにそのときに，解釈の対象として制度化された「社会」が必要とされるのである（pp. 30-31，邦訳46-47頁）。「社会」を出発点にして，人々は生きられた現実（lived reality）をさまざまに作り出しており，この「社会」を前提に作り出された多様な現実を解明することこそ，社会科学に与えられた使命に他ならない。それ

でも，研究者が「科学」を標榜する限り，その現実を構成する「社会」がどこからきて（解釈），さらには，どのようなプロセスで構成されたのか（相互作用）を探求しなくともよいのか，という疑問が湧くかもしれない。当然ながら，「社会」は相互作用を通じて人々に解釈されたものであり，必要となれば分析も可能である。だが，その「社会」もまた，社会的に構成されている。現実を構成する「社会」の出自を追う無限背進は，社会科学の問題関心ではない。だからこそ，Berger and Luckmann [1966] は，分析で取り上げるべきは，あくまで人々が構成している生きられた現実であり，「この現実の基礎についてさらにそれ以上考える必要はない。というのも，それを考えるのは哲学の仕事だからである」（p. 19, 邦訳 29 頁）と力説したのである。

さて，こうした社会構成主義（あるいは，特定的にいえば構築主義：construc-tionism）の基本的な考え方を前提とすれば，うろこ状の重なりというメタファーを用いて，あえてオリコフスキーたちと過剰とも思えるほどの対立を演出するレオナルディーたちの狙いも[14]，理解できよう。Leonardi [2011] によれば，社会物質性に関する概念も，二分法的に用意された独立的な実体（independent entities）ではなく，技術を利用する実践を通じて区分された要素（distinct element）として把握される。こうした発想がもつ従来の議論との違いについては，Leonardi [2012] で議論され，図 3-5 に示されている。第 1 に，オリコフスキーが探求したもつれの状態は，通常は技術ではなくて，社会（的サブシステム）として把握される。第 2 に，人工物は，人間による影響を受けない特性として，社会的サブシステムの残余として捉えられ，その時空を越えた持続的な形式として物質性が概念化される。第 3 に，人間と人工物は相互の機能（人的・物質的エージェンシー）で重なり合った実践を，技術（的サブシステム）と呼ぶ。もちろん，技術と社会は再帰的関係にあり，全体として社会技術システムを構成する。

もちろん，こうした概念定義とそれらの関係は論者によっても異なるのだが，重要なポイントとなるのは，うろこ状の重なりというメタファーが，本来の社会構成主義（構築主義：construc-tionism）のもと，実践的に自明視された社会的事物（social facts）を前提にしていることである。このメタファーに基づいた記述では，既存の自明視された「社会」を否定せず，こうした社会のもとで意図をもった人間主体と人工物の物質性が折り重なっていくことで生じるイノベーションの発生を捉える（Leonardi [2011] pp. 151-152；Leonardi [2012]）。振り返ってみれば，技術の社会的構成のように，技術決定論の否定を学問的使命としてきた技術社会学で

図 3-5　物質性，社会物質性，社会―技術システムの概念関係

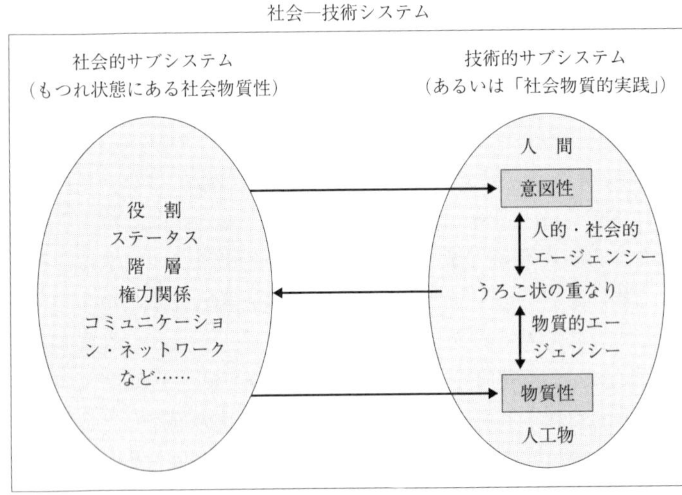

社会―技術システム

社会的サブシステム
（もつれ状態にある社会物質性）

役　割
ステータス
階　層
権力関係
コミュニケーショ
ン・ネットワーク
など……

技術的サブシステム
（あるいは「社会物質的実践」）

人　間
意図性

人的・社会的
エージェンシー

うろこ状の重なり

物質的エー
ジェンシー

物質性
人工物

（出典）　Leonardi [2012] Figure 2.1，より筆者作成。

さえ，日常の信念レベルに浸透した技術決定論を退けられなかった。それは，Rip and Schot [2002] の「イノベーションへの旅」に示されたように，科学から技術，そして社会へと普及していく，全面的な革新志向にあった。こうした日常信念レベルに浸透した技術決定論に対して，レオナルディーたちの説明では，既存の組織や技術の崩壊（collapse）を強いることなく，自明視された既存の事実である組織や技術を利用して新たな社会物質的実践を安定化させていくという，変化と秩序の統合的なプロセスとしてイノベーションを捉えることになる。

　第2に，うろこ状の重なりというメタファーが有する，いま1つの重要な論点は，このメタファーがもつ記述的な説明力だけに注目するのではなく，現実の組織プロセスを改善するために有用な含意を引き出そうとする，デザイン志向（design orientation）にある（Leonardi and Rodriguez-Lluesma [2012]）。オリコフスキーたちが用いるもつれのメタファーは，確かに状態の記述としては，正しいかもしれない。すべてものは，社会的でもあるし，物質的でもある。ただし，これもいわれてみれば当然の前提であり，そのことがオリコフスキーたちの議論の有用性を損ねてきたとすれば，なんと皮肉なことであろうか。

　レオナルディーたちのうろこ状の重なりというメタファーが有用であるとすれば，それは，実践のうちに客観化された認識を前提としている点にある。人々の

実践を離れて定義された技術や組織は，仮にそれが理論的なものであったとしても，人々の行動を変えうる有用性はない。この点で，Leonardi and Rodriguez-Lluesma [2012] は，先述の区分された要素となる技術や組織は，根底には同じ異種混合の現象を抱えながら，実践的に異なった抽象化がなされたものとして捉えている (p. 80)。こうした実践を通じた把握が重要になってくるのは，要素間の相互関係が実践を修正したり，改善するための手段として利用できることである。もつれとうろこ状の重なりというメタファーには，このようにイデオロギカルなコミットメントの違いがあるとする (Leonardi and Rodriguez-Lluesma [2012] p. 81)。

そのうえで，彼らは，うろこ状の重なりが有するデザイン志向は，クーン (Thomas S. Kuhn) に強調された（主観的な）理論に還元されるパラダイム間での共約不可能性を克服しようとする，ギャリソン (Peter Galison) のトレーディング・ゾーン概念がヒントになるとする。Galison [1997] は，クーンによれば共約不可能とされた，異なった専門領域の科学者集団間でコミュニケーションが成立する理由として，理論や装置，実験など，独自の作動原理を有した煉瓦ブロックのような知識が利用されていたことに注目し，こうした会話が成立する空間をトレーディング・ゾーン（交易圏）と呼んだ。例えば，第 2 次世界大戦時のレーダー開発では，ミクロ物理学が発見した電波のモデル（マクスウェル方程式）を，電子回路の知識に置き換えることで技術者たちに伝え，必要とされた導波管を設計できたとする。うろこ状の重なりをメタファーとするレオナルディーたちの議論も，既存の実践的に把握された要素を通じて対話に開かれ，単に社会的に構成された (constructed) ものの記述を超えて，社会的に作り出された (invented) プロセスとして把握することになる (Leonardi and Rodriguez-Lluesma [2012] p. 84)。

もちろん，レオナルディーたちの方法論的含意は未だ抽象的な域を出ておらず，より具体的な分析対象との関わりのもとで有用性を論じなければならないであろう。例えば，実践を通じて客体化された知識とはいえ，自分が所属していない集団が有する知識までを，知り得るわけではない。あるいは，自らの有する知識でさえ，日常的にそのすべてを意識しているわけでもない。こうした場合には，われわれ研究者は，複数の集団に偏在している知識を明らかにすることによって，集団間の対話を促進するとも考えられよう。あるいは，研究者自らが新たな共通言語を作り出し，対話の場であるトレーディング・ゾーンの生成そのものに介入するという可能性もある。こうした有用性を追求していくと，究極的には，われわれがいかなる学問を目指すのかを問うことになろう。

だが，このように実践に根ざした概念把握とその有用性を求めていく学問観は，経営学にとっては，決して驚くべきことではない。バーナードが用意した公式組織の概念も，（通常科学では捉えきれない）実践のうちに感得された抽象概念であったし，それは科学的というよりは，われわれが日々の実践を営むに当たって有用である限りにおいて存在するものであった（Barnard [1938] pp. 301-322, 邦訳 313-338 頁）。公式組織を前提とすることで，人々は協働体系の目的を識別し，適応すべき環境を見出す。こうした組織の適応的な性質を前提とすれば，コンティンジェンシー理論も，単に企業による無意識的な環境適応の記述ではなく，企業が適応すべき環境に対する具体的かつ処方的な含意を有する議論として成熟することが，早い段階から見通されていたことも頷ける（占部・野中・赤岡・加護野・吉原 [1979] 230 頁）。同様に，技術研究でありながら技術を分析から取りこぼしてしまった，技術の社会的構成の陥穽を乗り越え，アクター・ネットワーク理論を発展的に統合しようとする技術の社会的形成も，記述モデルとして物的要因や社会構造的要因を追加するに留まらず，「能動的な技術の管理」あるいは「実践への志向性」を意識している点に注目したい（原 [2007] 40 頁）。

　また，こうした技術研究の規範性を正面から考えれば，分析しようとする対象に対して，積極的に介入していこうとする研究者の役割もみえてこよう。例えば，コンピュータのアナロジーを通じた解釈の密輸入を批判されたサイモンも，人工物を単なる観察対象としてではなく，自ら積極的に介入していく設計対象と捉えていたとすれば，認知科学者が彼に対して下した批判も，必ずしも当てはまらなくなる。実際，サイモンの方法論的含意を振り返りながら，研究者が情報技術の設計や利用に積極的に関わっていく，デザイン・サイエンスの可能性が見直され始めている（e.g., March and Storey [2008]；福本・松嶋・古賀 [2014]；吉野 [2015]）。そう考えれば，本質的に技術研究は，技術決定論を退けることではなく，情報技術を利用した仕事実践の設計を積極的に論じていくことが求められる。ウッドワードたちが，もつれの状態にある生産現場から技術変数をトートロジカルに抽出した理由も，まさに技術を積極的に管理するためであった。ところが，当初は技術決定論と批判され続けた彼女らの研究も，後期になると，もつれの状態を記述したケース・スタディが中心になっていった。それは，今みても興味深い組織プロセスの記述なのであるが，次第にウッドワードたちの議論が参照されなくなったのは，彼女らの研究が徐々に「技術決定論」でなくなってしまったからなのかもしれない。

注

・1 もっとも実際の分析では，その簡易法として，より上位の3カテゴリーが使用される。
・2 例えば，製品品目の変化，部品が標準化された度合，組立工程数，製品を構成するモジュール部品の割合，生産システムの種類（多様性）などの測定尺度が検討されたが，それらの尺度をもってしても現実の複雑な組織や管理方法の差異を説明することはできなかったとされている。
・3 Woodward [1970a] では，この不確定性を測定する方法にはほとんど興味がない。なぜなら，それは技術やコントロール・システムといった個別変数の測定によっては捉えられなかった，生産システム全体としての制約に注目する必要があると考えたことがその背景にある。

　　　「不確定性は，コントロール変数や技術変数より測定が困難である。しかしながら本研究においては，取り扱った企業数は少なく，各企業での調査は長期間にわたって行われてきた。そのため研究者たちはここの企業の生産システムや統制システムを熟知することができた。それゆえ，各企業が戦わなければならない不確定性の度合いを，合理的で客観的な基準を基にして比較するために，精密な測定技術がなくてもさしたる困難はなかった。」（Woodward [1970b] p. 237, 邦訳 319 頁）

　　　「高度の不確定性のもとでは，ある一時点において何が起こっているか，それを正確に知りうる情報を十分に収集するようなことは，そもそもできない相談であるし，あるいは非経済的なことである。」（Woodward [1970b] p. 242, 邦訳 325 頁）

・4 これに対して，規範的な組織設計論から離れ，組織からの影響を経験的に議論した議論がなかったわけではない。組織の情報処理やコミュニケーションを媒介する手段ではなく，技術それ自体を主題化し，その選択や意味づけに注目する議論も存在するであろう。例えば，メディア選択の社会的影響モデル（social infuluence model）が生まれる（Fulk, Steinfield, Schmitz and Power [1987]；Schmitz and Fulk [1991]）。さらに，ダフトたち自身もメディアの選択行動それ自体に影響するのは，情報メディアの技術的特性というよりは情報メディアについて与えられたシンボルであり（Trevino, Lengel and Daft [1987]），タスク状況に応じて情報メディアを使い分けることに管理者がどれだけ注意深いか（media sensitiveness）によって左右されていることを経験的に論じてきた（Daft, Sormunen and Parks [1988]；Trevino, Daft and Lengel [1990]）。他にも，電子メールなどの新しく導入されたメディアの利用特性は，個人ごとに異なる認知スタイル（Rice and Case [1983]；Trevino, Daft and Lengel [1990]），メディアに対する有用性の認識（Zmud, Lind and Young [1990]），過去のコンピュータの利用経験，上司の意向，同僚やネットワーク・パートナーの評価，新しい技術を受け入れられる組織文化（Fulk, Steinfield, Schmitz and Power [1987]；Schmitz and Fulk [1991]；Contractor and Eisenberg [1990]）に影響されることが確認されてきた。ただ，こうした議論も，最終的には，メディアを正しく利用するための規範的含意を引き出す経験的研究として読み替えられる。
・5 それゆえ，Perrow [1967；1970] では，組織内における意思決定のために，人々がコミ

ュニケーションする相互作用のパターンそのものが組織構造として定義されている。
- ・6 田尾・吉川・高木［1996］によれば，新しい情報技術への適応をめぐる変化の阻害要因に注目してきた先行研究は，①既存の技術に順応している人々の抵抗，②技術導入によって雇用を失うことに対して不安を抱く人々の抵抗，③仕事の変化に適応できないことを恐れる人たちによる抵抗，④部門間のパワーバランスの動揺を避けたい人々からの抵抗，⑤顧客やスポンサーなど，組織外の利害関係者たちからの抵抗，⑥労働組合の抵抗などに分類できるという（44-48頁）。
- ・7 もちろん，サイモンの意思決定論の検討とともに情報処理という組織モデルをコンティンジェンシー理論の理論的基礎づけとして提唱する立場としては，さらには Thompson［1967］や Perrow［1967：1970］などの研究も含まれるかもしれない。本章では，より直接的にコンピュータと組織における意思決定の問題に焦点を当てる Galbraith［1973］と Tushman and Nadler［1978］についてのみ取り上げ，検討していくことにする。
- ・8 1993 年の *Cognitive Science* 誌上では，認知心理学者とサイモンとの記号処理アプローチをめぐる論争がまとめられている。しかし，村山［2001］によれば，この論争は，記号処理そのものの批判に対する応酬に終始しており，記号処理を誰の視点から記述するかという双方の議論の本質的な問題に到達することがない「無意味な論争」であったと指摘する。
- ・9 もちろん，一口に技術社会学の議論といっても，さまざまな立場が存在する。技術社会学者たちの論争が収められた Pickering［1992］の編著のなかでも，例えば，初期からの論者である Collins and Yearley［1992a］は，技術の社会的構成をはじめとした技術社会学が最も批判対象とすべきは，あくまで自然科学的な決定論的科学観であるという立場をとる。そのうえで，技術に対する解釈の柔軟性をあまりにも強調しすぎる立場は，技術社会学が導く社会的な意義を見過ごしてしまう，認識論的な臆病者（epistemological chicken）に陥っていると批判する。これに対して，Woolgar［1992］は Collins and Yearley［1992a］の批判に答え，技術の社会的構成とて社会の本質に関して研究者が持ち込む認識から逃れることはできず，そうした認識のもとで導き出される結論が社会的に意義がある保証はどこにもないと反論する。Collins and Yearley［1992b］は，それでも線形的な技術決定論にみられる物象化のあり方を批判的に検討するために，技術社会学では敢えて「社会」を設定することが必要なのだと，さらに反論を重ねていく。これに対して，同じく Pickering［1992］の編著に収められた Callon and Latour［1992］は，ちょうど自然科学的に裏づけられた技術的本質の極と，それとは独立的な特性をもった社会的本質の極を両極にした綱引きのような応酬のもと，そのバランスをどこにとるべきかという論争のあり方自体に不満をもつ。科学・技術や組織・社会の二分法という存在論的な前提そのものの克服を目指した，アクター・ネットワーク理論を提唱してきた Callon and Latour［1992］によれば，こうした論争の前提自体が不適切なのである。ただし，アクター・ネットワーク理論に対しても，見ようによってはただ単に既存のシステムの構成要素をアクターと言い換えているにすぎず，技術と社会の二分法を再燃させているという批判もみられる（Grint and Woolgar［1997］pp. 28-31）。
- ・10 これらの問題点は，技術の社会的構成を論じる立場の人々自らが自覚的な点でもある。Kline and Pinch［1999］によれば，「技術の社会的構成は，①技術の設計という問題に注目するあまり，いったん収束した技術の解釈がどのようにふたたび開かれていくのかについ

てを明らかにしておらず，②技術を形成する準拠社会集団（アイデンティティ）そのものが，どのように再構成されていくのかについて，十分な光を当ててこなかった」(p. 114) という。
・11　このほかに，オリコフスキーたちは，コミュニケーション・メディアとしての情報技術に注目して，技術的なコミュニケーション・メディアと，認識された技術特性としてのコミュニケーション・ジャンル（ないしコミュニケーション・レパートリー）を識別し，メディアとジャンルの相互作用過程として構造化理論を援用しようとする試みがなされている（Yates and Orlikowski [1992]；Orlikowski and Yates [1994]）。
・12　本書では，社会構成主義および構築主義という呼称は，あくまで個別の研究領域の慣習に基づいて，基本的には互換的に使っている。実際，これらの呼称をもつ議論は，一方で同等の思想をもった研究として扱われ，他方で微妙な違いを含んだものもある。そうした違いについては，検討のなかでそのつど触れていくことにしたい。
・13　わが国でも，さまざまな研究領域で論じられてきた構築主義について編纂された『構築主義とは何か』（上野 [2001]）において，言語論的転回を特徴とする構築主義は，あくまで言語が主体の意識に先行すると考えるところにエッセンスがあったことが繰り返し確認されてきた（例えば，278, 288, 300 頁）。より直接的には，千田 [2001] によれば「（中略）ミクロの構築主義での系譜では，Constructionism は Constructivism を批判して成り立っている概念であるにもかかわらず，まさに批判対象の Constructivism の主張に引きずられて矮小化されてきたきらいがある」(14 頁)。
・14　実は，レオナルディーは，オリコフスキーと対立するほどに，オリコフスキーが依拠していたアクター・ネットワーク理論に批判的な立場をとっているわけではない。例えば，Leonardi [2011] をみれば，意味論的（semiotic）に物質的エージェンシーを論じる立場や(p.150)，インプリケーションにも通じる概念としてブラックボックス化に触れられていた (p. 152)。その反対に，Leonardi and Rodriguez-Lluesma [2012] がうろこ状の重なりが有する方法論的な可能性を論じる際に検討される Galison [1997] のトレーディング・ゾーン概念については，オリコフスキーたちも事例記述の枠組みとして利用している（Kellogg, Orlikowski and Yates [2006]）。つまり，彼らの立場の違いは，参照する理論によって決まっているものではなく，採用しているメタファーのなかで与えられた位置づけによるものである。

第4章 研究者の分析実践

これまで本書では，経営の情報化の摑みどころのなさに迫るべく，先行研究を批判的に検討してきた。技術の進展とともに多様な問題領域にわたり，とくに意図せざる結果とともにその前提条件さえ変わっていく経営の情報化では，技術決定論であろうが，組織決定論であろうが，さらには相互作用論であろうが，理論負荷された研究者の理解が持ち込まれるという認識論上の問題が繰り返し生じてきた。それでは，外部の観察者である研究者は，何をどのように分析すればよいのであろうか。情報技術や組織ないし社会について何の理解も持ち込まずに，現象を観察できるのであろうか。そして，われわれ研究者は，研究成果として何を提示することができ，それは情報化の実践でどのような役割を果たすのであろうか。本章では，以上のような方法論的課題に答えるべく，研究者の分析実践を検討する。

1 意図せざる結果と方法論的リフレキシビティ

先行研究が注目してきたように，経営の情報化の摑みどころのなさを考えるためのキーワードとして，「意図せざる結果」がある。われわれは，意図をもって行為する。だからこそ，その行為に意図せざる結果が生じたとき，そのような結果がなぜ生じたのかについて思考をめぐらせ，次に行為するときにそれを反映させようとする。このことは，一見取り立てていうまでもないことのように思えるのだが，これまでさまざまに論じられてきた「意図せざる結果」に込められたニュアンスの違いを見逃してはならない。なぜなら，意図せざる結果をどのように捉えるかによって，研究者が意図せざる結果の分析を通じて，何をどのように議

論の対象にするか，まったく異なったものになるからである。

以下，本節では，社会学者であるマートン（Robert K. Merton）に代表される，意図せざる結果の機能分析が抱えた方法論的課題や，構築主義における方法論論争を手がかりにして，情報技術の利用を通じた意図せざる結果をどのように捉えることができるのか，という問いを手がかりに議論を深めていく。

1.1　意図せざる結果の機能分析

意図せざる結果の分析を社会科学に定着させたのは，周知のようにマートンであろう。マートンの業績は多岐に及ぶが，本項ではMerton［1961；1968］に基づき，意図せざる結果の基本的理解を確認しておこう。まず，意図せざる結果を分析対象にするということは，もちろん，人々は何かしらの意図のもとで行為することが想定されている。そのうえで，マートンは人々の意図的な行為とは別の社会システムが存在し，そこには広くメンバーに共有され，規範化された社会目的があると考えた。研究者は，さまざまなシステムの社会目的を準拠点にして，人々の意図的な行為がシステムに及ぼす顕在機能（意図した結果）と潜在機能（意図せざる結果）を，社会工学的な立場から客観的に峻別する。そのうち分析対象として，とくに重要なのは後者，潜在機能のほうである。なぜなら，基本的に中立的な立場である研究者には，潜在機能を果たす意図せざる結果の，ポジティブな側面とネガティブな側面を差引勘定することによって，機能システムとしての社会の病理現象を発見し，その処方箋を提示することが期待されていると考えられるからである。このように，マートンが注目した意図せざる結果は，ただ単にそれを分析対象として取り上げるのみならず，それを分析する研究者がどのような分析実践に携わるかについての含意まで完備した方法論であったといえよう。

しかし，マートンの分析には，当事者一人ひとりの意図とは別に，社会的存在としてのシステムや，広く共有され規範化された社会目的が与えられてきたことを見過ごしてはならない。一人ひとりの個人の意図に還元されないシステムを準拠点にすればこそ，個人の意図的な行動が，どのような機能を果たすかという機能分析が可能になるからである。このような機能分析のもとでは，実際にマートン自身がそうしてきたように，人々の行動は彼らの意図とは異なった社会的機能を果たしていると分析されることになる。

例えば，Merton［1968］は，アメリカン・インディアンであるホピ族が行っていた雨乞いの儀式を，雨を降らそうという目的的行為それ自体は非合理的である

が，彼らの意図を超えたところで部族の集団凝集性を高めるという社会的機能を果たしているとする（pp. 64-65，邦訳59頁）。しかしながら，同じく意図せざる結果を通じた再帰性を論じたギデンズによれば，マートンによるこのような説明は，ホピ族が雨乞いの儀式を繰り返し続けている理由を見過ごしており，また雨乞いの儀式そのものについては何の説明もしていない。さらに，実際に彼らの儀式によって雨を降らすことができないとマートンが判断した信念すら，西欧という特殊な文化装置（「公の憲章」）のもとで判断されたものにすぎないと批判するのである。つまり，実際には，マートン自身が見出した創発的なシステムを準拠点に分析される意図せざる結果の背後には，それを分析する「西欧の観察者」の超越的な視点が見え隠れしているのである（Giddens [1977] pp. 210-216，邦訳231-236頁）。

ギデンズと同じく，Glaser and Strauss [1967] は，マートンによるアノミーと逸脱の社会学をめぐる実証主義的研究（Merton [1964]）に関する所見から，彼の分析実践を以下のように指摘する（pp. 259-262，邦訳355-360頁）。それは，①理論産出の基礎たりうるのは思弁であり，証拠となる質的データ（論点にかなう事例）は思弁に基づく理論の産出後にその例証としてのみ，利用されるべきであるというものである。そして，②そのための経験的研究は，「印象的，質的であるよりはむしろ，体系的なリサーチ・デザインを多く産出することを可能にする」（Merton [1964] p. 240）べきであるというものであった。つまり，機能分析では，思弁によって生み出された理論（グランド・セオリー）について，その具体的な例証を「中範囲の理論」として体系的に導くことが重要になる。このとき，マートンにとって意図せざる結果とは，人々の意図に還元することができない理解不能な現象を，社会システムというマクロな存在に帰結するための方法にすぎなかった。

1.2 オントロジカル・ゲリマンダリング

マートンは，意図をもつ個人の背後に創発的なシステムを見出すことで，意図せざる結果の機能分析を社会科学の方法として打ち立てた。他方で，意図せざる結果には，もっと日常的な意味で当事者自身の視点から捉えられた経験として，何かしらの環境要因への思いがけない遭遇の場面が含意されている場合がある。例えば，マートンを批判したギデンズを参照したオリコフスキーたちによる構造化モデルにおいても，一方に自らの意図をもった主体を置き，他方に主体が適応

すべき本質的な内的特性をもった環境要因を置く問いの立て方がなされてきた。つまり，人々はすべての環境要因を熟知しているわけではないので，ときに見知らぬ環境要因（知られざる技術要件）に遭遇する。このような問いの立て方のもとでは，当事者が直面する意図せざる結果と外在する環境要因とが同一視されることになり，当事者がそれら環境要因に適応していく過程を追うことになる。

　しかしながら，第3章で検討したようにオリコフスキーの立場は，一見すると環境適応の主権を研究者から当事者の側に奪回したように思えるものの，実はそれほど徹底されたものではなかった。なぜなら，オリコフスキーは，一方で情報技術と組織の二分法の問題点を指摘しながら，他方で実際の分析に際しては「分析的に」という釈明を加えながら，技術と組織を前提にするからである。そこで「分析的に」論じられる未知なる環境要因とは，われわれ研究者によって構成された概念であり，当事者の環境要因への適応は，実際には研究者によって（たとえ無意識なものであっても）周到に仕組まれた予定調和的，ないし自己成就予言的な法則性にすぎない。つまり，環境に適応しようとする当事者自身の意図を捉えようとしながら，実際には適応（最適化）すべき環境要因を当事者に与えるというかたちで，当事者のものであった意図せざる結果に，外部の観察者である研究者の意図が滑り込んでしまっているのである。分析の対象となる当事者の意図とわれわれ研究者の意図が，巧みにすり替えられているといってもよい。

　このように意図を伴う社会現象の分析をめぐって，これまで当事者の意図と研究者の意図が恣意的にしか区別されてこなかったことは，オントロジカル・ゲリマンダリング（ontological gerrymandering: OG）と呼ばれ，社会学における構築主義の論者たちによって，その回避可能性が議論されてきた。もっとも同様な議論は，経営学でも Burrell and Morgan [1979] や Weick [1995]，沼上 [2000a] にもみられた。ここでは，方法論論争を通じて多くの思考実験が蓄積されてきたという理由から，社会問題研究における OG 論争を振り返っておこう。

　構築主義は，その端緒を Berger and Luckmann [1966] に求められることも多いが，実質的な議論は Spector and Kitsuse [1977] による社会問題研究を皮切りとした研究領域であり，当時の人文社会科学全般を横断して流行した科学思想となった（中河 [1999]；上野 [2001]；中河・北澤・土井 [2001]）。その根幹となる主張は，敢えて単純化していえば，研究者が分析すべき社会問題やその状態を定義するのではなく，それらの定義活動を当事者によるクレーム申し立て活動（claims-making activity）として捉えようとするものであった。例えば，Pfohl

[1977] によれば，児童虐待という社会問題は，実際には「躾」などの規範として親が子どもを殴るという，もともと存在していた行為に対して，医療コミュニティのなかでも地位が低かった小児放射線技師が自分たちの処遇と児童虐待とを結びつけ，自らの地位を引き上げるチャンスとしてそのような問題を「発見」したという。

構築主義をめぐる議論でとりわけ興味深いのは，どのようにして当事者の状況定義を，われわれ研究者が分析することができるのか（どのように外部観察者が内部者の視点を明らかにできるというのか）について，方法論をめぐる論争が生じたことである（Miller and Holstein [1993] ; Holstein and Miller [1993] ; 平・中河 [2000 ; 2006]）。この論争の口火を切ったのは，第3章でも検討してきた，技術決定論を批判するさまざまな主張に残存していた本質主義を一貫して批判してきた，ウールガーであった（Woolgar and Pawluch [1985]）。彼らは，Spector and Kitsuse [1977] の主張や，その後の個別研究によって，主に実証主義者を説得するために用いられた説明形式，つまり同じような状態にもかかわらずさまざまな反応行動が存在するということは，それを当事者が定義したクレーム申し立て活動としてみなさなければならない，というレトリックに潜んでいる方法論的素朴さ（リアリティの落とし穴）に陥っていると批判する。当事者によるクレーム申し立て活動（児童虐待）に先立って，観察者が無数に存在する状態から1つの状態（親が子を殴る行為）それだけを選択することは，その背後に選択の理由（医療コミュニティのなかでも地位が低かった小児放射線技師たちの不満）が潜んでいる。つまり，説明対象の選択それ自体が，1つのクレーム申し立て活動になっており，構築主義の基本的テーゼであった当事者の定義過程を扱うという目的に対して，方法論的な矛盾（選択的相対主義）に陥っているというのである。確かに，われわれは日常用語を含めて何かしらの知識をもっており，なにより社会の状態を識別する理論枠組みを持ち合わせている。われわれは本来的に理論負荷的な存在であり，どんなに虚心に耳を傾けたとしても，既存の知識をもって内部者の視点を切り詰めるしかない。Woolgar and Pawluch [1985] が指摘していたように，オントロジカル・ゲリマンダリングは，研究者の分析実践に不可避に付随するのである。

それでは，オントロジカル・ゲリマンダリングは，どのように「避けられる」のであろうか。Woolgar and Pawluch [1985] の批判に対して，Ibarra and Kitsuse [1993] は Spector and Kitsuse [1977] による説明形式のレトリックを修正して，客観的な状態を当事者自身による状況定義，つまり「状態のカテゴリー」として

「厳密」に捉えていくことでオントロジカル・ゲリマンダリングを避けようとした。また，中河 [1999] は，オントロジカル・ゲリマンダリングを 2 つのレベルに分けて論じるべきであると指摘する。1 つは，社会状態の定義そのものについてのオントロジカル・ゲリマンダリング（OG 1）であり，それを研究者が決め打ちしてしまってはそもそも構築主義を掲げる意味はない。もう 1 つは，われわれの日常言語レベルに関するオントロジカル・ゲリマンダリング（OG 2）であり，これについては意図的に無視しても方法論的な矛盾は生じないという。

　確かに佐藤 [1998] が指摘しているように，本来であればより深く分析し，説明しなければならない社会現象を，概念を一切使わずに日常用語で表現してみること（方法としての「禁止語」）は，創発概念へのよりかかりを拒否するという意味では有効であろう。しかし，たとえ日常用語を利用したとしても，理論的なテーゼを日常用語に翻訳することは可能であり，研究者の先入観は拭えない。つまり，Ibarra and Kitsuse [1993] や中河 [1999] の試みは，当事者自身の視点になるべく近づこうという努力であり，Woolgar and Pawluch [1985] が指摘したように，われわれ研究者自身が理論負荷的であることには対峙してこなかったのではないだろうか。

　当事者の意図にわれわれ研究者の意図が滑り込んでしまうというオントロジカル・ゲリマンダリングは，完全に「避けられる」ものではない。このことは，「内部者の視点」からの記述や当事者の意図を明らかにしていくという素朴なアプローチでは不十分であることを示している。われわれは，経営現象（意図せざる結果の分析）をめぐるオントロジカル・ゲリマンダリングにどのように対処していけばいいのかについて，もっと実践的な議論を必要としている。このことに応えるためには，研究者の分析実践そのものにまで踏み込んでいく必要がある。

1.3　方法論的リフレキシビティ

　さまざまな場面で論じられてきた意図せざる結果分析のニュアンスの違いは，結局，意図せざる結果を誰のものにするかという問題に帰着する。マートンは当事者の意図的な行為を認めながらも，意図せざる結果やその分析の主権を，一貫して研究者のものにしてきた。そして，オントロジカル・ゲリマンダリングという認識論上の問題は，当事者の意図を捉えようとしたとしても，その分析に際して研究者の意図が滑り込んでしまい，当事者の意図（ないし意図せざる結果）を分析し損ねているところに生じていた。当事者の意図を分析し損ねてきたというこ

とは，われわれがすでに知っていることしかみてこなかったということに他ならない。もし，われわれがすでに知っていること以上の発見を望むのであれば，意図せざる結果を方法論的に当事者のものに徹底化するとともに，それを分析するわれわれ研究者自身の分析実践も再構築しなければならない。

　ここで注意すべきは，まず意図せざる結果を当事者のものにするという方法論的立場を徹底的に考えていくと，われわれ研究者は，意図せざる結果そのものを分析対象とすることすらで̇き̇な̇く̇な̇る̇ということである。なぜなら，意図せざる結果とは，情報技術を利用する当事者自身が直面するものであり，その意味内容は当事者自身がそれまで当然視してきた常識を点検することによって次の行為に反映させていくという，反省的な実践のもとではじめて決められるからである。換言すれば，外部の観察者である研究者は，当事者自身が意図せざる結果について反省的に意味同定した結果としての，観察可能な「（新たな）意図的な行為」を分析の拠り所とするしかない。つまり，彼らによって事後的に解釈された意図せざる結果を再解釈するしかない。このように，意図せざる結果を分析するときに最も考えなければならないにもかかわらず，しかし，これまでほとんど見過ごされてきたのが，当事者の日常実践と同様に，研究者の分析実践を識̇別̇して，その双方からなる言語ゲームを分析の俎上に載せることである。

　ウールガーによる方法論的なリフレキシビティ（reflexivity）は，このような認識論的関心から研究者の分析実践を主題化したものである（Woolgar [1988]；Ashmore [1989]）。リフレキシビティとは，もともとは，主に技術社会学の初期段階において，大きな影響を与えたといわれる Bloor [1976] に提示されていた，ストロング・プログラム（strong program）の1つであり，（観察対象である）科学を社会的な営みとして分析した論理は，それを観察する研究者にも同じように適用すべきであるという対称性テーゼを基にしている。ウールガーたちの問題関心は，すでに検討してきたように，技術の本質を前提とした議論において研究者の理解が密輸入され，実践的な技術利用に対する錯誤が生じていることに対する批判であった。

　しかしながら，エスノメソドロジストである Pollner [1975] は，言説（会話）分析を通じて当事者の生活経験を分析しようと試みてきたエスノメソドロジーでさえ，それを分析する研究者自身の経験を省みようとする初期エスノメソドロジーの含意をほとんど見過ごしていると警鐘を鳴らしていた。なぜなら，言説分析は，その分析の背後で知らずのうちに研究者の生活経験に特権的地位を与えてし

まい，当事者の生活経験がどのような社会学的メカニズムや心理学的メカニズムなるものによって維持されているのかについて，一方的に意味同定することになるからである。

　Bogen and Lynch [1993] や Schneider [1993] は，それゆえ，われわれ研究者自身も社会状況について独自の解釈を作り出すという，当事者とは別の言語ゲームに携わっていることをもっと自覚すべきであるという。なぜなら，この二重のゲームに自覚的になることによって，われわれ研究者の経験と背反するような当事者の経験そのものが，オントロジカル・ゲリマンダリングという問題に対峙するための準拠点となり，研究者自身の日常経験を含めてすでに問われることがなくなっていた理論前提を疑うという方法論的立場に立つことができるからである。馬場 [2001] は，同じような観点から，われわれが現実の複雑で豊かなリアリティに触れることができる「理論の（意図せざる）失敗」の重要性を強調する。「研究者のゲーム」と「当事者のゲーム」の縫合に失敗するときでなければ，われわれは現実のリアリティに接近することができず，また，自らのリアリティにも批判的たり得ることができないというのである。Pollner [1991；1993] は，このような方法論的立場を初期エスノメソドロジーの言説に見出し，参照的リフレキシビティ（referential reflexivity）ないしラディカル・リフレキシビティ（radical reflexivity）と呼んだ。[3] Pollner [1991] は，当事者の日常実践と研究者の分析実践を相互に顧みることによって，「西欧主義的な分析実践に挑み」，「それまで存在論的なリソースとして当然視されてきた諸概念を再検討することに繋がる」（p. 376）と指摘する。

　以上のリフレキシビティという方法論的な立場から，意図せざる結果の分析に関して，以下のような含意が得られる（図4-1）。そもそも，研究者は当事者が抱く意図そのものではなく，その意図に基づいた行為を分析して理論を構築してきた（観察a）。それゆえ，意図せざる結果に直面した当事者が反省的に再構築した行為の変化は，外部観察者である研究者にとっては理解不可能な逸脱現象ないし反証事実（理論の失敗）として観察されるであろう（観察b）。われわれ研究者が，意図せざる結果を契機とした行為の変化を理解するためには，当事者がどのような社会慣行に埋め込まれ，それらがどのように反省的に再点検されたのかについて，われわれ自身も自らの理解（理論）を分析的に再構築することが求められる（分析c）。このように，意図せざる結果の分析は，意図せざる結果それ自体を客体として分析するのではなく，当事者による反省過程に観察者の反省過程を

図4-1 意図せざる結果をめぐるリフレキシビティ

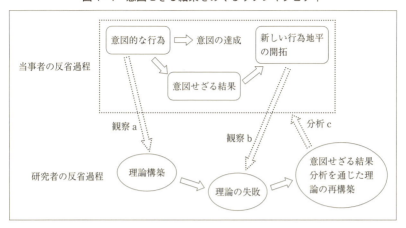

重ねていくしかない。意図せざる結果を契機とした当事者のゲームの変化を，観察者のゲームを反省することによって了解していくという二重のゲームを解きほぐそうとする努力こそが，決して避けることができないオントロジカル・ゲリマンダリングに対処する方法なのである。

2 マルチメソッドと計量的モノグラフ

前節では，経営の情報化を分析対象とした先行研究に共通して潜在してきた認識論上の問題を乗り越えるために，とくに意図せざる結果に対する研究者の分析実践を検討してきた。ここでは，前節で示した分析実践に基づいて，具体的な分析手法の位置づけも変わっていくことを検討する。経営学における主要な分析手法としては，量的分析と質的分析がある。今日，この両者はマルチメソッド，トライアンギュレーション，恥知らずの折衷主義などの標語などにみられるように，相互に対立するとみるよりは，それぞれの特徴を活かすことで現象を体系的に把握するための補完的な存在とされて久しい（佐藤［1992；2006］；Flick［1995］）。

しかし，マルチメソッドの名のもとに描かれてきた理想的状態と，現実の分析で研究者が量的分析と質的分析の狭間で直面している混乱はまったく別物である。[4] 本節では，このような混乱の背後には，単に分析で取り扱うデータの種類や利用可能な分析ツールの差異ではなく，前節まで議論してきたような認識論レベルで

の差異（つまり本質主義と構築主義）が存在し，それらが一括りに議論されてきたことによる混乱状態が存在すると考える。以下，本節では，認識論レベルでの量的方法と質的方法の対立構図を整理しながら，マルチメソッドを含めて従来の方法論に関する議論が看過してきた論点を整理する。

2.1 マルチメソッドが孕む問題

さて，すでに前時代的なものとされて久しい，量的分析と質的分析の区分であるが，実際にその双方を真に融合的なかたちで利用している研究は驚くほど少ない。ここにきてわれわれは，改めて両陣営が対立する根拠を整理するとともに，進むべき議論の方向を再確認しなければならない。量的方法と質的方法の対立が解消されない最大の理由は，分析前提の異なる手法を併用することに対する混乱とその意識的な回避にある。つまり，分析すべきデータの種類や分析ツールの問題ではなく，その背後にある認識論に由来するさまざまな緊張関係が存在する（Burrell and Morgan [1979] pp. 226-267）。そもそも，そのように捉える限りマルチメソッドとは，本来的に共約不可能な両陣営の停戦状態をもたらす役割を担ってきたという指摘も可能であろう。

換言すれば，量的分析と質的分析は，特定の認識論のもとでは整合化されうる。誤解を恐れず単純化すれば，とりわけマルチメソッドを掲げる議論の多くが，質的方法では個別事例の丹念な調査によって理論的な発見事実を得て，量的方法では全体的なデータから発見事実の一般性を確認することを目指す。質的方法だけを利用した分析の場合にも，そこから得られた知見は量的方法で確認する必要があるという付記が添えられる。この背後には，いずれも社会的現実の本質を仮定した，いわゆる実証主義的思考が根づいている。

他方，本質主義に基づいた経験的研究に対して批判的立場をとるのが，前節で検討してきた構築主義の論者であった。構築主義そのものは，社会的現実の構成的性質という，半ば自明ともいえる社会科学の理論前提に改めて注目しようとするものであるが，その方法論上の含意は，社会的現実の構成に研究者も参加していることについて自覚的に検討する点にあった。それゆえ，構築主義による批判の多くは，主に本質主義的な質的方法に向けられてきた傾向がある。なぜなら，まず，研究者を社会的現実の構成主体の一人であると仮定すれば，理論負荷的な研究者が持ち込む知識のために，個別事例の丹念な調査も発見を保証するものではなくなる。次に，個別と全体という対比についても，得られるデータが個別で

図 4-2 方法論上の対立構図

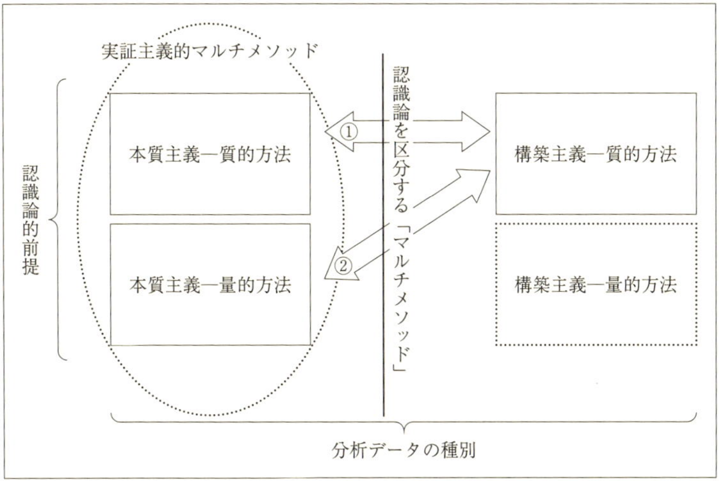

[図：認識論的前提（本質主義／構築主義）と分析データの種別（質的方法／量的方法）を2軸とした対立構図。左側の点線楕円が「実証主義的マルチメソッド」を示し、本質主義—質的方法と本質主義—量的方法を囲む。中央に「認識論を区分する『マルチメソッド』」とあり、①本質主義—質的方法⇔構築主義—質的方法、②本質主義—量的方法⇒構築主義—質的方法の矢印が示されている。右側に構築主義—質的方法と構築主義—量的方法（点線枠）が配置される。]

あろうが全体であろうが，研究者が社会的現実の類型を作り上げているという意味でその違いは存在しない。このような意味で，本質主義を前提として論じられる質的方法に関する議論は，個別事例に対する丹念な調査という研究姿勢が必要であるという規範的な含意そのものは批判されることはないものの，方法論としては不十分なものでしかなかったといえよう。

　もちろん，こうした批判は，本質主義に基づいた質的方法ばかりでなく，量的方法に対しても向けられてきた。社会心理学における構築主義（社会構成主義）の雄である Gergen [1982] は，量的方法を本質主義に基づいた経験的分析の典型例として捉え，実証主義が孕む分析上の困難を指摘している。例えば，社会心理学において広く妥当すると認められている「社会的承認欲求の尺度」を，20人の学生を対象にして正反対の態度属性を示すものとして解釈させるという実験を行っている。その結果，学生はもともとの態度属性とともに，逆転した尺度のもとで別の態度属性への関連性を見出す。この実験結果から彼は，理論を経験的に支持するという実証主義的方法がもつ脆弱さを指摘する（pp. 71-74, 邦訳 89-93頁）。しかし，このような指摘には，量的方法がすなわち本質主義の認識論を備えていることが再び前提とされているような印象も受けてしまう。[5]

　つまり，量的方法と質的方法の方法論上の位置づけは，分析データの種別と異なった認識論が交差する，図4-2のような構図のもとに整理できる。このなか

で，対立が確認されるのは，①構築主義陣営から発せられた本質主義─質的方法に対する批判と，②量的方法を本質主義的な認識論的前提と同一視することによる，本質主義─量的方法と構築主義─質的方法の対立である。そして，マルチメソッドは，本質主義のもとで成立する実証主義的マルチメソッドとして整合化されるか，あるいは本質主義と構築主義の認識論の断絶をひとまず調停する区分線として宣言されているものと考えられる。

2.2 計量的モノグラフ

上記の対立構図を眺めてみると，当然ながらその存在が示唆されるのが「構築主義─量的方法」である。方法論をめぐる多くの議論では，分析において利用されるデータの種別とその背後にある認識論の混同がみられたが，その傾向は量的方法に対してとりわけ強くみられた。しかし，すでに検討してきたように分析の認識論的前提と，そこで利用されるデータの種別は本来的に別次元の話である。また，構築主義─質的方法の特徴は，認識論の袂を分かつことで，一見すると簡明にみえる本質主義─量的方法との差異ではなく，構築主義の枠内において量的─質的方法の差異が検討されなければならない。このように考えると，構築主義的な立場でのマルチメソッドという，本質主義に基づいた実証主義的マルチメソッドとは異なった様相も存在することになろう。

このような量的分析のあり方については，実は社会科学に根ざした分析方法として萌芽的には指摘されてきた。例えば，沼上［2000b］や佐藤［2000］では，実験的技法として統計的な分析方法を位置づけ，一般的な仮説の検証という意味ではなく，むしろ「理論の失敗」を見出す契機として利用することを提唱してきた。しかしながら，こうした方法論的な指摘にもかかわらず，これを具体的な分析手法として位置づけようとする研究は，ほとんど見当たらなかったのが現状であろう。本質主義と量的分析の結びつきは，それほど強いのである。

そうしたなかで挑戦的な取り組みとしては，社会学における社会階層論の研究者たちが提唱する「計量的モノグラフ」が挙げられる。この分析手法は，もともと尾嶋［2001］によって，社会学の量的方法に対する，「もう１つのあり方」として提示された。つまり，仮説─検証という手続きを踏んだ厳密だが，面白味のない分析ではなく，実際の調査で獲得された限定エリアの非確率的なサンプル性質を踏まえ，何度も分析を繰り返しながら，調査結果を現実世界のストーリーに組み込む（5-10頁），「計量の立場からの臨床社会学」（238頁）を目指す。

こうした方法論的挑戦のもと，わが国の社会学で議論されてきた社会階層論が抱えた課題に挑んだ代表的研究に，吉川［1998］が挙げられる。社会階層論は，1955年から10年ごとに全国規模の調査が蓄積されてきた，わが国の社会学における伝統的な研究領域である。しかし，それは同時に，階層概念に対する伝統的な問題意識を継承することに繋がる。実際，社会階層論の基本的アジェンダは，戦後の高度成長期の日本社会における（とりわけ職業階層に基づいた）階層格差の形成，すなわち「産業化論とマルクス主義階層論」という支配的な理論枠組みに依拠し，また調査結果の比較可能性を保つためにも，調査項目にはほとんど大きな変更が加えられなかったという経緯をもつ。これに対して吉川［1998］は，体系的な調査の意義を認めつつも，とりわけ1980年代以降，既存の理論枠組みが現実の階層状況に沿わなくなったにもかかわらず，新たな理論枠組みの構築は先送りにされてきたと指摘する。例えば，世帯単位で測定されてきた階層概念では，女性の社会進出に伴って変化している今日の階層を捉えることはできないだろう。他にも，階層意識の形成に対しては職業階層以外にも，世帯所得，世代，学歴，性別などさまざまな影響要因が関わり，とくに1990年代以降の調査では，従来ほどは職業階層による差異は検出できなくなっていた。曰く，ここに先行研究の伝統的な問題意識を継承したことによる，「失われた20年」が存在していた。吉川［1998］は，既存の社会階層論が抱えたこのような課題に対して，彼が採用したのが計量的モノグラフに他ならない。吉川［1998］では，分析によって得られた含意をもとに，既存の仮説やその仮説を支えてきた理論枠組みはもちろん，新たな理解の可能性を検討するために新たなデータを取り直すという，著書全体を通じたリフレキシブな分析が記されている。本書の紙幅でそのすべてを紹介することはできないが，松嶋［2006］では，吉川［1998］のリフレキシブな分析を追いながら，社会科学における方法論上の意義を表4-1のようにまとめた。

　吉川［2003］によれば，社会学における量的方法には，数理社会学を代表してフォーマルセオリーの正誤を見極める目的で数理モデルを実測データと付き合わせる「数理―計量社会学」と，実態の記述によって論理的思弁の材料となるインプリケーションを見出そうとする「計量的モノグラフ」がその科学観において両極をなし，その中間に「方向性を明示しないまま作業仮説を機械的に検証し続ける」(53頁)「作業仮説―検証の計量分析」が位置する。しかしながら，この中間的な立場は，数理―計量社会学の立場からも，計量的モノグラフの立場からも不十分であり，量的方法にとって有効なポジションではない。淡々と作業仮説を検

表4-1 量的方法のタクソノミー

	本質主義—量的方法（仮説—検証の作法）	構築主義—量的方法（計量的モノグラフの作法）
認識論的前提	社会的現実の本質的仮定	人間主体の交渉によって構成された社会的現実
	理論は解釈に依存しない中立的な知識である	理論も1つの社会実践の産物である（分析者のさまざまな周辺仮説を含んでいる）
仮説の位置づけ	社会科学者は社会的現実を客観的に分析する特権的立場にある	社会科学者もローカルな学問実践を通じて社会的現実を交渉的に構成する一人である
	先見的な知識から演繹された作業仮説	学問実践上での問題意識の表現
観測項目の選択	社会的現実を反映した測定尺度を正しく選択する	学問実践上の理由から，戦略的に観測項目を設定する
	先行研究の「信頼性のある尺度」によって観測項目が正しく測定できることを前提とする（「基礎—応用学問分野」という発想）	自らの戦略的意図のもとで想定した観測項目と実測値とのずれを前提とし，たとえ尺度に基づいた測定であったとしても，それを相対化して解釈する
分析データの収集	分析データはランダムサンプリングによって誤差が相殺された無限母集団が想定されている	分析データはさまざまな限界によって，限定されたエリアの非確率的なサンプル特性を反映している
	母集団のサンプルに対する斉一性が仮定され，確率的な手法によって仮説を検証する標準的な手続きを前提とする	母集団にはサンプル属性による差異が含まれることを受け入れ，そのことを分析の解釈に積極的に利用する
分析ツールの選択	実測値を反映した分析データに対する，適した分析ツールを利用する	観測項目と同様に，学問実践上の理由から戦略的に分析ツールを選択する
	分析ツールは，あらかじめ用意された作業仮説を検定するためのものである	分析ツールによる検定結果を利用して社会的現実の反省的な把握を目指す（反証事実に対する積極的注目）
分析結果の記述	用意された作業仮説の検定結果の報告	仮説に反した発見事実や，その推論から導かれた修正仮説の検定結果の報告
	理論が社会的現実に近似していくことを前提とする以上，検定の試行錯誤に関する過程の記述は冗長である	観測項目や分析ツールの選択に分析者の戦略的な意図が介していることを考えると，モデル修正の過程を記述することに科学性がある（分析データには複数のモデルが含まれる）
分析結果の位置づけ	分析の客観性と推論プロセスの客観性が一体化しており，データの分析手続き（統計的検定）によって仮説の一般化を目指す	分析の客観性と分析による推論プロセスの客観性は別ものであり，分析結果から得られたインプリケーションを理論的検討の糧にすることを目指す
	社会的現実の正しい理解をもとにした，社会工学的な社会的意義（学問実践と社会実践の棲み分け）	学問的意義は社会的意義と不可分なものであり，研究成果は社会実践に対する規範的言説になる

証する機械的な手続きからは，一方で計量的モノグラフのようにインプリケーションが豊かな実態は記述されえないし，他方で理論的位置づけが希薄な作業仮説の検証をそもそも限界のある分析データに対して繰り返していくことになるからである。

このタクソノミー（分類）そのものは，あくまで理念的なものであるが，量的分析においても，まったく立場が異なる分析実践が可能であることが示されている。また，現実の分析では多かれ少なかれ，いずれかのスタンスが使い分けられているものと思われる。そういう意味で，タクソノミーに振り分けられた１つひとつの分析手続きに注目すると，分析実践としては当たり前のものが含まれている。しかし，特定の認識論的前提のもとで整合化されたタクソノミーの意義は，リストのなかからまったく新しい分析手法を得ようとするものでも，それぞれの立場を場面によって使い分けることでもなく，自らの依拠する認識論を一気通貫する必要性を意識させることにある。

2.3 構築主義的マルチメソッド

本節の最後に，改めて認識論的前提と分析データの種別に基づいた図4－2の構図に立ち戻り，構築主義における質的方法と量的方法の差異および構築主義におけるマルチメソッドの可能性について考察を加えておこう。すでに検討してきたように，構築主義では方法論上，研究者も社会的現実を構成する一人であるという立場をとる。この場合，（一切の仮説をもたないのではなく）既存の知識を意識的あるいは無意識的なかたちで分析に持ち込みながら，そこから出てきた反証事実に対するインプリケーションを見出すことが必要になる。しかし，このことは，これまでの議論でみられたような量的方法と質的方法に，その対立の源泉を求めるものではなく，構築主義的な認識論のもとでは量的方法と質的方法の双方において共通する分析方法なのである。ここで重要なのは，このようなリフレキシブな分析で扱われるデータの種別と，そこで利用可能な分析ツールの特性を比較することにある。

表4－2のように整理すると改めて気づかされるのが，量的方法において統計的分析方法を利用した客観的な推論プロセスの有用性である。構築主義の立場では統計的検定によって一般仮説の蓋然性が高まるものとは考えないが，統計技法そのものの客観性を否定しているものではない。むしろ量的方法は，その分析過程の客観性によって「理論の失敗」を積極的に招き，当然視された周辺仮説を

表4-2 構築主義における量的方法と質的方法のタクソノミー

構築主義―量的方法	構築主義―質的方法
あらかじめ設計した観測項目以外のデータは得られない	調査の只中でデータ収集を変更することが可能である
サンプルの取り直しにはコストがかかる	サンプルは柔軟に変更可能である
分析過程を客観的に行える	分析過程に恣意性が介入する
分析ツールによって反証が得やすい	反証事例を見過ごしがちになる
反証事例とその思考実験に対する手がかりが得られやすい	反証事例を見出す洞察力と，無意識の周辺仮説を含んで仮説を修正する心理的コミットメントが必要

可視化させ，分析者の思考実験をより強力に誘導するものと考えられる。他方で，量的方法はその性質上，得られた分析データの範囲内でしか，反証ないしその後の分析による思考実験を繰り返すことはできない。もちろん，分析を繰り返すことによって問題意識を絞り込んだうえで，改めて分析データを取り直すことも可能であるが，そのコストはきわめて高くつくであろう。

これに対して，構築主義―質的方法では，調査の只中で当初の設計を見直し，新たな分析データを収集し直すことが容易に可能である。[6] このような分析過程における柔軟性こそ，質的調査の醍醐味の1つでもある。つまり，分析データの取り直しを繰り返しながら，自らの学問上での立ち位置についても揺れ動きながら定まっていく。しかしながら，このことは，本来的に多様な現象のなかに共通性を見出すと同時に，反証事実となる現象を看破していくという，職人的な洞察力と大いなる心理的コミットメントを必要とする。[7] 実際，このハードルの高さがゆえに，これまで検討してきたように，質的研究を掲げる議論の多くで，研究者の解釈が密輸入されると考えられないだろうか。

3 研究者の社会的立ち位置

これまで本章では，意図せざる結果の分析をめぐる方法論的課題の解決を求めて，構築主義の方法論的リフレキシビティと，構築主義的な量的手法である計量的モノグラフおよび構築主義的マルチメソッドの可能性を検討してきた。そして，われわれ研究者が分析に先だって理論負荷された理解を持ち込むことを受け入れながら，理論の失敗を通じて新たな理論的テーゼを導き出すという，リフレキシ

ブな分析実践を考察してきた。ところが，こうした構築主義的な反省的態度それ自体が，社会実践のなかで研究者が果たす役割についての省察を欠いているという批判を呼ぶことになる。この批判に応えようとするとき，われわれは研究者を，単なる分析実践を担う主体として把握するのではなく，社会実践に接続し直してみる必要がある。以下，構築主義に向けられた批判（3.1項）とともに，自然科学と社会科学の分を待たずに科学自体が社会的な実践であることと（3.2項），われわれ研究者の分析は望もうが望むまいが社会実践に政治的に巻き込まれ，また積極的に介入すべきでもあること（3.3項）を検討していきたい。

3.1 リフレキシビティと方法論的本質主義

さて，本章では，意図せざる結果の分析をめぐる方法論的課題に対して，ウールガーを中心に展開されてきた構築主義の方法論的リフレキシビティに注目し，議論を進めてきた。すでにみてきたように，ウールガーは技術研究の根底にあった本質主義という認識論的前提を指摘し，鋭い批判を展開していた。ところが，ウールガーもまた，自らが追求した構築主義の方法をめぐって，厳しく批判されることになるのである。例えば，金森［2000］によれば，方法論的リフレキシビティを強調するウールガーの著作は次々と問題位相が媒介されて複層的になっていくわりには，その結果として出てくる結論が技術はさまざまに解釈されるといったような，ほぼ自明な主張でしかないと指摘する。

>「だが正直なところ，その自己言及の多重的な複雑さは一種病的な次元にまで達しており，徒労感を与え，混乱を生む結果になっているという印象はぬぐいがたい。反射性概念そのものに拘泥しても，批判の刃がかえってぼろぼろになるだけだということなのだろう。」（金森［2000］219頁）

金森［2000］の批判でポイントになるのは，社会科学がもつべきとされる「批判の刃」をどのように捉えるかにあろう。この点で，「技術は政治性をもつ（technology have politics）」という，マルクス主義的な立場をとるWinner［1980］もまた，ウールガーのように技術をめぐる解釈の柔軟性に注目する構築主義の試みは，方法論的に精密な分析を行ったとしても最終的には「解釈の柔軟性」に帰結してしまい，その政治的意義は空っぽ（empty）であると批判していた（Winner［1993］）。

確かにウールガーが具体的に示したように，解釈の柔軟性の根拠をめぐり，自分自身に自己反省的な分析を折り返していくリフレキシビティは，分析を通じて最終的に何がもたらされるのかがあらかじめわかっているわけではない。例えば，Woolgar [1990] では，ウールガー自らがプロジェクト・マネジャーのアシスタントとして参加した，教育用コンピュータを製造・販売する企業に対するフィールドワークを取り上げる。彼は，教育用コンピュータという技術をめぐり，さまざまな立場の人が自らの「ユーザー像」を抱いており，それがコンピュータの性能を制約していることを指摘する。そして，このようなユーザー認識が新しい教育用コンピュータの開発とともに再構築されていく。そのような再構築のための契機として，ウールガーは，例えばパソコンの筐体の大きさという制約，ユーザーテストの場面，ユーザーからの思わぬフィードバックがあったとき，マニュアル作りの場面などを次々に取り上げて検討する。さらに加えて，ウールガー自身が被験者となってユーザーテストに参加したときの，ユーザーに対する認識と技術の理解が変化していく過程も分析の俎上に載せられていく。ところが，このような自己反省的な分析の後，ウールガーは，それを再び技術の解釈が立場によって多様であるという一般的テーゼに結びつけているようにもみえる。

　しかし，ウールガーもまた，Winner [1993] が技術にみたマルクス主義的な政治性こそが，解釈の浸透を受けつけない技術的本質であり，この点で彼は技術決定論を引きずっていると反論する。確かに，Winner [1993] がいう技術の政治性が，解釈する立場に関わりなく備えた技術の本質として捉えられているなら，一見するとラディカルな批判を行っているようでありながら，別の可能性への視野を閉じてしまう点で，むしろ批判力の欠如を示している（村田 [1999]）。

　ところが，ここで注意が必要なのは，一見すると対立する主張を繰り出す両者が目指している批判性が，実はずれてしまっているところにある。ウールガーのリフレキシビティは，自らの発言そのものによって科学の世界で自明視された理論前提を問い直すという意味において，その批判性は研究者コミュニティに向いていた。他方で，Winner [1993] は，研究者の言説が社会実践として批判的たりうるために，技術の政治性を議論しようとしたのである。このような観点からみると，ウールガーの議論は，研究者自らも埋め込まれている社会実践を無視しているという意味で，きわめて「エリート主義」であるといえよう。Rouse [1996] によれば，このように反本質主義を強調する社会構築主義者の方法論的スタンスは，ひるがえって方法論的な本質主義に陥っているにすぎない。すなわち，自ら

も社会実践を担う一員であることを見過ごしているのである。

3.2 社会に埋め込まれた研究者と適切な知識

今日の知識社会では，科学的知識の生産・流通・消費という全局面にわたり，研究者が現実の社会的構成に関わっている。こう指摘するのが，社会的認識論（social epistemology）を提唱してきた哲学者のフラー（Steve Fuller）であった（Fuller [1997；1988；1992]）。これまで一般的に，社会科学は意図をもった人々を対象としていることから，研究成果が研究対象となる人々に影響を与える点で自然科学と区別されると指摘されてきた。だが，焦点を研究対象から研究者自身に移せば，われわれ研究者が社会に埋め込まれた存在であり，すべての研究成果が規範的であることは，自然科学と社会科学の別を超えた議論が必要になる。

例えば，高エネルギー物理学のように，巨大加速器を必要とする研究プロジェクトは，もはや一国の財力をも超えた巨大な資源の投入を必要とする。そういう意味で，この研究プロジェクトは物理学上の仮説のテストに関わっていると同時に，そうした社会的な資源の動員の成功可能性をめぐる政治経済学的な実験でもある。学問の自律性という信念に裏づけられた科学は，後者の側面を付随的で周辺的なものとみなしてしまうわけであるが，研究プロジェクトの推進には，少なからず人的・財政的・物質的な希少資源を動員することによって，他の可能性を排除していることを忘れてはならない。あらゆる研究プロジェクトは，自らのプロジェクトが社会的にもたらしうると予期される事柄についての説明責任を逃れうるわけではないのである。

それゆえに，研究者が作り出す知識は，社会的に適切な知識（relevance of knowledge）でなければならない。具体的には，科学技術研究に関して，特別に社会的意義や緊急性のあるもの以外は，原則的に国家支援対象から除外し，研究規模とその影響の範囲を縮小すべきであると指摘する。そして，より小さな人的・経済的投資でも同じような効果をもたらすことができる代替可能性（fungibility）を導き出すことが，社会的に適切な知識に他ならない。もちろん，このことは，研究者が生み出した言説の社会的意義を正当化するためだけに向けられては何の意味もない。それでは，科学者の利権を保護するための「科学の自律性」という古典的なレトリックの代わりに，「科学の規範性」という別のレトリックを与えるだけに陥りかねない。研究者は，自分たちの規範的な言説が導く社会的帰結についても責任をもつべきである。これは，投入した研究費の補償責任とい

う意味ではない。自ら生み出した言説に変更を強いられる場合があるという観点から，リフレキシビティの必要性を提示するものである。フラーは，このことを「謙虚さの原則」といい，「汝が行動を変えさせようとしている相手は，汝の努力に抵抗するもっともな理由をもっているかもしれないし，（中略）それは汝の考えを変えるような理由かもしれない」（平川［1998］35頁）と考えるべきという。このように，フラーの議論は，ウールガーが提示したようなリフレキシブな分析実践に社会的な規範性を融合しようとするものであったと考えられよう。

　さて，自然科学に向けられたフラーの議論は，当然ながら，社会科学にも当てはまる。実際，フラーによって，科学的知識の公共性が現実の構成と深く関わった事例として取り上げられたのが，テイラーが提唱した科学的管理法であった（Fuller［1992］pp. 413-419；Fuller［1993］pp. 307-311）。フラーによれば，科学的管理法は，通常理解されてきたように科学的な手続きを踏まえ，すでにある作業を探究し，その法則を明らかにするものではなかった。テイラーが探求した管理法，具体的には時間管理や動作管理を考えてみれば，それらは作業分割（job breakdown）によって，それ以前には存在しなかった作業単位を作り出すという，規範的な知識の分節化に導かれたものであった。その根底には，クエイカー教徒の父親と清教徒の母親に育てられたテイラーの信条を垣間見ることもできるし（Wren and Greenwood［1998］），あるいは近代で正統性を帯びた効率性に根ざした権力行使があったともいえよう（Clegg, Courpasson and Phillips［2006］pp. 46-52）。

　だが，ここで重要なのは，知識の分節化を特徴とする科学的管理法は，この方法に基づく工業生産を通じてさまざまな現実を構成してきたことである。それまで労働者に任されてきた作業が，企業の管理下に置かれた。労働者の個人的な所有物であった道具も標準化され，企業に管理されるようになった。作業の最終決定権が奪われた労働者にとって，テイラーが提唱した管理法は，管理者による職場支配以外の何物でもなかった。それゆえに，雇用者と国際機械工組合の間で対立が生じ，テイラー自身がその導入に携わったウォータータウンの兵器廠では，時間管理を拒否した鋳物工が解雇されるという事件までが起こった。この事件をきっかけに労働組合指導者たちの請求によって開かれた特別調査委員会に，テイラーは証人（罪人）として招聘されることになる。まさに，知識の製造者責任が問われたわけである。

　ちなみに，テイラーが「科学的管理法」という名称を使い出したのも，こうした労使対立がきっかけになっている。もともと「科学的管理法」は，人民派の弁

護士ブランダイス（Louis D. Brandeis）が，東部鉄道運賃率事件に端を発した鉄道運賃の値上げに反対するために作り出した言葉であった。ブランダイスは，労使対立を解消し，国家レベルの富の増大に寄与すると主張されるようになったテイラーの管理法をもってすれば，運賃を上げなくとも鉄道事業を効率化でき，さらには労働者の賃金を上げることさえできると主張した。このとき，テイラーの管理法に与えられた「科学」の称号は，ブランダイスが自らの立場を正当化するイデオロギーとして使われていたことが窺える。

　だが，テイラーがブランダイスに倣って，自らの探求した管理法に「科学」を冠した理由は，決して，さもなければ正当化されない自らの管理法を擁護したかったからだけではない。最終的に Taylor [1911] は，その著書『科学的管理法 (*The Principles of Scientific Mangement*)』において，彼の目的は，労使双方の繁栄を謳うことでも，組織的な怠業を克服することでも，さらには，そのための新たな賃金方式の工夫でもないと，それまでの主張を一変させている。それは，「経験則」から「科学」へという，あっけないほど単純な主張であった（pp. 24-25, 邦訳 27-28 頁）。だが，テイラーは，自らの提唱した管理法をいわゆる「科学的」な取り組みであったと考えていたわけではない。彼が見出した管理法は，金属切削のように徹底的に測定されたものではなく，一般の人々が考えるような科学ではない。さらに，当時の先端的な科学である物理学や生理学の成果をもってしても，労働者の最適な作業を割り出せないこともわかっていた。しかし，それでも彼は，特別調査委員会で，テイラー・システムにあらず科学的管理法であると断じた（U. S. Government Printing Office [1912]〔Taylor [1947] pp. 5-7, 邦訳 339-340 頁〕）。このときテイラーは，人類を幸福に導くための善という意味合いを，「科学」という言葉にこめていたのである。

　以上のように，研究者の知識生産は，現実を蚊帳の外から観察して作られるようなものではない。科学的知識は，生産・流通・消費の全局面で，生きられた現実の構成に関わっている。現実の経営問題を対象に，企業に参照されることを（少なくとも）前提として作られた経営学の知識であれば，言わずもがなである（Willmott [2009] pp. 148-149）。研究者に必要なのは，現象の背後にある社会の本質に迫ることで，問題を解消する法則を明らかにし，それが問題解消に寄与するだろうと素朴に期待する実証主義的な態度ではなく，知識生産を通じて生きられた現実の構成に，積極的に関与し続けていくことに尽きるであろう。

3.3 フィールドリサーチの政治性

これまでの議論で，科学者の知識に関する論争を通じて，科学は社会と不可分に関わっていることを示してきた。実は，科学が政治的な実践に関わり，時には取り込まれることは，構築主義の登場を待つまでもなく，社会科学である限り当然のことであろう。例えば，Gubrium and Silverman [1989] による『フィールドリサーチの政治性（*The Politics of Field Research*）』では，研究者は中立的な立場から分析を行うことを想定する，古典的な啓蒙主義科学観を克服する必要があることを説いていた。古くはウェーバーが指摘していたように，研究者は分析に当たってあらゆる価値を持ち込まざるをえない。かつて実証主義者に誤解されてきた価値自由（value-free）は，社会問題を選択する時点で何がしかの価値が持ち込まれていることを示したものであり，いかなる科学的な知識も実践的含意を求めた価値連関的（value-relevant）なものであることを示すものであった。

Gubrium and Silverman [1989] の考え方を援用した山田 [2000] もまた，研究者は，自分が組み込まれている権力関係の布置を「批判的（リフレキシヴ）」に分析することを仕事とし，だからこそ調査とは，自明視された日常の権力を組み替える政治的な行為であるという（67-68頁）。具体的に，山田 [2000] に示されたフィールドリサーチの1つに，宮崎県の一ツ瀬病院での調査が挙げられている。一ツ瀬病院では，閉鎖的な精神病院を改革し，医療スタッフと患者が対等な立場にある治療共同体を目指していた。山田は，変革の主導者たる院長と副院長から調査の依頼を受け，「大学の先生」という立場から，病院のさまざまな現場に入り込む。だが，現場に入り込んでいくほどに，この病院改革の思想に対する温度差が明らかになっていく。改革の推進派のスタッフとは仕事を超えた親しい付き合いに発展した一方で，ほかのスタッフは自分たちを監視する胡散臭いよそ者として山田をみていた。患者の多くは無関心であったが，一部の入院患者が山田を救世主として迎え入れることになる。彼らが口々に語ったのは，一ツ瀬病院が目指していた治療共同体とはかけ離れた医療実践であった。例えば，集団療法の指導の名のもとで生活態度が叱咤されていた。入院患者の自由と責任を培うべく企画されたディスコ大会も，翌日には病院スタッフから反省会が強要されていた。このように，スタッフと患者には明らかな権力差があり，患者はナースやソーシャルワーカーを「女教師」と呼んでいた。「大学の先生」たる山田は，この一ツ瀬病院を表面的には開放的な治療共同体を標榜しながら，患者を道徳的に教育して社会復帰させる「擬似学校文化」を体現した組織と診断することになる。

構築主義で議論した方法論的リフレキシビティに意義があるとすれば，それは研究者が自らの理論的省察を達成するためというよりは，自らが社会に埋め込まれ，また政治的実践に加担していることに対する自覚をもつことにあろう。こうした実践に介入する研究者の方法論を考えるうえでは，心理学でもさまざまに論じられる構成主義がヒントになろう。心理学を中心にした構成主義では，もっぱら個人の内的な本質を批判するという観点から，一貫して方法論的個人主義が批判される (Gergen [1982])。このことは，マクロな社会的存在を分析的に前提としたときに，個人の実践が看過されると繰り返してきた社会問題の構築主義とは一見して対立するようにもみえる。しかし，心理学の構成主義において批判対象となるのは，分析対象となる個人のなかに本質的な心理特性ないしパーソナリティ特性を見出す方法論的個人主義であり，本質主義そのものである (Burr [1995])。マクロな批判を中心とした技術社会学や社会問題の構築主義に比べ，カウンセリングなど臨床のマイクロな場面で人々に直接的に関わる心理学では，実践への政治的な介入が意識されてきた。例えば，White and Epston [1990] や McNamee and Gergen [1992] では，専門家であるセラピストと治療者であるクライアントとの対話を通じて行われるカウンセリングを，相互に物語（ナラティブ）を再構成する場面として捉える。つまり，セラピストがクライアントに対して何かしらの正しい解を与えるのではなく，物語を再構成するきっかけとなる問いを投げかけ，新しい物語を反省的に創り出していく（物語っていく）手助けをするとともに，このときセラピスト自身も自らの物語を新たなものにしていく。[12]

　もちろん，社会実践に対する政治的な介入は，調査が行われるマイクロな場面に限ったことではない。研究者の立ち位置や，さらには研究成果それ自体も，政治的に介入する社会実践の渦中にある。例えば，山田 [2000] に示された，「擬似学校文化」たる病院実践に関する調査報告は，調査の窓口になり改革の推進者であった副院長の怒りを呼び，ついに山田は病院から追い出されることになった。このとき，副院長が「大学の先生」に暗黙裡に求めていたのは，実践の診断ではなく，彼らが推進している改革を称揚し，お墨付きを与えてくれることであったと推察される。しかし，だからといってこの経験から，研究者は分析対象となる人々の利害を考えて，いわば御用学者のように良好な関係を作るべく「うまくやる」べきという含意が導かれるわけではない。山田の調査報告書は，改めて推進派の人々によって再検討され，患者から指摘されていた叱咤や反省会が廃止された。また，擬似学校文化を理念的に隠蔽していた「治療共同体」を掲げること

をやめ，患者から真に信頼される診断に向けた取り組みを始めていた。そして，こうした取り組みに，山田はその後も関わり続けることになったと記されている。われわれ研究者にとって必要なのは，調査対象者と「うまくやる」ことではなく，ある意味で空気を読まずに分析結果を開示することによって，実践に介入することなのかもしれない。研究者が「真実の追究」を語る意義もまた，そこにあるのであろう。

　以上，本章の方法論的検討は，一方で意図せざる結果の分析に端を発し，研究者が有する認識論的前提まで踏み込んだものでありながら，他方で研究者であればわかりきったうえで行ってきた，きわめて当たり前のことのようにみえるかもしれない。Clifford [1986] が指摘するように，方法論についての新しい発見は，すでにバックヤードで話されていたことにすぎない。しかしながら，実践として行ってきたことを最終的に「科学的」装いに仕上げようとすることと，それ自体に自覚的に立ち向かっていくことは，方法論的挑戦としてはまったく異なった意義をもつのである。

注

・1　このようなマートンの機能分析に対する規範論的な検討を含めた批判は，本章でも後に紹介していく構築主義の先鞭的役割を果たしたSpector and Kitsuse [1977] に詳しい。
・2　Burrell and Morgan [1979] によれば，さまざまな解釈主義（解釈学・現象学・シンボリック相互作用論）に立脚する研究者も，経験的研究の段階になると客観主義的な存在論のもとで環境を操作化してしまう，存在論的な揺らぎ（ontological oscillation）がみられる（pp. 226-267）。つまり，方法論的な一貫性の欠如である。これに対して，Weick [1995] は，意味形成（sense making）という独自の視座から，そのような揺らぎのなかにこそ，新しい理解を生み出す意味形成の契機があると，Burrell and Morgan [1979] に反論する。
・3　このような方法論的立場はこれまであまり注目されてこなかったが，実は経営学の領域においてもMorgan [1983] によってすでに提示されていた。Morgan [1983] は，ヨーク大学での方法論に関するプロジェクトで論じられたさまざまな議論や，同書における個別の論題を総括するなかで，社会科学の方法としては反省的探索（reflective exploration）ないし反省的対話（reflective conversation）が肝心であることを指摘する。また，研究者自身を含んだ行為主体の反省を社会実践の根幹として捉える。
・4　量的方法と質的方法の二分法的な捉え方やその対立図式をもはや取るに足らない前時代的なものと考えるか，それとも社会科学の方法論として継続すべき議論なのかについては，とくに近年の議論では両極に分かれているように思われる。例えば2003年の『社会学評論』第53号第4巻では，「社会調査――その困難をこえて」というタイトルを冠した特集号が組まれているが，量的方法と質的方法という二項対立図式の捉え方については論者によってさまざまであり，特集タイトルに反してやはり混乱状況にあるといえよう。そのな

かでも，松田［2003］によれば「そもそも社会調査の方法を質量調査に二分化して定式化するとらえ方自身が平板な二項対立図式にすぎないという批判も可能だ。この伝統的二項対立図式こそが，主観と客観を切断する近代的認識論の産物であり社会の把握を歪めてきたという指摘はお馴染みのものだが，この二分法批判の議論が現実の調査の営みに何の影響も与えてこなかったことも確認しておく必要がある。現実の世界においては，質的側面と量的側面，主観的方向と客観的方向は二項対立として暴力的に現出する。個と向き合ったフィールドワーカーと質問紙を回収し分析するサーベイヤーのリアリティの異質性と誠実に格闘しない限り，この種の観念的二分法批判が新たな地平を切り開くことはない」（501頁）という。

・5　一方で，Gergen［1982］はこのような批判を通じて，経験的研究を客観的事実の観察ではなく，抽象的な理論言語をわかりやすい日常言語に翻訳することによって，理論の有用性（価値）を獲得するレトリカルな道具であるとする独自の位置づけを与えている（pp. 100-106, 邦訳118-125頁）。

・6　ちなみに，量的方法に対するかつてよくみられた批判として，追体験的な了解可能性が希薄である，総合的・多元的次元の把握が困難である，変化のプロセスや動的な把握が困難であるなどが存在する。しかし，これについて吉川［1998］によれば，これは量的方法に固有な問題というよりは，当時に利用可能な分析ツールが抱えていた問題であるとし，とりわけ今日の分析ツールの発展によってかつてのデメリットの多くが解消されている（20頁）。

・7　例えば，Willis［1977］による『ハマータウンの野郎ども（*Learning to Labour*）』がある。ウィルス（Paul E. Willis）は，12人の労働者階級の子供（「野郎ども」）に対して行ったインタビュー調査に基づいて執筆した論文を，実際にその12人の調査対象者にフィードバックしたときの反応を付録（pp. 194-199）に記していく。12人の「野郎ども」は自分たちの発言そのものや事実の1つひとつについてはその内容を肯定的に受け止めたものの，ウィルスによるデータ解釈に批判的な態度を強く示したのである。しかしながら，ウィルスはそのような反応行動こそが，論文中で彼が主張し指摘する「労働者階級が抱く反体制文化」の現れであるとして，データ解釈の1つとして取り込んでいく。このような試みは一見どうでもいいデータを掲載しており，さらにいえば当事者の見解に対して忠実でない解釈を付しているようにみえるかもしれない。実際，筑摩書房による邦訳版では残念ながら割愛されてすらいる。しかしながら，このような付録の活用を含んだウィルスの記述戦略は，文化人類学の方法論に関する金字塔的存在となったClifford and Marcus［1986］の編集『文化を書く（*Writing Culture: The Poetics and Politics of Ethnography*）』において，改めて取り上げられているのである（邦訳315-336頁）。

・8　例えば，作業分割による知識の分節化が，労働者の作業に対する最終決定権を剥奪したことに対する反抗に対して，テイラーは彼らに「もっと稼げる男（high priced man）」であると説得した。この点に，（おそらくテイラー自身も）近代において正統性を帯びた効率性を利用した権力行使（議論のすり替え）がみられる（Clegg, Courpasson and Phillips［2006］pp. 47-48）。

・9　アメリカの企業経営の特徴としては，今もなお資本家によるオーナーシップだけではなく，経営者による戦略のオーナーシップ，さらには職人による道具や作業のオーナーシッ

プが複雑に絡み合う「オーナーシップのパズル」が存在する（伊藤 [2009]）。
・10 州際通商委員会で開かれる公聴会に際して，ブランダイスは，テイラーの提唱する管理法をアピールするためのふさわしい名前がないことに気がつき，テイラーの弟子のギルブレイス（Frank B. Gilbreth）やガント（Henry L. Gantt）たちを集めて，呼び名を検討した。そして，ブランダイスが，テイラーが論文のなかで，しばしば「科学的」という言葉を用いていたことに注目し「科学的管理法」と呼ぶことになったのである。この公聴会が新聞や雑誌などで取り上げられたことで，科学的管理法は，一躍，世間の注目を浴びることになった。科学的管理法は，陸軍軍需部門に取り入れられることでウォータータウンの兵器廠における事件が引き起こされ，特別調査委員会の開催へと繋がっていった（Wren [1994]）。
・11 それゆえ，テイラーにとって労働者からの反発は，心外なことであった。なぜなら，彼が目指したのは，単なる工場の効率化ではなく，（それゆえ労働者の搾取などでは当然なく）労使対立の解消であったからである。もとより彼が，差別出来高払制度を提唱したのも，懸命に働くほどに賃金率が下っていくという悪循環が生まれていたことに端を発している。当時，社会に流通していた成り行き管理のもとで，雇用者は出来高が上がるほどに単価を引き下げられていた。テイラーの目的は，善良に働く労働者がきちんと報われ，労働意欲を喚起する仕組みを作ることにあった（Taylor [1895]）。それゆえに，特別調査委員会においてテイラーは，彼の管理法が，労使の対立を解消し，国家レベルの富の増大に寄与することである，と強調したのであった（U. S. Government Printing Office [1912]〔Taylor [1947] pp. 17-18, 邦訳 346-347 頁］）。
・12 このような立場からキャリア理論の刷新に挑んだ意欲作が，加藤 [2004] である。

第 II 部
リフレキシブ・リサーチ

第5章　テレワーク導入を通じた反省的意識の喚起
第6章　企業ウェブ開設を通じた政治の再創造

第5章　テレワーク導入を通じた反省的意識の喚起

　時間的・空間的状況に埋め込まれたわれわれは，すべてを意識的に検討して行動するわけでもないし，できるわけでもない。それゆえに，日々の仕事実践で抱かれた部分的な問題意識のもとで利用される情報技術は，さまざまな組織慣行を置き去りにする一方で，それらを再構築する手がかりを与える。いうまでもなく，企業において仕事実践が行われる状況の基本となるのは，オフィスという対面的に時間・空間を共有した職場である。実際，われわれ研究者が有する理論も，オフィスという対面的状況を前提としてきた。

　そういう意味で，情報技術を活用したテレワークほど，その状況を大きく変更するものはない。テレワークに対して素朴に抱かれている一般的理解としては，以下のようなものがある。われわれは，情報技術によって時間や空間の制約から解放されると考える。時間的・空間的状況を超えて組織の活動範囲を拡張できるのであれば，オフィスを共有せずとも組織的な活動を維持するテレワークが可能になる。その結果，テレワークの成果としては，行動の効率化，精神衛生の向上，さらには通勤ラッシュによる交通渋滞の解消や大気汚染の防止など，さまざまなメリットが期待される。このような試みは，実はずいぶん前から手がけられてきたが（例えば，サテライトオフィス，リゾートオフィス，エレクトリック・コテージなど），パソコンの普及とともに，多くの企業で導入されるようになった。他方で，テレワーク導入に対する問題点も，未だに多く指摘される。それは，オフィスという時空を共有した対面的状況を，はたして情報技術で代替することが可能なのだろうかという不信感からくる。

　本章で具体的に検討するのは，1996年から大塚製薬で導入されたテレワーク（当時の大塚製薬の呼び方では「ホームオフィス」）である。以下では，テレワークに

対して抱かれている一般的理解と，実際に大塚製薬にテレワークが導入されることになった背景を検討していく（第1節）。次に，筆者のフィールドワークへのリサーチ・デザインを示し，テレワークが既存の組織活動を代替あるいは補完するという素朴な設計思想では理解不能な反証事実に着目する（第2節）。本章のフィールドワークは，このような理解不能な現象が，実際にテレワークの導入に取り組む人々による，どのような反省過程を経た結果として生み出されたものであるのかについて，インタビューや観察を重ねてきた。そこでは，対面的状況に埋め込まれた仕事実践の観察から導かれた研究者の了解が，実はナイーブともいえる日常的な理解に支えられたものであったことと，テレワークの導入を通じてより効果的な仕事実践として反省的に再構築されうることが示される（第3節）。そして，彼らのテレワークへの反省的な取り組みそのものが，最終的にどのように評価され，より根源的な働き方へ影響したのかを検討する（第4節，第5節）。

1 大塚製薬におけるテレワーク導入の経緯

1996年当時，大塚製薬においてテレワークの導入対象になったのは，医療用医薬品の営業を行う第一営業部であった。一般に，医薬品企業における医療用医薬品の営業担当者（医薬情報担当者）はMR（medical representative）と呼ばれる。MRは，医薬品企業を代表して，病院をはじめとした医療機関の医師あるいは薬剤師などに医薬情報を提供することで，一医療関連従事者として医薬品の適正な使用と普及を目的とした啓蒙活動を行う。当時の第一営業部には，国内17支店56出張所に，650名のMRと彼らをまとめる102名のチームリーダー（TL）が所属しており，それぞれのエリアをチームで担当していた。以降で詳しく述べるが，このMRの営業活動の対象である医療機関（大学病院，大規模病院，地域の診療所，医薬品卸など）は系列化されるか，あるいは複雑にネットワーク化されており，チームでの営業活動が必要とされる。また，提供する情報自体も専門的な場合が多く，医薬品情報の知識やプレゼンテーションの仕方を共有するなど，組織的な取り組みが求められていた。

もともと同社のMRたちは，支店や出張所におけるチーム・メンバー同士のアドホックなやりとりを通じて，情報の共有やコーチング，営業戦略の打ち合わせなどを行ってきた。しかし，例えば北海道など広いエリア（遠方のエリア）を担当するチームでは，それまでもMRが駐在しているホテルから電話やファッ

クスでやりとりしていた。この場合，結局は週1回のミーティングのために帰社するときだけが，必要な情報収集や営業戦略の打ち合わせができる唯一の機会になっていた。それゆえ，北海道エリアのMRは，すでに「情報過疎の状態」にあった。このような状況を打破すべく，1996年，同社社長は全国の支店や出張所にパソコンを導入し，テレワークに移行するよう提言した。コンピュータ・ネットワーク上による情報共有が可能になるのであれば，MRは担当するエリアに住み込んでしまえばよいのではないか，という発想であった。

　この提言を受けたのが，当時の北海道エリアのTLであった。彼は「PCネットプロジェクト」のリーダーとしてパソコンの導入を全社的に推進し，その後で北海道エリアの営業チームにテレワークを導入しようとした。いうまでもなく，北海道を担当する営業チームは，全国でも最も広いエリア面積をもつため，MRは営業所から離れた遠方の地域も担当せざるをえない。それにもかかわらず，テレワークについては，MRたちが自分の担当エリアに転居することに対して難色を示したため，実際には導入されなかった。

　最初のテレワーク導入には，盛岡，横浜，小郡エリアの営業チームが選ばれた。選定理由は，北海道エリアと同じように，情報技術の利用によるチーム内での情報共有と，MRの行動効率の向上が挙げられた。例えば，盛岡エリア，小郡エリアの各チームについては，MRが担当する遠方のエリアまでの移動時間の短縮や，ホテル駐在による情報過疎の解消が目的として挙げられている。横浜エリアについては，それほど広いエリアであったわけではないが，観光シーズンである夏場の交通渋滞による移動時間の削減が目的とされた。そして1997年4月，これらのチームにおいてテレワークが試験的に導入された。ちなみに，このとき，当時の北海道エリアのTLは，本社スタッフ（第一営業部長）としてテレワークのトライアルを推進する役目を担っていた。

　先行チームにテレワークを導入した結果，当初目論まれていた営業活動における行動効率が改善されたことに加え，MRたちが積極的に物事に取り組む姿勢が見られ始めたことから，上々の成果を得ることができたと考えられた。これを踏まえ，先行チーム以外の全国の各エリアのTLに対しても，テレワークの実施募集がインフォーマルなかたちで投げかけられた。この投げかけを受け，先行チームから約半年遅れで，全国102チームの約半分にあたる50チーム（385人のMRが対象）でテレワークが導入されることになった。当初は後発チームにも，先行チーム同様，移動距離や移動時間の削減による行動効率の向上が，具体的な成果

として期待された。ところが，とくに平野面積が狭いわが国においては，そのようなエリアはむしろ特異でさえあった。それゆえ，後発チームのなかには，それほど行動効率が制約条件になっていないエリアや，医療機関が集中している都市型のエリアが含まれることになった。

2　リサーチ・デザインとフィールドワークの経験

筆者は，大塚製薬が導入したテレワークについて，1998年4月から1999年2月まで，およそ10ヵ月にわたるフィールドワークを行った。主なリサーチとしては，テレワークが導入された変化の渦中にいる人々（医療用医薬品の営業チーム）に対するインタビュー，本社スタッフに対するインタビュー，チーム・ミーティングや全社的な会議の観察，ホームオフィス支援研修への参加，家族を交えたインタビューなどである（表5-1）。フィールドワークから得られたデータや経験は，すべて筆者のテレワークに対する理解を反省的に再構築する材料となった。

インタビューは事前に準備したガイドラインに基づきながら，しかし，ガイドライン以外にも現場で起こっている変化を探索していくという半構造化されたものであった。インタビューイーは，大塚製薬本社スタッフ，同能力研究所スタッフ，全国4ヵ所の営業チーム（尼崎・大津・横浜・盛岡エリアチーム）のTLとMRからなる。このサンプリングには，導入して間もないチーム（尼崎・大津エリア）と，導入後すでに半年経ったチーム（横浜・盛岡エリア）を比較できるという利点があった。さらに，ほぼ1年間にわたって調査を重ねることで，テレワーク導入への取り組みを経時的に観察することができた。インタビューは，それぞれ1時間から4時間かけて行われ，インタビューの内容は，インタビューイーの了解のもとでテープレコーダーに録音され，後にすべて電子テキストに文章化された。

また，大塚製薬の協力により，第35期TL（チームリーダー）研修，ホームオフィス支援研修，ならびに各チームでなされた勉強会・ミーティングを観察する機会を得た。そこでは，テレワークに取り組むチームのビビッドな活動に加え，テレワークを導入しているチームと，導入していないチームとのやりとりを観察することができた。それら観察場面における当事者同士のやりとりも，すべてフィールドノートに書き留められるかテープレコーダーに録音され，インタビュー・データと同様，電子テキストに文章化された。もちろん，文章化されないフィールドワークの経験もあるが，文章化されたデータは159万8739字になった。

表5-1 インタビュー，観察機会の構成

	インタビュー対象者		観察した研修・会議など
	エリアTL，MRなど	本社スタッフ	
4月		4人	
5月	7人		ミーティング（×2） エリア勉強会 ホームオフィス（自宅）見学
6月	11人	3人	第35期TL研修（全国所課長会議）（6日間）
7月		2人	ホームオフィス支援研修（3日間） エリア勉強会
8月	4人	2人	
10月			ホームオフィス支援研修（1日間）
12月			ホームオフィス支援研修（1日間）
小 計	22人	11人	

　フィールドワークを開始した当初，筆者は同社のテレワークを，オフィスという対面的状況で営まれてきた組織活動を，情報技術（とりわけコミュニケーション・メディア）によって代替するか，少なくとも部分的には補完することによる働き方と捉えていた。そして，それにもかかわらず最後までオフィスの機能として残されるような場面には，複雑な組織活動のエッセンスが観察できるはずと考えていた。実際，本社スタッフからテレワーク導入による具体的な成果として，営業担当者の行動効率の向上が示されていた。もちろん，その一方では，テレワークに対するさまざまな不安の声もあった。テレワーク体制下では，たとえ情報技術を利用しても「曰くいいがたい暗黙的な経験の共有はできないのではないか」「まだ右も左もわからない新人の育成には向かないのではないか」「仕事の結果だけしか見えなくなり，仕事プロセスの評価や管理ができなくなるのではないか」「チームや組織全体の求心力が失われてしまわないか」。これらの不安は，それまで組織活動がオフィスという対面的状況を前提として営まれてきたことを示している。

　しかしながら，フィールドワークを進めていくうちに，このような一般的理解では把握できない変化が観察され始めた。まず，テレワーク導入への取り組みとともに，当初危惧されていた問題はほとんど問題として捉えられなくなっていった。なぜなら，当初は情報技術では決して代替されないであろう（当然オフィスの機能として残るであろう）と予想していた組織活動（情報共有，新人の育成，仕事プ

ロセスの評価，チームの規範や集団意識の形成）そのものに変化がみられたからである。実際，情報技術をオフィスという対面的状況の一部を補完するツールと捉え，テレワークの導入によるメディア選択行動の変化を期待していた，筆者のインタビュー・ガイドライン（ホームオフィス導入に伴うメディア選択行動の変化やそれによるチーム活動への影響）に対して，彼らは否定的でもあった。

> 「筆者：MRと直接顔をあわせて，話をする回数に変化がありましたでしょうか，ホームオフィスになって。
> TL：あんまりないんじゃないかな。もともと少ないんですよね。
> 筆者：えーと，それでは，現在，週に1回のミーティングをされているんですよね。これから週に1回のミーティングの回数というのは。
> TL：いや，まったく変えるつもりはないです。現状でやっていこうと思ってます。
> 筆者：じゃあもう，基本は電話やメールで連絡するようにと。
> TL：電話でどうこうというのは私，嫌いなんです。電話好きな人いるでしょ。ポケベルで呼びつけてがんがんやる人いますけど，嫌いなんです。人が仕事しているときにポケベルで呼びつけられて，電話でがんがんやられたら仕事の邪魔ですもんね。必要なことは電話しますけど，それ以外の行動でどうのこうのというのは，ないです。
> 筆者：（中略）それから，本社に行ったときにお伺いしたのは，（ホームオフィスを導入したことによる）成果としては顧客との面談回数（の増加）というのをお伺いしたんですけど，どの程度の変化がありましたでしょうか。あるいは，もっと現場の具体的な内容としては，どのようなことが成果としてあげられるでしょうか。
> TL：面談回数というより，質でしょう。再三いうけど。質は本社のデスクではわからないですから。質をどう計数として評価するか。これは最終的には数字ですよ。業績ですよ。」

最終的な成果をみても，多くの場合，テレワークによって顧客先へ直行直帰することによる行動効率（1日当たりの顧客面談回数）が劇的に向上することはなかった。そもそも平地面積が狭く，地理的に近接している日本では，アメリカの事例として取り上げられるように，テレワーク導入による劇的な行動効率の向上は

ありえなかったのである。また，たとえ地方のエリアなどで一過的に行動効率が向上したとしても，それはその後も向上し続けるような変化ではなかった。それにもかかわらず，テレワークを導入していないチームと比べ，テレワークを導入したチームの業績が良くなる傾向がみられたのは，テレワークに対する一般的理解とは関連のないところに原因があったからである。

例えば，フィールドワーク当初に受けた説明（営業担当者の行動効率の向上を目指すテレワーク）とは異なるかたちで，その成果が生じたことの理由を問いただした筆者に対して，ある営業チームのTLは「月曜日のミーティングを火曜日にしたことが一番大きな変化であり，ホームオフィスの成果として最も重要視している」と述べた。医療用医薬品の業界では，通常，月曜日にミーティングを行うという慣行がある。確かにそのような業界慣行にとらわれずに，月曜日のミーティングを別の曜日に変更できれば，顧客である医師への面談時間を競合他社のMRと奪いあう必要はなくなる。だが，そもそも毎週月曜日に業界紙が配達されるということ以外には，必ずしも月曜日にミーティングしなければならない理由はなかった。なぜ，このような行動の変化がテレワークの導入と関係するのか，このままでは理解することはできないであろう。テレワーク導入の場面で生じている複雑な行為の変化を理解するには，フィールドワークの経験を厚く記述し，われわれがテレワークに対して素朴に抱く理解では不十分であることを確認する必要があるのである。

以下では，オフィスという物理的・社会的状況に埋め込まれ，当然視された組織慣行について，彼らがどのような反省過程を経ることで，上記のような変化が導かれていったのかをたどっていくことにしよう。もちろん，われわれ研究者は当事者の反省過程そのものを，そのまま再現することはできない。以下で分析的に取り上げていく場面も，情報共有，新人育成，仕事プロセスの評価，集団の規範形成という，一般にテレワークには不向きとされるような仕事実践を通じて切り取られたトピックにすぎない。しかしながら，研究者がフィールドワークを通じて探求していくべきなのは，理論の失敗ともいえる反証事実の観察を通じて，われわれ研究者自身の日常的な理解をも反省的に再構築することである。

3 テレワーク導入を通じた組織慣行の再構築

3.1 有効な情報共有

　一般に営業職といえば，基本的には相互の複雑な調整を必要としない，自律性が高い職種と考えられている。それゆえ，自宅で（から）就業する（営業先に直行する）というテレワークの導入対象としても真っ先に取り上げられることが多い。だが，そうするとテレワークと同じような働き方は，例えば直行直帰などのかたちで，情報技術を利用せずとも十分に実行可能だということにもなる。実際，大塚製薬においても，当初は営業職が自宅から営業先に直行直帰することによる行動効率の向上（1日当たりの顧客面談回数の増加）がその成果として目論まれていた。すでに検討してきたように，最初は北海道エリアを担当していた営業チームがテレワークの導入対象として考えられていた。そして，先行チームとしても地理的に広いエリアを担当してきた（あるいは，交通渋滞などの特殊事情を伴ったエリアを担当してきた）営業チームを選出していた。もっとも，その後に対象が広げられたトライアル・チームには，先行チームのような地理的メリットがないエリアも含まれていた。

　ここで重要なのは，医療用医薬品を取り扱うMRの場合，世間一般でいわれるような営業職とは，若干事情が異なることである。前述の通り，MRの顧客である医療機関は，医師会や大学系列などと複雑な繋がりがあり，ある病院（医師）に行った営業活動の内容は，即座に近隣の病院へ伝わる。人命に直接的に関わる医薬品の説明について，病院ごとにその内容が食い違うようであれば，倫理的な問題にすらなりかねない。それゆえ，医療用医薬品を取り扱う企業は，通常，相互に関連する医療圏を1つのエリアとして営業チームを結成しているのである。そこでは，MRがそれぞれ自律的に働くのではなく，チームとして足並みを揃えた営業活動を行う。チーム内では，誰が，いつ，どこで，どのような内容の営業活動を行ったのかという情報共有が必要であり，そのためにオフィスが重要な場を担っていたのはいうまでもない。つまり，MRの営業チームにテレワークを導入するためには，チーム内の情報共有を可能にする情報技術が必要とされていたのである。

　そのため，同社でテレワークが導入された当初，現場で働くMRたちに危機的に捉えられたのは，日々の営業活動に関する進捗状況をどのように共有するの

かであった．テレワーク導入によって一人１台のノートパソコンが配布され，各人の自宅には当時まだ普及し始めたばかりであった高速通信回線（ISDN）も引かれた．自宅に仕事場を設けることができるように，１部屋多い住居に移転することが求められ，そのための引越し費用や特別な住宅（ホームオフィス）手当てなどが支援された．しかしながら，いくらテレワーク環境が整備されたとしても，これまでオフィスという場面で共有してきた情報のすべてを，情報技術を介して共有できるのであろうか．

　MRたちがこのような不安を抱く背後には，それまでオフィスでなされてきた独特な情報共有のスタイルがあった．従来，MR同士の情報共有は，例えば情報共有を目的にした申し送りの報告会を毎日開くといったように，意識的に取り組まれているわけではなかった．なぜなら，毎日オフィスで顔を合わせていれば，意識せずとも大抵のことを自然に察知することができたからである．同社では，全社的に週に一度，月曜日にチーム・ミーティングが行われていたが，ミーティングではじめて聞くような目新しい情報もほとんどなく，参加態度も「どちらかというと，うつむき加減であった」（MR）という．つまり，MRたちがテレワーク導入によって，情報共有ができなくなるのではないかという不安を抱くのは，具体的に共有できなくなる情報内容を把握できていなかったためだといえる．

　　「なにげなく，例えば先輩が，じゃあ食事でも行こうかというときにお話しするというのが多々あるんで．仕事している合間でも話して，アドバイスをもらったということがたくさんあったんですよね．僕なんか，そっちのほうがひょっとしたら大きいかもしれない．」（横浜エリアのTL）

　そのため，テレワーク導入とともに，彼らはそもそもどのような情報を共有する必要があるのかを改めて探っていく必要があった．まず，多くのチームで始められたことは，日々の営業活動報告を記した基幹システム上の日報を，そのままコンピュータ・ネットワーク上で共有したことである．同社では，テレワーク導入以前から，共有パソコンに入力するC表と呼ばれる日報が存在していた．だが，日報そのものについては，手間がかかるなどの理由によって，ほとんど利用されていない休眠状態にあった．さらに，当時，現場のMRたちにとって，日報は本社がMRの１日当たりの顧客面談回数を把握し，人事考課に反映させるためのものという意識が強く，必ずしも彼らが本当に共有すべき情報が記載され

ているわけではなかった。

　ところが，ほとんど利用経験のない技術の利用には，過去に使ったことのある技術の形式が参考にされた。彼らは，日報（C表）を模したものをコンピュータ・ネットワーク上で共有し，さまざまな改良を加えていくことで，共有すべき情報の内容とその方法を探っていった。このような試行錯誤の結果，ネットワーク上で共有されたファイルにはもとの日報の形式はほとんどなくなり，しかも，担当エリアの特異性を反映してチームごとにまったく独自のものになっていった。

　例えば，尼崎エリアと大津エリアでは，情報共有と日々の営業活動に対するアドバイスを目的として，ともに日報の形式を模した「エクセル」のワークシートを共有ファイルにしていた。ワークシートの各セルには，その日，面談した医師とその内容を打ち込む。それに対して，TLやメンバー，医薬品の専門スタッフなどが隣のセルにコメントを打ち込むという形式をとった。この形式は，偶然にも双方のチームで類似したものになっているが，それぞれ自分たちが独自に作り上げてきたものであるという[2]。

　他方で，両チームにはより顕著な違いもみられた。ほとんどベテランMRで構成されていた大津エリアでは，各MRの過去の営業履歴が時系列で参照できるように，時間的なタテのつながりを重視するような展開になっていた。これに対して，若手のMRが多く，日々の営業活動についての詳細なレビューが必要な尼崎エリアでは，さまざまなコメントを参照できるようにファイルがヨコに展開していくという特徴がみられた。

　このように，情報技術を介した情報共有への取り組みは，それまでオフィスでどのような内容の情報が共有されてきたのかについて，意識的に再点検するプロセスを伴っていた。すでに触れてきたように，オフィスという対面的状況でアドホックになされる情報共有では，このプロセスを意識する必要がなかった。これに対して，テレワーク体制下では，情報共有に対して積極的な関与が求められるため，自ら意識してどのような情報を発信・獲得する必要があるのかを明確にしなければ，情報技術を介して必要な情報を共有することができなかったのである。

　「従来であれば，受け身でよかったという部分がずいぶんあったと思うんですよ。そうではないですよね，今は。疑問点があれば，あえて自分がいわなければ誰もわかってくれないし，困ったことも自分でいわなければいけないわけですよね。そういう部分を積極的にね，どんどん発言していかないと，

メールも打っていかないと自分が困ってしまう。そういう積極性というのが以前と比べるとあるんじゃないかと思います。」(尼崎エリアの新人 MR)

　つまり，テレワークの導入は，われわれが素朴に考えるような，対面的状況を情報技術によって代替・補完するような試みではなかった。むしろ，情報技術を媒介するために単純化された組織活動は，それまでの複雑な組織活動の多くを取りこぼしてしまい，それまで通りの情報共有ができなくなるという不自由なものでしかなかった。しかし，そのような状況でこそ，彼らは自分たちにとって本当に必要な情報とは何かという根源的な問いを喚起することができたのである。

　もちろん，情報共有活動のすべてが情報技術を介して行われるようになったわけではない。週に一度のミーティングも引き続き行われた。しかし，ここで注意しておかねばならないのは，それがオフィスに固有なコミュニケーションを情報技術によって代替し損ねたということを意味するわけではないという点である。Brown and Duguid [2000] は，いわゆるペーパーレス化のように，情報技術と既存のメディアを対立的関係で捉えようとすること自体が間違っているという。なぜなら，情報技術は紙というメディアの相対的に目立った特徴を見直すことに繋がり，紙の使用は決してなくならないからである。実際，彼らは情報技術と同様に，オフィスも利用可能なリソースの1つとして位置づけ直し，うつむき加減であったミーティングについても積極的に関与するようになっていった。

「(ミーティングの日に) 会うことの意味は，違うね。ぜんぜん違いますよね。意識をもっていないとダメですよね。ただ単に一緒に酒を飲むと。上司の悪口をいって酒を飲むと。それはそれでいいんだけど，そればっかりやっていたら絶対だめですね。今日は，こいつから何か学んでやろうとか，こいつはああいっていたから，あのことについてもうちょっと詳しく話をしてみようとか。なんか意識をもってやらないと，なんか目的をもってやらないと，ことは前に進まないですよね。同じことをしょっちゅう繰り返していたのでは，それは，やっぱり役に立たないですよね。」(尼崎エリアの MR)

　ここで繰り返し指摘しておく必要があるのは，このことは直に顔を合わせなければ伝わらない情報が残っていたということを意味するわけではないという点である。対面というリソースは，さまざまなかたちで再構築される。例えば，盛岡

チームでは，週に一度のミーティングに集まる際，必要な打ち合わせを除いては，ほとんど仕事の話をすることはなくなった。なぜなら，普段からコンピュータ・ネットワーク上の共有ファイルを通じて必要な情報を共有することができるのであれば，わざわざ顔を合わせるときまで仕事の話をしたくはないと考えるようになったからである。それゆえに結果として，彼らは，週に一度の定例ミーティングを金曜日に行うことにした。そうすることによって，次の日の仕事を気にせず，同僚と週末を楽しむことができる。ミーティングの開催場所についても，季節ごとに各 MR が担当するエリアの公民館やホールなどを借りることにした。そして，春は花見，夏は海水浴，秋にはキノコ狩り，そして冬にはスキーなどを楽しむようになった（もちろん，こうしたレジャーが，土日の休日に行われていることは，いうまでもない）。

> 「一人（で）集中して仕事ができなくなるんですよ，4, 5人いると，人間というのは。それがフェイス・トゥ・フェイスのコミュニケーション（だ）というとおしまいなんですけど，今日あった良いこととか，嫌なこととか。うだうだ話してて，かなり遅くなってしまうとかね。（中略）こう，うだうだ，あれもしないと，これもしないと。世間話しながら。で，みんなに聞いたら2時間くらいは無駄していたんじゃないかという。」（盛岡エリアの TL）

> 「ホームオフィスになってから，TL と MR のやりとりの頻度はどうだと聞くと，どこの TL も MR とやっている頻度は上がっているというんですよ。会う機会が減っているにもかかわらず，やりとりの頻度は上がっているという。どうしてかなと考えると，やっぱり『会議室』（という名の掲示板）をみて打っているのと，あと，メールのやりとりがあるというのと，そういう意味で，量が，一人の MR と TL がやりとりする量が，前よりも増えていると思うんですよ。前は，会ってしゃべっている，そのとき，誰かがしゃべっていたら，自分はしゃべれないんですよ。そのときに TL とアクセスする方法はなかったんです。でもメールだと，しゃべっていても，こっちで打っていればいいわけですから。」（盛岡エリアの支店スタッフ）

以上の発言を踏まえると，情報の共有についてわれわれが抱く日常的な理解も相対化される。対面的状況で伝達される情報は，決して情報技術によっては代替

しえないという常識は，情報技術によってわれわれの日常生活が代替・補完されるという考え方に対するアンチテーゼでしかない。たしかに，オフィスという対面的状況で得られる，さまざまな社会的手がかりをもとに共有される情報はあろう。そして，なによりも何かを共有しているという実感が得られるかもしれない。しかしながら，それは，オフィスという対面的状況だけが最もリッチな情報を共有できることを意味するわけではない。有効な情報共有とは，情報技術のメディア特性に左右されるのではなく，どのような内容の情報を共有すべきかを精査することではじめて可能になるからである。

「情報の共有というのはよくいわれるんだけど，じゃあ，なんの情報を共有したいのかというね。情報の共有化という，そんな風な言葉でごまかされている。本当に必要としている情報ってなんなのか。どんな情報を共有したいのかというのを自分自身で考えておいたほうがね，的確にそこにアクセスできるんじゃないかと思います。」(TL：ホームオフィス支援研修での発言)

3.2 新人の育成（コーチング）

上記で検討してきた情報の共有は，ある程度，チームとして基本的な行動パターンを身につけた MR 同士の問題であった。しかしながら，これが新人の場合には，どうなるのであろうか。先行研究の理論的知見を借りれば，新人はスキルや行動規範などを，熟達者と同じ場に居合わせることによって学んでいく。知識伝承のためには，Off-JT よりも OJT のほうが大切だというわけである。当然，同社においても，新人育成がテレワークをめぐる最も大きな問題として取り上げられた。そこで，新人は最初の 1 年が終わるまではオフィスに通勤するという特別な措置がとられることになった。もちろん，新人がオフィスに出勤しても，そこには新人を育てるべきチーム・メンバーはいなくなっていたのだが。

「いままでは，チームで全部引き受けて，新入社員なんかの研修だけじゃなくて，常に先輩といろいろ摺り合わせながら成長していったわけですよね。そのようなところで，礼儀だとかそういうのまで入ってきて，その結果として，また勉強だとかトレーニングだとか，それら全部を先輩と一緒にやってきたんですけど，今度は，そういうのが TL 一人にまかされるわけですから。」(本社スタッフ)

ここで興味深いのは，地方の比較的広いエリアを担当する営業チームには，オフィスに毎日通勤することができない新人がこれまでにもいたことである。彼らには，当然ながらテレワークと同じような問題が生じていたはずである。ところが，従来は，そのような新人は例外的に「しょうがないということで放置されてきた」という。さらにいえば，それぞれ異なった顧客を担当する MR の場合，オフィスで過ごす数時間を除けば，基本的には個人単位で行動する。つまり，テレワーク導入によって改めて新人の育成が問題として取り上げられたのは，ただ単にこれまでになかった変化が生じたからではない。そうではなく，それまでオフィスで育てられてきた人々が，新人育成についてはじめて自らの経験を見つめ直したのである。

> 「いや，だからおかしいなと思うのは，今までも新人に長期出張エリアを担当させているんですよ。エリアも小さいし，市場的にもあまりないということで。そういうときにはぜんぜん問題にしないで，ホームオフィスになったとたん，『いや，毎日会わなければどうするんだ』とかいう議論になる。」
> （本社スタッフ）

このような新人育成に関する問題意識は，これまでオフィスという対面的状況のもとで新人をコーチングしてきた（また，自分自身もコーチングされて育ってきた）経験をもつチームのメンバー全員に共通した問題意識であった。筆者が調査した4つのチームすべてにおいて，新人のコーチングに対する問題意識が観察された。そして，この問題意識は，実際に新人を抱えるチームほど強くなる傾向がみられた。具体的に，彼らが指摘した問題点は，以下の内容に整理される。

(1) 対面的なやりとりを通じてしか教えられない内容をどうするのか
(2) 新人がなにげない機会に聞いてきた質問はどうするか
(3) 新人が心理的な不安や孤独感を感じることにならないか

(1)は，TL やベテラン MR 主導のコーチングである。オフィスへの出勤がなくなるということは，先輩がなにげなく新人に声をかけるなかで仕事の進み具合を探る機会や，医師に対するプレゼンテーションのロールプレイをさせる機会が少なくなる。さらに，対面的なやりとりでしか教えられない挨拶の仕方，言

葉遣い，電話対応の仕方といった社会的な規範をいかにして教えていくのかという内容である。(2)は逆に，新人 MR からの問いかけに基づくコーチングである。新人 MR が，電子メールや電話で聞くほどでもないと思われること（それが，実は重要な問題に結びつくこともある）を訊ねたときにコーチングを受けてきた機会を，どのように確保していくのかという内容である。(3)は，新人 MR の心理的なケアに関するものである。仕事のやり方に関して不安を感じる新人 MR にとって，ふとしたときに誰かにすぐに聞くことができる環境が心理的な安心感となっていたのではないかという内容である。以上，ここで挙げた問題点は，TL やベテラン MR たちが，これまで自分たちが経験してきたコーチングができなくなることへの不安として認識していると考えられる。

　他方で，このような状態は，コーチングを受けていく当の新人の視点からはどのように捉えられていたのであろうか。同じ新人といっても，(1)これまでオフィスに通勤していた MR，(2)これまで長期出張エリアを担当してきた MR，(3)これから新たにコーチングを受けていく新入社員と，それぞれに違いがあった。新人たちがそれまで経験してきたコーチングや仕事のやり方如何で，テレワーク導入に伴う不安や混乱，問題意識が異なっていたのである。

　(1)これまでオフィスに通勤していた新人 MR たちのテレワークに対する反応は，先の TL やベテラン MR の視点に類似していた。オフィスという対面的状況のもとでコーチングを受けてきた新人 MR の経験は，先の TL やベテラン MR と同じものであったからである。テレワークの導入は，それまでのオフィスでのコーチングが受けられなくなるという点で，彼らに不安や混乱を感じさせることになった。

　　「実際に，途中からホームオフィスを始めると，さみしさを感じてますよね。仕事の一からわからないときに，そのエリアの責任者といわれてもできないわけです。そういうときにどうしていくか，というのが今後の問題になると思います。」(新人研修担当者)

　しかしながら，このような不安や混乱に直面した新人 MR は，自らの工夫でそれを何とか打破しようとする。まずは，手近なところで電話を積極的に利用した。そういう意味で，少なくとも(1)の新人 MR にとって，電話は貴重なリソースになっていたということができるだろう。さらに，彼らは，週に1回集まる定

期ミーティングや，営業先の医薬品卸でベテラン MR と会える機会を活用することで，必要な情報を積極的に収集していた。ちなみに，このように（不安を感じるばかりではなく）具体的な行動に結びつけていこうとする傾向は，ベテラン MR よりも，新人あるいは若手の MR によくみられた。それは，対面によるコーチングの機会が減ることで実際に困るのは，彼ら自身であったからである。彼らがもっていた危機感は，より長い経験を積み，熟練した（即座に自分が困るということがない）ベテラン MR にはみられなかった。

(2) テレワークが導入される以前から，長期出張が要されるエリアを担当してきた新人 MR は，物理的な制約条件として，早くからテレワーク導入時と同じような状況にあった。彼らは，以前からテレワーク導入時と同様の危機感をもっており，「もう自分でどんどん聞いていかなくてはならない」という積極的な態度をみせていた。

他方で，ある程度ベテランになった MR のコーチングは，たとえ問題があっても「仕方がない」と，なかば放任されてきた。ところが，テレワーク導入とともに，彼らのコーチングがいかにあるべきかが再びクローズアップされた。もともと遠方エリアを担当していた新人は，テレワークの導入にあたって不安や混乱を感じることはなかったが，むしろそれまで疎外感を感じていたベテラン MR のほうが，情報技術による情報支援やコミュニケーションに期待する傾向がみられた。

> 「（テレワーク導入以前は）すべて自己流みたいな感じ。そういった情報に対する飢餓感なんていうのはありましたから。まず，わかんないことは，絶対聞くという習慣はつけていましたし。そこは相手のことを構わずにつかまえても。ですから，それだけ，そういうのに飢えているんだよ，といってもしょうがないという一言ですんでいたのが以前ですから。ホームオフィス（が）始まるというときに，なんか面白そうだなというのは，やっぱりありましたよね。この時点では先輩たちに愚痴をいってもしょうがない，場所というのも宿命的なものだからというのがあったんで，それが変わるというのは全然信じられなかったですよね。」（盛岡エリアで遠方を担当してきた MR）

(3) 最後に，これから新たにコーチングを受けていく新人 MR（新入社員）である。まず，まだコーチングを受けた経験のない新人は，そもそもどのようなコー

チングがなされるのかということ自体,ほとんど何もわかっていなかった。それゆえ,自分が配属されるチームにテレワークが導入されているか,テレワークが適用されていないチームであるのかによって,コーチングについての不安や混乱の違いが存在したわけではなかった。

「(新人 MR が)会社に帰っても,誰もいないんですよ。実際,いろいろ話を聞いてみると,メンター(教育担当者)の人なんかには電話しているみたいなんですけど,いないことが当たり前になっているから,別にホームオフィスって大変だなとは思わないみたいです。(中略)ただ,待っている姿勢というのはないと思います。日々忙しいので,その場,その場でクリアしていかないと仕事はたまっていきますから。だから(TL や先輩を)つかまえて,すぐに聞いていると思います。」(新人研修担当者)

それどころか,従来のコーチング経験をもたない新人の場合,テレワークという新しい環境にも困難なく適応できたようである。というのは,彼らは与えられた環境のなかで,自分たちの問題点を解決する手段を模索していた。したがって,このような状況下で,まず TL やベテラン MR に真摯に受け止められたのは,実際にはオフィスがなくとも,それなりに新人は育ち,また育てられるという,当初の問題意識に反した事実であった。さらに,普段のなにげないやりとりがない状況では,新人たちも自ら必要な助言を求めていくという積極性が醸成された。このような積極性は,これまでのオフィスを基盤にした新人育成ではみられなかったものである。つまり,オフィスという場面で折に触れて新人の世話をすることは,実際には,新人が自分自身で工夫していこうとする積極性を妨げてきたとさえ考えることができるのである。

「もう,若い担当者なんかですと,質問も多いですし,こちらが聞いても嫌がらなくなりましたよね。これまでですと,先輩からいわれ,企画課長からいわれ,部長からいわれ。そういうことが,毎日ね。うんざりするじゃないですか。(ホームオフィス導入後は,情報に)飢えてますから,お互いにね。表情からみるにつけ,違います。」(横浜エリアの TL)

「もう管理する時代は終わったんだと思います。とくに私の場合,6 時間

もかけて（MRの担当するエリアに）行けないもんですから，毎日毎日。アドバイスみたいなかたちになってきたと。これならPC上でできますから，十分できると思います。（中略）今のスタッフは優秀ですよ。基本的にあんまり頼らないで，自分たちの好きにやってアドバイス求めてきますから。」（第35期TL研修での発言）

このような変化を受けて，従来の新人育成に対する態度を変更する必要があったのは，育つ側の新人ではなく，育てる側のTLやベテランMRであった。テレワーク体制下で，新人が自ら積極的に学んでいく姿勢を身につけたといっても，それだけですべて必要な基本動作が身につくわけではない。これまでオフィスで「何となく，日々顔を見て叱咤激励して」新人を教育してきたTLやベテランMRのほうこそ，自分たちが何を教えるべきかについて，改めて考え直していく必要があったのである。下記の発言は，テレワークを早期に導入してきたTLが，ホームオフィス支援研修の場面で，テレワークを導入したばかりのチーム（とりわけTLやベテランMR）に対して発言した内容である。

「是非ともお願いしたいのは，人材の育成というものをですね，ここにおられる方みんなに考えていただきたいんです。リーダーの方には部下を育成して欲しいですし，先輩の方々もどんどん教えていって欲しい。それで，『育成』ってどういうことかといいますと，それは，自分が10年かかったことを5年間で下の人に授けることができたら，その（あまりの）5年分が『育成』ということになりますよね。そのレベルでいいと思うんですよ。自分が知っていることを早め早めに回す。そうすることによって，先輩から後輩に受け継がれていくし，受け継いだ人は早く成長していく。その積み重ねが，やっぱり力になると思うんです。」（TL：ホームオフィス支援研修での発言）

3.3 仕事プロセスの管理と評価

次に取り上げるのは，折に触れて仕事プロセスを観察できないテレワーク体制では，管理者が部下の仕事を管理・評価することが困難になるのではないかという問題意識である。例えば，Harder [1997] は，対面的状況が損なわれるテレワークでは，管理者が部下の仕事を管理・評価することが困難になるという，コントロールとエンパワーメントの緊張状態が発生すると指摘する。というのは，と

くにチームで仕事をしている場合や，結果だけでなくプロセスを観察して評価することが求められる場合には，コンピュータを介したコミュニケーションでは十分な情報が得られないからである。さらに，彼は，一部の人々がより多くの時間を上司と共有するような場合には，昇級や昇進に不公平がもたらされてしまう危険性があると指摘する。実際，大塚製薬においても，オフィスの近くに住むMRが会社に立ち寄ることによって，TLによる評価に不平等が生じてはならないと考えられていた。それゆえ，全員が一堂に会するミーティングの日以外は，たとえオフィスと同じ建物の上階にある社員寮に住んでいたとしても，出社することが原則禁じられることになった。

　もともと製薬業界においてMRの業績評価は，1日当たりの顧客面談回数に大きなウエイトが置かれている。それは，エリアごとに編成されたチーム営業では相互依存的な部分が多く，チーム単位での売上を最終成果として把握することはできても，チーム内でのMRの営業活動の成果を個別に判断することが難しかったからである。個々のMRの営業活動に対する評価の公正性を担保するには，1日当たりの顧客面談回数で判断するしかなかったのである。もちろん，それまでもチーム業績や個人業績に加え，TLによる評価を考慮に入れて，MRの業績を評価する制度があった。しかし，その内実は，オフィスでのアドホックな接触や，たまに営業先へ同行するだけで，MRの営業活動を把握していた。それゆえ，その内容は「TLによるイメージ的なもの」に依存する部分も多く，結局は，1日当たりの顧客面談回数が業績評価の代理変数になっていた。

　ところが，すでに検討してきたように，オフィスでのアドホックな情報共有ではなく，MR一人ひとりが意識的にどのような情報が必要なのかを明確化する過程で，MRたちは自分の活動内容を表現できるようになっていた。そして，TLは，MRによって書き込まれた共有ファイルの情報をみれば，彼らの仕事プロセスもわかるようになった。あるTLは，テレワーク導入によって，はじめて「MRの行動がガラス張りになった」という。

　　「一番大切な最前線でどういう仕事をしてくれているかということがわからなければ，ホームオフィスをやっていてもしょうがないですよ。失敗しますよ。(中略) そこまで (MRの) 技術的な作業面までをみることができるホームオフィスだったら成功。みえないけど，きっちりみえるような工夫とかのために，PCネットワークがあるんですから。」(大津エリアのTL)

ここで重要なのは，TLがMRの仕事プロセスを把握し，評価することができるようになったのは，MRによって反省的に明確化され，言語化された情報を，TLが一方的に参照できるようになったという理由だけではない。その過程で，評価する側であるTLもMRの仕事プロセスの何を評価すべきなのかについてしっかりと反省することになったという側面を見過ごしてはならない。

　このような動きを受けて，本社としてもMRの業績評価に対する顧客面談回数の比重を見直し始めた。情報技術によって具体的な仕事プロセスが把握でき，それをTLがしっかりと評価できるようになるのであれば，直接その内容を人事考課に用いたほうが理にかなっている。実際，医療法の改正や外資系企業の参入などの環境変化に伴って，顧客面談回数と営業成果は必ずしも連動しなくなっていた。MRの業績評価として顧客面談回数に大きな比重が置かれると，MRはそれ以外の重要な変化を見過ごしがちになる。さらに，面談内容より面談回数へのこだわりを助長するという意味では，むしろ悪しき慣習とさえ捉えられたのである。以下は，テレワーク導入の1年後に語られた本社スタッフの発言である。

　　「いま，あれ（テレワーク）の利用方法については，それほどいわなくても（それぞれの営業チームが）考えて動いているはずなんですよ。で，それは当初の目的とは相当違うはずなんですよ。でも，それは別段本社からああしなさい，こうしなさいっていうことは必要ないと。（中略）結局ね，本社として一律で測るものというと，マインドは測れないんですよ。でも，これはマインドなんですよ。最終目的は，マインド。（中略）新しい評価制度とかは，本当に僕らが期待している，新しいライフスタイルというのができてはじめて，こう，できあがってくると思うんです。」（本社スタッフ）

3.4　チームの規範と集団意識

　テレワーク導入当初には，オフィスで顔を合わせることが少なくなればチーム意識が薄くなるのではないか，より具体的には，チームの規範が希薄になることで極端な個人主義に陥り，チーム単位での足並みを揃えた営業活動に齟齬をきたすのではないか，と危惧されていた。安川［1998］によれば，社会心理学における電子コミュニケーションに関する諸研究では，対面的状況でこそ良好な人間関係を構築しうるという理論前提が垣間みられ，それは，われわれがこれまで対面的状況（身体的近接，対面的相互行為，会話，そして非言語的コミュニケーション）を

通じて構築してきた，例えば友情や結婚という，長期的に安定した，親密な人間関係を偏重している証左であるという。

　「私のときには，ホームオフィスなんかありませんでしたから。同じフロアにいまして，なんかわからないことを教えていただいたり。それから，ちょっとつまんなそうな顔をしていると，頭たたかれて『飲みにいくぞ』と飲みに連れてっていただいたり。そうやっていろんなかたちで教えていただいて。そういう，顔を合わせたつながりというのがですね，そういうのが昔はあったんですね。で，ホームオフィスの場合，そういうのをどうするかというのは，私も経験がないんで，わからないなあと思いますね。」(本社スタッフ)

　ホームオフィス導入によってチーム意識が希薄になるのではないか。このような不安は，組織活動がすべてオフィスという対面的状況で営まれてきたことから生じている。オフィスにおける，じかに顔を合わせて行う情報共有や新人育成，仕事プロセスの評価。ホームオフィスが導入されるまでは，これらは長年の経験によって培われてきた組織化の原則であり，それは，ときにMRの本業である営業活動よりも優先すべきものであったのである。

　「顧客のホットタイム[3]というのが必ずあるはずなんですよ。先生(医師)が(診察を終えて)ほっとしている時間とかね，夕方ゆっくりされている時間とか，あるはずなんですよ。そのときに，会社に帰らなければいけないと。課長が待っていると，お小言をいうために。それで，あわてて帰る例も多いですからね。(帰社のルールは)決めてませんでしたよ。でも，ほとんど直行直帰はいなかったです。通常ですと，みんな帰ってきてました。(中略)それを当たり前だと思っているからですよ。だってホームオフィスを実施しなければ，それが一応，会社の，文書にはなっていないですけど決めごとみたいな感じでしょ，どこの会社でも。逆にいって，会社に帰ってこない人間は何をやっているかわからないといわれていた時代ですもんね。」(大津エリアのTL)

　このようなチームにおいて，MRが一人前になったことを示す試金石となるの

は，さまざまな組織活動が営まれるオフィスでうまく振る舞えるようになることである。つまり，「あまり波風をたてず」「あうんの呼吸で仕事ができる」ようになることが一人前になるということであり，そうした規範のもとで，むしろチームは「五人組」ともいえる相互監視装置として機能してきたのではないかという。

　　「それまでの，うちの会社チーム制度というかたちで，チームごとの責任みたいなかたちでやっていたんですけど，単なる五人組みたいな感じで。（中略）（以前は）個人主義でしたね。だからそれが今はほんとの意味でのチーム制度になっているんじゃないかと思います。」(MR)

　ところが，テレワーク体制下では，オフィスでの対面的状況を通じた規範の浸透によってチームを維持することができなかった。情報技術を介した情報共有には，現場で働く一人ひとりの積極的な発言が求められ，新人は助言を待つというよりは自分たちが必要とする助言を積極的に求めていく必要があった。そして，リーダーも叱咤激励しながら新人を育成するというスタンスではなく，一転して，本当に伝えるべき自らの経験をしっかり見つめ直し，それを言語化していく必要があった。

　それゆえ，顔をあわせる機会が少なくなることで，彼らが当初危惧していた，チームの足並みを乱す個人主義が招かれることもなかった。なぜなら，一人ひとりが情報技術を通じて自らの要求を発言するなかで，かえって自分たちのチームの戦略を深く考えるようになったからである。例えば，あるチームでは，月間テーマとして主力商品を決めて（その他の商品については，ある程度は各自の判断に任せ），それを売り込んでいくための営業戦略に関する議論を重ねることで，主力商品に関する営業活動を調整していた。これまではオフィスにいれば自然に調整できた内容かもしれないが，オフィスでのアドホックなコミュニケーションが損なわれるテレワーク体制下では，このように議論の対象を絞り込んでいく必要があった。そして，このような活動を通じて，メンバーの間には従来とは異なったチーム意識が芽生えていたのである。

　　「チーム意識というのは，確実に前より上がっていると思うんですよ。当初は，しょっちゅう会えないだけに（チーム意識が）希薄になるという心配があったわけですよね。だけど（月曜日に行われるミーティングの日を除いて）

火曜日から金曜日まで離れている分だけね，余計に各自がチーム意識をもたないとね。自分たちにとって何が必要で，どんなことができるのか。(チームに対しても)以前より増して愛着をもたないともう，これは失敗しますよ。絶対だめですよ。」(大津エリアの MR)

このように，彼らのチーム意識は，対面的状況を前提として相互に監視する集団ではなく，一人ひとりが声を出し自分たちのチームの定義を繰り返し問い直す集団となった。テレワーク導入によってチーム意識が希薄になるのではという当初の不安は，オフィスでの活動を前提としたものであった。確かに，オフィスでの活動と同じようなチームの規範や協調性は，情報技術によって代替できなかったかもしれないが，情報技術を介して新しいチームの姿が現れたのである。近代の特徴を，時空の分離による再帰性の徹底化として捉えてきた Giddens [1990] は，広義の情報化に典型的にみられるような脱埋め込みメカニズムの登場によって，対面的で属人的な親密性への信頼に基づいた社会関係に代わって，抽象的なシステムへの信頼に基づいた社会関係が再構築されていくことを指摘する。彼らのチーム意識は，オフィスという時間的・空間的な状況で何気なく感じてきた一体感や信頼関係に代わって，Giddens [1990] がいうような抽象的なシステムが構築されたとも考えることができる。実際，チームについての捉え方の変化は，テレワーク体制下に置かれてみないとわからないことであった。テレワークが導入されたチームに途中から異動してきた MR によれば，まさに「カルチャーショック」として真っ先に感じとられたことであるという。また，このような反応は全国の TL が一堂に会する会議 (第 35 期 TL 研修) においてもみられた。

「いろんなところに聞かれて話をするんですけど，いってもなかなか，やってないところにはわかってもらえないんですよね。(中略) そういうやる前の話，それでもう，最初から疑問符がついて，そんなんできるんかいな，という。いい，いいというけど，そんなにいいの，できるのそんなのというだけなんですよ。そうなると，どんなに今までやってきたことをしゃべってもだめなんですよね。だから，1 回やってみてくれると違うんだろうけど。」(支店スタッフ)

「やってない人からしたら，こう，興味深いといったら怒られますけど，

まったく考えの外にあることなんで，非常に驚いてます。」（第35期TL研修での発言）

3.5　その他の変化

最後に，テレワークに特有な現象として，職場とプライベートな活動領域との間にある境界が再構築された場面を検討しておこう。いうまでもないことだが，テレワーク体制への移行は，基本的には日々のオフィスへの出社・帰社がなくなることになる。しかし，オフィスで働くことに根ざした慣行は，なにも仕事に関するものばかりではない。むしろ，Goffman [1959] が指摘するように，われわれの日常生活は，すべて時間的・空間的に帯状区分されることによって秩序化されている。

テレワークが導入されるまでMRは，毎朝オフィスに出勤してから各自が担当するエリアに行き，もう一度オフィスに帰社してから，仕事から解放されるというような働き方であった。これがテレワーク体制下では，ミーティングや勉強会のとき以外は，家（ホームオフィス）から直接現場へ赴き，また家（ホームオフィス）へ戻るという働き方になる。それまでオフィスを基盤とした働き方を長期にわたって続けてきた彼らにとって，「（実際に建物がなくなったわけではないが）オフィスがなくなる」ということ自体が，大きな変化であった。

　　「ただ，朝早く出てきて会社に行かない分，まっすぐ病院なり卸なりに入る。ただそれだけのことなんですけど，それでどの位気分が違うかというのは，やはり，やってみてもらわないとわかんないと思いますよね。だって今までは，何十年もの間，起きたら会社に行くっていう生活をしているんですから。で，会社には，ああ，行かないんだと。そう思ったときに，ああ，俺はじゃあどこへ行けばいいの，というところから始まるわけですよ。」（尼崎エリアの支店スタッフ）

　　「まず，会社に行っちゃいけないわけですからね，ある意味では。そうすると，とたんに気持ちの面では路頭に迷う。何十年も会社に勤務してた人間としてはね，来るなという状況下におかれるわけなんですよ。（中略）すぐ朝起きたら，卸なり，得意先に出勤するようなもんなんですよ。そうすると，そっから，その時点から違う。もう，意識的にはすごいエネルギーです。」

（横浜エリアの MR）

　また，テレワークの直接的な効果として，MR の行動効率の向上を求めてきた同社の場合，テレワーク導入に伴って MR は，自身が担当するエリアへの引越しが求められた。そうした場面において，MR たちは，自分たちの生活領域が変更されることに対する心理的な動揺を抱いていた。例えば，盛岡エリアチーム[4]では，MR 全員がエリア唯一の繁華街である盛岡市に住居を構えていたが，テレ[5]ワーク導入に伴って地方のエリアに転居を余儀なくされたある MR は，盛岡市内の独身寮の部屋を残しておいて欲しいと TL に要求したという。

　　「やっぱりこう，帰ってきたいという意識があるんですよね，（中略）行くのはいいんだけれど，そういう心の安らぎというのですか，そういうのを残しておいてくれというのが，あったんですよね。」（盛岡エリアの TL）

　そして，見過ごしてはならないのは，自宅には家庭という仕事とは別の活動領域があることである。これまではオフィスへ出勤することによって，仕事と家庭という異なる活動領域に区切りをつけてきた。しかしながら，自宅に職場を設けるということが，2 つの社会的領域を重複させることになったのである。ある MR は，実際に職場として設けた部屋にカラーのビニールテープを張り，仕事場とプライベートを区分しようとした。そして，仕事中はたとえ自宅にいたとしてもネクタイをはずすことはなかったという。このことは，なかなか気持ちを切り替えることができない自分に対する戒めであるとともに，テレワークに巻き込まれた自分の家族に対して発するメッセージでもあった。

　　「金曜日というのは家で資料を作るようにしているんですが，そうすると昼近くに出たりもするんですよ。近所の人はね，あそこのお父さん何をやっているのか，家にいることも多いし，楽そうだなと思われても困るわけですよね。（中略）だから，最初は馬鹿正直にネクタイをはずさなかったですよ。まあ，自分自身も気持ちがね。家に帰ると，従来ですと一杯飲んでたわけですよね。家に帰ればもうオフタイムですよ，本来なら。それがまた，仕事をしなくてはいけないということで，気持ちが切り替わらないですよね。」（尼崎エリアの MR）

「結局，やった当初というのは，自分自身もすごくストレスあったんですが，やっぱり家族だってわかんないんですよね。お父さんが早く帰ってくる。前は11時とか12時，それがね，（テレワーク導入後は）少なくとも8時くらいにはねえ，帰ろうと思えば7時にはですね，まあ，帰れるわけですよ，なんにしても。そうすると，帰ってからまたPC開いて仕事をするわけですよね。家で仕事をしなければいけないと。とすると，家族としては，お父さん帰ってきているのにね，声かけても返事しないしね，機嫌悪いし。でね，やっぱりぎくしゃく，女房ともね，ぎくしゃくという部分もあったんですよ，正直いって。それは，もうほんと説明して，今回はこの（テレワークの）ためにというので。もう，PCもみせました。これが会社なんだと。（中略）会社に帰らなくていいぶん，ここで仕事をしなければいけないんですね。報告書なり書かなくてはいけないから，家へ帰ってから1時間なり，2時間なりの時間は。自分の部屋がオフィス，いわゆるホームオフィスなんですが，いちおう説明しましたよ。アメリカでも，今はそういう風なことになっていると。まあ，それを先駆けてやっているんだから，そういうつもりでね，パイオニア的な意味でね，まあ，理解してくれよと。じゃあ，わかりましたという感じになったんですけど。」（横浜エリアのMR）

さらに，学校に通う子供をもつMRについては，転居に伴って転校しなければならないことによる問題が発生した。とくに家族側にとっては，転勤でもないのに転居や転校しなければならないということが，なかなか納得のいかないものであった。このように，テレワークの導入は，プライベートな活動領域そのものの変更を伴っていた。

4 テレワークを通じて醸成された批判的意識

同社におけるテレワーク導入当初の目的とは，すでに検討してきたように，担当エリアに住み込むことで営業活動の効率を向上させることであったと考えてよいであろう。それは，それまでオフィスで繰り返されてきたチーム活動を，情報技術を通じて代替・補完しようという試みであった。この場合，営業活動に対するテレワークの具体的な成果としては，まず，行動効率の向上が目論まれ，1日当たりの顧客面談回数を増加させることが期待される。実際，先行チームとして移動時間の短縮などの理由でトライアルに挑んできた盛岡エリア，横浜エリアを

表5-2 テレワーク導入による顧客面談回数の増加[6]

	テレワーク導入前	テレワーク導入後
横浜エリア	14.9人/日（6MR平均）	19.0人/日
盛岡エリア	16.4人/日（9MR平均）	20.3人/日

みると，間違いなく行動効率が向上していた（表5-2）。

　大塚製薬のみならず製薬業界では，従来からMRの行動効率を顧客との面談回数で把握してきた。それゆえ，このようなテレワークの成果は，当然ながら後発チームにおいても同様に求められることになる。ところが，移動に対する制約がもともとそれほどなかった尼崎エリアや大津エリアなどでは，営業活動の効率にほとんど改善がみられなかったという。

　「はっきりいって，面談の数なんかは増えてないんですね。増えるはずがないんですよ。ですから，ホームオフィスになって面談回数だとか訪問回数だとかいわれても，実際問題，尼崎エリアとしては，今までやってきたこと以上に，かなり無理してほかの仕事を省いているわけで。数だけ，物理的なものをいわれても対応できないというのが現状でして。ですから，遠隔地と比較されるのは，かなり厳しいものがありますね。」（尼崎エリアのMR）

　「変な話，一番遠い人でも1時間で行くんですよね，高速（道路）があるわけですし。だから，土地的な，地理的な問題だけから考えると，大津というのはホームオフィスというのにはしなくてもいいんじゃないかと思うんですよ。」（大津エリアのMR）

　また，先行チームの盛岡エリアにおいても，行動効率の改善は一過性のものでしかなかった。しかし，顧客面談回数と同時に向上した顧客カバー率が注目されていた。顧客カバー率とは，担当エリアの全顧客に対して，アプローチしている顧客の割合を表した，彼ら独自の指標である。すなわち，同じ面談回数でも，より多くの顧客に営業活動ができるようになるということは，1回当たりの面談の内容が変わっていることを意味する。このことは，テレワークの成果として，これまでの働き方の量的な側面が改善されるだけでなく，営業活動のやり方そのものが変化し，質的な側面での変化がみられるようになったと解釈されている（図

図5-1　盛岡エリアチームにおける顧客カバー率の変化

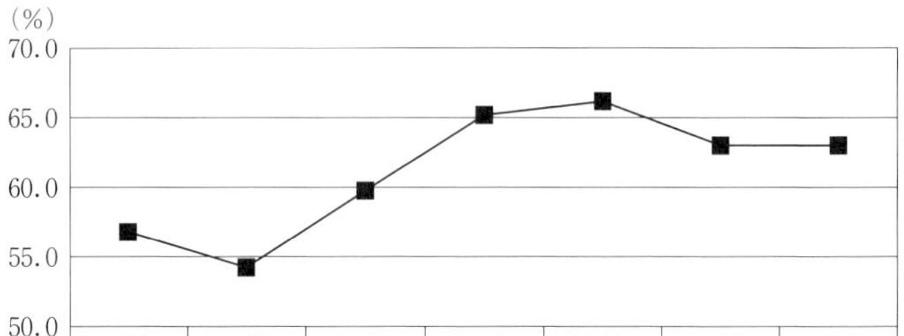

	3月	4月	5月	6月	7月	8月	9月
(%)	56.8%	54.3%	59.8%	65.3%	66.3%	63.1%	63.1%

5-1)[※7]。

　ほかにも，テレワークを導入したチームでは，導入当初に期待されていたような行動効率，つまり1日当たりの顧客面談回数について，必ずしも期待通りの成果が得られたわけではなかった。顧客が地理的に密集している日本の場合，直行直帰による時間的・距離的なメリットは，北海道などの広大なエリアや，観光名所が集中して観光シーズンには交通事情に悩まされていた特殊なエリア以外では，基本的に得られなかった。ところが，行動効率の向上という側面では芳しい成果が得られなかったにもかかわらず，エリア内でのシェア拡大や新規顧客開拓数といった指標の改善の差が，テレワークを導入したチームと，導入していないチームとの間に現れ始めていたのである。

　このような経緯を経て，テレワークに求められる成果も変わっていった。テレワークの成果としては，営業効率の向上（顧客面談回数の増加）が重要なのではなく，これまで検討してきたように，さまざまなチーム活動や営業活動の質の変化が重要であると見なされ始めたのである。以下に列挙している変化は，テレワークを成功に導いた（チームの業績向上に直接結びついた）変化としてMRたちによって語られた内容である。これらのなかには，一見すると情報技術やテレワークを活用せずとも，十分に可能な身近な工夫や変化があることに注意しなければならない。

　「月曜日のミーティングを火曜日にしたんですよ。月曜日はどこのメーカーさんもミーティングしていますんで，（他社のMRとの競合を気にしなくても

よいという意味で）非常に効率がいいと。そのような月曜日というのを固定概念からはずせばいいということで。（中略）実際，ホームオフィスにしなくてもそれはできるんですけど，そういう発想が僕ら，なかったんですよね。単純なことで。本当は努力したら，アイデアを絞ったら出てきたのが，もう固まってしまっていたという感じがあるんですよね。やっぱりホームオフィスになってから，今回そういうかたちでいろいろ新しい顧客というか，今まで見過ごしてきた，無視してきた人たちとも会おうという努力をしだしたと思うんです。本来していないといけないんですよ，ホームオフィス（に）していなくても。でも，これは，現場の人間ができていたかというと，できていなかったんですよ。」（尼崎エリアのTL）

「うちのほうではじめたのは，1日に二人で顧客に会おうというのをしまして。これがホームオフィスとどう関連しているのかというと難しいんですけど。ただ，ホームオフィスを導入しなければ，そういうの（顧客に対する営業活動を専任するという組織慣行）は消えなかったと思いますので，そういう意味でこれはホームオフィスと関連あるのかなという気がしますね。（中略）（ホームオフィス導入前は）それぞれが与えられたエリアをただ単に回って，いわれたことをやっていればいいというのがあったんで。」（横浜エリアのMR）

「（ホームオフィスは）訪問回数が何回になったとか，病院でのドクターとの面談回数がどうなったとか，そんなんじゃないと思うんですけど。例えば，稼働が同じでも，おそらく接する顧客の面談時間というのが長くなっていると思うんですよ，絶対的に。顧客と僕らが接しやすい時間に，僕らは面談しようとしてますから。当然，今まで3分ですんでいた，もしくは立ち話だったところが，ゆっくりと顧客が椅子に座ったときに話ができると。そういうところは，（ホームオフィスを行動効率の向上という観点から捉えているのでは）なかなかわからないんじゃないかと思いますね。」（大津エリアのTL）

「（顧客に対する夜間面談が有効だということは）いや，みんなわかってましたよ。みんなわかっているけど，だって冷静に考えて，オフィスユースチームというのはね，毎日会社に帰ってきているでしょ，それも大体7時から9時

の間ですね，そういうことですよ。(中略) それを当たり前だと思っているからですよ。だって，ホームオフィスを実施しなければ，それが一応会社の，文書にはなってないですけど，大体決めごとみたいな感じでしょ，どこの会社でも。逆にいって，会社に帰ってこない人間は何をやっているかわからないといわれていた時代ですもんね。(中略) 会社に帰ってきて，本当に何を今まで得ていたんだろうということを冷静に考えると，精神的な安定感でしかないかもしれないでしょうね。精神安定剤そのものだと思います。」(大津エリアの TL)

さて，このようにテレワーク導入を契機にして導かれた変化を振り返ったのは，外部の研究者たる筆者だけではなかった。なぜなら，フィールドワークの終盤では，テレワーク導入を契機にした反省的な経験そのものが見直され，当事者の働き方に影響を与えていたからである。そして，それが単なる1日当たりの顧客面談回数の増加ではなく，営業活動そのものの根源的な変化（しかしながら，身近で小さな工夫）を導き，テレワークに取り組んできた営業チームの最終的な業績を左右していた。もちろん，このように再構築された個別の行動変化は，誰にでも模倣可能なものであり，とりわけ，われわれ研究者からみれば，取るに足らない小さな変化に映るかもしれない。しかし，その背後には組織慣行を反省的に再検討し，それまでの組織活動をより有効なものにしようとする，MRたちの批判的意識の醸成が窺える。

「一番おもしろいのがここなんですよ。今までの受け身的な部分が攻めになってくるんですよね，不思議と。これはですね，まあ，何もわからなくてホームオフィスをやって，そういう姿勢に自分がなってくるんですね。だからそれがやっぱり活きているのかなと，これ大きいですよね，やっぱり。(中略) MRの自覚というのがね，自立心は出てきてますよ。それは大きな成果ですよね。やっぱり指示待ちじゃなくて自分の発想でやることが多くなってます。(中略)（ホームオフィスへの取り組みを通じたさまざまな工夫）全部，MRの自発から出てきているんですよ。はっきりいって，意識改革だと思います。ここは，僕は一番，ホームオフィスをやってみて（感じることです）。」(尼崎エリアの TL)

「成功例の共有をいくらやっていっても，市場は間違いなくダウンしているわけですから，いくら頑張ったって，成功例をいくら導入していったって，市場は落ちていきます。それにリンクして落ちるしかない状況になってきます。その進化のきっかけとなるものがホームオフィスであったり，新しいチーム制での運営方針だとか運営方法だとか，医薬営業を含めたチームでの新しいシステム作りだとか，いろんなことが考えられると思います。こういう新しい何かというのを，少しずつみなさんに身につけていただければいいと思うんです。大きな変化じゃなくて結構なんです。変えようという努力であったり，変えてみようという気持ちがあれば少し対応できると。少し，目にみえない変化を少しずつでもしていけば，ちゃんと生き残っていけると思う。」（ホームオフィス支援研修での発言）

5 小括──情報技術の利用を通じた反省性の喚起

　テレワークに対する一般的理解は，オフィスという時間的・空間的状況を，少なくとも部分的には情報技術で置き換えることで可能となるというものであった。この理解は，今日でもなお，共有された一般的理解であろう。ところが，筆者がフィールドワークを通じて経験した内容は，こうした一般的理解とはかけ離れたものであった。なぜなら，そこでは一見すると情報技術やテレワークとはまったく関係ないと思われる，チームのあり方や営業活動そのものに変化がみられたからである。そして，その背後では，テレワークに取り組む人々が，テレワークによって置き去りにされた組織慣行を反省的に再構築していた。

　第1に，対面的状況で伝達される情報は，決して情報技術では代替しえないという，日常的な理解自体がナイーブなものであった。従来の研究では，対面的な状況がわれわれにとって望ましいものであるという理論前提をもっており，とくに言語化されない暗黙的な経験は，情報技術によって共有できないと決めつけてきた感がある。じかに対面している場面でこそ有効な情報共有がなされ，電子メディアを介したコミュニケーションは，対面的状況より劣ったものであるというわけである。たしかに，オフィスという対面的状況で得られるさまざまな社会的手がかりをもとに共有される情報はあるだろうし，なにょりも共有しているという実感が得られるかもしれない。しかしながら，それはオフィスという対面的状況だけが最もリッチな情報を共有できることを必ずしも意味しない。有効な情報

共有とは，情報技術のメディア特性に左右されるのではなく，どのような内容の情報を本当に共有すべきかを精査することではじめて可能になるのである。

　第2に，新人の育成である。多くの論者が指摘してきたように，新人の育成のためには，同じ場に居合わせることの重要性が指摘される。そうした議論の背後には，おそらく暗黙的なスキルの獲得は対面的なやりとりによってのみ可能であるという，第1の点と同じ論理の道筋があろう。しかしながら，フィールドワークを通じて明らかになったことは，TLやベテランMRが常に同じ場面に居合わせて監視するということが，新人の側から主体的に助言を求めていこうとする積極的な態度をかえって妨げていたことである。実際，テレワークが導入されたとしても，それまでオフィスで育ってきたTLやベテランMRたちに比べ，新人たちはそれほど大きな抵抗や戸惑いを感じてはいなかった。そして，そのような状況下に置かれた新人MRたちは，むしろ，主体的にTLやベテランMRたちに助言を求めていこうとする積極性をもち始めていたのである。もちろん，新人側からの働きかけだけで，必要となる基本的な行動原理がすべて身につくというわけではない。そこでは，教育する側であるTLやベテランMRのほうが，同じ場面に居合わせて「みて習え」という以前の育成方法を反省し，自分たちが何を教えるべきなのかについて，自らの経験を問い直していた。

　第3に，仕事プロセスの管理や評価にも，以上と同じようなことがいえる。これまでの議論では，折に触れて仕事プロセスを観察できないテレワークでは，管理者が部下の仕事を管理・評価することが困難になるのではないかという問題意識があった。ところが，これまでの仕事プロセスの管理や，MRの営業活動の評価は「TLによるイメージ的なもの」にすぎず，結局は，1日当たりの顧客面談回数という可視的な指標にウエイトが置かれていたのである。ところが，テレワークへの取り組みとともにMR一人ひとりが意識的にどのような情報が必要なのかを明確化する過程で，自分たちの活動内容を反省的に言語化するようになっていった。そして，TLは，MRによって書き込まれた共有ファイルの情報を参照することで，仕事プロセスの内容を観察できるようになり，MRの活動の何を評価すべきかを見つめ直す機会を与えていた。実際，このようなMRの仕事プロセスの評価に関する変化が生じたことで，顧客面談回数に大きなウエイトを置いてきたMRの業績評価制度それ自体も改定されることになった。

　第4に，相互依存的な営業活動が求められるMRの営業チームで当初危惧されていたのは，テレワークの導入によってチーム意識が希薄になることで極端な

個人主義に陥り，チーム単位での足並みを揃えた営業活動に齟齬をきたすのではないかということであった。実際，テレワーク導入後，彼らはそれまでのように，オフィスで毎日顔を合わせることによって構築されるようなチームの規範を維持することはできなかった。しかし，だからといって，チームの足並みを乱す個人主義に陥るというわけでもなかった。というのは，営業チームが情報技術を通じて相互依存的な営業活動を調整していくために，かえってチーム・メンバーの一人ひとりが自分たちのチームの戦略を深く考えるようになったからである。つまり，テレワークへの取り組みを通じて，一人ひとりがこれまでほとんど意識的に考えてこなかったチーム意識をもつようになっていたのである。そして，彼らは，対面的状況を前提として相互に監視することによって維持される集団ではなく，一人ひとりが声を出し自分たちのチームの定義を繰り返していく集団となった。

　これらのほかにも，見過ごしてはならないのは，テレワークをめぐって，仕事領域とプライベートな生活領域との境界が描き直されたことである。とくに，家族を巻き込んだテレワークの導入は，それまで家庭ではみせたことのなかった働く姿をみせることになった。彼らがどのように家族の関係を再構築したのかについては，MRの営業チームの変化に焦点を当ててデータを収集してきた本章のフィールドワークでは十分に検討できたわけではないが，今後の研究課題としておきたい。また，複数の生活領域をまたぐような活動の変化については，むしろ，情報技術の利用を契機にした社会関係の再構築という，人と人との位相に焦点を当てた議論が必要になろう。この議論については，次章で検討していくことになる。

　以上，大塚製薬のテレワーク導入に対して，筆者が行ったフィールドワークによれば，テレワークとはオフィスを情報技術によって代替したり，あるいは少なくとも補完すべきであるとする一般的理解は，あまりに素朴であったといわざるをえない。オフィスという物理的・社会的状況で長年にわたって当然視された組織慣行は，そう簡単に情報技術で補われるようなものではない。その一方で，テレワークという極端な変化によって組織慣行が置き去りにされることは，もはや問われなくなっていた，自分たちの仕事実践やより根底的な働き方を見直すことに繋がっていた。同社のテレワークは，このように現場で働く一人ひとりの反省性を喚起することによって，さまざまな行動変化を導き出してきたのである。実際，テレワークの最終的な成果をみても，少なくとも同社の場合には，当初目論まれていたMRの行動効率（1日当たりの顧客面談数）についてはほとんど向上す

ることはなかった。しかしながら，テレワークへの取り組みとともに導かれた働き方の変化が，テレワークを導入した営業チームの業績を左右していた。

そして，最後に，本章のリフレキシブなフィールドワークとして注目すべき点は，同じく社会慣行に埋め込まれながら理論を構築してきた，われわれ研究者に対して，さらなる反省的な分析が求められたことである。本章における筆者の立場は，大塚製薬でテレワークを導入したチームにおける「人と技術」の位相で観察された反省過程を分析対象にしてきた。ところが，実際には，テレワークを導入していない営業チームによるテレワークの評価は異なっていたし，テレワーク導入に伴う働き方の変化が，関連する他部門とのコンフリクトを招いている場面もみられた。このような「技術を介した人と人」の位相にも焦点を当てれば，まったく異なった分析になりうる。次章では，このような情報技術の導入や利用が引き金になって生じる，組織内でのさまざまな利害をめぐる政治過程を探っていくことにしよう。

注

・1 Gordon [1999] によれば，テレワークによって影響される対象（すなわち成果）として最も重要なのは，決して情報技術の利用に基づいた物理的・時間的な変化ではないという。むしろ，テレワークの実施を通じて，自分たちの働き方を問い直していくことであり，現場の人々によって学習されていくワークスタイルの変化そのものなのである。それゆえ，Gordon [1999] は，将来はテレワークという言葉はなくなる（あるいは，テレワークの「テレ」をとるべきだ）と指摘する。すなわち，テレワークとは，仕事（ワーク）というそれまでの認識前提の見直しを図る契機であるところが最も重要なのである。むろん，そのような見直しによって，組織の生産性（ワークスタイル）も個人の生活（ライフスタイル）についても，根本的に改善されていくことが期待されるのである。もちろん，これらの変化は一般的な法則性として導き出されるような類の変化ではないことはいうまでもない。

・2 また，その呼称についても両チームでは異なっており，尼崎エリアチームでは旧来の日報にちなんで「C表」，大津エリアチームでは旧来の日報（C表）と差別化するという意味で「トレース表」と呼ばれている。

・3 大津エリアチームでは，とくに診療後の医者がほっとしている夜間の時間が，MRにとっても最も話がしやすい時間ということで，「ホットタイム」というジャーゴン（組織内特殊用語）を作り出していた。

・4 およそ四国4県分の面積をもつエリアである。

・5 人口3万人以上の市は岩手県内で盛岡市のみ。

・6 表5-2は，ホームオフィス導入前（4月）と導入後（6月）の顧客面談回数を比較したものである。

・7 このデータは，盛岡エリアのものであり，必ずしも一般化されるものではない。ここで

重要なのは，テレワークの導入に直接関係する成果は顧客面談回数にもかかわらず，現場のMRたちがカバー率の向上にも結びついていると認識していることである。データはこの点を補足するために提示している。

第6章　企業ウェブ開設を通じた政治の再創造

　前章では，情報技術を利用したテレワークの導入が，オフィスという時空の制約のもとで長年にわたって形成されてきた組織慣行を置き去りにし，それが意図せざる結果として，われわれの眼前に対峙してくる，「人と技術」との位相を検討してきた。本章では，それまでの社会的な活動領域の境界を越えるような情報技術の利用が，たとえ意図的でなかったにせよ，相互に関係する他者に思わぬ影響を与えてしまう場面を検討していく。ローカルなコンテキストから設計された情報技術の利用が，それまでかろうじて保持されていた関係性を崩壊させ，それを契機にして組織が再編成されていく。ここで光が当てられるのは，ネットワーク化された「技術を介した人と人」の位相である。

　このような位相を捉えるために，本章では，資生堂の公式ウェブサイト（当時の資生堂での呼称では「ホームページ」）のために立ち上げられた，企業ウェブ開設プロジェクトを取り上げる。インターネット技術は，誰もがカスタマイズ可能な反面，組織において相互に関係する他者に対して思わぬ影響を与えてしまうこともある。同社の企業ウェブの開設をめぐって生じた政治過程もまた，それゆえ，当然視されていた組織の境界が描き直される政治過程であった。

　以下では，まず，資生堂で公式ウェブサイトが開設されることになった経緯を検討しておく。そこでは，企業ウェブに対して，プロジェクト導入者やプロジェクトに参加した人々が持ち込んだコンテキストが示される（第1節）。次に，筆者のフィールドワークへのリサーチ・デザインを示し，あまりに多様で，ときに矛盾すら含んでいた多面的視角を示しておく（第2節）。その後，プロジェクトへの参加理由やプロジェクトにおいて焦点化された経験，プロジェクト後の働き方への影響などについてのインタビューを通じ，それぞれ独自の立場からプロジェク

トで経験した政治過程に注目する。本章では，そのような彼らの語りを通じて現れた政治過程を，共有されたいくつかの具体的トピックとしてまとめていく（第3節）。さらに，このプロジェクトでのローカルな変化が，部門内や社内全体の大きな変化に結びつくかどうかは，当然ながら社内の権限に左右されることになる。具体的には，プロジェクトを通じて生じたローカルな変化を，企業や部門全体の変化として制度化するか，あるいはそれを排除しようとするのかは，部門としての秩序を形成し，維持する権限と責任をもった管理者の判断に委ねられる。プロジェクトの参加者は，このような政治的な交渉を通じて，部門間のタスク境界や上司─部下の関係，個人と企業との関係（個人のキャリアの展望）という，組織のさまざまな境界を描き直し，プロジェクトに対する評価を下していく（第4節）。このように，本章では，さまざまな立場からインターネット技術の利用方法が設計されることを契機とした政治過程を分析していく。これは，単にインターネット技術の利用方法をめぐる政治的交渉を意味するだけでなく，その背後にある組織のさまざまな境界領域を描き直していく過程をも意味する（第5節）。

1 資生堂における企業ウェブの開設の経緯

　本章では，今日もその解釈が収束していないインターネット技術について，その萌芽期に開設された，資生堂の公式ウェブサイト「サイバーアイランド」を分析対象とする。1995年10月1日午前0時，世界に向けて資生堂の公式ウェブサイトは開設され，1000ページを超えた公式ウェブサイトとして他社を圧倒し，本格的なネットワーク時代の幕開けとして世間から大きな注目を集めることになった。

　当時の企業における情報化といえば，基幹システムの構築として進められてきたといっても過言ではない。すべての情報システムは，企業内の情報システム部門のもとで設計され，自前のプログラムが作り込まれ，徹底的な保守管理がなされてきた。実際，こうした慣行が根づいてしまっているために，オフィスにおけるパソコンやソフトウエアの購入はもちろん，コンピュータに関わることはすべて情報システム部門が一括して管理している企業も多かった。現業部門の人々にとっては，非常に使い勝手の悪い情報システムが導入されることについて，情報システム部門のあり方が問題視された時代である。資生堂もその例外ではなく，同社の情報化は，他社に比べてかなり遅れているという意識があった。

当時の資生堂をめぐる背景としては，独占禁止法（スーパー 301 条）をめぐるコダックと富士フイルムのウェブサイト上での争いと，阪神淡路大震災時にみられたウェブサイト上での活発な情報提供があげられる。まず，コダックと富士フイルムの争いにおいて，コダックから告発を受けた富士フイルムが自社の公式ウェブサイトを立ち上げ，自分たちの語り口で激しく反論した。実は当時，資生堂も同種の流通関係の問題を抱えていた。そのため，富士フイルムのように自分たちの意見を公に堂々と表明できるメディアの登場は，衝撃的に受け止められたという。そして，阪神淡路大震災では，報道メディアによる情報が混乱し，行政の救済策が空回りするなか，偏在する水や救援物資あるいはボランティア人員をやりくりする情報は，むしろ，ウェブ上で交換されていた。そのほかにも，神戸市役所が震災現場のスチール写真を発信するなど，ウェブ上ではさまざまな情報交換がなされていた。資生堂の公式ウェブサイトの立ち上げもこれらの動向を傍らでみながらのことであった。

他方，ほとんど手探りの状態で，誰にもその利用方法を判断することができなかった同社の企業ウェブの開設については，実際にプロジェクトを立ち上げる推進者の思い，現場の人々がもともと抱いていた素朴な興味や関心，あるいは参加せざるをえなかった部門の事情などが，プロジェクトを結実するための重要な動力源になっていた。

まず，上記のような時代の趨勢に対して，口火を切ったのは，当時の福原義春社長であった。コダックと富士フイルムの論争や，阪神淡路大震災における情報交換を目の当たりにした福原社長から「うちのインターネットはどうなの？」という問いかけが，当時の経営企画部部長になされた。

そして，この問いかけを実際に受けたのが，当時，経営企画部に籍を置いていた MK 氏であった。のちに詳しく検討していくが，その頃，MK 氏は担当していた社内の業務改革のプロジェクトが一段落したところであった。結果として，リストラ（人員削減）など社内の業務整理になってしまった業務改革を担当した MK 氏は，その反動で，社内にもっと自由闊達な働き方を作り出していきたいという衝動に駆られていた。そこで，MK 氏は，企業におけるインターネット技術の利用を展望する報告書をまとめ，経営企画部直轄の非公式プロジェクトとして「マルチメディア研究会（通称，マルメ研）」を立ち上げることになった。

同プロジェクトのメンバーは，すでにインターネット技術に興味をもっていた人，興味をもちそうな人，企業ウェブの開設に関係がありそうな部門などにイン

フォーマルに声をかけて編成された。プロジェクト成立以前から，部門レベルで非公式（ゲリラ的）にイントラネットを立ち上げている部署もあれば，もともとパソコン通信に興味をもっていた人たちは，ニフティ・サーブ上の「パティオ」という電子会議室を利用したインフォーマルなコミュニティ「サイバーカフェ」を結成していた。MK氏は，これらのなかからメンバーを抜粋することになったため，人選にはそれほど困ることがなかったと述懐する。

　最後に，今回のプロジェクトがもっていた特徴に触れておきたい。今回のプロジェクトに参加した人々は，共通して「マルメ研」が通常の社内プロジェクトとは根本的に異なるスタイルであったと振り返っている。通常のプロジェクトでは，まず，具体的なビジネス・テーマのもとに，そのテーマに関連のありそうな部門長が集められる。そして，それぞれの部門の職務として必要があると判断された場合には，部下のなかから担当者を選出する。担当者は，多くの場合には，部門の上司から何らかの具体的な指示が与えられ，また報告が義務づけられていた。あるいは，少なくとも部門の方針に合致するかたちで参加するよう，上司によって方向づけられていた。これは，通常業務の進め方が，基本的には上司からの指示・命令をこなしていくものであったことの証左である。

　しかしながら，インターネット技術の利用に関しては，先にみてきた時代背景もあって，誰も判断ができなかった。むろん，プロジェクトに参加することになったメンバーの上司も同様であった。当時の資生堂では，化粧品は対面カウンセリング販売が必須であるという明確な方針ないし戦略をもっており，チェーンストアとの間にも複雑な協力関係があった。それゆえ，いわゆるインターネット・コマースによる成果を期待することはできなかった。実際，プロジェクト参加者の上司も，これに関して何らかの具体的指示を与えることはなかった。

　プロジェクトの予算は，ほかのプロジェクトに比べて多くを必要としなかったことから，要求のすべてが通る事実上の青天井であり，失敗すればサーバーを止めてしまえばよいと捉えられていた。公式ではなく，非公式なプロジェクトである「研究会」にせざるをえなかったのはこのためでもある。それゆえ，参加者はあくまで既存の業務をこなしながらの参加であった。このような参加形式を，プロジェクトの推進者であるMK氏や同社社長は，「宿り木組織」と呼んでいた。通常の業務をもちながらであったからこそ，その他の副業業務として自由闊達に挑むことができたというのが，その趣旨である。

2 リサーチ・デザインとフィールドワークの経験

　本章のフィールドワークは，1995年当時に，資生堂の公式ウェブサイトである「サイバーアイランド」の立ち上げをめぐる，回顧的インタビュー調査に基づいている。インタビュイーは，企業ウェブ開設プロジェクトに参加したコンテキストが異なる12人（経営企画部，コンシューマーズ・センター，新規事業部，情報システム部，研究所，宣伝部，人事部，広報室）であり，当時のプロジェクト推進者の一人（HM氏）に協力いただいて選定した（表6-1）。インタビューは，インタビュイー一人につき，およそ2時間ずつ行った。インタビュー・データはすべてテキストに起こされ，各インタビュイーやプロジェクト推進者にフィードバックされ，その内容についてメール上でさらに追加的なコメントをいただいた。インタビュー調査そのものは1999年7月から10月になされたが，実際に資生堂の公式ウェブサイトが開設されたのは1995年である。さらに，社内でインターネット技術を活用するイントラネットについては，実際には企業ウェブ開設のプロジェクトに先立って，試行的に立ち上げられていた。インタビューは，当時の企業ウェブの開設をめぐる公式・非公式の経験が，調査時点での彼らの働き方にどのような影響を与えてきたかを振り返ってもらうことを目的とした。

　さて，筆者のフィールドワークは，当時の福原会長から，同社の企業ウェブ開設プロジェクトが，組織論的にも興味深いものであったと説明を受けたことに端を発している。同社における企業ウェブの立ち上げでは専門のスペシャリスト部署を準備したのではなく，部門を越えた緩やかで出入り自由なネットワークが自発的に発生していた。そのことから，資生堂における「新しい組織の実験場」になっているという見解が示されていたのである（福原［1998］）。

　「ことのはじめはインターネットが話題になり始めたころの (19) 96年春，定例の月例報告会といういわば部長会で，当時社長だった私が，わが社のインターネットへの取り組みはどうなっているのかしらと発言したことに始まります。席上では，どの部門の代表者も確たる返答ができませんでした。その時点では，誰もこの将来性あるシステムに関心がないか，本気で考えていなかったのです。そのことを伝え聞いたある部の次長さん（彼がMK氏である）が，まずわが社のホームページ作りをはじめよう，興味ある人は集まれ

表6-1　インタビュイーの構成（1999年10月時点）

	マルメ研発足時の所属・役職	インタビュー時の所属・役職
MK氏	経営企画部・次長	秘書室，社長室・室長（兼任）
HM氏	経営企画部・参事	ビューティーサイエンス研究所・部長
KM氏	コンシューマーズ・センター・担当者	同　左
TN氏	新規事業部・担当者	杉並区議会議員
TO氏	情報システム部・参事	同　左
HT氏	研究所・研究員	同　左
SS氏	研究所・研究員	同　左
FM氏	宣伝部・担当者	関連子会社へ出向（兼任）
TH氏	新規事業部・課長	企業文化部・部長
IM氏	宣伝部・次長	宣伝部・部長
NK氏	人事部・担当者	コスメニティ戦略部・担当者
HR氏	広報室・担当者 （メール上でのやりとり： 1999年9月9日〜10月30日）	結婚退職後，ハンガリー，ブダペスト在住

ーと案内しました。つまり『この指とまれ』です。そこで一種の研究会がはじめられたのですが，そこには各部門からあらゆる人が集まったのです。もちろん，ネットワークに強い人もいるし，コンピューターのことは知らないが会社の歴史に強い人もおり，コンピュータ・グラフィックスのデザインをやっている人もいました。部門クラスより若い世代は，もうそのときインターネットの将来に強い興味を抱いていたのです。（中略）楽しいこと，創造的なこと，自分の力が結果に結びついて見えることについては，人々は命令されないでも働きます。（中略）今日でもこのホームページを運用する正規な組織はありません。便宜上，予算が経営企画部につけられているだけです。そして，相変わらずそれぞれの仕事を持った異能の人たちのチームが担当しています。つまり，正規の組織を作らなくても，目的がはっきりしてさえいれば，その目的にあわせた活動が可能になるのです。こうして，ホームページづくりと運用のプロジェクトは，相変わらず実験のような形で，しかも発展しています。」（福原［1998］61-64頁）

ところが，初日の調査を終えた時点で，筆者は困惑の色を隠せなかった。というのも，プロジェクトに参加した経緯をはじめとして，語られた具体的経験や，

プロジェクト後の働き方に対する影響，さらにはプロジェクトに対する評価について，参加者一人ひとりが語った内容がずいぶんと異なっており，なかには矛盾する意見さえみられたからである。調査に先だってプロジェクト推進者であるMK氏から受けた説明や，公刊資料などをもとに作成し調査趣意書に添付したインタビュー・ガイドラインは，実際の調査ではほとんど役に立たなかった。[1]

最初は，実際の立ち上げ経験からすでに4年が経過しており，もはや経験の詳細が忘れられていることが原因であろうと考えた。しかし，単に過去の経験が忘れられているというだけであれば，それぞれのパーツをつなぎ合わせていけば，1つの完全な地図が描けたはずである。それにもかかわらず，調査を進めていくほどに，混乱の度は増していった。なぜなら，プロジェクトの具体的な活動やその評価に対する参加者一人ひとりの語りには，歴然としたばらつきと矛盾があることが次第に鮮明となり，とても1つの地図として描けるような語りではなかったからである。初期の調査が終了して資生堂本社ビルを後にして議論を行っているときに，共同研究者が「まるで日本映画の黒澤明監督による『羅生門』をみているようだ」と漏らした。[2]

そして，これは同社のプロジェクト推進者たちにとっても，驚くべき事実であった。MK氏は，筆者によってテキスト化されたインタビュー・データを眺める傍ら，「あのプロジェクトはどうして動いていたのか，わからなくなってきたなあ」とつぶやいた。[3]

「MK氏：今回いろいろみせてもらって，勉強になった。部門長というかたちで動いてはいるけど，動いているみんなの思いというのはよく考えてないなあと。
HM氏：MKさんの立場からはみえないかも。私なんかは実務の調整があるから。でも，確かにここまでとは。もうちょっと燃えていてくれていたような。」

また，福原会長によって執筆された刊行物の内容や，MK氏らによって社内外に公言されていたプロジェクト像には，違和感を覚えると発言するプロジェクト参加者もいた。そして，なかにはそのような「組織」を調査するという筆者たちのフィールドワークに対する批判的なコメントすら寄せられた。このことが，われわれの「理論の失敗」を決定的なものにしたのである。

「（プロジェクトを通じて）一番印象的だったことの1つとしては，今回のお話とはアイロニカルなものになりますけど，現場は好きでやっているのだからいいじゃないかという反面，大変な部分もあるんですよね。だけど，なんかすごく，自分たちのやってきたところとは別に，美化されていっちゃっているところがある。でも，本当は七転八倒して，泥まみれになっていたんだけど，トップの福原さんがいろんなところで話しているのを聞いていると，すごく美化されちゃって，きれいになっちゃって。そういうのは複雑な心境。でもまあ，ある意味ではそういう細かいことを理解したうえでいっているんだろうなという感じはしているんで。まあ，組織を代表して話をする方たちは，エッセンスで話をされますんでね。エッセンスはこうなんですけど，実はゴチャゴチャで，なんていったら，全然エッセンスの意味がなくなっちゃうわけだからね。今回のどういう風にまとめられるのか知りませんけど，たぶん，あとで現場の人間が読んで複雑な気分になるところもあるんじゃないかなあと思うんですけどね。そういうことが，プロジェクトの最後の頃にはもう出てきているんですよ。『もう，どんどん自発的に動いてくれて（中略）』みたいな話が，例えば今の秘書室の MK とか，あの辺の方なんかが，いろんなところでいっているのが（耳に）入ってくるんですよね。（しかし，実際には）こっちは大変なのに，みたいな（違和感を感じていた）。そういうところは，まあ，こういうものにはついて回るものだろうし。ある意味ではそういうのを承知でこちらも動いているんじゃないかなという気もしますけどね。逆にいうと，今回は研究でおまとめになるという意味で，非常に関心がありますけど。」(IM 氏)

「これはもう，組織だとか，仕事の進め方とかっていうこととは関係ないです。はっきりいって。そういうことをいうとみなさんの研究対象がなくなってしまってどうしようもないかもしれませんが，まず人ありきで，志のある人ありき。それでその人たちの志がいちばん発揮できるような組織を，自分たちで勝手に作っていくっていう，おそらくそういうことだと思いますよ，この動きは。で，HM さんが陰になり，日向になり，時には喧嘩を売り，時にはおだて，ずっと面倒をみてみんなをもり立てたりしながら，自分のやりたいことをやっちゃったっていう。で，気がついたらそこにくっついてた人たちも，何となく自分の思ってたことができて，みんな満足して終わったっ

ていう。そういうかたちになったと思いますよ。組織はね，あとからくるんじゃないかな。人の情念とかそういうものが，まず先にくると思いますね。くり返しになりますけど，こういう組織をどっかにやってうまくいくかっていうと，絶対いかないと思いますよ。とくにうちのように金太郎飴のような人が多いなかで，指示を与えられれば完璧にこなせるんですけど，指示をくれないとどうしようって人がわりと多いですからね。そういう人たちのなかにこれをもっていっても何も出てこない。すみません，研究になりませんね。カットしてください。」(HT氏)

しかし，考えてみれば，そもそも企業には分業化された部門があり，さまざまなコンテキストが併存している。Kling [1980] によれば，経営の情報化を論じてきた先行研究は，大きくシステム合理主義と区分的組織主義という2つのパラダイムに集約される。一般的には，組織には一貫した合理的なシステムが存在すると捉えられがちだが，相互に調停不可能な対立する視角が存在するというパラダイムも存在する。後者の立場に立てば，企業における分業化された部門以外にも，与えられた権限や個人的な興味関心までを含め，一人ひとりの立場が千差万別であることはいうまでもない。Wenger [1998] は，このように，われわれのアイデンティティがさまざまな実践コミュニティの狭間で保持されていることを指摘していた。プロジェクトに参加してきた人々の間で，問題意識や焦点化された経験，プロジェクト後の働き方への影響，プロジェクトの評価に違いが出たとしても，何ら不思議なことはないのである。

インタビューでは，一人ひとりの異なった立場から回顧的に過去の経験が組織化され，物語られていたと考えられる。これは，プロジェクトの参加者が社内のさまざまな部門から参加しており，役職も担当者から部門長に至るまで多様であったことによる。さらに，個人的な興味関心をも反映して，各参加者がプロジェクトに抱いていた思いも異なっていた。つまり，インタビューイーによって語られた内容は，企業ウェブの開設という場面において，参加者自身がローカルな立場の違いをコンフリクトというかたちで経験した，意図せざる結果であったといえよう。個人一人ひとりの多様性を前提としたうえで，1つのまとまりのある組織として秩序化される政治過程を探求する。これが，本章の目的である。

3 技術利用を契機に明確化した多面的視角

　すでに述べてきたように，同社のウェブサイトの開設に最も特徴的なことは，共有された目的がなく，参加者が事前に決められることもなく，それゆえ公式的な実行プランもなかったということである。通常，同社で立ち上げられるプロジェクト（通常プロジェクト）では，最初に大まかな目的や計画が立てられてからメンバーが選出されるため，プロジェクトに参加するメンバーの興味が異なることはなかった。対照的に，今回のプロジェクトでは，さまざまな立場や興味をもった人々が参加することになった。彼らは，部門ごとのタスクや社内での地位，さらには個人的な興味や関心といったさまざまなコンテキストを反映するかたちで，プロジェクトに対して独自の要求を抱いていた。つまり，誰もプロジェクト全体を俯瞰的に見渡せる視点をもちあわせておらず，プロジェクトを参加者ごとの特殊性として記述する必要があった。なぜなら，彼らによって語られ，筆者たちが混乱することになった多面的視角には，部門というコンテキストだけでなく，社内の地位や個人的な興味関心などを反映した，さまざまなものが存在していたからである。

　このような記述スタイルは，文化人類学者の Lewis [1975] にすでにみられていた。Lewis [1975] は，メキシコ在住の5つの貧困家族に対する聞き取り調査から，同じ一国の貧困文化のなかにもそれぞれ異質な世界観があることを見出し，家族ごとに異なった物語を描いた。このように，社会に潜在する多様性そのものを個別に叙述する方法を，彼は「羅生門メソッド（Rashomon method）」と名づけた。『羅生門』とは，芥川龍之介の小説『藪の中』を黒澤明監督が映画化した作品である。Lewis [1975] は，この作品からヒントを得て，彼が観察したメキシコの5つの貧困家族（マルチネス，ゴメス，グティエレス，サンチェス，カストロの家族）が有する多面的視角を描き出したのである。

　本章で取り上げるフィールドワークの場合も，さまざまな思いを抱いてプロジェクトへ参加した人々が12人登場する。松嶋 [2000] では，プロジェクトの参加者一人ひとりがどのような経緯でプロジェクトに参加し，どのような経験を焦点化し，その後の仕事や働き方にどのような影響があったのかという一連の過程を，それぞれの参加者の視点から描いていくという表現方法（羅生門メソッド）を選んだ。以下では，表6-2にみられるように，プロジェクトの参加者はそれぞ

第6章　企業ウェブ開設を通じた政治の再創造　179

表6-2　企業ウェブ開設を契機に明確化した多面的視角

参加者（当時の所属部門・役職）	参加の経緯	焦点化された経験	プロジェクト後の働き方への影響，既存部門への波及
KM氏（コンシューマーズ・センター・担当者）	・顧客から電子メールで問い合わせがきたときの対応をしなければならないことから，必然的に参加することが決まっていた ・既存業務の負担が増えると考えられる問題（メールによる処理業務の増大や，さまざまな外国語による問い合わせへの対応）を防ぐ必要があった	・メールの問い合わせボタンは，あまり目立たないところに置くように働きかける ・メールには各部門に直接対応してもらうようにメールの分散対応システムを組むように働きかけてみたが，顧客対応にミッションをもたない部門の顧客対応は，望むほどにはうまくいかなかった ・実際にメール対応業務の負担が増えてしまい，専属のアルバイト社員を雇わざるをえなくなった（しかし，プロジェクトは必要な人材や経費を負担してくれるわけではなかった） ・実際には，当初危惧していた問題点はほとんど表面化せず，電子メディアならではの顧客とのパーソナルなコミュニケーションが可能になった	・現在でも反発は残るが，少しずつインターネットを介した顧客対応の有効性に対する認識が部内で醸成されてきた ・プロジェクト当初から反対していた上司が，役員会議で電子メールによる顧客対応の有効性を語り始めた ・宣伝部の一部を統合する組織改正によって，インターネットを通じた顧客とのコミュニケーションを積極的に考えるようになった（お客様コミュニケーション・センターの設立）
TN氏（新規事業部・担当者）	・新規事業の1つとして，ニフティのショッピング・モールをすでに開設していた ・新しいことに対してポジティブに参加する部門文化（プロジェクト参加には積極的評価が得られた）	・インターネット上での独自ブランドの設立が最終目標として構想されていた。そして，自分たちが抱いていたアイデアを実践することに好感触を得ていた ・ネガティブに反応する部門の存在によって，部門文化の違いを実感した	・移転先の部門でも，自発的に働くことの重要性を，プロジェクトでの経験を通じて積極的に訴えかけるが，部門の働き方はほとんど変わることがなかった ・杉並区議会議員への現職立候補（当選の後に退社）
TH氏（新規事業部・課長）		・プロジェクトの最中（終了後）の異動によって，改めて実感した部門文化の違い	・プロジェクト終了後の異動先（企業文化部）において，当たり前になっていた慣行（昼休みにオフィスが無人状態になってしまうこと）を具体的に変えていく（昼休みに電話当番制を導入）
IM氏（宣伝部・次長）	・もともと商品パッケージのデザインのためにCGを利用しており，情報技術の専門的な知	・情報技術に対する宣伝部と情報システム部との思いが大きく違っていた ・具体的な指示を出すことができ	・自らの管理方法を変更した。基本的には指示を出さない，任せる管理（時々覗いてみる）

	識を提供するために参加が要請された ・すでに，凸版印刷の企業ウェブ実験にも，非公式なウェブサイトを出展してきた ・宣伝部として，画像表示へのこだわりがあった	ないという，はじめての経験であった ・具体的な指示を出すことはなかったが，自発的にやりだした仕事には自己責任の意識がすごく出ていた ・一人ひとりの個人の力が全体の活力になるということを実感した	・どんどん力をつけていって，独立するために喜んで会社を辞めていく社員さえ出てきた ・周りの部門やトップからの軋轢は大きいが，実績を示すことで納得してもらう交渉をする
FM氏 (宣伝部・担当者)		・外部の顧客と直接接触することによって，常にみられているという意識。従来までは顧客が先にいるという意識が薄かったということに気づいた ・自分で作り込むことで，ウェブサイトを作成するスキル，インターネットの使い方が習得できた（外注すればいいというのではなく，作り込んでいくことによってはじめて実感することができる）	・常に自分の目の前に顧客がいるという感覚から，仕事について責任感が出てきた ・マーケティングに利用していくべきという信念が培われた ・出向（兼任）先の子会社において，プロジェクトで培った信念を実践している（独自のブランド戦略を図る）

れ部門が異なるか，あるいは同じ部門でも社内で与えられた権限（部門長，次長，参事，あるいは担当者）や，もともと抱いていた個人的な興味や関心までが異なっており，それが影響することによって，まったく異なった経験が語られてきたことを確認しておこう。

　第2節において検討してきたように，このような参加者一人ひとりの語りによって示された多様性は，決してインタビューを行ってきた筆者たちだけに経験されたことではない。筆者たちが直面した混乱は，実際に企業ウェブの開設に独自の意図やコミットメントをもっていた人々が，他者の技術利用に込められた意図と重複し，競合することによって，明確化した経験だったのである（図6-1）。回顧的インタビューを通じて収集された内容に，共有された経験もなければ，それぞれが語る経験に矛盾が含まれていたのも当然なのである。要するに，多面的視角に直面するという経験は，外部の観察者たる筆者たちだけではなく，実際にプロジェクトに参加した人々の間でも生じていたことだったのである。

　例えば，新規事業部の参加者は，プロジェクト以前からパソコン通信（ニフティ・サーブ）上で試してきたサイバーショップを拡大するチャンスと考え，真っ先にプロジェクトに参加した。広報室は，広告媒体としてインターネット技術を利用してみようと考えた。彼らの積極的な取り組みに対して，顧客からの電話対

図6-1 機会主義的にコンフリクトとして明確化した多元性^{*4}

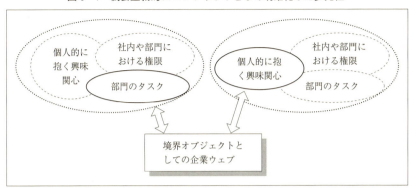

応を一手に担ってきたコンシューマーズ・センターは，同社のウェブサイトを公に立ち上げることによって，顧客から寄せられる電子メールでの問い合わせに関する業務負担が拡大するのを恐れた。そして，そのような問題が発生することをなんとか阻止するためにプロジェクトに参加した。以下では，この場面を，分散対応システムをめぐる政治過程として記述していく（3.1項）。

　情報システム部は，プロジェクトで唯一参加が要請された部門であった。しかしながら，彼らは企業ウェブの開設に伴ってサーバーが自分たちの手元を離れ，データの保守やネットワーク管理がやりにくくなることを危惧していた。他方，人事部や研究所からの参加者は，従来までの情報システム部主導のOA化にさまざまなかたちで不満を抱いており，同プロジェクトを通じて自分たちが望むインターネット技術の活用方法の実現を目論んでいたのである。以下では，この場面を，情報技術の設計主権をめぐる政治過程として記述していく（3.2項）。

　さらに，この政治過程は，今回の企業ウェブ開設のためのプロジェクトがきっかけとなって生じたものばかりではなかった。むしろ，それまで部門内でくすぶっていた対立関係に，再び火がつくという場面があった。それは，研究所におけるイントラネットの構築である。一見すると，社外に向けた企業ウェブの開設という同社のプロジェクトのなかで，研究所の存在だけ異色に思えるかもしれない。このプロジェクトでは，研究所からの参加者は，ウェブサイトのコンテンツの提供というよりは，ウェブサイトを作り込むためのテクニックを教えるという技術アドバイザー的な役目を担っているにすぎなかった。彼らは，プロジェクトを通じて，かつて頓挫していた部門内のイントラネットを実現させることを目論んで

いたのである。以下では，この場面を，イントラネットの構築をめぐる政治過程として記述していく（3.3項）。

このように，情報技術は時空の制約を越えたさまざまな活動を可能にする。他方で，それまで制約のもとで潜在化していた矛盾や，取り立てて表面化することがなかった対立や葛藤をコンフリクトとして顕在化させ，組織のさまざまな境界（部門間関係，上司―部下の関係，個人と企業の関係）を再構築していく契機を作り出したのである。以下，それぞれの場面を，具体的に検討していこう。

3.1 分散対応システム

企業ウェブ開設プロジェクトに対して最も積極的であったのは，新規事業部のTN氏，TH氏と広報室のHR氏であった。企業ウェブの開設によって社外の顧客と直接アクセスすることができると考えたからである。新規事業部はウェブサイト上でバーチャル・ショッピング・モールを作ろうと考え，広報室の顧客メディアグループは企業ウェブが新しい広告媒体になると考えた。

新規事業部では，すでにニフティ・サーブという当時のコンピュータ・ネットワーク上において独自のショッピング・モールを開設していた。化粧品は流通規約によって直販することはできなかったが，化粧品以外の出版物や蘭の鉢植え，蘭グッズ，香付きビーンズ，香水，資生堂パーラーの商品など，社内の商品をかき集めての販売を試みてきたのである。それゆえ，MK氏から「マルメ研」への参加について声がかかったときに，TN氏とその上司であるTH氏は喜んで参加することにしたという。ニフティ・サーブにおける文字情報だけのショッピング・モールだけでなく，画像情報を取り込むことで，従来とは異なった製品のラインアップを揃え，最終的にはインターネット独自の新しいブランドを確立しようと構想していた。

これに対して，広報室からプロジェクトへ参加したHR氏の場合は，部門としての仕事というよりは，むしろ個人的興味が強く働いていた。高校時代から広告に興味をもっており，大学ではサークル活動として広告研究会に所属していた。あくまで大学時代は，サークル活動として半分以上はお遊びだったと当時を振り返るが，HR氏は広告論文電通賞を2度受賞していた。テーマは，コミュニケーション・ツールとして新しいメディアの可能性を探るというものであった。ちなみに，HR氏の個人的事情としては，当時ドイツ人と遠距離恋愛をしていたために，国境を越えるコミュニケーションにも大きな関心を抱いていたという。資生

堂へは，論文賞を受賞した電通からの推薦によって入社し，広報室に配属された。入社後は，広報室の業務以外にもさまざまなプロジェクトを経験してきたが，本当にHR氏の興味に合致するものではなかった。これに対して，今回のプロジェクトは，本当に自分自身の興味から積極的に参加することができ，「大学卒業以来，長らく経験していなかった知的好奇心を猛然とかきたてられる何かがあり，自分自身の好奇心を満足させるために突き進んでいった」という。

　他方で，新規事業部や広報室が社外に直接アクセスしようとし始めた試みは，顧客のクレーム処理を担っていた部門である，コンシューマーズ・センターに予期せざる影響を与えていた。コンシューマーズ・センターは，顧客の苦情を電話対応する部門である。資生堂の公式ウェブサイトという社外向けのネットワークを作っていくとなれば，顧客からのメールでの問い合わせを避けることができない。それゆえ，顧客からの電話での対応業務を受け持つ部門も当然関係してくるであろうということで，プロジェクトの推進者であるHM氏からコンシューマーズ・センターに声がかけられた。

　しかしながら，当時のコンシューマーズ・センターは，1日に130件以上の電話対応をわずか4人の担当者で行っており，部門の通常業務はそれだけで手一杯の状態であった。しかし，とくに顧客に対する適切で，なにより迅速な対応は会社のイメージを作っていくことにも繋がるため，神経を使う仕事であるという。例えば，「資生堂の化粧品を使ってもCMで登場するモデルさんのような立派な仕上がりにならない」というようなクレームに対してもいい加減な対応はできず，一人の顧客への対応に数日から1ヵ月もかかることもある。それゆえ，業務としてメールの問い合わせがさらに加わることは，コンシューマーズ・センターにとって綿密な計画と準備なくしては避けるべきことであった。とくに，当初は，まだ大学の研究機関を中心に利用されていたインターネットにおいて，化粧品ユーザーからの問い合わせではなく，化学の研究者からの専門的な問い合わせがきた場合にはどのように対応すればよいのか，さらには，さまざまな外国語による問い合わせがきた場合にはどうすればよいのか（例えば，スワヒリ語などによる問い合わせには，いったい誰が対応できるというのか），あるいは，化粧品に関する歴史などを聞かれることもあるのではないかという，さまざまな懸念があった。これは，顧客からの問い合わせへの適切な対応を自分たちの重要なミッションとするコンシューマーズ・センターにとって，当然の反応であったといえよう。

「手が回らないですよね。みんな社内の仕事だけで手一杯なのに。確かにお客様の声を聞きたいと思っている人も多いし，それが仕事に役立つというのがわかっていても，なかなかそこまでは。メールの対応を大切にしてあげられるほどは時間がない，ということだと思います。」(KM氏)。

「私も最近，電話での対応をやってみるんですが，クレームなんかが来るんですね。クレームが一度来ると，その対応に1ヵ月かかったりするようなケースもあるんで，とにかく，やっかいなモノは避けたいというのが原則のルールとしてあるようで，それが部門文化に影響している。これ以上，厄介者が飛んでくるような窓口を増やしてくれるなと，そういう気持ちが強くあったんだと思います。」(MK氏)

それゆえKM氏は，コンシューマーズ・センターとして積極的な理由があってプロジェクトに参加したわけではなかった。むしろ，上記のような問題が生じないように，プロジェクトではその先手を打とうとしたのである。まず，ウェブサイト上でのメールの窓口を，あまり目立たないように配置することを働きかけた。そうすることで，少しでもメールによる顧客対応の負担を避けようとしたのである。そして，顧客からメールで投げかけられた問い合わせに対しては，その問い合わせに最も適する部門に直接対応してもらうような「分散対応システム」の作成を求めていった。そうでもしないと，メールによる質問を投げかけてきた顧客に対して，十分な対応ができないと考えたのである。

実際にプロジェクトでこの分散対応システムを作り込んだのは，宣伝部から参加していたメンバーであった。情報システム部ではなく，宣伝部がこのような技術的な役割を果たすことになった理由は，3.2項でより詳しく検討していくが，当時の宣伝部は情報技術の使い方について，情報システム部に対してライバル意識をもっていたということを指摘しておこう。このように，顧客から寄せられるメールを質問内容によって適切な部門に振り分けるボタンをつけるという，分散対応システムがウェブサイト上に作り込まれた。他方で，KM氏によるこのような働きかけは，積極的にプロジェクトに参加していた人々（例えば新規事業部や広報室）にとっては，きわめて保守的な発言に映ったのである。

「例えば，物事の発想なんですけれども，これが面白いと思ったら，とに

かくそれをやれるように目標を決めて作って，やってみて具合が悪かったら直していけばいいじゃない，というのが私たちの考えなんですけれど，そうではなくて，それを立ち上げたときには『こういうことが起こるかもしれない』『そうしたら，どうするの』というのを完璧に考えていかないと始めないという考え方の人たちがいるってことを知って非常に驚いたんですね。(中略)かなりコンサバだったのが，コンシューマーズ・センターだったんですけれども，『もし開けて，山のように問い合わせのメールがきたら，先に組織のほうを作っておかないととても対応できない』といった，そういう発想だったんですね。そこで大変だったらみんな手伝うのにな，とそのとき思ったんですが，考える順序の違いっていうのが部署によってあったので，それに一番驚きましたけれども，勉強になりました。(中略)自分にとって，という意味では，そういういろいろな発想が学べるということですよね。仕事のやり方も違うということがわかりました。」(TH氏)

ところが，実際に分散対応システムを運用してみると，顧客は各部門に振り分けられるような専門的な質問をしてくるわけではなく，化粧品を使うユーザーとして一人ひとりの個性が反映された内容を質問してくる。当初危惧していたような研究機関からの専門的な問い合わせもほとんどなかった。そうすると，ウェブサイト上に分散対応システムが作られたとしても，結局は，顧客から寄せられるメールのほとんどが，コンシューマーズ・センターに振り分けられることになったのである。さらに，一部の専門的な問い合わせのメールを各部門に振り分けたとしても，最終的にはコンシューマーズ・センターに投げ返してきたり，質問に対して迅速に答えてくれないなど，コンシューマーズ・センターとしては決して満足いくものにはならなかった。KM氏は，顧客対応という独自のミッションをもっていない部門に任せようとしたこと自体が間違っていたという。

その結果，コンシューマーズ・センター内に顧客からのメールに対応するための専門のアルバイト人員を配置せざるをえなくなってしまった。しかし，インターネット立ち上げのためのプロジェクトとしては，コンシューマーズ・センターにおける通常業務に関わる問題について，特別な予算や人手を回すことはなかった。KM氏は，部門の上司から電子メールでの問い合わせに関する対応業務を断ってこいともいわれ，板挟みの状態になったという。それゆえ，KM氏は，プロジェクトについては批判的でもあった。既存の業務とはあまり関係がないと思わ

れていたプロジェクトが，どんどん進んでいき，プロジェクトが結果として，コンシューマーズ・センターの業務負担を増やすことになったからである．

　「だから，このときやらないって突っぱねればそれですんだのかもしれないですよね．（上司からは）センターは受けないっていってこいっていわれたし．それを受けるようになって，（ウェブサイトが）動き始めたときに，課長さんクラスのリーダー会みたいなときに，『こういうことやりますのでよろしくお願いします』ってことをやりますよね．そんな話は聞いたこともないって怒られたり，突っ返されたりするわけですよね．（顧客から寄せられるメールへの）対応もお前のグループでやれよなっていわれますし．で，あいつだけいい格好しやがってって思う人も多かったと思いますし．勝手に受けてきたって，いわれましたし．」(KM氏)

　しかしながら，このような通常業務の負担が増大したこと以外には，当初憂慮していたような問題は発生せず，顧客対応に関するメールならではの効果すら見出せた．当初，メールそのものによって生じると考えられた問題（科学者・研究者からの問い合わせやさまざまな外国語への対応）は，実際にはほとんど生じなかった．翻って，これまでのように電話対応では必要なことを伝えるだけで顧客とのつながりが薄かったのに対し，メールで問い合わせてくる質問はそれほど重大な内容は少ないが，そのやりとりには回数と時間がかかるため，かえって密なコミュニケーションがとれるようになったとさえ感じることができた．もちろん，メールによる密な顧客対応には手間がかかるのであるが，メールを通じて繰り返されたやりとりをきっかけに「お友達」になったこともあるという．このようなメールによる顧客対応の効果は，実際に始めてみなければわからないことであった．

　コンシューマーズ・センターの仕事は，ただ単に顧客の苦情に応えることなのではなく，顧客の苦情に対して「適切な」対応をとることによって顧客満足を高めることにあると，KM氏は強調する．つまり，プロジェクトに参加した結果として，コンシューマーズ・センターは顧客対応という自分たちのミッションを見つめ直すことになったのである．それゆえ，KM氏は最終的に，当時，分散対応システムの設計を担当した宣伝部の一部を取り込むことで，新しい部門（お客様コミュニケーション・センター）を編成することを提案した．そうすることで，電子メールでの顧客からの問い合わせを，コンシューマーズ・センターで引き受け

るとともに，メールに対しても適切な対応をとろうとしたのである。

　このような経緯から，インターネットは，電話では培われないような人間関係を形成し，顧客の満足度を高いものにしているのではないかという積極的な意識が少しずつ部門内にも生まれてきた。実際，別の部門の管理者である MK 氏によれば，当初は全面的に否定的だったコンシューマーズ・センターの部門長でさえ，役員会議の席ではインターネットによる顧客対応業務の効果を声高に語るようになった。そして，1999 年 6 月 1 日には，実際に分散対応システムを作り込んだ宣伝部の一部を統合した「お客様コミュニケーション・センター」という新しい部門が編成されることになった。このように，プロジェクトを通じた政治過程が，KM 氏を板挟みにしながらも，コンシューマーズ・センターの企業ウェブに対する考え方を変えていったということができる。むしろ，そのような機会がなかったら，インターネット上での顧客対応を積極的に志向する，お客様コミュニケーション・センターの設立はなかった。

　　「緊急性の本当に高いものとかは，電話で問い合わせますよね。そういったことだったら，電話対応で十分にできている。ただ，電話では培われないような人間関係のようなものは，メールのほうがあるんだろうなと思ってます。ということは，これから先を考えたときに，今までみたいにマスコミによる発信をとり続けるよりは，もっとパーソナルな対応がとれるこのメディアを使っていくべきだろう，ということで 6 月 1 日に組織改正を行ったというのがあります。そういった意味では，そのときの経験ですとか，4 年間の蓄積が次の段階を生んでくれたというのがあります。」(KM 氏)

　ただし，ここで注意しておくべきなのは，顧客からのメールのすべてがお客様コミュニケーション・センターに統合されたわけではなかったことである。本項ではこれまで，主に KM 氏の視点から分散対応システムを記述してきた。なぜなら，分散対応システムに関する言及は，顧客から寄せられるメールによる顧客対応業務の増加を危惧してきた KM 氏によって語られたものがほとんどであったからである。企業ウェブの開設に伴い，メールによる顧客への対応業務の増大に危機感を抱いていた KM 氏にとって，質問内容に応じて各部門に直接対応してもらう分散対応システムは，ある意味で苦肉の策であった。しかし，顧客対応業務をミッションとしていない他部門による顧客対応は，コンシューマーズ・セ

ンターからみて十分なものとはならず，結局，そのほとんどはコンシューマーズ・センターが対応しなければならなくなっていた。このことを指して，KM 氏からは，分散対応システムは結局うまくいかなかったという発言が得られ，筆者は事例記述の初稿で「分散システムが中途で頓挫した」という表現を使った。

これを読んだ新規事業部の TH 氏から，以下のような指摘が寄せられた。同社の分散対応システムそのものは未だに存在しているし，自分自身は今でも活用しているというのである。

> 「(論文中の記述では)『分散対応システムそのものは中途で頓挫することになり』とありますが，これは誤謬。少なくとも私が担当していたメールボックスはずっと自分たちで対応していましたし（多少専門外の質問にでも調べて迅速にお返事していました），もし，ふさわしくないメールが入った場合も迅速に関連部門に転送して解答をお願いしていました（例えば，海外からの新規材料の売り込みメールなどが時々入りました）。それは，私が異動した後も引き継がれているはずです。あるいはちゃんと対応しないで何でもコンシューマーズ・センターに振った部門があったのかもしれませんが，システムが頓挫したのではありません。」(TH 氏からのメール)

このような反応は，以下のように解釈することができる。まず，顧客対応業務の増大を阻止すべく分散対応システムを提案した KM 氏にとっては，それが完全に達成されずに，結局はコンシューマーズ・センターの業務増大に繋がった時点で「失敗」として捉えられる。KM 氏にとっては，分散対応システムが今でも部分的には存続しているということを取り立てて主張する理由がなかったのである。他方で，新規事業部の TH 氏による指摘は，分散対応システムが部分的に存続しているという事実を指摘する以上の意味合いをもっていたとも考えられる。とりわけ，ショッピング・モールを担当してきた TH 氏にとっては，じかに顧客と接することができたというプロジェクトでの経験に焦点が当てられ，筆者のインタビューでもその点が強調して語られていた。その経験は，TH 氏がその後，部門長を務めることになった業務にも反映されている（このことについては，第 4 節において検討していく）。また TH 氏のみならず，同じ新規事業部の TN 氏や他部門の FM 氏の場合にも，分散対応システムを通じて顧客と直接対話した経験は，プロジェクトのなかで得られた最も有意義な経験の 1 つとして語られていた。

「FSP というページをコーディネートしているんですね。(中略) お客様からのメールをもらったときに，サイバーアイランド (資生堂の公式ウェブサイト) だとコンシューマーズ・センターというメール対応を受け持つ専門部門にお願いしたりということをしていたんですけれども，やはり回してしまうんじゃなくて自分たちで答えていくとやりとりが商品の開発のほうにすぐにフィードバックされたりということがあると思うんですね。ですから人任せにしないことがやっぱり (大事)。むしろ，それが商品開発に繋がったり，マーケティング施策の役に立ったりというのは，自分たちがやればやるほど進んでいくと思うんですね。」(FM 氏)

3.2 情報技術の設計主権

次に検討するのは，企業における情報技術の設計主体をめぐる政治過程である。企業において情報技術は，通常，情報システム部門の管轄下に置かれ，一括管理されている。これは，とくにデータの保守や点検，効率的な運用と安定性が非常に重視される基幹システムの場合には適した管理方法なのだが，当時は，その設計原理があらゆる情報化の場面に適用され，各部門の OA 化 (パソコンやプリンター，ソフトウエアの購入など) についても，すべて情報システム部がイニシアチブをとるという傾向がみられていた。それゆえ，情報システム部は社内の情報技術の利用を一手に引き受けているという使命感をもっており，実際，情報システム部はプロジェクトのなかでは唯一公式に参加が指名された部門でもあった。

情報システム部からプロジェクトに参加したのは，情報システム部門の管理者を務める TO 氏であった。TO 氏は，入社後はしばらく工場勤務をしていたが，情報システム部への異動を命じられ，それ以降はずっと情報システム部の仕事に関わってきた。資生堂の情報システム部でも一番の古参である。もともと，もっぱら基幹システムの設計や保全に携わってきたため，全社的な視点からシステムの保全を確立していこうとする癖がついているという (そのために，それまで OA 化については，現業部門と摩擦が生じたこともあった)。ここで注意しておくべきなのは，当時からすでに，TO 氏はすべての情報システムを基幹システムとして一元的に捉えていたわけではないことである。むしろ，工場の生産ラインにプロセス・コンピュータが導入されていた頃から，現場で叩き上げられてきた TO 氏にとっては，現業部門が主役になるであろうインターネット技術はもはや避けることができない時代の趨勢であると，うすうすは感じていた。そのうえで，情報

システム部が果たすべき役割として，インターネットを社内で安定して運営していくためのネットワーク構築を目論んでいたのである。

それとともにTO氏は，インターネット技術の運用についても，全社的な視点からネットワークを組み上げていく必要性を提唱してきた。各端末から基幹システムにある情報をダウンロードする際，絶対に基幹システムをダウンさせるわけにはいかない。また，会社のなかのさまざまな部門に張りめぐらされたネットワークを安定して稼働させたり，社内の人事異動や部門改変にも柔軟に対応するためには，インフラ部分でネットワーク全体を設計することが重要になってくる。実際，TO氏は，こういう観点からこれまでもネットワーク保全に全身全霊をこめて挑んできたが，そのような思いとは異なる考え方を抱く現場の人々との間で，いくつかのすれ違いを経験してきたという。今回のプロジェクトの前身となったゲリラ的なウェブサイトの立ち上げも，情報システム部をほとんど介さないで行われていた。

「そういうふうにいうから，ユーザーが嫌がるんでしょうけど。ただ，心配なんですよね。資生堂の財産ですから。基幹データですから。それをぞんざいに扱ったら会社が止まりますからね。まあ，そういう意味で一生懸命がんばると。そういう感じですよ，（情報システムの）運用は。まったく異質にみてますよね，ですから。データをどうやって保障していくかとか，セキュリティをどう守るかという素直な気持ちから入っているんですよね。だから，安全，安全といっちゃうんですよ，われわれは。いいじゃないかそんなのという，いいじゃないかという判断が難しくてね。誰がそんなの判断できるんだということになってくる。」（TO氏）

その反面，とくに宣伝部や人事部は，このような情報システム部主導のOA化やネットワークに不満をもっており，もっと自由に情報技術を利用したいと考えていた。インターネット技術は，情報システム部が作り込まなくとも自分たちで設計できる使い勝手のよさがある。具体的には，HTML言語を利用したプログラムが非常に容易で，サーバーを自分たちの手元に置くことができる。

宣伝部のIM氏は，大学時代に工学部に在籍していた頃に，商品デザインを立体的にデジタル化するという研究テーマをもっていた。卒業後は，トヨタ自動車に在籍し，現在トヨタで使われるようになっている3次元CADの共同開発にも

携わっている。資生堂には，さらに自分の研究テーマを掘り下げていきたい，という思いから転職してきた。資生堂アメリカ法人へ出向したときには，アメリカで放映されているテレビコマーシャルにCG（コンピュータ・グラフィックス）が使われていることに衝撃を受けた。彼は，急ぎアメリカ法人を引き揚げ，帰国後はCGの技術を応用して，化粧品のボトルなどに使われるパッケージをデザインするためのソフトウエア開発にとりかかった。そして，そこで培われてきたコンピュータやデジタル化のデザインに関する知識を活用することで，結果的に，IM氏率いる宣伝部が今回のプロジェクトの技術的な側面をリードしてきた。

　ここで，インターネットに関する技術的な側面を情報システム部ではなく，主に宣伝部が担ってきたということには，IM氏が技術的な専門知識をもっていた以上の意味合いがある。もともと，宣伝部と情報システム部とは，IM氏がパッケージデザインのソフトウエア開発をしていたときから，「よくもめてきた」という。IM氏は，その理由として，情報技術を利用することに関する発想が大きく異なる点を挙げている。従来の情報システムとは「企業の内部にすでにある情報を計算しようとする発想」であるが，宣伝部が使う情報システムとは「組織の外側にコンテンツを発信しようとする発想」であるという。例えば，すでに検討してきた顧客からのメール対応に関する分散対応システムの作り込みの場面では，宣伝部がインターネット技術の多くを担当することになったのだが，IM氏によれば，それはインターネットという情報技術が「もっている」発想方法が宣伝部のものと一致しているからだという。もちろん，いうまでもなく，情報システム部がインターネット技術を利用した情報システムを設計することは十分可能である。しかし，企業ウェブ開設プロジェクトは，宣伝部がもつ技術的知識を公にし，自らを正当化するための絶好の政治的交渉の機会でもあったわけである。

　また，人事部のイントラネットは，人事部に配属されたNK氏がインターネット技術に触れたことからすべてが始まっている。当時，人事部は情報システム部門の企画・提案によって，ペーパーレス化を展開していた。具体的には，ウェブサイトを通じた諸届け（異動届，住所変更，出張届など）のデジタル化が試行されて，人事部のオフィスに1台のネットワーク・サーバーが設置されることになった。そこで，NK氏は，ちょうど担当業務に比較的時間の余裕がある時期であったことから，インターネット技術を勉強してみることにした。実は，それ以前から，そろそろ人事部だけでなく，どの部門でも通用する技能を身につけたいと考えていたところでもあった。

当時の状況を鑑みれば，情報技術の利用に関わる事項は，すべて情報システム部が担当してきたことは想像に難くない。基幹業務の保守を第1の使命としてきた情報システム部は，OA化をその延長線上に位置づける傾向が強かった。そのため，基幹システムの人事データを参照する場合にも，わざわざ独自のプログラムを開発する必要があると考えられていた。しかし，それは費用がかかる割には，操作に慣れない人たちにとっては非常に使い勝手の悪い代物でしかなかったという。そのほかにも，ワープロには「オアシス（OASYS）」が標準として指定されており，プリントアウトのためにはいったんフロッピー・ディスクに保存してから，そのフロッピー・ディスクをプリンターに接続された数台の共有ワープロに出力し直す必要があった。[5]現場の人事部の人たちが，自ら使い勝手のよい情報システムを設計していくという発想など微塵もなかった。NK氏は，当時の人事部のOA化は「話にならないほど遅れていた」という。

> 「本社にきて（担当したのが）生産管理だから，その時点で電卓の壁にぶちあたった。計算を間違ってよく怒られていた。何で間違えるんだって聞かれても，手で打ってるからだと。とりあえず，マルチプランでやるんだけど300億円も万単位で打っていくと動かなくなる。そのときに，エクセルを覚えようとして，（中略）システム部に導入してくれっていったら，『検証した結果，有効性がわからないから駄目だ』と。（中略）システム部の人は何が楽なのかわからないと，話にならなかった。（中略）紙に書いて説明したんだけど，わからなかったみたい。彼らは，実務をやっていないから，コンピュータで帳票で出せばいいと思ってるけど，とくに外部の人との打ち合わせとかを紙媒体でやる場合には，わかりやすさっていうのは必要。そうなると，汚い帳票のままでいいか，となるとそうじゃないわけで。（中略）数字系データってころころ変わる。それを変わるたびにワープロで直していく大変さは，実務をやってないとわからなかったみたいですね。各部門からきた数字を集計する，とかやらないわけですよ。端末の管理はしてても。」（NK氏）

このように，従来は情報システム部と現業部門の間にすれ違いがあったとしても，互いに摺り合わせがなされることはなかった。むしろ，宣伝部のIM氏のように情報システム部を無視するか，人事部のように情報システム部の権限で押し切られていたりしていた。社内の評判では，情報技術を利用しようとする部門と

情報システム部との折り合いは，決してよいものではなかった。ところが，情報システム部の一番の古参であり，管理者でもある TO 氏自らがプロジェクトに参加することで，それまであまり接してこなかった現業部門の人々とじかに接触することになった。TO 氏は，このプロジェクトを通じて，現場の人がどういう考え方をしており，何を求めているのかがみえてきた。とりわけ，今回のプロジェクトでは，さまざまな立場の人々がじかにウェブサイトを設計することになったことが，現業部門の人々の考え方を具現化させることになった。その過程に立ち会うことで，TO 氏は，現業部門の人々の考え方に沿って，会社全体のシステム保全を考えるようになった。また，それとは逆に，情報システムのインフラを全社的な視点から設計することの必要性についても，現場の人々を説得できるようになった。このようなやりとりを通じて，TO 氏自身は，以前より「やさしい気持ち」になれたという。

「でもねえ，これおもしろかったのは，ああ，そういう仕事をしているんだということが勉強になったんですよ，私。どっちかっていうと私なんかは IT 系だから，IT のことについてはよく情報が入るけども，会社の，ああそんなことしているんだとか。(中略) ああ，そういうことを答えるんだとかね。ああ，そうなんだとか。意外とおもしろい，泥臭い話が出ますよね。(TO 氏が所属していたのは) もうずっとここ (情報システム部) だけ。ほか (の部門) に行けといわれれば行くだろうけど，自分からほかに行きたいと思わない。ほかに行って何ができるのかというのがありますよ，自分で。経理の知識もなければ販売の知識もなければ，ねえ。何ができるんだろうと思いますけどね。まあ，あとはやっぱり好きだからと思うんですけどね。一応，私はずっと異動を希望していないんですよ。(中略) だから，知っているやつだけで話しているとだんだん浮いてきちゃうわけですよ。もう，そういうのはそれでよいけど，違うところへはもっとわかりやすく説明するとか。むしろ，ユーザー側に落ちていったほうがいいですよね。だから僕なんか，インターネットをやっていくときでもユーザー側に落ちましたから，システム部の立場からいっているとどうしようもないんで。そうだ，そうだ，という感じでユーザー側に落ちて，自分のところをみてどうするかという。両方からみておかないとね，そういう風な意識はありましたけど。まあ，多勢に無勢というのはありますけど。ありますけど，やっぱり意識してそうだよねって

いって，肯定的に受け入れてから。やっぱり相手を受け入れれば，今度は，だけどうちもこうなんですというのを，また受け入れてもらえると。やっぱり壁を作っちゃいけないんでしょうね。（プロジェクトでは）壁がなかったからよかったのかもしれませんね。好きな人がマスターになって（中略），一生懸命飲ましてくれて，まあ，私は飲んでたほうなのかもしれないけど。そういう感じなんじゃないですかね。『何だうるさい客どもだな，俺は違うんだ』ってカッコつけて飲んでたら，浮いちゃうんでしょうね，きっとね。そういうのといっしょかもしれませんけど。ものすごくやってて楽しかったですよ，私は。」（TO氏）

もちろん，ここで情報システム部の役割がまったくなくなったわけではない。例えば，イントラネットのように，部門内だけで情報技術を利用するのであれば，情報システム部としても放置すればよいと考えられるかもしれない。しかしながら，社内外にネットワーク化されるインターネット技術の場合には，例えば回線の容量が足りなくなれば，基幹システムがダウンしかねない[6]。このような問題に対して，TO氏はやはり黙って見過ごすわけにはいかなかったのである。

　TO氏は，定型業務を担う基幹システムと，現場の意思決定に利用する情報システムをしっかりと分けていく必要があると指摘する。どんなにネットワークの時代といっても，物流システムや人事情報システムなどの定型業務の基幹システムは依然として必要であるし，なければ資生堂という会社そのものが成り立たない。このような基幹システムは自分たちでしっかり保守点検をしていかねばならない。基幹システムを安定して稼働させるための回線容量を確保していく必要もある。その一方で，TO氏は，現場の意思決定に利用する情報システムには，現業部門の要望が一番重要であり，何か既製のシステムをあてがっていくものではないという。それを十分に理解したうえで，情報システム部としては，全社的なインフラ構築の計画を立てていくという役割に専念することになったのである。このような情報システム部の考え方の変化は，むしろ，他の部門に対して情報システム部が果たすべき役割の理解を促すことができたという側面とともに評価されている。以下の発言は，もともと情報システム部と対立関係にあった宣伝部のIM氏や，彼らのやりとりを傍らで眺めてきたTH氏によるものである。

　「（情報システム部門の）機能としてよかったかなというのは，セキュリティ

第6章 企業ウェブ開設を通じた政治の再創造　195

のところだとか，そういうところに対して。われわれは社内のシステムに対してよく知っているわけではないですから，彼らからアドバイスしてもらったり。あるいは社内のシステムというのをどの程度プロテクトしなければいけないものかとか，そういうまじめな意味での情報というのは新たに知ることもあったし。(中略)トークンリングというのが，いかにインターネットには向かない仕組みなのかとかね。なんでTCP/IPがインターネットの標準（通信プロトコル）なのかということについては，非常によく知ることができましたね。まあ，普通だったらトークンリングのことだってそこで調べる必要もないわけですからね。相手を説得するために調べなければいけないんですよ。そういうようなことだとか。それから，作っちゃった仕組みがいかに時代が変わったときに対応するのが大変なのかという，そういうようなところも実感としてもちましたよね。だからそのグローバル標準というのが，最初から合わせておくというのがどれだけ大変かという。トークンリングというのは，その前はグローバル標準であったんですけどね，ある種の。だけど，それがずれてきたときに，どういう仕組みをインフラとして選ぶかというのはすごく難しい。」(IM氏)

　「『組織』ということで私が面白いなと思ったことがあります。当社にはいわゆる電子機器を使って何かをするという，そういう部署が，当時の宣伝部，つまり，IMさんのところ（宣伝部）と情報システム部と2つあったんですね。で，当然なのですけども，発想が違います。一方は情報処理というところから始まり，他方はデザイナーが扱うというので全然違うのですけど，似たようなものを扱っているというので。ものすごく仲が悪かったのです。今だって，ものすごく仲良しっていうことはないですけども，これ（ウェブサイト）を立ち上げることを企画したとき，両方が一緒に協力してやらないとできないわけですから，仲が良くなるためのすごくいいきっかけになったと思いますよね。」(TH氏)

3.3 イントラネットの構築
　最後に，今回のプロジェクト参加者同士の間で発生したコンフリクトというわけではないが，すでに部門内でのインターネット技術の利用方法をめぐってコンフリクトが生じており，それが今回のプロジェクトの参加を通じて，さらにはっ

きりと現れることになった局面があった。その主役は，研究所から参加したSS氏とHT氏である。彼らの取り組みは，プロジェクトにおいて他の部門からの参加者との間にコンフリクトを生じさせたわけではなかった。なぜなら，彼らが目論んでいたインターネット技術の利用方法は，もっぱら研究所内に向けられたイントラネットの構築であったからである。そこでは社外の顧客とのやりとりをめぐる問題も，社内の他部門とのコンフリクトも発生することはなかった。

　しかしながら，彼らは，すでにこのプロジェクト以前に研究所内でイントラネットの立ち上げを目論んでおり，部門の管理者とのコンフリクトを経験していたのである。すでに指摘したように，このプロジェクトの参加者には，すでに非公式的にイントラネットを開設してきた人々も含まれていた。その代表格がSS氏とHT氏なのである。

　SS氏とHT氏は，未だイントラネットという言葉もない頃から，資生堂の研究所で独自にイントラネットを作り上げようとしていた。しかしながら，当時は，前例のない試みに対して部門の上層部はほとんど理解を示さず，その試みは志半ばにして頓挫していた。SS氏は，自分はまったくコンピュータの知識をもっていなかった，と当時を壊述する。そもそも，コンピュータとの出会いも資生堂に入社してからのことであった。同僚であるHT氏が使っていたマッキントッシュを触らせてもらったのが，最初の経験であった。SS氏は，それまで近づき難いイメージしかもっていなかった，コンピュータに対する親近感と興味を抱き始めた。さらに，HT氏が個人的にインターネットを利用していたことから，SS氏も比較的早い時期からインターネットにも関心を抱くようになっていた。そのなかでSS氏の脳裏には，自分の仕事にインターネットを利用すれば便利になるはずだというアイデアが浮かんできたのである。ここで改めていうまでもなく，1995年当時は，企業外部への情報発信のツールとしてインターネットを位置づける考え方が支配的であった。ところが，SS氏は会社を代表する情報を発信するだけでなく，身近な自分たちの仕事に対してインターネットの技術を活かせるのではないかと考えたのである。かくて，SS氏は，研究所の仕事を円滑に進行するために，研究所内で利用するウェブサイトの作成を提案した。今日でいうところの，イントラネットである。具体的には，例えば自分たちの研究内容や原料の仕入れ情報などの情報共有であった。これらの情報を閲覧し，共有することによって，他の部署で入手している研究の素材を回してもらう（また，回してあげる）ことが可能ではないかと素朴に考えたのである。

「そこで，これ，私の手前味噌なんですけど，インターネットという技術をみたときに一番先に私が思ったのは，そのときに言葉はまだなかったんですけど，イントラ。僕はむしろインターネットという外に情報を求めていく世界もすごいなと思ったんですけど，企業のなかで一番最初に活かせるのは既存のネットワークを使って，今まで紙袋に入れて回覧していたモノを電子化できる一番簡単なモノじゃないかなと。(中略)インターネットというよりはむしろ，インターネットの技術(そのもの)を，自分は『すごい，使いたいな』というのがあったんですよ。で，その時点で(研究所内での)ホームページというのを立ち上げようと。(中略)だけど，われわれの最低限度の仕事とか業務とかに活かせられる範疇のモノで，目の前の仕事をやっつけるためのものならば，まさに質実剛健であればいいわけじゃないですか。華美なものはいらないわけですよね，はっきりいって。」(SS氏)

ところが，研究所内では，情報発信の責任所在をどうするのか，権限関係を無視するのかという議論に始まり，さまざまな反対意見が出された。そのなかでも，とくに当時のSS氏の上司が強固に反対したため，SS氏が当初抱いていたようなイントラネット構想はほとんど実現しなかった。研究所のウェブサイトは，業務とは関係のない趣味のページが充実しただけであった。それでも，SS氏はイントラネットの有効性を訴えるために，研究所のトップを集めて，疑似イントラを作り込み，それをプロジェクターに投影して熱っぽく語ってみた。しかし，それでも社内の関心を得ることはできなかったのである。挙句の果てには，SS氏によれば，それが原因かどうかはわからないが，それまで担当してきたセクションから異動を命じられることにもなったという。その際，SS氏はそれまでイントラネットのサーバーを構築してきたマッキントッシュのパソコンを文字通り「背負って」ビルを移ることになった。

「なんか，やっているときは，そういう名声とかを求めているわけではないんですけど，なんか理解してもらえないなという寂しさはあったんですよね。そういう流れでもなかったのかも。だから，早すぎたのかなと。(中略)本社で，うちの研究所のトップの人間にこういうインターネットの重要性，有効性，今後の利用方法というのを調査して報告する機会があったんですよ。で，そのときに疑似イントラをやったんですよ。ハードディスクにHTML

を書いて。もう，今じゃ HTML ソフトで書くのが当たり前ですけど，ガリガリ書いてイントラのイメージを作って報告したんですよ。ブラウザーを使って。寝てましたけどね，みんな。」(SS 氏)

ところが，ほぼ同じタイミングで，資生堂では企業ウェブ開設のためのプロジェクトが立ち上げられることになった。プロジェクト推進者である HT 氏からプロジェクトへの参加の誘いを受けたとき，SS 氏はこのプロジェクトに参加することを決意した。もちろん，SS 氏自身のねらいとしては，やはり研究所のイントラネットの構築が第一義であった。

また，研究所からプロジェクトに参加したもう一人の HT 氏は，個人的な興味からコンピュータに熟知していた。当時やっと注目されはじめていたインターネット技術にもすでに取り組んでおり，プライベートなウェブサイトを開設していた。プロジェクトでは，インターネット技術に関するアドバイザーとして参加することになる。HT 氏は，小学生の頃からいわゆる機械モノ・電気モノが好きで，アマチュア無線やハム無線など「オタク」と呼ばれるような，一通りのことを経験してきた。むろん，パソコンについても造詣が深く，パソコン（マイコン）として NEC6000 が出た当時から触れてきた。それゆえ，インターネットが注目を集め始めたときも，自分の個人的なウェブサイトをアップするために，先進的にインターネット技術を研究していた慶応義塾大学の研究者を訪ねて技術を学びに行ったりしていた。このことからも，当時の一般的ビジネスマンと比較すると，HT 氏は，インターネット技術について相当豊かな知識をもっていたといえるであろう。プロジェクトでは，この知識を提供することになったのである。

彼らの研究所内でのイントラネット構想は，研究所内でこそ頓挫していたものの，トップダウンのプロジェクトというオーソリティを得ることによって大きく花開くことになる。ここで，SS 氏と HT 氏にとってとくに印象が残った経験は，プロジェクトの進展とともに，研究所の上層部の態度が豹変したことである。同社の公式ウェブサイトが開設されてからその後，他の部門でも次々と独自のウェブサイトが開設され始めた。そのとき，SS 氏や HT 氏は，曲がりなりにも社内におけるインターネット技術の第一人者としてさまざまな部門からの問い合わせを受けることになった。このように社内の状況が変化することによって，研究所の上層部はその態度を一変させ，それまでの趣味のウェブサイトを閉鎖して，研究所としてきちんとしたウェブサイトを作成するようにと指示したのである。

「それで,非常に腹立たしい,個人的には腹立たしかったんですけど,(それまでは)結局仕事のことは出せないから,ダメだとか(いわれていた)。(中略)だからB面(個人の趣味のページ)のほうが充実するようなものになってしまってたんですね。にもかかわらず,この2ヵ月,3ヵ月以内に,他の部門が立ち上げ始めたんですよ。また,これがきれいに作るんですわ,お金かけて。で,実はみんなそれうちに聞きにきてたんですよ。いってみればうちは第1期でしたからね,ノウハウとかありますから。(中略)それを研究所の人間がみたんでしょうね,『研究所のサーバーはどうなっているんだ』と。『どうなっているんだって,ありますよ』という感じで。そうしたら,心ない人というか,わからない人だったんでしょうね。『あんな遊びのモノはやめろ』と。カチン,ときましたね,『ちょっと待ってよ』と。時代が早かったといえば腹も立たないと思って,こんどやっと研究所のオフィシャルで,本腰を入れてやろうかという話になっているんですよ。やっと夢がかなうというのはおかしいですけど,やっと動き出してくれたかなみたいな感じで。だから自分としては,一抹の寂しさはあるけども早く譲りたいというか。本格的にやるんだったら,僕の知っている技術知識より,もっと知っている人がやるべきだと。そのきっかけづくりには,もしかして役に立てたかもしれないし,そういっていただけるなら非常にありがたい。だけど,本当にやるんだったら,(どうぞ)お願いしますという感じですよね。」(SS氏)

「最初のうちは,自分たちがやりたいといってました。ホームページを作りたい,作りたいと,一生懸命。でも,常務会で会社が仕事としてやるといわれた瞬間にめんどくさくなっちゃった。インターネットという新しいインタラクティブなメディアに触れたときに,これはもう,絶対に自分の会社でもたなければいけないし,それはお客様に向けてもつのも大事だし,同時に,これが社内であったら情報の共有化だとか,共創だとかというのには絶大な力を発揮するツールだと確信して,やりましょう,やりましょうと提案していたんですよ。そんなときに,『そんなものいらん』とか,『研究所の機密情報が漏れるからダメだ』とかいってさんざんけっとばされて。バカ野郎とか思いながらやっていたんですね。だけど,『それはおっしゃる通りすばらしいからやって』というのをいわれるともう,アホらしくなっちゃって。それまでも僕たちが一生懸命説明しても全然わかってくれなかったのに。」(HT

氏）

　彼らは，当初はインターネット技術そのものを否定してきた上司の態度が豹変したことにとまどいすら感じたという。しかし，結果として，彼らが構想したイントラネットの仕組みは，1999年以降に資生堂が全社的に導入することになったイントラネットの礎になっている。とくにSS氏が携わる研究所のウェブサイトは，1999年10月にはさらにリニューアルされ，本格的なものに更新された。プロジェクトを通じて研究所内でのイントラネットを実現させた彼らの活動は，どちらかといえばアングラでの活動でしかなかったかもしれない。それゆえSS氏は，企業人としては決して誉められたものではなかったと述懐するが，その一方で遅かったとはいえ自分が信じた道が開かれたことに大変満足しているとも話した。

　彼らがプロジェクトを通じて学んできた内容は，以下のようなものである。まず，自分の上司が批判的になった場合には，自由なアイデアを十分に活かすことができないかもしれないが，社内の権限を使うことでそれを実現させることができるということである。そして，そのような働き方を可能にしたのが，プロジェクトを通じて培われた連帯感をもった人脈であったことである。これらの内容は，HT氏のプロジェクト後の働き方にも，大きな影響を与えていくことになる（このことは，第4節において詳しく検討していく）。

　　「マルメ関係のメンバーである人たちとの個人的な電子メールのやりとりの話なんですが。偉い人も覗いてるんですね，そのやりとりしている内容っていうものを。それで，ボトムアップで一生懸命いってもなかなかそういうことっていうのは（うまくいかない）。（しかし）外から研究所はなかなかおもしろいことをやっているねといったようなことを，研究所に行ったときに，ちょっと耳打ちしてくれたりすると，『もっとお金を使っていいよ，どんどんやりなさい』っていう話になるわけですよね。だから，ボトムアップはとても仕事を進めるうえで大変なんですよね。本来はそうであるべきかもしれませんが，こういうモノを使っていると，めぐりめぐってですねどこで誰がみているかわからなくって。それがめぐりめぐってひょっとすると空中戦みたいなところでやってくれて。そこが繋がってくれたら一挙に，『やっていいです』というふうに道が開けるとかですね。そういう意味でパワーになる

っていう。ミッション遂行がすごく効率よくなるっていう風な意味が1つとですね。あともう1つは，泥くさい意味でですね。同じ釜の飯をというわけではないですけど，一緒にやってきて偉い人に提案して，ダメとかって突っ返されてきてっていうふうな苦汁を一緒になめたりするとですね，（中略）そういうのがより強固な連帯感によって生まれるパワーっていうのとですね。2つ意味があると思います。」(HT氏)

　このように社内ないし部門内の権限によって，ローカルな変化が秩序化されるか，あるいは排除されるかが左右されることがわかる。このことは，実はこれまで検討してきた政治過程に，程度の差こそあれ共通してみられたことであるが，それは，プロジェクトにおけるローカルな変化を部門や企業全体の変化として普及させていく過程において，もっとはっきりと現れる。次節では，このようにローカルな変化を制度化する権限という観点から，プロジェクトをめぐる政治過程について，本節とは異なった光を当ててみることにしよう。

4 ローカルな変化の制度化を左右する権限と技術利用

　前節で検討してきたように，立場の違いによってさまざまな思いが込められた企業ウェブの開設は，それまでかろうじて保たれてきた社内におけるさまざまな関係に対して，新たな政治的な交渉の場を作り出すことになった。しかしながら，このようにして導かれた変化は，それだけでは彼らプロジェクト参加者の個人的な経験であり，それがそのまま既存部門のタスクや働き方の見直しに広く結びつくわけではない。そのためには，プロジェクト参加者の経験がプロジェクトというローカルな場面を超えて，部門や企業全体に反映されなければならない。このとき，このプロセスに大きく影響し，のちに各参加者のプロジェクトに対する評価を左右することにもなるのが，社内における権限である。

　以下では，ローカルな変化を制度化するために求められる権限という観点から，社内における権限の違いが現れる担当者の場合と，管理者の場合に分けて検討していくことにする。担当者の場合には，自らプロジェクトにおいて経験した内容は，部門の上司の反応によって，それがどのようなかたちで部門に反映されるのか（あるいは，排除されるのか）が異なることになる。さらに注意しておきたいのは，このとき権限に裏づけられた部門全体の変化とは異なった位相で，プロジェ

クトに参加した担当者のその後の働き方が変化していることである。また，管理者の場合には，プロジェクトにおける具体的な活動内容を，自ら管理する部門に取り入れやすかったのはいうまでもない。その一方で，今回のプロジェクトで経験した（通常のプロジェクトを含んだ）通常とは異なった働き方に注目する場合には，部門管理への綿密な介入や他部門との軋轢の処理に対してより多くの働きかけが必要であった。このように，資生堂における企業ウェブ開設で生じたローカルな変化は，プロジェクト参加者の社内における権限関係を反映して，さまざまな帰結を導いていた。

4.1 担当者の場合

プロジェクトの参加者が担当者の場合には，プロジェクトのローカルな変化が既存部門へ反映されるに際し，いくつかのバリエーションがみられた。

第1に，プロジェクト参加者の活動が上司にも好意的に評価された場合である。例えば，人事部はもともと部門ぐるみで情報システム部主導のOA化に不満を感じていた。そのため，プロジェクトの参加者であるNK氏の学習成果は比較的スムーズに反映され，NK氏が描いていたようなOA化を一気に推し進めることになった。これは，実はNK氏にとっては意外な，むしろ驚くべきことであった。社内でも最も官僚的だといわれている人事部においてこれほど早くOA化が進もうとは，NK氏は思ってもみなかったのである。しかしながら，NK氏は，むしろ官僚的であったからこそ，コアパーソンの理解を皮切りに一気に変わり得たのかもしれないと当時を振り返った。

> 「基本的に人事部って一番遅れていて，頭が固くてと思ってたんですが，わりとみんなが受け入れたり，賛同してくれたのは意外。販売部門とかのほうが理解度，協力度が高いかっていうとそうでもない。スタッフ部門で，かつ人事部の特性かもしれないですけど，抵抗なく。というよりも，興味をもっている人がかなりいた，管理職を含めて。ということは，OA化などのなかで，官僚的な部署ではやりにくいという先入観があるとすれば，それが違ったなと。なんでできたのかはわからないですけど。それから派生して，その辺のことってみんな興味はもっているから，適切に導いてあげると，周りからもできないとっていう危機感を煽ってるから，一気にコアパーソンがいればぽんっと変えられる。（中略）それが普通だと思っていたらそのままや

ってるんでしょうけど，僕なんかがやったのは，毎月の朝礼で経営報告をやるときには必ずパワーポイントを使ってみせていると，だんだん白黒の横文字拡大で，というのは恥ずかしくて出せなくなる．僕自身，興味があって，投資もしてもらえたというのもあるが，世間で注目されていて，楽しそうで，みてて面白い，いいね，というのを実践してやってあげると『今度セミナーの案内をつくるのでやってみたいんですけど』というのが出てくる．みんなそういうのって壁が高いと思ってたけど，実践してみせてあげて，興味がある人が出てくればあとはばーっと．」（NK氏）

　直属の上司を通り越してトップに評価された同様の例として，広報室のHR氏が挙げられる．すでに検討してきたように，HR氏は部門のタスクというよりは，むしろ大学時代から抱いてきた個人的な興味関心からプロジェクトへの参加を志願していた．資生堂は，当時，ある流通問題に直面していた．新聞報道などに掲載される資生堂の情報はネガティブなものばかりになり，資生堂の企業イメージも急降下しているというデータが示されていた．当然，社内の空気は暗鬱としていたという．このような状況下で，HR氏は広報室として当時注目を集め始めていた新技術であるインターネット技術を利用した情報発信を始めることによって，資生堂の積極的な側面をアピールしようとしたのである．実際，資生堂の公式ウェブサイトがマスコミに取り上げられたときには，経営トップからもよい評価を得てHR氏の上司もまんざらでもなさそうであった．ところが，『日本経済新聞』で取り上げられた記事の内容は，広報室に大きな波紋を投げかけることになった．すでにみてきたように，HR氏のプロジェクトへの参加は，あくまで個人的な興味から始まったものであった．つまり，今回のプロジェクトは広報室として公式的なものではなく，広報室の業務とは基本的にはまったく別物なのであった．しかしながら，HR氏に取材を行った新聞記者は，それを広報室のプロジェクトとして勘違いしたのであろう．日経新聞の記事には，「一人ひとりが広報マン」という見出しが大きく載ってしまったのである．しかしながら，そのような内容は広報室の上司にとっては寝耳に水のことであり，知らぬ間にそれがマスコミを通じて報じられてしまった．広報としての発言に責任をもつ広報室は，それこそ，「蜂の巣をつついたような騒ぎ」になったという．

　「ある日，日本経済新聞に『一人ひとりが広報マン』という大きな記事が

掲載されました。朝，当時の広報室長が，『おい，HR』と私を急いで呼び，『おい，俺はこんなこと（分散応答体制），聞いてないぞ。おまえ，大変なこと，やってくれたな』といって，苦言を呈した。広報室長は続けて，『おい，この一人ひとりが広報マン，ってのは，どういうことか，説明してくれ』といい，そこで，はじめて私は，室内のコンセンサスも得ずに勝手に『広報室がコントロールできない広報体制』を作り上げてしまったということを，大々的にマスコミに発表してしまったことの重大さに気づき，室長に説明している間中，背中を冷や汗が流れました。その後，すぐに社長から室長にお呼びがかかり，説明を求められましたが，室長は，本当に正直な方で，『いやー，実は，私もよくわからんのですよ』と社長にいい，経営企画部のHMさんと私が，社長に説明する機会を得たのです。社長の反応はきわめてポジティブなもので，『こうやって，どんどん開かれた会社になるといいですね』というようなコメントだった。結果オーライで，広報室長からのお咎めはありませんでした。」(HR氏とのメールより引用)

　その後，社長から記事の内容の説明を求められ，HR氏とプロジェクトの推進責任者であるHM氏が社長のところへ弁明しにいくことになった。ところが，社長はこのことに対して非常に積極的な反応を示した。その結果として，HR氏は上司から「お咎め」を受けることはなかったのである。HR氏は，この経験を踏まえて，組織とは「下から1つひとつコンセンサスを得て変えていくのは非常にむずかしいが，マスコミという外圧を借りると意外に簡単にできてしまう」ということを強く実感することになった。HR氏自身は，とりたててそれまでの部門の働き方を変えたいと考えていたわけではなかったというが，新聞に自分の取り組みが掲載されてしまった結果として，「普段だったらなかなか許されないようなことが，簡単に通ってしまった」ことに，驚きすら覚えたのである。

　第2に，プロジェクトでの経験がなかなか上司に理解されず，板挟みに合ったのが，コンシューマーズ・センターのKM氏であった。すでに検討してきたように，コンシューマーズ・センターの場合には，もともとインターネットの利用に部門ぐるみでネガティブなイメージをもっていた。そのため，プロジェクトにおいてKM氏が経験してきた内容は反映されにくく，KM氏はプロジェクトと部門との板挟みに合うという苦い体験をすることになった。しかしながら，部門内でも，メールによる顧客対応について独自の効果が認められ始め，その後に宣

伝部の一部を取り込んだ部門改正を進めることになったときは，それほどの苦労はなかった。というのは，その時点で KM 氏の上司がインターネットの利用に好意的になり始めており，宣伝部においても，プロジェクトの参加者としてその内部事情をよく知る MK 氏が部門長であったからである。

　また，同じように既存部門との狭間で苦しんだのが，新規事業部からプロジェクトに参加した TN 氏である。新規事業部に配属されていた TN 氏は，もともと新しいことに挑戦する仕事をしており，それが TN 氏の日頃の活動姿勢にも反映されていた。例えば，TN 氏はアフターファイブには，あえて仕事では接しない人たちや，会社以外の人と付き合うように心がけていたという。また，TN 氏は在職中に早稲田大学のビジネススクールを卒業している。当時の資生堂においては，在職で大学院に通った例はほとんどなかった。それゆえ，TN 氏の場合には「マルメ研」への参加は部門としての仕事内容からも，あるいは常に新しいことに携わろうとする自らの働き方としても，積極的に捉えることができたのである。

　もともと，新規事業部に所属していた TN 氏であったが，「マルメ研」では指示を出し意思決定の方向性を求めなければいけない上司が存在しなかったことに特徴があると強調する。同社の通常プロジェクトでは，さまざまなパワーが働き，部門から具体的な指示が与えられるか，少なくとも部門の方針が反映されていた。これは，程度の差こそあれ，新規事業部にもみられた点であった。ところが，「マルメ研」では，少なくとも部門の管理者が方針を立てるということがなく，自分の仕事すべてに責任をもたされ，好きなようにできる（しなければいけない）ところが独特であった。そのため，自分のアイデアを十分に反映させることができたという実感をはじめてもつことができた。

　「TN 氏：組織の作り方が，誰かが上司で誰かが部下だっていうかたちではぜんぜんなかった。経営企画部がアレンジはしてくれましたけど，そこが指示を出したりとか，イエス，ノーを決めたりとかではなかった。（中略）だから，その人自身に責任があるわけですよ。自分がずっこけて，変なものをつくったらホームページ自体が見劣りするものになるというのがあるので，何とかがんばろうと。そういう意味では，はっきりしているので，何とか遅れをとるまいと，失敗しまいと思いますから結構がんばりますよね。人間せっぱ詰まると，才能が開花しますよ。せっぱ詰まってますから，

こっちも必死ですよね。面白かったんですよ。
　筆者：せっぱ詰まっているのに，面白かったというのはどうしてなのでしょうか。
　TN氏：自分のやりたいようにできる仕事っていうのは本当に少ないですから，この会社のなかではとくに。古い体質の会社って，前例主義大好きですから。過去の実績に照らし合わせて，昔はこういう対応をしたとか多いんですよ。だから，それに縛られて，新しいことがすごくやりにくいというのがありますよね，歴史の古い会社には往々にして。でも，インターネットというのは，過去の実績というのがないわけです。考え方も，発想もないですから，ジャッジが入れられない，入れにくいジャンルであったと。そういう意味では，やっていて楽しかったです。
　筆者：ご自身の活動は成功したとお考えですか。
　TN氏：そうですね，上手くいったと思います。私にとっては，当時はパソコン通信のほうがインターネットよりも売上がよかったので，いつか逆転してやろうと。(中略)最終的には1年ちょっとで逆転させることができたんで，すごくよかった。だから自分のなかでは成功だなと。」

　他方，プロジェクトにおけるさまざまな政治的交渉のなかで，TN氏にとって，企業のなかで仕事をすることの限界を改めて実感させられる経験があった。それは，プロジェクトにおいて（例えば，メールでの顧客対応による業務負担の増大をなんとか防ごうとしていたコンシューマーズ・センターのように）消極的に振る舞う参加者の存在であり，それまで新規事業部に所属していたTN氏にとっては，かえって新鮮な経験であったという。そして，少なくとも自分の働き方に確信を抱いていたTN氏は，このようにプロジェクトに対して批判的に反応する人々の言動を，いわば企業の限界が露呈したものとして捉えていたのである。そのことが，TN氏にとっては，その後も企業に所属し続けていくことに対して疑問を抱かせるきっかけになった。

　TN氏は，プロジェクトの最中に，銀座に資生堂の新しいシンボル・ビルを建設するために企業文化部への異動を命じられた。そこでは，新規事業部やプロジェクトとは異なり，いわゆる上司から与えられた指示・命令をこなさなければならなかった。このような境遇に置かれたTN氏は，朝礼で時間をもらい，自分のプロジェクトの経験を語り，自分のアイデアを試していくという働き方の重要

性を異動先の人々に訴えてみた。しかし，実際にプロジェクトに携わっていない人には，TN 氏の思いが理解されることはなく，このことが TN 氏に，企業に対するさらなる不満感を抱かせることになった。

「たまたま，その後 1 年半くらいして，私が違うセクションに異動したんですが，窒息しそうになりましたね。また旧態依然として，いちいち上司に提案して，それについてああでもない，こうでもないといわれ，それをさらに上にもっていってと階段をのぼっていくようにランクをあげていくと，最初の頃の原型をとどめない提案になってしまったりとかがしょっちゅう。昔は，自分のやりたいように。新規事業部のときに感じていた風通しのよさは，なくなった。同じ部署の人は，あの人（TN 氏）は今までのスタイルとは違うスタイルの仕事をしているらしいというので，いいなあみたいな感じですよね。（中略）だから私は，なるべくそのエキスをフィードバックしたかったので，朝礼のあとちょっと時間をもらってマルチメディア研究会の内容とか，インターネットってこういうメディアなんだよとかの話をするようにはしてました（が実際には働き方が変わらなかった）。そのときに，申し訳ないですが組織の限界を知ったなと。」（TN 氏）

すでにみてきたように，TN 氏の場合には，新規事業部やプロジェクトでの経験を通じて，新しいことに挑んでいく働き方や，自身の活動姿勢の有効性に確信を抱くようになっていた。TN 氏の言葉を借りれば，「新しい挑戦をしていくこと，そしてさまざまな人との関わりのなかで人の役に立つことをして，さらに自分も成長できるということに人生の価値を見出している」という。プロジェクトに批判的な人の存在や，異動先の部門での経験から，自分が目指す働き方や活動を続けていくためには，このまま企業に所属し続けていてはいけないと決意することになったのである。

「極端な部門を両方経験したときに，この会社での経験をもっと社会に役立つような仕事に変えていったほうがいいんじゃないかなと思ったんです。だから転職しようと思いましたし，（中略）社会に対してもう少し貢献してる，役立っていると，自分が一生を終わるときに人のために役立ったなと思えるような人生でありたいなとすごく思っていて。自分が仕事をしていくと

きに，社会に役立ってるなという実感がもっともてるような仕事。今のように組織のなかの調整で，表にみえてこない仕事でエネルギーをとられるよりも，全部が社会に実際に役立っていることを実感できる仕事のほうをしていきたいなというのは，次の仕事に携わるようになってから，すごく考えるようになりました。それから，去年1年かけて，どうしようかと考えて，すごく悩んだ。それからの1年間はめちゃめちゃ葛藤で，毎日いっていることも変わってた。自分の人生プランをどうしたらいいのか，何をしてよいのかわからないし，といって実際ずっと資生堂のなかで，（この）すごく居心地のよい会社にいたほうがいいのはわかっているんですが，このままこの会社にいても自分の成長はないというのもわかっていたしと，いろいろと葛藤があった。」（TN氏）

　最終的にTN氏は，区議会議員へ立候補する道を選択することになる。確かに，区議会議員であれば自分の信念やアイデアを十二分に試すことができる。例えば，平日の昼間に仕事を行うビジネスマンにとっては，夕方や休日に窓口を空けていない市役所は不便このうえない。TN氏は，これは，ビジネス経験のない二世議員によってしか，政治が行われていないからだと考えた。ビジネスを知っている自分が区議会議員となれば，今までの提供者優先の政治から利用者主体の行政サービスへと転換させ，社会で生活する人たちにも喜んでもらえるような活動ができるのではないか，そして，まったく新しい領域での活動が自分自身をもっと成長させてくれるのではないかと考えたのである。このように，TN氏の場合には，プロジェクトを通じた経験が個人と組織との境界を再構築することに繋がり，離職というキャリアを選択させるまでに至っているのが特徴的である。

　第3に，プロジェクトを通じて学んだ経験が上司に受け入れられなかった場合，すでに検討してきたTN氏のように，ついには離職を決意させる場合もあった。しかしながら，社内にいながら，このような企業の制度化を左右する権力について冷静な目を向け，自らの働き方を別なかたちで描き直していく人たちがいた。研究所のSS氏とHT氏である。

　すでに検討してきたように，研究所では上司の反対によって頓挫したイントラネットの構築を実現させたのは，オーソライズされたプロジェクトという部門外の影響力であった。SS氏は，このような経験から，上司の指示を実行するだけの仕事の進め方に疑問を感じ，会社全体における自分自身の位置づけや，個人と

しての働き方を見直すことになった。プロジェクトを通じて導かれた最も重要な変化は何かという筆者たちの問いに対して，SS 氏は人脈が大きく広がり自分の仕事を見直すことができたことであると答えている。イントラネット構築にあたっては，自分の部署内だけではなく，さまざまな立場の人から多様な意見を聞く機会を得た。そして，新しい人脈を通じて，自分の視野を一段と大きく広げることができた。もちろん，研究所の上層部は社内の変化を追いかけるかたちで，彼らのイントラネット構築という試みをようやく認めてくれる程度のものでしかなかった。それでも SS 氏は，研究所で上司から与えられた仕事を「ガリガリやる」という姿勢ではなく，会社全体において自分ができる仕事を探していく「余裕」が出てきたと振り返った。このような姿勢はイントラネットの構築だけに限らず，現在の SS 氏の働き方全般に反映されているという。

> 「余裕ができましたね。なんか，ガリガリ，ガリガリやるというんじゃなくて。(中略) 同世代の方々とは，いくらでも繋がりは作れるんですよ。でも上の方は。別に上の方だからといって，会社のなかでどういう位置を占めようとかね，この人につけばこういうふうに上がっていけるとかね，そんなのはそれこそレベルは低いですね，そういう話をするならば。本当に人と人の関係性ができた。(中略) 遊び心というかね，そういうの必要ですよね。遊び心がなくなったらおしまいのような気がするんですよね。ただのマシーンというのになっちゃったらダメなような気がするんですよね。われわれの会社はこういうピラミッドですけど，そのなかの一部がとれたのがこのマルチメディア研究会。(中略) 本当にうちらの研究所でも，製品を作るうえでそれは理想ですよね。こういう研究所というピラミッドのなかに研究員がいっぱいいるわけですよね。そのなかのやつからある製品を作りましょうというときに興味がある人間が出てきて，あと一人，調整役というのがあれば，おもしろい製品が作れるんじゃないですかという提案はいつもしているんですよね。」(SS 氏)

また，HT 氏は，研究所で進めている業務 (研究) についても，新しい人脈を通じて得られた，より広い視点から挑むことができるようになったという。これは，同じような状況に置かれた SS 氏と同様のものであるが，HT 氏はそのことを熱く，そして若干過激に語った。HT 氏によれば，社内の公式見解としていわ

れていることや，上司の指示は，たいがい「間違っている」ものであるという。それらにとらわれることなく，HT 氏は，今やプロジェクトで培った人脈を通じて，自分のやりたい仕事をその気になればいつでもできるようになったという。

「もうすごく役立ってますね。その人脈があるからこそ，いろいろなところから兆しの情報みたいなやつがとれるじゃないですか。そうすると研究所にいて無駄な仕事をしなくてもよくなるとかですね。具体的にはなかなか申し上げにくいですけども，そういうところは何度かありましたね。(中略)仕事も，資生堂というすごいでかい組織，2万人からいる組織の，森羅万象のなかで，自分が何をやっているんだとか，これをやったらどうなるんだというところがわりと，鳥瞰図じゃないですけど，何となく立体的にみえるようになったんだと思うし，それから，そこへ行こうとしたときに誰に手伝ってもらえばいいのかとか，誰に相談してとか，ある意味での戦略というか策略というか，そういうのもできるような人脈ができたかなあという気がします。この人脈でその後の仕事のときにずいぶん助けられてます。(中略) そういうことをやると，(それまで) その人は僕のことをまともなやつだと思ってくれていたんだろうけども，それで点数下がっちゃったから，僕もそれで損はしているんですけどね。だけど最悪の場合はそういうこともできるという。それが変化だというと悪者になったような感じだけどなあ。だけどそうですよ。そういうことです。」(HT 氏)

それゆえ，HT 氏は，もはや一方的に上司の指示を真に受け，こなしていくという働き方はしないと断言する。自分たちの働きかけによって研究所の方針そのものが変わることは難しいかもしれない。しかしながら，HT 氏は，自分自身は少なくとも，自分が興味をもち，自分の将来のキャリアに役立つこと，自分の活動を通じて社会に貢献できることを実践していきたいという。HT 氏が個人的にテーマとしているのは，「魅力ある新分野とはどのようなことなのか」ということである。それゆえ，いろいろな領域から専門家を集めて研究会を立ち上げるようにもなった。これは，HT 氏自身の個人的なテーマであるが，同時に仕事を通じた社会貢献の追求でもある。

「(研究所の方針は) そのまんまですね。それをどんなに熱っぽく語っても，

新幹線をみたことのない人には新幹線はわからないですから。これはもうダメなんですよ。でも，何となく『HTって楽しそうに仕事しているよね，いいなあ』という感じで。そんなもんですよ。だって，楽しいことしかやらないですから。だって，給料も安いし，いわれたこと聞いていたって，たいして業績も上がらないし。やっぱり自分が楽しいと思えることをやって，将来自分の役に立てることができるような技術を身につけるとか。そういうことをしながら世の中の方々に貢献できればいい。(中略) 最近，アングラ方向で一生懸命，○○の研究をしているんですよ。これ10年後くらいになったら，結構もてはやされてくるというか，5年くらいしたらみんな必死で考えるようになると思うんですよ。僕は，自分では思っているんですけどね。ただ，まだあまりに漠然とした目標なんで，同志が集まってこないんですよ。で，社外の研究会みたいなところとか，学会のなかに研究部会みたいなところを作って，そこでいろんなメーカーの志のある方と，とりあえずやっているんですけどね。これから10年間はそれをやろうかと。(中略) (テーマは)自分たちで出さなきゃ。会社のいっていることなんて当たったためしないんだから。そんなものは競馬の予想屋通りに馬券を買っているようなものですよ。そうしたら怒りのやり場がないでしょ。そんなことするくらいだったら決定は自分でやって，失敗したら自分のせいだし，成功したら『ほら俺がやったんだ』っていって，自己満足に浸れるほうが楽しいじゃないですか。」
(HT氏)

このように，プロジェクトを通じたローカルな変化は，社内の権限に裏づけられない場合に，組織レベルの変化に結びつかないかもしれない。しかしながら，彼らの場合には，そのような企業の仕組み自体を反省の対象とすることで，研究所内での上司と部下の関係が改めて問い直され，その後の働き方の変化に繋がっていったのである。

4.2 管理者の場合

プロジェクトに参加したのが担当者の場合，彼らの取り組みがどの程度部門の仕事や働き方に影響するのかは，彼らの取り組みに対して上司がどのような評価を下すかによって左右されていた。これに対して，参加者が管理者であった場合には，ローカルな変化をより広く普及させることができたと考えられる。

第1に，仕事内容の変化である。管理者の場合，プロジェクトにおいて自ら経験した内容を部門全体の変化として取り入れやすかったのは想像に難くない。実際，部門間のコンフリクトについて語っていた情報システム部の TO 氏は，部門内のコンフリクトについては指摘しなかった。情報システム部からは，同社における情報技術の利用をこれまで一手に担ってきたという使命感から，同部門で最も古参の管理者である TO 氏がプロジェクトに参加していた。TO 氏はプロジェクトを通じて，自らの部門が果たすべき役割について，従来の考え方を見直し，変更していたが，それは情報システム部門全体の変化に繋がっており，具体的には，現在の情報システム部内の配置に反映されている。

　また，新規事業部の TH 氏がプロジェクトを通じて実感したのは，「(TH 氏自身を含めて) 1つの部門のなかでずっと働いていると，他の部門や会社の全体像がみえなくなってしまう」ということであった。仕事上の範囲で関わりをもつ人たちは限られていた。社内外にネットワーク化された企業ウェブを作り込むことによって，それまでは仕事として接することのなかった部門の人をはじめ，普段は接することのなかった顧客ともインターネットを通じて直接接する機会をもつことができた。実際，そこから新規事業の着想を得たこともあった。例えば，ウェブサイト上に彼らが立ち上げたショッピング・モールでは，商品の配達などの関係で，当初は海外からの注文は扱っていなかった。ところが，外国に住む日本人から，日本国内の知人に商品を送りたいという要望があった。決済はクレジットカードでできるので問題はない。海外に住む日本人にとっても郵送費が安くなる。このように，TH 氏は，自分が所属する部門だけではなく，広く会社全体の視点から，さらに「顧客がみえていることの重要性」を改めて認識することになったのである。TH 氏によれば，たとえ業務によってそれに合わせた働き方があったとしても，このことは忘れてはいけないと実感したという。

　このように，プロジェクトを通じて経験された活動内容は，現在，TH 氏が管理する部門の仕事内容にも反映されている。例えば，TH 氏が部門長を務める企業文化部では，直接顧客と電話で応対するという業務がある。しかし，企業文化部では，少なくとも TH 氏が部門長として赴任するまでは，早朝や昼休みに電話当番を置くことはなかった。このことは，とりわけ顧客とじかに接する重要性を認識していた TH 氏にとって驚くべきことであった。早朝や昼休みであっても，部門内で交代しながら電話番をするというのは，企業としての顧客対応という観点からすれば，当然なされるべきことだったのである。

「わかりやすい例でいいますと,当社は8時半から5時まで営業してるわけですよね。いくらフレックスタイムとはいえ,8時半とはいわなくても,せめて9時には交代してでも誰かがいなきゃいけないっていう気遣いは当然のことと思っていると,ここではそうなってないわけですよね。これは悪口という意味ではなくて,ただいているんですけれども,驚いたのは昼休みになると一斉にみんないなくなるんですよ。『えっ,電話当番もないの?だったら作ろう』っていったらものすごく抵抗があって。どういう問い合わせがあるのかわからないんだから,誰か一人,順番にそこにいるのが当たり前と思っていることを,当たり前と思ってくれないことにびっくりしました。これらは,もしかしたら来るかもしれない顧客からの問い合わせに対して,当然必要な気遣いじゃないかなと思うんですけど,そういう普通のことがなかなか理解してもらえなくて。(彼らの)業務ではなくて働き方(考え方)に対してちょっと,『えっ?』と思いました。でも,少しずつ変わってきました。」(TH氏)

第2に,働き方の変化である。部門の管理者がプロジェクトに参加している場合には,彼らのプロジェクトを通じたローカルな経験内容をもとに,比較的大きな変化に繋がりやすいと考えることができる。しかしながら,このとき管理者によって取り入れられるのは,具体的な活動内容の変化ばかりではない。むしろ,プロジェクトにおける参加者一人ひとりの働き方そのものが変化していくことを,管理者は視野に入れておく必要があった。このことを経験したのが,推進者の一人であるHM氏である。

1995年10月1日,社外に資生堂の公式ウェブサイト(サイバーアイランド)を発信していくことになっていた。このプロジェクトの推進者の一人であったHM氏は,プロジェクト全体を管理する立場として,全体の進捗を睨んできた。しかし,プロジェクトにおいて彼は,具体的な指示を与えることはなかったし,できなかったという。なぜなら,具体的な指示を与えることがなくても,プロジェクト参加者同士の議論を通じてさまざまな意見がぶつかり合うことで,エネルギーが発生し,さまざまな企業ウェブが立ち上がっていったからである。ときに議論を促すきっかけとなる話題を提供したことはあったが,具体的な内容は議論のなかから生まれてきた。HM氏はそのなかから出てきたウェブサイトのコンテンツをとりまとめ,整理していけばよかったという。

「自分自身としては，ホームページというのはこれまで手がけたものは1つもありません。全部事務屋の立場です。ですから，（ウェブサイトには）いろいろなものがあり，手がけた数というのは一番多いとは思いますが，直接自分でHTMLを書いたとかですね，サーバーのインストールをしたとかですね，ウェブのなかのツリー構造を決定したとかはあまり多くないですね。サイバーアイランドのときには，ああいう寄り合い所帯でやってましたから，それぞれが私は歴史を入れるんだ，私はショッピング・モールを入れるんだって始まりますんで，全体ツリーの大きなA3判の用紙で最終的には2枚になったんですが，そのツリー図はこちらでずっと整理はしてました。整理はしてたんですが，自分のほうとしてこれが足りないからこれを入れようというかたちではなくて，あくまで出てきたものをどんどん足し合わせるというかたちでやってました。ただ，全体的にみてるとばーっと広がる傾向がありましたので，いくつか括ってお客さまから見やすいようにするという操作は行いましたけれども。」（HM氏）

このような働き方を再現すべく，HM氏はプロジェクトの経験を活かして，同じような働き方の企業ウェブ開設に関するプロジェクトを社内で立ち上げた。そこでは，今回のプロジェクトと同様，スタッフに具体的な指示を与えることなく自由に任せることにしつつも，任せっきりで議論が限りなく広がっていかないように，プロジェクトの期限を決めたりもした。それでも，HM氏が経験したような働き方を，後のプロジェクトで再現することはできなかったのである。その理由についてHM氏は，以下のように洞察している。

「その後，いくつかホームページの立ち上げプロジェクトがありましたし，今また新しいプロジェクトなんかもありますが，そのときに同じやり方を模倣しようとしたときもありますし，あえてとらなかったこともあります。結論からいうと，そう簡単には再現できない。たまたまこのときに，波長があって，高エネルギーが出た。そういう印象を自分としてはもっています。あるいは，ほかのところでやる条件が揃っていないのかもしれません。必ずしも，同じようなかたちでプロジェクトを組織しても，エネルギーが出てこないんです。例えば，ある事業部のホームページを立ち上げました。これは，お客さんと直接対話することによる，ダイレクト・コミュニケーションによ

るマーケティング展開がいけるはずだと。（中略）こちらのほうは，もっと目をむくような短時間でやりました。7月にプロジェクトが立ち上がりまして，9月にホームページをスタートさせているんですよ。やっていったのはよかったんですが，まあ外部から何名か入れましたが，事業部のなかでメンバーの構成をしてまして。そういう意味ではダイバーシティがあまりなかったんでしょうね。いろいろな部門から，いろいろな立場の人間が寄り合い所帯で集まってきていない。だから発想も，行動もダイバーシティじゃない。（中略）そこでは，サイバーアイランドのときのような高エネルギーは出ませんでしたね。それから，技術のホームページも，あまりエネルギー出てこないんですよ。自分としては，他部門，例えば情報企画部だとかを巻き込もうとしたんですが，排他の力がありますね。閾値があって，ある値を超えちゃうと異質を排除したがる力がものすごく強くなっちゃう。（「マルメ研」のように）3部門，4部門からまったく違った意見が出てくれば，どれをとっても少数勢力だから，少数勢力同士ではりあって。だけど，ある勢力だけが非常に突出していると，他の勢力を全部排除する方向にいく。6割，7割いっちゃうと，排他の力が突然強くなるんだと思います。（中略）という意味でなかなか再現できないですね。そこに自分が見落としている別の要素があるんだと思います。」（HM氏）

その一方で，HM氏自身としては，プロジェクトでの経験は現在所属している部門の管理方法にも強く影響している。これは，実際にプロジェクトの管理者として，一人ひとりが主体的に活動することを目の当たりにした経験が，現在のHM氏の管理スタイルに反映されているのである。つまり，働き方のレベルでプロジェクトでの経験を広く制度化するためには，その経験をした人が権限をもっているだけでは十分ではない。プロジェクトの運営方式を真似ただけでは同じような変化を再現することはできないのである。そうではなく，そのような働き方の根源的な変化は，権限をもつ管理者自らが管理する部門へ綿密に介入することで，はじめて可能になるといえよう。

「（プロジェクトの経験が今の働き方，管理業務に）繋がってます。自分が研究所に入ったときの直属室長と飲んだりしているときに聞いてたのが，1つは『石のうえにも3年』。もう1つが，『魚を煮るときに鍋蓋をしょっちゅう開

けて，はしでつついたりしてると上手く煮えないよ』と。つまり，魚を煮るには，蓋をとじたままでしばらく置いとかないといけないと。そういうことを上手い言葉でいっておられたんですが，それは頭のなかではなんとなくそんなものなんだろうな，っと思ってたんですが（それを実感することができた）。(中略) 今，ビューティサイエンス研究所というところで生活者研究というグループを担当させていただいてるんですが，むしろ好きにやらせていったほうが，もちろん，こちらとしてはいろいろな状況を把握しながら必要なアドバイスや支援はするんですが，できるだけ任せていく。例えば，外の会社にいって話をつけて1つの協同プロジェクトを立ち上げてきちゃうとか。調整を含めて自分で動きますので，ここで俺がやらなきゃ駄目だみたいに構えるとかえって上手くいかないと思う。そのあたりは，今のマネジメント・スタイルに大きく影響している。」(HM氏)

それゆえ第3に，ローカルな変化を制度化していくための介入が，管理者にとっては必要になってくる。このような側面を強調したのが，宣伝部のIM氏である。IM氏は，企業ウェブ開設プロジェクトでは，1つひとつの意思決定に際して会議を必要としなかったということから，自らの部門長としての働き方を問い直している。もちろん，普段から仕事を進めていくうえでの会議が煩雑であることは，うすうすは感じていた。しかしながら，今回のプロジェクトが始まったときには，本当に承認をとらなくてもよいのかということについて，若干の不安ととまどいを抱いていたという。ところが，結果としてプロジェクトがほとんど問題なく進んだということが，IM氏にとっては大きな発見と内省の機会となったのである。まず，会議を通さない場合には，その仕事の担当者が，すべて自分に責任があるという意識のもとで，きちんと仕事内容をチェックしてくるようになる。さらに，その仕事の内容が他の部署に影響を与えるのであれば，担当者自らが関連する部署の責任者にチェックをしてもらう。そこまでチェックをしているのであれば，それ以上の会議をもつ必要はあるのであろうか。さらに，振り返ってみると，そもそもこれまで何度も繰り返してきたような仕事について，改めて多くの会議でチェックをしていく必要はあるのであろうか，と疑問を感じるようになったのである。

「正直いって，会議体にはみせなくてよいのかなとは思うわけですよ。た

だ，みせるといったとたんに大変になっちゃうということもわかっているんですよね。だから，やってみて，黙ってだしてみちゃったらわりと問題がなくてトップも何もいわなかった，ああよかったなというのはありますね。そうすると，ほかの仕事だってこうしてできるんじゃないかなという感じもあることはあるんですよね。むしろ，（企業ウェブ開設のような）新しい仕事じゃなくて，みんな何回もやっている仕事なんだから，もっとチェック機構は少なくてもいいやという気になりましたよね。」（IM氏）

　このような経験から，IM氏は「個人の活力」を非常に意識するようになった。無駄な会議の開催によって個人の「キャパシティ（能力ややる気）」を削いでしまうのではなく，部内の一人ひとりの活力を集めることで何か新しいものを作り出していくことが，自分が管理する部門や企業全体，さらには社会全体にとっての力になるのではないかと考えるようになった。また，そのほうが個人の満足度も大きくなるとも信じている。何か新しいことをやってみようとか，みんなを驚かせてやろうという衝動が，IM氏自身にとって部門運営の大きな原動力となっているという。

　　「だから，これ，自分としても不思議なんですけど，すごく個人というのを意識したという感じがしますね。要するに，うちのグループのキャパシティを上げるのは結局個人だと。だから個人の能力を増やすとか，個人がうんといろんなことができるようにするだとか，そういうのをしてあげるのがマネジメントだと。そういう意味では自分の，個人としてのマジメントの容量というのを増やしていくということがすごく重要だなという感じがしますね。これってやっぱりこれまでの日本の，どっちかっていうと管理を優先している，組織の整合性とかそういうものを優先しているやり方とは，どっちかっというと相容れないですよね。そういう意味では非常に難しい。（例えば，賃金体系との関係でいうと）それじゃあ残業はいくらやってもいいんですかみたいなことになっちゃうとね。そのなかでどうやってバランスをとっていくかと。体壊すなよ，管理項目はそれだけね。」（IM氏）

　これは，プロジェクトにおける個人的な経験を超えて，実際にIM氏の管理スタイルにも反映されている。IM氏によれば，個人の活力を活かすためには，任

せるための管理をしていく必要があるという。そのための秘訣としては，任せて何かが出てくるまで口を出さずに「待つ」ことにある。むろん，これは放置ということではなく，明らかに問題が多い場合には，担当者のデスクを時々のぞいてやることで，なにげなくチェックすることにした。そうすることで，任された人は仕事が面白くなってくる。実際，IM氏は，面白くなった仕事に打ち込みすぎて体を壊さないように，毎週の仕事時間の上限を厳しく管理するようになった。そして，任されることによって，どんどん力をつけ始め，不満が鬱積してではなく「（独立創業のために）うれしそうに会社を辞めていく人」さえ出始めた。ちなみに，IM氏は，以前はどちらかというと，すべてのことに具体的な指示を出すという管理スタイルであったといわれていた。「そういう意味で，最も管理スタイルを変えたのは彼なのかもしれない」と，IM氏をよく知る同僚であるFM氏はコメントした。

　「そういう意味で，（部門の人たちに）何かをやってもらうときに，今までの経験というのが活きているなという感じがありますね。だから，ある程度自発的に動きやすいような環境というのですか，そういうのを作ったりね。あるいは，若いんだけども，すごく任せてあげるとか。任せるとこっちも怖いんだけども，それはチェックを厳しくしたりとかね。チェックというのは頻繁に立ち寄ってみてあげるとか，そういうことをしながらやっていくとかですね。そういう意味ではすごく，いわゆる命令で動くのではなく，私の場合では一種の引き金になるようなかたちにしたいなと思っているんですけどね。そういうふうな若い人の教育だとか，人材登用だとか，そういうのにはたしかにこの経験というのが活きているんだという感じはしますね。だから，新人で入ってきた人はいいんだけど，途中から入ってきた人は今までの仕事の構造と全然違うんですごく戸惑うみたいですね。とくにマネジメントがね。去年までは私ともう一人だけだったんだけど，この1〜2年くらいの間に，会社のほうも，あいつだけにやらせておくと大変だというのでマネジメントをドカドカって入れてくれたわけですよ。そうなると，その人たちはそれまでの仕事のやり方とかね，そういうのとは全然違うんですごく戸惑ってるみたいな感じなんですよ。大分慣れてきたという感じはありますけどね。（中略）まあ，面白いのは，うちは若い人に任せるんですよ。そうするとすごく力つけちゃうんですよね。それで辞めていった人間が随分いるんですよ。だ

から，私としては面白い仕事をやらせてあげて，だから本人も辞めていくときもすごくうれしそうに辞めていく。だから人事部からはね，『あんたのところ，本当に人の出入り激しいね』と。(中略)(任せてやらせていくと)力をつけちゃって，自分で外でやってもできるようになっちゃうんですよね。そうやって辞めていった人が何人かいますいからね。」(IM氏)

　IM氏の場合は，部門の管理者であったからこそ，自身が管理する部門に対して綿密な介入をすることによって，自分が経験した働き方を部門内に波及することができた。ただし，そのためにまったく障壁がなかったのかというと，そうでもない。関連部門との軋轢やトップ層からの懸念が生じていたからである。例えば，任せることによって力をつけ始めた人たちが（うれしそうに）独立創業のために会社を辞めていくようになると，それに対して人事部からクレームがつけられることもあった。また，部門の管理の仕方，業績評価の方法などの働き方が他の部門と違うということから，他部門とのコンフリクトも生じた。例えば，同社では公には認められていない，テレワークやフレックス出勤についても，IM氏の権限で認めてきた（それは，IM氏が望む働き方として必要な介入であった）。このような試みに対して他部門からクレームがつけられたときには，最終的な結果としての実績を提示することによって，IM氏による管理の仕方や部門の運営でも大丈夫なのだと周りに示し，目をつぶってもらうのだという。

　「軋轢はすごいですよ，上からの。並列しているほかのところもですよね。何であそこだけあんな勝手なことをやっているんだ，予算も全部みせろとかね。権限と周りの納得性のバランスをどこでとるかという。(中略)なんかをやるといいますと，その成果をちょこっとみせて，これの結果がそうなっているんですよと結びつける。そうするとしばらく間があるんだけど，またちょこっと（上がった成果を）みせると。こういう鋸状で少しずつ上げていくような，そういうようなところに気を遣わなければいけないというところはありますね。大体は，トップからサインが出てきて，そろそろちゃんと報告しないとなあというところが出てくるわけですよね。そういうときには現場の人からいろいろ情報を作ってもらって，私が代表してもってくと。そうするととりあえず納得してくれて，しばらくはほっておいてくれるみたいなね。(中略)要はね，やりたいことをやるのがいいんですよね。それで成果が上

がって，その成果をわかってもらえれば，やりたいことをやっていいんだと思うんですよね。だけど成果が出せなかったり，出したんだけどみえなかったりという，そういうのをさえ気をつければ，当然会社のためにやっているんだしね。」(IM 氏)

　このように，ローカルな変化の制度化を左右する権限は，自ら管理する部門内への綿密な介入とともに，部門外からの圧力に対して部門としての立場を示すためにも必要なのである。つまり，プロジェクトを通じて生じたローカルな変化は，社内・部内の権限に裏づけられた管理者の綿密な介入とコミットメントによって，広く制度化されることになる。もちろん，このような変化をどのように評価し，どこまで既存部門の働き方に反映させていくかについては，管理者の選択の問題であり，また彼らの責任のもとにあるといえよう。

4.3　プロジェクトの評価

　これまで本節で検討してきたように，企業ウェブの開設というプロジェクトを通じて生み出されたローカルな変化が，既存部門の働き方の変革として普及するかどうかは，社内の権限に左右されていた。そして，そのことが彼らのインターネット技術（ないしウェブサイト）やプロジェクトそのものに対する評価の食い違いにも反映されていた。自ら喜んで参加した新規事業部や宣伝部は，もちろんプロジェクトに対しても好意的な評価であった。これに対して，コンシューマーズ・センターから顧客から寄せられるメール対応業務の増加を防ぐために参加し，上司と板挟みに合いながらの活動であった KM 氏が，プロジェクトやインターネット技術そのものの評価に対して否定的であったのはいうまでもない。また，新規事業部の TN 氏については，プロジェクトそのものの評価は個人的には好意的であったにせよ，それがその後のキャリア（離職）を大きく変更させていた。SS 氏や HT 氏の場合には，研究所のイントラネットを実現させ，彼らの個人的な働き方を変更することにはなったが，研究所内の働き方の変革という意味では大きな影響を与えていたわけではなかった。このように，さまざまな位相で組織における境界が描き直され，その評価もそれぞれに異なっていた。

　しかしながら，少なくともプロジェクト推進者（MK 氏と HM 氏）や同社社長（現，名誉会長）は，このような経緯をすべて含めて同プロジェクトを「新しい組織の実験の場」であり，「新しい企業文化の発信」であると積極的に評価してい

た。従来の通常プロジェクトは，そのほとんどがトップダウンで推進されていたと位置づけられていた。それがどんなに新しい試みであったとしても，ある程度，事前にどのような成果を求め，既存の諸部門がどのようにして役割分担をするのかが決められていたからである。もちろん，これは同社における合理的な（あるいは，より一般的な意味での伝統的な）組織の編成原理そのものを反映していたことはいうまでもない。ところが，今回の企業ウェブ開設のためのプロジェクトは，非公式なプロジェクトといいながらも，同社の通常プロジェクトとはまったく異なったものであった（それゆえ，意図的に「マルチメディア研究会」という呼称も与えられていた）。それは，現場で働く人々が自らウェブサイトの設計に携わり，その結果，既存の組織境界に重複や矛盾を生み出していたのである。そして，そうした重複や矛盾は彼ら自身の手で描き直され，新しい関係が編成されていった。このことから，企業ウェブ開設が，組織の働き方そのものを変革していく可能性があると捉えられたのである。

　このようなプロジェクトの評価を考えるためには，この評価を下したMK氏の経験についてより詳しくみておく必要があろう。すでに本章の冒頭で簡単に紹介してきたが，MK氏は今回のプロジェクトの発起人である。まず，MK氏がプロジェクトを立ち上げようと思った経緯として，MK氏の経歴を理解しておく必要がある。MK氏は入社後配属された化粧品事業部において，マーケティング分析を担当することになったため，統計分析の勉強を始めなければならなかった。当時はコンピュータが安価になり始めており，企業でも統計的なマーケティング分析が流行っていた。しかし，文系出身で数学があまり得意でなかったMK氏にとっては，それは「涙ぐむほどつらい体験」であった。

　「私はもともと文系ですので，算数の世界がいやでしょうがない。そんなことで会社に入って4年間，地方で営業をやって，それでスタッフに入ってきたときに何をやらされたかというと，最初に統計学を勉強しろといわれましたね。日本科学技術連盟という今でもある団体で，マーケティングリサーチ22回生ということで。6ヵ月間というコースで毎月2週間ずつかな。二十数年前で75万円くらいの金払ってましたから，破格の値段だったような気がいたしますけど。そこで，実験計画法から始まって。統計理論なんか，情けないことに平均値の平均という概念がわかんないんですよ。そっからの始まりですからね，やだなあ，と思いながら。日科技連というのはちょうど

千駄ヶ谷にありましてですね。これは厚生省が管轄している新宿御苑という公園があるんですけど，それの千駄ヶ谷門というところから入ったところで芝生に寝っころがって一日中涙ぐんでたということがありましてね。それはもう，いやでいやでしょうがなくてですね。」(MK 氏)

　しかし，マーケティング分析を通じて，MK 氏はコンピュータについて興味を抱く。MK 氏は，その後に情報システム部へ進んで異動しており，そこでは，ルーチン業務を代替するようなお仕着せの情報システムではなく，もっと現場のユーザーが主体的に情報技術を使っていく道はないのかと模索していたという。それゆえ，「うちのインターネットはどうなの？」という当時の社長（現，名誉会長）の問いかけに対しても，MK 氏に真っ先に声がかかることになったのである。
　また，MK 氏は情報システム部への異動から戻ってきた後は，経営企画部で社内の業務改革を担当している。当時は業務の過剰性が問題となっており，結局は業務削減やリストラになってしまったという。その結果，MK 氏は現場の人々から後ろ指を指されることもあったと，当時の MK 氏の事情を知る HM 氏は語った。それゆえ，MK 氏のなかには，業務改革を担当してきた反動から，一人ひとりがもっと自由闊達に働く仕組みがあってもいいのではないのかという意識が少なからずあった。加えて，コンピュータにも興味があった。それゆえ，上司として何も具体的な指示を出すことができないような企業ウェブ開設のプロジェクトでも，自ら進んでリーダー役を買って出ていくことになったのである。

　　「BPR（業務改革）の話を MK から聞くと，面白いと思います。BPR，いわゆる業務改革ですが，幸い資生堂の場合は人を切るという意味でのリストラにまでは至っていないんです。（しかしながら）業務の要らない部分をやめて，新たな仕事に人をぶち込まないといけない。そのためには，自分の業務を全部見直して，要らないものを徹底的に捨てろと。ただやはり，ものすごい抵抗があるわけです。MK は BPR の長でもあったわけです。それをやっていて，後ろ指も指されるわけですよ。BPR があったからこそ，実はインターネットのサイバーアイランドをやっているときに，一方でこのネットワークの自由さとか，サイバーアイランドのプロジェクトの動き方にしても，『やりたい奴がやればいいじゃないか，後押しはするからさ』というのが出てたんじゃないかなと思いますね。」（HM 氏）

第6章　企業ウェブ開設を通じた政治の再創造　223

　MK 氏は，プロジェクトのリーダーとしては，具体的な指示を出すことができなかったことを強調する。実際に MK 氏は，公式ウェブサイトを 1995 年 10 月に立ち上げるということ以外には，具体的な成果を事前に求めることはなかった。MK 氏によれば，プロジェクトはインターネットに興味があった一人ひとりの自発的な参加で構成されていた。このような MK 氏の発言に対する違和感が，実際にプロジェクトに参加した人々の間で抱かれていたことは，すでに指摘してきた。しかし，参加者はいわゆる公式的なプロジェクトとしてのお墨付きをもらっているわけではなかったので，通常業務を兼任しなければならなかった。プロジェクトへ人材を出すことになった部門では，それが通常業務に差し支えるのではないかという懸念も表明されていた。それゆえ，プロジェクトを代表する MK 氏の中心的な仕事としては，参加者一人ひとりが所属する部門の管理者に，プロジェクトの推進を妨害しないよう働きかけることが中心であった。

　　「何よりもね，これは後づけでいうと自由でやっていいといったということになるんですが，そうじゃなくて，わかんなかったから何ともなしにやらしていたんですよ。わかんないんだから，指示の出しようがないんですよ。やりたい放題とにかく放り込んでしまうと。やっぱり従来の仕事の進め方に比べると，むちゃくちゃ。枠組みがないですから。枠組みは自分たちが作っていくということしかあり得なかったですから。（中略）これはやっぱり問題があってですね，人が部門から出てくるわけなんですよ。部門長がわけがわかんないことをこっちでやっていると，もうやめとけという妨害するやつがいるんですよね。われわれ（プロジェクトの推進者）はですね，少なくとも妨害だけはしないように裏から手を回して，部門長にとりあえず根回しだけはしておくと。そういう仕事がわれわれの仕事です。コーディネーターというか，モデレーターとしての仕事です。そうしておきさえすれば，当人は別にプロジェクトで指名されたわけではなくて，通常の仕事をもちながらやっている。もう手弁当ですから。ボランタリズムというのが，ものすごくあるんです。やる気のあるやつだけがやると。自分の母体というのがきちんとあるんですよ。普段はそこへ戻って仕事をして，その合間に，まあ，どっちが合間になったかわかんないくらいに最後はなったんですけど。好きなやつが，より好きになってやっていくという。だから，労務問題ということになればね，それは，いろいろあるかもしれませんね。だけど，ボランタリズムとい

うところでやってましたから，あまりその辺のところをぶつぶついうやつはいなかったですね。」(MK氏)

　MK氏によれば，そのような状況であっても，もともとインターネットに興味をもち，自発的に参加した一人ひとりが，プロジェクトを通じて「熱い思い」を抱くようになっていったという。また，プロジェクトは通常業務をこなしながらの仕事であったにもかかわらず，残業が発生することについて，とりたてて不満を口にする者はいなかった。MK氏は，やらなければいけない通常業務とは異なるプロジェクトであったからこそ，一人ひとりの自発的な意識が強く働き，自由闊達な働き方が可能になっていると考えた。少なくとも，業務改革（業務整理）を担当した反動から自由闊達な働き方を望んでいたMK氏は，このようなプロジェクト像として認識していたのである（下記の発言では，それがMK氏自身の個人的な見解であることも意識されている）。

　「それぞれがね，熱い思いで，パートを担当してるわけですよね。俺はここに命を懸けた，私はこの画面に結構心血を注いだ，私はこの内容を表すためにいろいろやったとかね。それぞれ自分がやったことに対して，やった思いを語りたいやつが結構いるんですよ。それぞれが何となく，クラフトマンシップにあふれたような連中になんかなってきてね。俺たちみたいな素人でも何となくプロっぽい雰囲気になってきたりするわけですよ。みんながそういうふうなところになっていく。あの辺なんか仕事の仕方としては，面白いのかなあという気がしますけどね。あのノリはなかなかそうそう出てこないかもしれませんね。あのときの温度がどの程度，保たれているかわかんないですけど。（中略）最近，私も秘書室にきちゃったから一切それに参加していないんです。（中略）だって，やっぱり熱い思いがあったと思うんですよ。そういうふうな価値観というのが成立したわけだから。で，そこを客観的な目で引き出してみると面白いですね。あと，僕の思いみたいなものはそうかもしれないけど，他の人は思ってないかもしれないし。」(MK氏)

　このように，MK氏は，むしろ若い人たちにこのような働き方を経験させることによって，少しずつではあるが新しい文化の醸成に繋がっていくのではないかという展望を抱いている。この指摘は，実際にプロジェクトを推進していくなか

で，参加者一人ひとりが「熱い思い」を抱いていると感じられたという経験にとくに注目している，MK氏によるプロジェクトの評価であるといえよう。

> 「今回，こういうかたちでインターネットを立ち上げるという成果があって，（たまたま）こういうやり方だったけど，どういうやり方にしても成果をとる道筋というのが幾通りもあるんだと。幾通りの選択肢のなかで，選択肢がとれる土壌が常に醸成されている状態，それは次の新たな成果を取るときに，そうでないことよりも，可能性としてはかなり大きなプラスだと思う。（中略）大事なことは，若い時代にそういうことを体験するということは，役職が上がっていけば，それだけ波及していく人数が増えていきますよね。それを志としてもち続けられる最初の出発点（新人時代）に，ああいう体験をしたことは，あとは枯らさないようにしておけば，時間が経てば風土を変えていく何かになるかもしれないですね。」（MK氏）

5 小括——情報技術の利用をめぐる政治の再創造

本章のフィールドワークを通じて具体的に明らかにしてきたように，組織にはさまざまなコンテキストが潜在している。それは，社内で分業化された部門だけではなく，社内での地位や権限，さらには個人的な興味関心によっても異なっている。組織的な境界を技術的に越えてしまうインターネットの利用は，さまざまなコンテキストの違いをコンフリクトというかたちで明確化させていた。そして，この技術の利用方法をめぐる政治的な交渉の過程は，組織の境界を再編成するとともに，個人のアイデンティティを再構築する過程でもあった。

このような政治過程において，最も重要なコンテキストであったのは，企業内で分業化された部門のタスクである。というのは，既存のタスク境界を越えた情報技術の利用によって，それまで分業化されていたタスクの境界を再構築することになったからである。例えば，新規事業部や宣伝部による積極的な取り組みは，決してそれを意図していたわけではないが，顧客からのクレーム処理を担当してきたコンシューマーズ・センターに思わぬ影響を与えていた。しかしながら，コンシューマーズ・センターは当初ネガティブに反応していたものの，プロジェクトに参加することによって，最終的には新しい部門を編成することに協力的になっていた。また，タスクの境界それ自体が変わらずとも，部門間の関係が変わる

こともある。例えば，それまで現業部門とさまざまなすれ違いを経験してきた情報システム部は，インターネット技術への取り組みとともに，現業部門との調整方法を改め，現業部門との関係性を再構築していた（以前よりも仲良くなっていた）。

さらに，組織における境界が，個人の興味関心に大きく依存している点についても見過ごしてはならない。実際，企業ウェブの開設には部門のコンテキストばかりではなく，個人的興味から始まったものがあった。広報室のHR氏の場合や研究所でイントラネットを構築しようとしてきたSS氏やHT氏などがそれである。このような場面では，むしろ，個人の側からの主体的な活動が，組織の境界を描き直す原動力になっていたと考えることができるであろう。

そして，それらプロジェクトにおけるローカルな変化を広く部門や社内全体の変化として制度化していこうとするときには，社内における権限がそれを大きく左右していた。管理者がプロジェクトの参加者であった場合は，比較的変化を反映しやすかったのはいうまでもないが，反応がさまざまであったのが担当者の場合である。部門ぐるみで従来の情報システム部主導のOA化に不満を抱いていた人事部の場合には，プロジェクトに参加したNK氏の活動は，人事部のOA化を一気に推進させる力になった。これに対して，もともと部門ぐるみでプロジェクトそのものに対して否定的であったコンシューマーズ・センターのKM氏の場合には，プロジェクトからの要請と部門の要求の板挟みに合うことになった。また，プロジェクトの最中に新規事業部から企業文化部に異動になったTN氏の場合には，その働き方のギャップと，新しく赴任した部門において自らの提言がまったく受け入れられなかったことから，ついには離職を決意する結果となった。しかしながら，プロジェクトの成果を上司に批判的に受け取られたことで，プロジェクトでの経験が何も残らなかったかというと，そうではない。なぜなら，そのような政治過程それ自体が反省の対象になることによって，少なくともプロジェクトに参加した人々が，企業における自らの働き方を見つめ直していたからである。研究所のSS氏とHT氏がその場合である。彼らは，たとえ自分たちの努力が部門の変化に反映されないにしても，自分自身の興味関心を第一に置くという観点から，研究所の仕事に挑むようになっていたのである。

また，権限をもった管理者は，ただ公式な権限をもつというだけでは，プロジェクトにおけるローカルな変化を普及できるわけではなかった。とくに，プロジェクトにおける具体的な活動内容ではなく，働き方そのものの変化に注目する場合には，このことは顕著にみられた。例えば，プロジェクト推進者であるHM

第 6 章 企業ウェブ開設を通じた政治の再創造　227

氏は，今回の企業ウェブ開設のためのプロジェクトを模したプロジェクトを立ち上げてみたが，同じような働き方を再現することはできなかった。これに対して，プロジェクトで経験した働き方そのものを広く普及させていたのが，宣伝部のIM氏であった。彼は自分が管理する部門への綿密な介入と，他部門からの軋轢を処理することによって，自分が管理する部門における働き方の変化を導いていた。

　このように，資生堂における企業ウェブ開設をめぐって生じた政治的な交渉の過程は，ただ単にインターネット技術の利用方法が焦点となっただけではなく，組織の背後にあるタスク境界，上司と部下の関係，個人と企業との関係というさまざまな位相で組織の境界を描き直していたということができよう。Star [1989] が「境界オブジェクト」と呼んだ役割を果たす情報技術の利用をめぐる政治過程（二重の過程）は，多面的に展開していくのである。

注
・1　それゆえ，FM氏へのインタビューを開始する際に，筆者は次のようなコメントを前置きすることになった。

　　「実は，インタビュー・ガイドラインをお送りさせていただいておりますが，これがインタビューを進めさせていただくうちに不適切なことに気づきまして。そのことは重々承知なんですが，作り直すことをあえてせず，そのまま一番最初にKM様などからお伺いした印象というものを書いてあります。このガイドラインについてFM様がお感じになるおかしいところ，また，この内容に限らずにプロジェクトを通じてFM様ご自身が感じたことをお話しいただけたらと思います。」（FM氏へのインタビューを開始する際の筆者による発言）

・2　周知のように，芥川龍之介原作の『藪の中』を映画化したものである。藪の奥で一人の男が死んでいた。盗人多襄丸が捕らえられるが，白洲における三人の当事者と目撃者たちの証言はことごとく食い違う。映画の冒頭で目撃者の一人である杣売がつぶやく。「わからねえ（中略）さっぱりわからねえ」。また，大澤 [1995] は，電子メディアの登場とともに，それに迎合するように増大し始めた「オタク」と呼ばれる社会現象について，この『羅生門』を例示しながら分析を行っている。大澤は，白洲における多様な証言の存在に加え，それを「同じ1つの」事件としてみる裁判官ないし杣売の視点の重要性を指摘する。なぜなら，このような視点は，さまざまな証言を秩序立った「同一性の内的な差異」として帰属させようとするものだからである。大澤 [1995] によれば，このことは「オタク」と呼ばれる社会現象の根源的な原理に他ならない。つまり，「オタク」とは，自らの同一性（アイデンティティ）を確保するために，多様な現実のなかから何かしらの特定の分野に没入

する人たちなのである。
・3　このような反応が出てきたのは，筆者らが直接的な利害関係のない外部の観察者であったということにもよるであろう。翻って，そのように語られた内容が論文として記述されることが，既存の部門あるいは他部門に対する何らかの誤解を招いてしまうことへの危惧が指摘された。例えば，古賀・松嶋［1999］では，他社の事例を比較するという性質上，論文中ではプロジェクトに参加した一部の人々を取り上げることになった。しかしながら，このとき，取り上げられることになった人々からは，今回の調査の対象となったすべての参加者が記述してある論文のほうが，社内へ回覧していく際には公平で望ましいのではという提案がなされた。その結果，古賀・松嶋［1999］は，社内向けの調査報告論文として利用されることはなかった。このような反応は，利害関係をもつ当事者同士の関係と，直接的な利害関係をもたない第三者との関係では引き出される意見もまったく異なることを示している。実際，あるインタビュイーからは，次のような追加的なコメントを得た。

　　　　「でも，こうやって話すのもいいガス抜きになりますね。そういう効果もあるのかもしれない。ヒアリング受けた人は，何となく丸くなって帰って行っちゃったりして。とても社内ではいえないことばっかりですから。」（守秘義務のため，インタビュイー名不記名）

　このような側面は，通常はほとんど語られることがないか，あるいは語られたとしても限られた範囲で内密にされてしまう傾向が強い。しかし，うすうす気づいていながらも，外部の観察者によってはっきりと示されるほうが，当事者にとっては改めて驚きを呼ぶ場合もある。現場で働く人々にとって，自分たちの経験を問い直すきっかけとなることが重要なのである。実際，筆者が調査に訪問した後には，職場内での議論も活発化したというフィードバックを受けた。そして，そのような議論と問い直しの結果，追加的なコメントをメールで送っていただいた場合もあった。
・4　いうまでもなく，個人のアイデンティティが埋め込まれているコンテキストには，図6－1で示されているような，部門のタスクや社内や部門における権限，個人的な興味関心という区切り以外にも考えうる。それらは，境界オブジェクトとしての情報技術の利用を通じて，さまざまなかたちで機会主義的に現れてくるものである。それを厳密に考えていけば，松嶋［2000］で行ってきたような個人ごとに現れる特殊性として描いていかねばならないかもしれない。また，そのための手法が「羅生門メソッド」なのである。
・5　これは，当時の情報システム部による情報技術の利用に関する効率調査によるものである。1日当たりのプリンターの稼働時間を調べ，この稼働時間を8時から5時までの就労時間で割る。すると，部門に必要なプリンターの台数がわかるという計算である。
・6　実際，ネットワーク規約をめぐって，現業部門で働く人々が自分たちで作り込んだネットワークには全社的なレベルで問題が生じていた。当時は，使い勝手のよいパソコンとして，アップル社のマッキントッシュが現場の人々に好んで使われていた。これは HT 氏，SS 氏の場合においてもそうであった。ところが，マッキントッシュでネットワークを組む場合には，今日のインターネットが標準とする TCP/IP 規約ではなく，アップルトークという規約を利用することになる。現場でゲリラ的に張りめぐらされたネットワークは，当

然，このアップルトークを利用したものであった。それゆえ，データが TCP/IP のネットワークとアップルトークの双方のネットワークをまたいで通過する際には，データが反転してしまうという問題が生じてしまうのである。それがローカルな部門内だけで起こるのであれば，それほど大きな問題にはならない。しかしながら，インターネットの登場とともに，それは全社的なネットワークの問題となってしまったのである。

ポリティカル・リサーチ

第7章 都立府中病院における電子カルテ導入事例
　　　電子カルテの利用を通じた医療実践の再構築

第8章 専門化された集団による協働体系の調整
　　　電子カルテに媒介された医療実践を通じた組織変革

第9章 都立病院を対象とした計量的モノグラフ

第10章 解釈主義のポリティクス

第7章　都立府中病院における電子カルテ導入事例
電子カルテの利用を通じた医療実践の再構築

　医療業界における情報化は，1970年代の医事会計におけるレセプト処理のコンピュータ化に始まり，その後，個別の診療科や部門向けの医療情報システムが開発され，1980年代後半にはそれらを統合するオーダリング・システム（以下，オーダリング）へ，さらに1990年代後半にはオーダリングに画像情報が加わり，診療録をはじめとした各種患者診断情報の入力・管理を総合的に行う電子カルテ・システム（以下，電子カルテ）へと進展してきた。技術的には，情報化一般の歴史にみられたように，ルーティン化された比較的単純な業務の自動化に始まり，それらが多様化し，ネットワーク化するかたちで発展してきたといっていいだろう。だが，情報化の適用領域が広がるとともに，その質も変わってきた。電子カルテもその類に漏れないわけであるが，医療現場のあらゆる場面で情報技術を利用するに当たって，すでにルーティン化された業務の効率化や省力化を前提とした，旧来の論理が通用しなくなってきている。

　こうした局面を迎えたとき，医療における情報化の効果も自明ではありえない。もちろん，専門誌をみれば，電子カルテの効果についてさまざまな文言が並んでいる。請求漏れや入力ミスの防止，経費削減，カルテの保存コストの削減，情報の共有化，業務の効率化，医療の質の向上，患者にも読みやすいカルテ記載による患者中心の医療等である。しかし，その対象はあまりにも多岐にわたり，具体的な作用内容から抽象的な生命倫理の問題まで含まれる。まるで，医療実践全体が，情報化の対象であるような感も受ける。

　しかし，実はそこが電子カルテの利用を通じて分析すべき，重要な論点になる。つまり，電子カルテが導入される際には，医療実践の全般にわたって，自らの経験のうちに当然視してきた慣行を徹底的に見直し，これをコンピュータ上でも処

理できる情報に変換したり，電子カルテの利用によって可能になる新たな医療実践を再構築しなければならない。これこそ Zuboff [1985] によって，「自動化 (automate)」と対をなす（ないし，その前提となる）論理として提唱された，「情報化 (informate)」に他ならない。

本章では，以上の情報化の論理に基づきながら，電子カルテの利用を通じた医療実践の再構築プロセスを，府中病院の事例分析をもとに具体的に検討していく。紙幅の関係上，本章では，電子カルテが導入された現場において再構築された医療実践を，医師の取り組みを中心に検討していく。だが，最初に指摘しておくが，本章の目的は，電子カルテの技術的効果を一般化することにあるわけではない。そうではなく，実際に診察を行う医師が電子カルテを利用可能なものにしていくプロセスで，一方では既存の紙カルテを前提に成立していた医療実践を改めて見直し，他方では医療現場で電子カルテを利用することの意義も理解するようになることを示すことにある。

1 リサーチ・デザイン

1.1 背　景

事例分析の対象となる府中病院（現，東京都立多摩総合医療センター）は，救急医療，脳血管疾患医療，生活習慣病医療，難病医療，リハビリテーション医療，精神科救急医療，結核医療，障害者歯科医療および骨髄移植医療を重点にし，病床数 820 床，1 日当たりの外来患者数 1600 人を数える典型的な総合病院である。都内に 11 存在する都立病院のなかでは最も早く，2003 年 7 月に電子カルテが導入された。しかし，府中病院は，もともと医療情報化に先進的に取り組んでいたというわけではなかった。当時，都立病院の医療情報システムとしては，オーダリングが稼動していた。だが，府中病院は唯一オーダリングが未導入の病院であり，医事会計システムのほかには，薬剤科，放射線科，栄養科の部門システムが別個に運用されていた。ちなみに，都立病院のなかで，最も医療情報化が進んでいたのは，駒込病院であった。オーダリングが最初に導入されたのも，駒込病院であった。だが，電子カルテ導入については，まず，府中病院に導入され，次いで，府中病院に遅れること 1 年，2004 年に駒込病院に電子カルテが導入されることになった。

都立病院への電子カルテ導入の契機は，2000 年度の政策として掲げられた

「電子都庁計画」に遡る。この政策のもと，従来のレセプト処理のネットワーク化を基本としたオーダリングを超えて，収集された情報を共有化し，活用するという電子カルテの新たな機能が注目され，電子都庁計画の案件の1つに電子カルテ導入が組み込まれた。しかし，電子都庁計画の動きは，都立病院の電子カルテの導入に限ったことではなかった。東京都のあらゆる部局を巻き込むかたちで，その構想は膨れ上がっていた。その結果，概算要求でもゆうに5000億円を超えるものになってしまい，電子都庁計画として提案された案件のほとんどが見直しを求められることになった。当然，電子カルテの導入も，見直しの対象となった。

しかし，当時の東京都衛生局（現，福祉保健局）には，どうしても電子カルテの導入が必要な理由があった。都立病院に導入されていたオーダリングに対するシステム監査を通じて，オーダリングを継続して使用し続けるよりは，新たに電子カルテを導入したほうが，トータルの費用を抑えられるという結果を得ていたのである。とりわけ，オーダリングの高コスト要因は，医療情報化に先進的な病院が，それぞれ個別に行ってきた情報システムのカスタマイズにあった。当時の衛生局は，この問題に対して，既製のパッケージとしてベンダー企業が売り込みを始めていた電子カルテを，全病院に共通して導入することで，一気にコストを圧縮しようと考えたのである。

このとき，未だオーダリングが導入されていない府中病院であれば，たとえ電子都庁計画に組み込まずとも，オーダリングの予算枠で電子カルテを導入できる。いったん電子カルテの導入実績を作ることができれば，その実績をもとに都立病院全体で電子カルテを導入するメリットを打ち出せる。府中病院に電子カルテが導入された後には，府中病院以外の総合病院（駒込，広尾，大塚，墨東）のオーダリングをすべて電子カルテに置き換え，さらに地域の中規模病院（病病連携）や診療所との連携（病診連携）に発展させることもできる。このような青写真のもと，都立病院における電子カルテは最初に，最も情報化が遅れていた府中病院へ導入されることになったわけである。

1.2 事例の調査・分析方法

本事例の調査・分析は，東京都保健局病院経営本部重要課題研修（研究コース）「経営研修（電子カルテの導入と組織改編）」の第二期コースとして行われた（松嶋[2007b]）。第二期コースの研修の開始は，府中病院で電子カルテが導入されてから，おおよそ8ヵ月経過したころであり，研修メンバー6名のなかには府中病院

のメンバー4名が含まれていた[2]。研修という位置づけが与えられていたとはいえ，研究コースを銘打ったグループが組織され，医療現場の実状に精通したコメディカルのうち，管理職への昇進が期待されている主任クラスからメンバーは選抜された。だが，研修を進めるに当たって，複数のメンバーから構成されるチームで事例分析を行うための工夫が必要になった。通常は，調査や分析の手続きは，一人の研究者のうちに統合されることになろう。それを，分業して進める必要性が生じたのである。具体的には，事例分析に当たって，予備調査，本調査，追加調査という三段構えの調査を行い，それぞれの目的を考えたときに必要となる分析手続きを用意した。

まず，予備調査では，府中病院において電子カルテ導入に伴って生じた争点を洗い出し，本調査で具体的に掘り下げるリサーチ・アジェンダへと練り上げていくことにした。インタビュー対象者（インタビュイー）は，府中病院における各診療科や部門から，電子カルテを実際に利用しており，かつ電子カルテ導入の準備ワーキング・グループ（WG）に参加した経験をもつ人々のなかから選定した。しかし，広く電子カルテの導入に伴って生じた争点を探るという予備調査の目的から，インタビューを行う際の問いは比較的単純なものに留め，電子カルテ導入の前後で変化したことと現在も抱えている課題を，それぞれが自由に聞き取ることにした。調査期間は，2004年7月12日〜8月20日であり，インタビュイーは14人，一人当たりのインタビュー時間は1時間半〜3時間であった（表7-1）。

このように単純な問いのもとで行われた予備調査のインタビューは，どうしてもインタビューを行う者（インタビュアー）の聞き方や，調査趣旨の説明の仕方によって得られる回答が異なってくることが予想される。そのため，インタビューの結果は，すべて文章化して共有しつつも，それ以上に分析手続きを構造化することはなかった。研修メンバーがそれぞれに，共有されたテキストデータから電子カルテ導入前後の変化内容と課題をリストし，これを持ち寄って分類した。

その結果，探索すべき5つの争点が見出された。第1に，最も多く耳にしたのが，電子カルテ導入による医師の負担増であった。もともと紙媒体のカルテ（以下，紙カルテ）も医師が記入してきたはずであり，それが電子媒体のカルテに変わっただけで，どれほどの負担が増えるのだろうか（つまり，負担といっても，入力作業に限定された問題にすぎない）と思えるかもしれない。実際，少なくとも筆者はそう思い，研究上の関心をあまり寄せなかったのだが（他方で，研修メンバーは実践的な課題として関心を寄せていたが），後に紙カルテが従来の医療実践を担う

第7章 都立府中病院における電子カルテ導入事例

表7-1 予備調査インタビュイー一覧

調査年月日	役 職	インタビュイー	インタビュー時間	文字数
2004/8/20	情報システム部(経営本部)	D課長	1:29:43	20,296
2004/7/13	府中病院管理職(院長)	M院長	2:08:26	19,518
2004/7/12 2004/7/30	府中病院システム管理室/ 耳鼻科(医師)	A部長	3:07:40	40,275
2004/7/15	内科系医師	N医長	1:46:27	28,009
2004/7/22	外科系医師	I医長	1:00:24	13,339
2004/7/22	病棟看護師	N看護長	1:21:03	13,975
2004/7/28	外来看護師	H次席	1:19:51	17,740
2004/7/21	検査科	H主任技術員	no data	6,014
2004/7/21	栄養科	Y栄養科長(導入時)	1:19:27	23,399
2004/7/13	薬剤科	N主任技術員	2:15:01	26,527
2004/7/13	放射線科	Y主任技術員	1:22:13	13,378
2004/7/14	リハビリ科	S主任技術員	no data	no data
2004/7/15	庶務課	K次席	1:59:59	24,381
2004/7/13	医事課	K元副参事	1:48:27	15,623
合 計		インタビュー人数 14人	20:58:41	262,474

重要な役割を果たしていたことが明らかになる。第2に，電子カルテでは，入力者の権限が厳密に設定されるため，業務分担の再定義や責任所在の明確化が争点となっていた。第3に，同じ電子カルテであっても，診療科ごとにその利用方法や評価は大きく異なっていた。とりわけ診療内容によっては，電子カルテに馴染みにくい診療科があるのではないかという意見が共通してみられた。第4に，電子カルテ導入の間接的な成果として，患者の受診態度の変化が，現場の医師やコメディカルの間で議論されていた。電子カルテの導入効果が問われるとき，得てして技術システムとしての効果や，経営の効率化への寄与に議論が終始しがちになるが，むしろ現場のスタッフの間では，電子カルテ導入後にみられるようになった，患者の受診態度の変化に関心が寄せられていた。第5に，本事例の電子カルテ導入には，病院スタッフのみならず，開発ベンダーや東京都保健局病院経営本部という，立場の異なる利害関係者が関わっていた。狭い意味での医療従事者を超えた政治的関係が，電子カルテの利用にも大きな影響を与えていたのである。

表7-2 本調査インタビュイー一覧

調査年月日	役職	インタビュイー	インタビュー時間	文字数
2004/12/ 6	情報システム部（経営本部）	D課長	0:55:11	18,242
2004/ 9/29	看護部管理部門	S担当科長	1:40:00	22,173
2004/ 9/30	府中病院システム管理室/耳鼻科医師	A部長	1:56:01	33,076
2004/11/ 1	駒込病院システム管理室	S部長	0:50:45	17,065
2004/ 9/28	救命救急センター（医師）	S部長	1:20:36	22,242
2004/ 9/28	循環器科（医師）	U部長	1:19:38	23,332
2004/ 9/ 9	救急診療科（医師）	K医長	0:50:14	12,258
2004/ 9/29	眼科（医師）	T部長	1:15:35	20,139
2004/10/15	産婦人科（医師）	K部長	1:31:11	29,900
2004/ 9/16	看護部（看護長）	T看護長	1:29:59	22,852
2004/ 9/28	看護部（主任）	M主任	1:35:00	15,031
2004/ 9/28	検査科	H主任技術員	1:03:46	26,050
2004/10/ 6	栄養科	Y栄養科長（導入時）	1:33:54	23,900
2004/ 9/15	薬剤科	K薬剤科長	0:48:07	11,696
2004/ 9/28	放射線科	Y主任技術員	1:00:41	14,942
2004/ 9/21	庶務課	M庶務課長	0:55:46	13,707
	庶務課	K次席		
2004/11/ 2	医事課	K元副参事	1:07:44	16,196
2004/ 9/16	医事課業務係	S主任	1:04:06	14,030
2004/ 9/22	患者代表	S患者	1:09:06	15,473
2004/ 9/16	担当ベンダー	Y氏	0:59:08	21,372
2004/ 9/27	担当ベンダー	S氏	0:59:24	14,458
合計		インタビュー人数 22人	25:25:52	408,134

　本調査では，予備調査で見出された5つの争点に基づきつつ，「電子カルテに馴染みにくい」とされた診療科固有の問題を除き，図7-1に示される一般化されたリサーチ・アジェンダを設定し直した。またリサーチ・アジェンダのもとで，インタビュイーを選定し直し，各診療科の医師を大幅に追加した。本調査は，2004年9月9日〜12月6日に行われ，インタビュイーは合計22人になった（表7-2）。

本調査のインタビューは，予備調査に比べてより構造化されたものになった。まず，予備調査で明らかになった，リサーチ・アジェンダごとに簡潔な説明文を作り，関連する質問項目がセットされた（図7-1）。これは，研修メンバーが分担した場合でも，インタビューの条件を同様にするための工夫である。また，インタビュイーは，特定のリサーチ・アジェンダのために選定されたが，別のリサーチ・アジェンダに対する回答も可能と判断される場合には，回答してもらうことにした。例えば，電子カルテには馴染みにくいとされる診療科の医師に対するインタビューでは，電子カルテの導入に対してどちらかといえば否定的な立場から，電子カルテに伴う負担増の問題や，コメディカルとの分業関係の再定義，患者の態度変化などに関する意見が収集できると考えた。つまり，単にインタビュイーの人数や時間数を増やすことを目的としたものではなく，各リサーチ・アジェンダを探求するために選定したインタビュイーとは異なった立場からの意見を収集することを目的としたのである。その結果，インタビュイーとリサーチ・アジェンダの組み合わせに基づいて，インタビュイーごとに選択された複数のリサーチ・アジェンダの説明文と質問項目が連なる調査趣意書が作られた。

　また，インタビューの方法についても，本調査ではいくつかの工夫を行った。先述のように，研修メンバーには府中病院や他の都立病院で勤務する医療現場の実状に精通したコメディカルが含まれていた。このような医療現場での経験を有した研修メンバーによって事例分析が行われたこと自体が，ある意味で事例分析の信頼性を担保するものである。しかし，日々当然のものとして行っている医療実践を分析する際には，研修メンバーが有している経験がかえって足かせになる可能性もある。そのため，インタビューには，基本的には二人以上で挑むことを原則とし，インタビュアーにはインタビュイーと別の職種の研修メンバーを割り当て，専門外のメンバーであっても（そして，医療については素人である研修講師にも）十分に理解できるレベルまで，詳しく聞き取りをしてもらうようにした。また，別の職種メンバーがいなければ，府中病院の研修メンバーのうち関連性の薄い職種の者をインタビュアーのサポート役として配置した。なお，サポート役に回った研修メンバーは，インタビュー中は一切発言をせずにインタビューの進行チェックを行い，インタビューの最後にインタビュアーがうまく聞き出せなかった質問項目について，職種や府中病院のコンテキストを踏まえた追加の質問を行うようにしてもらった。

図7-1 リサーチ・アジェンダとインタビュイーごとの質問項目

1. 電子カルテ導入による診断チェック機構の変化

アブストラクト
　プレ調査では、電子カルテ導入によって医師が発生源でデータを直接入力することになることが、診断内容のチェックをめぐる医師と関連部門との関係について変化が見られることが推察されました。電子カルテ導入前は、カルテの記載内容は関連する部門において二次システムに入力され、そのときにインフォーマルなチェックが行われていました。しかし、電子カルテが直接、関連する部門に送られるようになると、部門での二次システムへの入力作業が不要となります。そして、そのことによって、改めて、電子カルテに入力された情報が適切なものかどうかの判断を行うような業務の必要性が見出されております。本項目では、このように関連部門によるチェック機構や働き方、業務内容がどのように変化したのかについて検討していきたいと思います。

インタビュイー① 医事課
　・二次システムへの入力が不要になる一方、新たに、入力されたデータが適切なものであるかをチェックする必要がでてきましたが、そのために、運用面でどのような変化がありましたか。
　・業務量としてはどのように変化しましたか。さらに、この他にも新たに発生した業務はありますか。入力作業が減ったことにより、他の業務を行うなどの変化はありますか。
　・発生源である医師との間に、何かトラブルのようなものは発生しましたか。

インタビュイー② 検査科
　・二次システムへの入力が不要になる一方、新たに、入力されたデータが適切なものであるかをチェックする必要がでてきましたが、そのために、運用面でどのような変化がありましたか。
　・業務量としてはどのように変化しましたか。さらに、この他にも新たに発生した業務はありますか。入力作業が減ったことにより、他の業務を行うなどの変化はありますか。
　・発生源である医師との間に、何かトラブルのようなものは発生しましたか。

インタビュイー③ 薬剤科
　・二次システムへの入力が不要になる一方、新たに、入力されたデータが適切なものであるかをチェックする必要がでてきましたが、そのために、運用面でどのような変化がありましたか。
　・業務量としてはどのように変化しましたか。さらに、この他にも新たに発生した業務はありますか。入力作業が減ったことにより、他の業務を行うなどの変化はありますか。
　・発生源である医師との間に、何かトラブルのようなものは発生しましたか。

インタビュイー④ 栄養科
　・二次システムへの入力が不要になる一方、新たに、入力されたデータが適切なものであるかをチェックする必要がでてきましたが、そのために、運用面でどのような変化がありましたか。
　・業務量としてはどのように変化しましたか。さらに、この他にも新たに発生した業務はありますか。入力作業が減ったことにより、他の業務を行うなどの変化はありますか。
　・発生源である医師との間に、何かトラブルのようなものは発生しましたか。

インタビュイー⑤ 放射線科
　・電子カルテ導入前後で、チェック機構や業務内容で変化はありますか。
　・業務量の変化と新たに発生した業務はありますか。
　・業務量が減少しているのなら、その分はどのような業務に振り分けられていますか。

インタビュイー⑥ 看護部
　・電子カルテ導入前後で、チェック機構や業務内容で変化はありますか。
　・業務量の変化と新たに発生した業務はありますか。
　・発生源である医師との間に、何かトラブルのようなものは発生しましたか。

インタビュイー⑦ 医師
　・電子カルテに内蔵されたチェック機構について、どのようにお考えですか。
　・業務量の変化と新たに発生した業務はありますか。
　・各部門との間で、印象に残るトラブルにはどのようなものがありますか。

2. 電子カルテ導入を契機とした業務の再定義

アブストラクト
　プレ調査では、電子カルテ導入を契機に「業務分担が明確化した」、「新しい業務を担当するようになった」という話をいろいろな部門の方より伺いしました。例えば、入院患者の処置伝票の発行が看護師の代行記入から直接医師が入力するようになったことや、治療食オーダの禁止食品のコメント変更および主食の変更は看護師も入力できるなどの運用決定など。そこでは、電子カルテ導入を機に、医師権限の設定などをはじめとする様々な院内の運用を構築する必要から、部署ごとに本来業務の確認および業務区分の見直しが行われたことが推察されます。同時に、電子カルテ導入に伴い、システムに関する調整を院内外の関連部署と行なう業務や利用者マスタ管理など膨大な業務が新たに発生しましたが、現在は院の内部努力で特定の部署（職員）がプラスアルファの業務として行なっていることも浮かび上がってきました。そこで、今回の調査では電子カルテの導入に伴い発生した、従来の業務およびその枠を越えた新たな業務の「再定義」をテーマに焦点を絞り、インタビューにてお伺いしいたいと思います。

インタビュイー① 医師
　・電子カルテ導入を機に増えた（または減った）業務にはどのようなものがありますか。
　・現在の運用方法が決定された時、どのような印象を受けましたか。
　・電子カルテ導入から1年を経過し、現在の業務区分（業務分担）についてどのような感想をお持ちですか。

インタビュイー② 看護師
　・電子カルテ導入を機に増えた（または減った）業務にはどのようなものがありますか。
　・現在の運用方法が決定された時、どのような印象を受けましたか。
　・電子カルテ導入から1年を経過し、現在の業務区分（業務分担）についてどのような感想をお持ちですか。

インタビュイー③ 栄養士（栄養科長または栄養係長）
　・カルテ導入を契機とした業務の「再定義」について、あなたの部門業務にかかわる運用にはどのようなものがありますか。
　・部門業務を遂行する上で「再定義」された業務の運用で不具合を感じることはありますか。
　・電子カルテ導入から1年を経過し、現在の運用方法や対応にどのような変化が見られますか。

インタビュイー④ 病院情報システム管理室
　・電子カルテ導入を契機とした業務の「再定義」について、運用決定に至る経緯をお聞かせください。

- ・「病院情報システム管理室の体制」について、現在の問題点を挙げてください。
- ・電子カルテ導入から1年を経過し、「病院情報システム管理室」の今後の展望についてお聞かせください。

インタビュイー⑤　看護管理部門
- ・電子カルテ導入を契機とした業務の「再定義」について、運用決定に至る経緯をお聞かせください。
- ・現在の運用方法が決定された時、どのような印象を受けましたか。
- ・電子カルテ導入から1年を経過し、現在の業務区分（業務分担）についてどのような感想をお持ちですか。

インタビュイー⑥　企画係
- ・電子カルテ導入を機に増えた（または減った）業務にはどのようなものがありますか。
- ・現在の運用方法が決定された時、どのような印象を受けましたか。
- ・電子カルテ導入から1年を経過し、現在の業務区分（業務分担）についてどのような感想をお持ちですか。

インタビュイー⑦　病院経営本部
- ・電子カルテ導入を機に増える（または減る）業務にはどのようなものがあると考えていましたか。
- ・電子カルテの円滑な運用を継続、更新していくためにはどのような体制が必要だと考えますか。
- ・都立病院における「電子カルテ導入・継続運用」について現時点での今後の展望をお聞かせください。

インタビュイー⑧　庶務課長
- ・事務部門（庶務課）として、電子カルテ導入を機に増えた（または減った）業務にはどのようなものがありますか。
- ・電子カルテ導入後、現在の「事務部門の体制」の問題点を挙げてください。
- ・電子カルテ導入から1年を経過し、今後の展望についてどのような印象をお持ちですか。

3. 電子カルテシステム開発に伴うシステム管理室とベンダーと経営本部とのかかわり

アブストラクト

　プレ調査では、電子カルテ導入に向けて、ベンダーや病院経営本部、そして現場という3つの組織間のインターフェースを担う役割として府中病院システム管理室（旧開発準備室）の重要性が、ここそこで見られた。言うまでもなく、電子カルテ導入に際しては、病院マスタ作成が必要になります。しかし、実際の開発には各病院の医師による考え方の違いや部門における慣習、パッケージソフトにこだわるベンダーなど、それぞれの思惑が複雑に絡んだ行程であったことが推察されます。また、そこでは、ひとつの問題解決が新たな問題を生み出してしまうようなプロセスが、その開発をより困難していたのではないかと考えました。

インタビュイー①　ベンダー
- ・開発プロセスにおいて府中病院の方法は満足のいく結果を出すことができましたか。またその開発方法を教えてください。（三者の役割分担、それぞれの思惑、医事システムについて、導入日決定）
- ・5病院共通マスターについて教えてください。（作成方法、管理方式、期待される効果、今後の予定）
- ・既設の病院への導入経験について苦労した点や考慮した点をあげてください。

インタビュイー②　経営本部
- ・開発プロセスにおいて府中病院の方法は満足のいく結果を出すことができましたか。またその開発方法を教えてください。（三者の役割分担、それぞれの思惑、医事システムについて、導入日決定）
- ・5病院共通マスタについて教えてください。（作成状況、期待される効果、今後の予定）
- ・システム開発における医療現場との調整について教えてください。（従来の慣習、医師との関わり、ハードウェア）

インタビュイー③　病院システム開発室
- ・開発プロセスにおいて府中病院の方法は満足のいく結果を出すことができましたか。またその開発方法を教えてください。（三者の役割分担、それぞれの思惑、医事システムについて、導入日決定）
- ・5病院共通マスタについて教えてください。（作成状況、期待される効果、今後の予定）
- ・システム開発における医療現場との調整について教えてください。（従来の慣習、医師との関わり、ハードウェア）

インタビュイー④　医事課
- ・開発プロセスにおいて府中病院の方法は満足のいく結果を出すことができましたか。またその開発方法を教えてください。（三者の役割分担、医事システムについて）
- ・5病院共通マスタについて教えてください。（作成状況、期待される効果、今後の予定）
- ・システム開発における医療現場との調整について教えてください。（従来の慣習、医師との関わり、ハードウェア）

インタビュイー⑤　医師
- ・開発プロセスにおいて府中病院の方法は満足のいく結果を出すことができましたか。またその開発方法を教えてください。（三者の役割分担）
- ・システム開発における医療現場との調整について教えてください。（従来の慣習、医師との関わり、ハードウェア）
- ・既設の病院への導入経験について苦労した点や考慮した点をあげてください。

4. 患者との関係の再構築

アブストラクト

　プレ調査では、電子カルテの導入は患者との関係を変えはじめている。という興味深い言葉が聴かれました。例えば、ある医師は「診療の際に患者の前で診療内容を記載し、ある時は検査データを電子カルテの画面上に示し患者と共に見ながら説明をするといったように診療の方法が大きく変化した。このことで患者の側が医療に積極的にかかわるという実践が生まれている」とおっしゃっておりました。そこで、今回の調査では、医師をはじめとし看護師など患者と接する部署の方々に対して、電子カルテを通じて患者との関係がどのように再構築されてきたのかについてお伺いします。

インタビュイー①　医師
- ・診療に関する業務は電子カルテの導入によりどのように変化しましたか
- ・患者との関わりはどのように変化しましたか
- ・電子カルテの機能を利用し診療に取り入れるようになったことはどのような機能ですか

インタビュイー②　看護師
- ・電子カルテの導入により変化した業務はどのようなものがありましたか
- ・電子カルテの機能を利用し患者との関わりにどのように利用していますかか
- ・電子カルテ導入後患者からはどのような反応がありましたか

インタビュイー③　患者（電子カルテ導入前後で子供を受診させている職員家族：模擬診療場面を観察）
- ・電子カルテの導入により医師に診療の方法はどように変わりましたか
- ・医師によって電子カルテの使い方に違いはありますか
- ・電子カルテの導入は、あなたにとってどのような変化がありましたか

こうして収集されたインタビュー・データは，予備調査と同様にすべて文章化された。そして，本調査のデータに関してはMicrosoft Accessを利用して，リサーチ・アジェンダ（および質問項目）ごとに発見事実がデータベース化された。それぞれのリサーチ・アジェンダごとに並び替えられたデータの解釈は，研修メンバー全員で行った。

そして，この段階で意見が分かれたり，データの解釈に当たって疑問が残った点については，データ源となった本調査のインタビュイーや，さらに当初のインタビュイーにはリストアップされていなかった関係者に対して追加インタビューを実施した。なお，この追加インタビューの際に，インタビュー・データの解釈を具体的に裏づける電子カルテの描画のダミーを収集し，さらに実際の診療場面の観察を行った[3]。

2　電子カルテを利用した医療実践の再構成

府中病院の電子カルテ導入には，先述のようにいくつかの前提条件があった。まず，すでに都立病院に導入されていたオーダリングに関するシステム監査を受け，都立病院トータルのコスト削減を目的とし，パッケージ化された既製の電子カルテが導入されることになった。既製のパッケージを導入するとはいえ，導入前には各部門から代表者が選出された準備WGが編成され，電子カルテの導入に先立ってさまざまな問題点が検討され，電子カルテを提供するベンダー企業と念入りな打ち合わせが行われた。もちろん，実際に電子カルテが導入されれば，事前の検討では予想されない，さまざまな問題が生じることは想像に難くない。次に，府中病院は，都立病院で唯一オーダリングが未導入であった。オーダリングが導入されている病院は，医療実践もオーダリングに最適化されている可能性がある。この点で，府中病院にはオーダリングに起因した制約がなく，電子カルテをスムーズに導入できると考えられた。だが，たとえオーダリングを導入していなかったとしても，紙カルテをはじめとする既存の技術や，そうした技術がもつ物的制約を前提とした組織慣行に支えられて医療実践は成り立っている。

それゆえ，本節では，まず電子カルテが導入された医療現場において，医師たちが電子カルテを利用可能なものにしていくプロセスを検討していくことにする。なぜなら，このプロセスでは，既存の医療実践と電子カルテの利用を通じて再構

築される医療実践の両方が観察できるからである。つまり，一方では，電子カルテの導入によって，当然視された慣行が失われることに起因する諸問題の検討を通じて，従来の医療実践が明らかになる。他方で，明らかになった問題を解消するために，電子カルテの利用によって再構築された医療実践を検討することができる (2.1項)。次いで上述の情報化のプロセスを左右するコンテキストを探求すべく，「電子カルテに馴染みにくい」とされる理由を共有しながらも，電子カルテの利用に関して対照的な結果となった，複数の診療科を比較検討する (2.2項)。

2.1 電子カルテ導入によって失われた医療実践と情報化への取り組み

　本章の冒頭において，医療業界の専門誌で言及されるさまざまな電子カルテの効果について触れてきたが，府中病院では，これら多岐にわたる電子カルテの効果は，「いつでも，どこでもアクセスできる」機能によってもたらされると簡潔に説明されていた。この説明からは，電子カルテが時空の制約から人々を解放し，それまで不可能であった医療が可能になるようなイメージが惹起される。
　もちろん，この説明を真に受けることはできない。なぜなら，そもそもわれわれは，電子カルテが導入される以前の医療現場において，いかなる医療実践が行われてきたのかについての十分な理解を欠いているからである。これは，実のところ，医療現場の医師やコメディカルであっても同様である。彼らもまた，さまざまな技術や組織慣行に支えられて，半ば当然のものとして医療実践を営んできた。例えば，紙カルテは電子カルテとは物的性質の異なる技術であることは確かであるが，だからといって医療実践がより劣ったものになるわけではない。換言すれば，紙カルテも診療記録のために作り出された技術であるし，後に明らかになるように，紙という物的制約は医師とコメディカルとの柔軟なサポート関係を作り出していた。いうなれば，もともと電子カルテを利用することがなくても，必要な診療が行われてきたわけである。カルテを電子化するということは，こうしたすでに成立している当然の医療実践との断絶を意味するのである。
　具体的に検討してみよう。まず，理解しておかなければならないのは，わが国における「医療の提供」の基本は，医療法およびその関係法規において「医師の診察・治療」，すなわち診療により発生することが定められ，各種の検査，放射線撮影，処置，薬の処方，治療食提供なども，医師の指示によって実施することで診療報酬が得られるという原則があることである。つまり，電子カルテ導入以前から，あらゆる診療は医師の指示に基づいて行われることになっており，その

原本となるのが診療録たるカルテなのであった。

　しかし，紙媒体のカルテは，医師の手許に置かれている。当然ながら，コメディカルは必要な処置や処方が求められる度に，医師の指示を確認するためにカルテを参照することはできない。たとえカルテそのものを無人で運搬する仕組みを作ったところで，運搬のための時間がかかってしまう。紙カルテには，こうした物的制約が存在していたわけである。しかし，電子カルテを導入したからといって，従来の問題が一気に解決する，というわけにはいかない。紙カルテが物理的に医師の手許に置かれているということは，あまりに当然のことであり，多くの場合には問題視すらされていなかった。それは憂いても仕方のないことであり，何よりもそうした物的制約を前提として，必要な診療を行うためのさまざまな工夫がなされてきたからである。

　具体的には，紙カルテという制約に対しては，医師の手許にあるカルテとは別に，コメディカル部門に送付する「指示伝票」という別の媒体が用意されていた。カルテそのものが移動できないのであれば，それぞれ必要な検査や処方を抜き出し，必要な指示を出す必要がある。具体的には，看護師への指示には処置伝票を，検査やX線などは部門への検査指示として，薬が必要な場合には処方箋に薬剤名や用法・用量を薬剤科（または院外の薬局）へ，病院食に関しては食事箋に食事内容の指示を記入して栄養科へ送付すればよい。きわめて原始的な対応にみえるかもしれないが，少なくともこれで医師の指示のもとですべての診療を行わなければならないという事態に対処することができる。

　そうした理由だけであれば，電子カルテの導入によって，カルテとは別に指示伝票を作成する手間がなくなるわけだから，ずいぶんと省力化されるのではないかと考えられるかもしれない。しかし，この指示伝票は，単なるカルテの書き写しではなかった，という点が重要になる。

　というのは，カルテと指示伝票が分離されれば，カルテそのものは当の医師だけが理解可能なものであれば十分，ということになる。例えば，慢性疾患などの場合，患者の主訴や検査結果などから病態の経過に大きな変化がみられない場合などは「NP（問題なし）」と記入しておけば，次回の診察時には前回の診察時には変化がなかったことが医師自身が理解できる。また，薬の処方に関しても，患者の病状に大きな変化がなく，前回と同じ薬を継続処方する場合「DO（前回処方と同じ）」と記入しておけば，前回と同じ薬を処方したことがわかる。つまり，指示伝票である処方箋に，薬剤名，用法，用量を明確に記入しさえすれば，極端

にいえば，カルテそれ自体の記載は NP，DO でよかったのである。多くの患者の診察に集中しなければならない医師にとって，こうした省略はきわめて重要な工夫であった。

　そして，このカルテと分離された指示伝票が，看護師をはじめとしたコメディカルによって，医師を支える柔軟なサポート関係を作り上げてきた。法的な拘束力をもつカルテそれ自体は，医師の責任のもとで記載されることになる。だが，指示伝票は，そのカルテに基づいて書き下ろされるために，コメディカルに記入を依頼することができる。しかし，コメディカルが行っていることは，医師によって NP や DO と書かれたカルテから，過去に行った処置や処方した薬をそのまま写し取ることに留まらない。医師が NP とした患者に病態の変化がみられないことを看護師が再チェックしたり，医療機器の高度化とともにますます専門的な知識が必要になった画像診断の助言を検査科の専門職に仰ぎ，薬剤科が最新の副作用情報に基づいて医師が DO と記した処方を確認することに繋がっていたわけである。

　このような医療実践は，通常は当たり前のこととして行われ，改めて問題視されることはない。だが，電子カルテの導入が，このような当然の医療実践を断絶し，その当たり前のなさを顕わにする。物的制約のある紙カルテそれ自体は，電子カルテの「いつでも，どこでもアクセスできる」という機能によって置き換えられ，その制約も克服されるように思える。だが，実際に紙カルテを電子化してしまえば，紙カルテの物的制約のもとに組織化されていたコメディカルとの柔軟なサポート関係が失われ，それが問題となって現れるのである。電子カルテの導入が医師の負担増になるという問題意識も，ここから生じている。従来，コメディカルに支えられてきた柔軟な医療実践は，本来医師が行うべきことだったと考えられるかもしれない。だが，今日のように専門化が進む画像診断や，日々さまざまな副作用情報が更新される薬剤の処方，さらには治療食の選択に至るすべての業務を医師一人の判断に委ねることは，およそ現実的ではない。だからといって，医師の負担を軽減するために紙カルテをそのままスキャンしたり，音声による入力支援ツールを開発したり，あるいはカルテ入力を医師の代わりに担ってくれるクラークをつけるという対応も，的を射たものではない。医師の負担は軽減できても，複数の人間で患者をチェックするという機能が失われていることには変わりがないからである。

「ほんとに医者がやらなきゃならないのか，っていうことも考えていただけます？　例えば，アメリカはですね，看護師さんだって処方できますからね。日本はね，ぜーんぶ，その今までの古い法律では，確かに電子カルテにしたら，医者がやらなきゃならなかった，ことになりますよね。そうすると医者は身動きがとれなくなっちゃう。患者，診れなくなっちゃう。(中略) 要するに，じゃあ，医者が何でもかんでもやらなきゃならなくなったとして，ほんとにこれは医者が入力しなきゃいけないのかって，いうのが出てくればいいと思うけど，そうじゃないままで。みんなで分担してやっていたチーム医療の考え方，一人の患者に対して（みんなで）関わっていたのが，今はできないようになっているのかもしれない。(中略) チームとしてやってきた部分で，ほんとは医者の権限なんだけど，『じゃあ，やっといてね』って適当にやってきた部分ができなくなっちゃう。」(産婦人科 K 医師)

とはいえ，電子カルテの導入によって失われた医療実践が問題化されれば，その問題に対する対応を考えるようにもなる。そこでは，それまで当然視してきた慣行のうち，今なお必要な機能が意識的に選別される。それゆえに，電子カルテを利用した実践は，もはやそれ以前に行ってきた医療実践には留まらない新しい取り組みとなる。以下では，電子カルテが導入された現場の医師の取り組みを通じて，いかなる医療実践が再構成されたのかを列挙しておきたい。

「だから，紙はね，もう何十年もかかってここまで進歩してきたっていうか，みんなにとってある程度ハッピーな，医者にとってもハッピーなシステムにできていたわけだけど，それを電子カルテに変えたことによって，またこれから何年かかるかわからないけれども，その辺に関しては変えていかなければならない。逆にもうね，紙を越えた部分っていうのもいろいろあるわけですよ。」(循環器科 U 医師)

(1)　コンピュータの基本機能の活用

　紙カルテを利用しながらコメディカルとの柔軟な役割関係のもとで支えられてきた医療実践があったとはいえ，電子カルテが導入された後には，本来の入力者である医師にカルテ入力が求められることになるのはいうまでもない。電子カルテによって「いつでも，どこでもアクセスできる」のであれば，必要な記録や指

示が生じたときに，その場で電子カルテに入力しなければならない。この原則を，彼らは「発生源入力」と呼ぶ。

そうすると，当然ながら医師のカルテ入力の手間は増える。それは，これまで繰り返し触れてきたように，単にキーボードやマウスを介して，従来の紙カルテと同じ内容を打ち込む手間ではない。従来の紙カルテでは記載する必要がなかった，詳細な情報を書き込まなければならないのである。このとき，現場の医師たちがまず行ったことが，コンピュータの基本的な機能を活用することであった。例えば，府中病院の医師たちの間でみられた工夫としては，電子カルテのコピー・アンド・ペースト機能や辞書登録機能の活用であった。これらは一見すると，取るに足らない工夫に思えるかもしれないが，実は診療のあり方そのものに影響を及ぼしている。

具体的には，コピー・アンド・ペーストや辞書登録は，コンピュータ上でのカルテ入力をより簡便にすることに留まらない。従来，これらの情報はコメディカルのサポートを得て指示伝票に記入されており，その際にはコメディカルがもつ専門性を生かした二重三重のチェック機能が働いていた。これに対して，コピー・アンド・ペーストや辞書登録は，コメディカルの支援を部分的には代替し，自らの診断や処方をチェックすることを可能にする。例えば，糖尿病患者の検査をする場合には，血糖，ヘモグロビンA1cなどの血液検査が必要となる。このとき電子カルテに登録されている検査依頼項目を呼び出すことは，医師が必要な処置を確認することにも繋がる。つまり，電子カルテを利用することによって，医師は自分が記憶している知識だけに頼るのではなく，カルテ情報を参照しながら診療を行うようになるのである。従来までの失われた関係のすべてがこうして補われるわけではないが，少なくとも，その一部はいまやコンピュータに担われていると考えてよい。

もちろん，コンピュータの基本的機能を利用することで，従来までコメディカルから受けていたすべての支援が代替されるわけではない。このことは，コメディカルの専門的知識により多くを負っている場合には，一層深刻な問題として現れていた。例えば，医師による処方のチェックなどは，その典型であった。薬剤の処方ひとつとっても，診療報酬制度に基づいて定められた保険病名と，最新の治験結果に基づいた，本来の処方病名は異なることが多い。さらに病院や診療科ごとに，薬剤の名称やコードは異なっており，府中病院固有のコードに変換しなければならなかった。もちろん，この問題についてはコードを標準化するという

方法もありうるが，日々発生する副作用情報や，患者が服用している薬との飲み合わせのチェックは，指示伝票の記載を依頼された看護師や，さらには指示伝票を受け取り，処方箋を作成する薬剤師の専門的な知識によって担われてきたわけである。

　実は，電子カルテ導入によって，看護師や薬剤師によるチェックが受けられなくなるということを憂慮していたのは，医師自身であった。そのため，電子カルテ導入前の準備 WG において医師からの積極的な働きかけがあり，市販の処方チェック・システムが導入されることになった。他方で，薬剤科からは，市販の処方チェック・システムが実用に足るものではないという意見も出されていた。実際，このシステムは，医師のあらゆる入力に対して，「エラー（入力不可）」表示を頻発してしまった。そのため，現実的には，処方がイレギュラーな組み合わせの際に「ワーニング（注意）」を表示するに留め，電子カルテへの入力は防げないという設定に変更せざるをえなかった。それでも，やはり頻発する「ワーニング」表示を，いちいち確認することはできず，結果として電子カルテに実装された処方チェック・システムは，形骸化してしまったのである。

　　「処方箋のチェック機構っていうのは，いいと思いますけど，ただ 100 点満点ではなくて，すり抜ける部分はいくらでもあります。例えば，ニトロペン。本当は 10 錠出すつもりが 100 錠出しちゃったってときも，これはすり抜けていくわけですね。で，そういう意味で絶対出しちゃだめっていう処方箋を出さないかぎりは，医者が OK，OK って，出してしまうと出ちゃうんですよ。逆にチェックのかけ方って，できるだけ引っかけるっていう格好になってるんで，とくに循環器系の薬とかそうなっているので，そうするとどうしても OK，OK って出しちゃうんですね。（中略）チェックは決してオールマイティーじゃなくて，すり抜ける部分があるから，その部分に関してはやっぱり薬剤師さんにみてもらわないと。」（循環器科 U 医師）

（2）　入力テンプレートの作り込み

　次に，電子カルテに対する組織的な対策として取り組まれたテンプレートの作り込みを，診療科ごとに検討したい。テンプレートとは，診療内容の記載の際に，患者の主訴や病状を簡単に効率よく入力するツールである。例えば，循環器科のように患者の病状の範囲が限られた診療科の場合，患者の主訴が限定されており

図7-2 内科のテンプレート

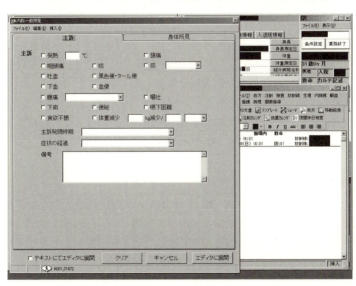

(このことは「限局されている」と表現される),それぞれの診療科において必要な診療情報の項目をあらかじめ用意しておくことで,早くて正確な入力ができるようになる。また,初診時の問診表のような項目をあらかじめ用意しておくことで,必要事項の記入漏れなどを防ぐことにもなる。

これに対して内科では,診療も広範囲な症状が対象になるため,必要な診療情

報の項目も広範囲にわたる。実際，循環器科では1つのテンプレートですべての所見を網羅できたのに対して，内科では複数のシートを用いなければカバーすることができなかった（図7-2）。例えば，循環器科にあるような，心所見や肺所見といった限局された胸部所見などの項目は，プルダウン方式による選択が可能である。しかし，発熱，吐血，下血，腹痛，下痢といった広範囲かつ複数の主訴をカバーするためには，単一の項目しか選択することができないプルダウン方式は向いていない。このため内科では，複数の項目を選択することができるチェック・ボックス方式をカスタマイズすることになった。

このように，入力テンプレートは，各診療科の診療のあり方を反映してさまざまなパターンへとカスタマイズされていた。後に改めて検討するが，こうした取り組みは，診療におけるルーティンの明確化を通じて行われる。確かに，循環器科のように患者の症状が限局されている診療科のほうが，電子カルテのテンプレートも作りやすい。それは，彼らの診療が比較的ルーティン化されていることを意味する。しかし，診療が比較的ルーティン化されていない内科では電子カルテの導入は困難であり，それゆえに避けるべきだということにはならない。なぜなら，内科で行われていたテンプレートの作成は，それまでベテラン医師の経験やノウハウに頼っていた複雑な診療内容をルーティンとして明示化するからである。そして，そこで改めて明示化されたテンプレートや，あるいはそのテンプレートに記録された診療内容は，新人がベテラン医師の実践的なノウハウを学ぶツールとしても利用されるようになっていたのである。

(3) 電子カルテの機能制限

ここまでは，電子カルテの導入によって従来の医療実践が失われたことで現れてきた問題を，電子カルテの機能を利用して解決しつつ，さらには，電子カルテによって可能になる新たな診療実践をも構築してきた局面をみてきた。だが，このような医療実践の再構築は，電子カルテを積極的に利用することによってのみ可能になるものではない。むしろ，電子カルテの導入によって生み出された問題は，電子カルテの機能を制約することによって解消されることもある。

例えば，「いつでも，どこでも入力できる」という機能をもつ電子カルテでは，ある特定の患者の電子カルテを立ち上げたままにして，同時に複数の医師が入力を行うと，入力した情報が失われてしまう，という事態が生じ始めていた。外来患者を診察する医師であれば，順番に一人ずつ患者を診察するために，同時に複

数の患者のカルテを入力するということは起こりにくい。しかし，入院患者の場合には，検査結果が出るまでにほかの患者の診察が行われ，電子カルテの入力も並行して行われる。しかも，電子カルテの立ち上げには15秒ほどの時間がかかったため，入力が完了していない電子カルテは立ち上げたままにしておくほうが，作業上では効率的だったのである。ところが，電子カルテ上では，患者のカルテは共有されている。そのために，ほかの医師や処置にあたっている看護師によって，同時に一人の患者のカルテに書き込みが行われた場合，どちらかの情報が失われてしまうという問題が生じたのである。このように「いつでも，どこでも入力できる」という電子カルテの機能が，新たな問題を生んでいた。

　こうした問題を解決するためには，電子カルテの機能を制約することが有効であった。もちろん，電子カルテの機能を制約することで，電子カルテ導入によるメリットは損なわれる。それゆえ，診療科によってもその対応は異なっていた。例えば，電子カルテへ同時に書き込むことによる問題が比較的あまり生じない外来内科では，同時に立ち上げる電子カルテは，5つまで許されていた。しかし，同じ外来でも患者に対する処置が類似することが多い泌尿器科では，一人の医師が患者のカルテを間違えてしまうというミスを避けるために，1つに限っていた。

　こうした工夫は医師らの自主的なルールとして用いられたが，さらに進めて，医師同士で同時にカルテを開けないという禁忌をシステム上のルールとして組み込むことも可能である。とりわけ，先述のようにカルテ入力が混乱しがちな入院患者向けの電子カルテに関しては，こうしたルールのシステムへの組み込みが急がれていた。ただし，その場合でも，医師の指示のもとで行われた処置を記録する看護師に関しては入力欄が異なるため，システム上の禁忌から除外されていた。

(4) 新旧技術の使い分け

　電子カルテの導入は，確かに紙カルテを利用していた診療に多くの変更を迫ったものの，電子カルテ以外の技術が不必要になったわけではない。つまり，電子カルテ導入により生じた問題に対しては，電子カルテを利用（あるいは制約）しつつ，旧来からある技術の機能を再発見することで，対応していくこともできる。

　例えば，電子カルテ上では，最新の検査結果と過去の検査結果を比較できないことが，診療上の問題として取り上げられていた。正確には，検査結果の比較があらかじめ想定されていたレントゲン画像の場合には，2時点の検査結果を並列表示する機能が組み込まれていたが，心電図や生理機能検査の場合にはこの機能

が電子カルテに組み込まれていなかった。この問題も，電子カルテの導入によって，当然視してきた慣行が失われたことで顕わになったものである。しかし，電子カルテに検査結果を並列表示する機能が組み込まれていないと，診療がまるでできなくなるわけではない。電子カルテと並行して，従来から使用されてきた技術を利用できるからである。ある内科の医師は，患者に検査結果を説明するときに，最新の検査結果を印刷して用意し，過去の検査結果を画面に表示することで，2時点の検査結果を比較していた。しかも，紙に印刷された最新の結果については，患者に渡すこともできるという意味で，医療サービス向上にも繋がる（それゆえに，必ず最新の検査結果のほうを印刷するようにしていた）。

　ほかにも，電子カルテでは医師による指示が画面上で確認しにくくなり，必要な指示が看護師に伝わっていないという問題が頻発することになった。従来までは，必要な指示や重要なカルテ変更が生じた場合は，変更が生じたカルテに栞代わりの棒が挟み込まれ，注意が喚起されていた。電子カルテ導入後，医師はいつでも電子カルテを書き換えられるようになったが，書き換えられた変更点に気づくことは困難になっていた。この問題に対して，彼らは「15時までに指示を出す」「電子カルテで重要な指示を出した場合には，医療用のPHSで連絡をする」というルールを定め，複数の技術を併用することになった。

　こうした対応は，ベンダーによって作り込まれた電子カルテのパッケージが，当然あってしかるべき機能を，見落としたために生じた問題であったともいえる。もっとしっかりとパッケージが作り込まれていれば，このような問題は生じなかったといえるかもしれない。もちろん，将来的にはこうした問題は解決されるであろう。だが，電子カルテがすべての問題を技術的に解決できていないからといって，まるで使い物にならないということではない。もとより当然視した慣行を，システムの要求仕様書としてあらかじめ明記することは難しい。さらに，すでに利用している技術についても，新しい技術の利用を通じて新たな機能を再発見することになるため，すべての機能を事前に確定することは難しかったのである。

(5)　ルーティンの明確化

　これまでは，電子カルテの導入に伴って生じた問題に挑む，現場の医師たちの取り組みを検討してきた。しかし，情報化のプロセスで重要なのは，技術の利用そのものではなく，既存の医療実践を見直し，必要なルーティンを明確化することであり，このプロセスを通じて，電子カルテも初めて有益なものになる。

図7-3 新注射カレンダのスプレッド・シート

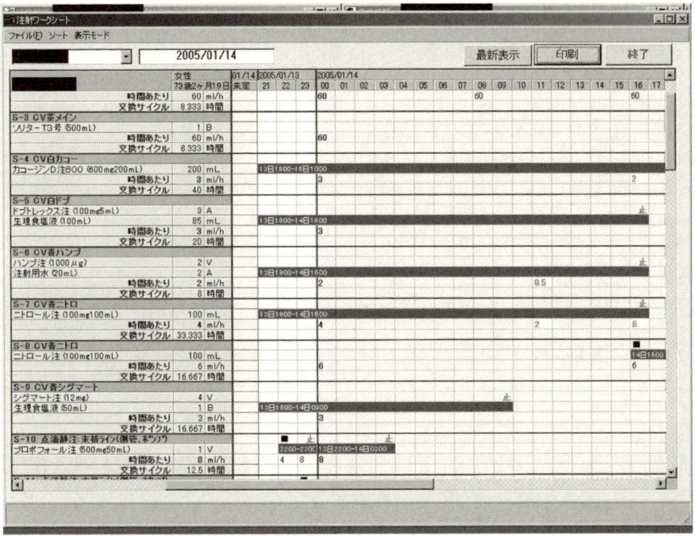

　この重要性が如実に現れていたのが，「注射カレンダ」という電子カルテに実装されていたツールに生じた問題であった．注射カレンダとは，患者に対する点滴や注射の実施タイミングを，スプレッド・シート形式の表で管理するツールである．横軸には「日付」が表示され，拡大表示では時間単位での表示がなされる．縦軸には患者に処方する治療薬ごとに薬品名・用量・用法・調剤法などが表示される（図7-3）．

　実は，注射カレンダと同じようなスプレッド・シートは，それまでにも複写式の指示伝票による注射指示箋として存在していた．そのため，電子カルテにもこの指示伝票と同じ形式のシートが実装されたわけだが，それだけでは十分ではなかった．例えば，救命救急など患者の状態が不安定な場合には，複数の注射を同時に処方したり，連続して複数の点滴を行うこともあった．複写式の指示伝票であれば，こうした細かな変更を手作業で書き込むこともできたが，電子カルテに実装された注射カレンダでは，1日単位でのスケジュールをあらかじめ決めておかなければならなかった．さらに，循環器科や脳外科では，患者の状態変化に対してごく微量（1 mL）単位の処方が必要であったが，注射カレンダには（もともとの注射指示箋にも）この単位は存在しなかった．これも，かつては医師が個別に指示を出してした．

表7-3 「新注射カレンダ」に追加された項目例

- 1日単位での注射の指示から，短期間の変則的で詳細な指示（速度変更・中断開始指定・あらかじめ投与量が決まっていない持続注射のコスト連携）への対応
- 注射の指示の期間をより長時間にした，24時間モード・48時間モードの追加
- 25時間以上，注射が持続している状況を「⇒」で表示
- 新しい指示は最も目に付きやすい上段に表示
- 注射開始日時や投与量などの内容変更をポップアップで表示
- 2回実施機能の追加（1回目の点滴開始実施ではカレンダの伝票色をオレンジにし，2回目の点滴終了実施ではカレンダの伝票色をピンクにする）
- 患者の入院生活への指示や処置の指示など，指示簿機能の追加（医師）
- 実施記録を残す機能の追加（看護師）
- 指示チェック機構の追加表示（指示を受理すると指示伝票色がグリーンになり，指示を処理するとピンクになる）
- 注射カレンダを医師以外でも活用できるようにする（例えば，看護師がワークシートを操作して，複数の患者を表示できるようにする）

 それゆえに，電子カルテを利用して処方する場合は，注射指示箋を利用していたときに，いかなる慣習や約束事が存在していたのかを明確化する必要があった。実際に手術を受けた患者が入院してから退院するまでの流れを取り上げ，そこでどのように指示伝票が流れ，医師や看護師との間でいかなるコミュニケーションがとられているのかを観察し，運用マニュアルへ反映するという洗い出しが行われた。

 この洗い出し作業には，ベンダー企業の担当者も参加していた。もちろんベンダー企業も，それまで使われていた複写式の指示伝票をもとに，電子カルテを開発してきた。しかし，それはいわゆる指示伝票を利用した指示の一部を反映したにすぎず，医療実践の全体を理解したうえで開発されていたわけではなかったのである。それゆえ，当初，ベンダー企業は，注射カレンダを入院（慢性期）と外来（急性期）で分け，急性期用の重症注射カレンダを新たに作ることによって対処する予定であったが，洗い出しの作業を通じて入院と外来という区分を超えた慣行が次々と明らかになり，最終的には入院と外来の区別なく利用できる「新注射カレンダ」が作られることになった。

 この新注射カレンダに追加された項目こそ，とりもなおさず従来まで，複写式の指示伝票を利用しながら，医療現場で行われてきた慣行に他ならない（表7-3）。電子カルテの利用には，注射の指示ひとつとっても，膨大な医療実践の見直しが必要であったことがわかる。このように，情報化の本質は，単に電子カルテを導入することではなく，改めて処理すべき情報を見直し，それをより有効に運

用するための組織体制を改めていくことにある。[6]

2.2 「電子カルテに馴染みにくい」とされる診療科の比較

　前項で検討した，電子カルテの導入によって生じる問題は，単に電子カルテに入力する手間が増えるというよりは，従来の紙カルテの利用を前提に構築された医療実践が失われたことに起因するものであった。すでに述べたように，情報化の本質は，技術それ自体の導入ではなく，従来の当然視された実践を見直し，技術的にも対応可能なルーティンを明確化することにあった。

　前項では，こうした情報化のプロセスを，部分的には診療科や部門ごとのコンテキストの違いを考慮しつつも，電子カルテが導入された現場で共通してみられた，医師による一般的な取り組みとして検討してきた。本項では，診療科ごとのコンテキストの違いに焦点を当て，医師の情報化への取り組みを左右する組織的・社会的要因を検討する。

　具体的には，予備調査の争点として指摘されていた「電子カルテに馴染みにくい」とされる診療科に焦点を当てる。とりわけ，カルテ記載に描画を多用するために画面上でマウスを使用することが多い診療科と，時間的に切迫している診療科では，電子カルテの利用が向いていないのではないかという問題意識がみられた。だが，結論を先取りすれば，この2つの理由それ自体は，必ずしも電子カルテの導入が困難になる根源的な原因ではない。なぜなら，府中病院では，同じような理由を抱えながらも，カルテの電子化を行うことができた診療科と，紙カルテを残している診療科が存在していたからである。すなわち，同じようにカルテの記載に描画を多用する診療科である眼科と耳鼻科において，眼科では電子カルテがほとんど利用されていないのに対して，耳鼻科では電子カルテの積極的な利用が進んでいた。また，時間的に切迫している診療科として取り上げられた救急診療科（ER）と救命救急センターでは，ERがカルテの電子化に困難を極めたのに対し，救命救急センターはどの診療科よりもスムーズに対応できた。

（1）カルテに描画することの多い診療科

　まず，コンピュータ上での描画が困難であることから，カルテ記載に描画を多用する診療科には電子カルテは適していないという指摘は，直観的にもわかりやすい。府中病院では，カルテ記載に描画を多用する診療科として，眼科と耳鼻科が挙げられていた。

【眼　科】

　確かに眼科では，紙カルテに記載されてきた内容のほとんどが描画によるものであった。電子カルテへの描画による記載はきわめて困難なため，眼科では電子カルテの利用を控えているという。

　　「マウスで絵を描くって，めちゃくちゃむずかしいんですよ。やってないけど。あれも，なんていうかなあ。僕ら，絵だけみている部分，結構あるんですよ。例えば，真ん中，眼球そのものを正面からみたら，角膜がみえるんですよ。角膜の上に傷があるとかね，異物がのっかてたって，そこにこうやって絵を描きゃ，それですむわけですよ。（その上で描画のそばに）異物，って書けば終わりですから。これ，言葉で書いたら，ややこしくてしょうがないですよ。」（眼科 T 医師）

　もちろん，眼科としても，府中病院全体で導入される電子カルテに対して，何も対応策を考えてこなかったわけではない。例えば，検査機器によって撮影された画像を直接，電子カルテに取り込むという解決案が考えられた。実際，眼科では，ほかの診療科に比べて圧倒的に多くの検査機器が用いられており，これらの検査機器からデータを取り込むことができれば，カルテへの描画の手間が丸ごと不要になると考えられた。

　しかし，電子カルテにデータを送り込むためには，検査機器が電子カルテに接続されていなければならない。具体的には，画像を電子カルテに取り込んでいくために，電子カルテと医療機器との間で通信が行えるようにする必要がある。現在では，医療情報標準化規格として HL7 規格や DICOM 規格がある。病院全体の電子化された医療情報システム全体をカバーする通信を定義しているものが HL7 規格で，画像診断部門（放射線部門，循環器部門，生理検査部門など）が利用する医療機器間のために定められた標準が DICOM 規格である。しかし，当時の府中病院に導入されていた検査機器は，必ずしもこれらの規格を備えていなかった。とくに多くの検査機器を利用する眼科において，ネットワーク通信の準備のための改造費には膨大なコストがかかることになる。もちろん，この問題は，医療機器が最新のものに置き換えられていけば，自然に解消することであった。

　ところが，より重要な問題として浮かび上がったのは，カルテに描画されたデ

ータには，検査機器から送られる画像データでは表現されない情報が記載されていたことである。例えば，眼底写真をもとに描画される情報は，写真のデータそのものが写し取られたものではなく，線の太さや濃さによって微妙なニュアンスが表現されていた。自らの診療に必要な情報を作り出すことが情報化の本質であったとすれば，医師にとっては描画がすなわち，情報化のプロセスそのものであったのである。そのため眼科では現在でも，電子カルテの利用は，ほかの部局に対する診療予約や検査依頼にとどまり，カルテ自体は紙媒体に描画されたものが保存されている。

また，眼科において電子カルテが利用されない背景として，当時は，学会レベルでカルテの電子化に反対する動きがあったことを追記しておかなければならない。実際，日本眼科学会は「多くの自科検査やスケッチ記載を要する診療科では，科ごとに特化された電子カルテが必要であるが，そのような配慮がなされていない現在の電子カルテにおいては，眼科診療に全く使いものにならない」という声明を出しており（日本眼科学会［2004］），電子カルテ導入に対する抵抗は府中病院の眼科に特有の反応ではなかったのである。

【耳鼻科】

耳鼻科は，眼科と同じような事情を抱えており，カルテの記載はやはり描画が中心であった。しかし，耳鼻科では，電子カルテ導入に先立って「耳鼻咽喉科画像研究会」が組織されていた。耳鼻科のA医師が，もともと情報化に熱心であり，研究会の幹事を積極的に引き受けていたことも無関係ではない。

だが，より重要なのは，耳鼻科における描画に代わるカルテ記載方法への取り組みである。とくに耳鼻科で意識的に検討されてきたのが，描画によるカルテ記載を文章として記載する方法であった。もちろん，文章による記載が容易に可能であるなら，そもそも描画する必要はない。逆にいえば，文章では示しきれないから，描画をしてきたはずである。だが，すべてが描画でなければ表現できなかったかというとそうではない。

例えば，描画を使って記述しなければならない症状のチェックポイントを絞り込み，具体的には，「浮腫（＋）」「発赤（＋）」「混濁（−）」「膨隆（−）」などの表現方法を用いることで，患者の症状を記録することができる。「前下象限混濁」「後上象限発赤」のように，キーボードで打ち込むにも手間がかかる言葉が存在するかもしれない。しかし，それらは辞書登録しておけばよいし，同

じ患者であれば，前回利用した情報を部分的にコピー・アンド・ペーストすることもできる。

そのうえで，それでも描画のほうが適切に表現できるのであれば，マウスで描画すればよい。ただし，その場合でもすべてを一から描画する必要はない。人間の内耳に対する基本的なテンプレートを用意しておけばよい。耳鼻科では，これを「シェーマ」と呼び，必要な限りにおいてシェーマが呼び出され，シェーマ上に矢印やマークを付けて，文章での説明を補足する仕組みを整えた。しかし実際には，部分的であれマウスを使った描画は時間がかかりすぎ，さらにはシェーマを呼び出す際にも時間がかかってしまうことから，最終的にはシェーマそれ自体が利用されなくなっていった。

つまり，耳鼻科が電子カルテの導入に積極的であったのは，技術的にも電子カルテでも描画に代わるカルテ記載が実現できたから，というわけではなかった。彼らが，文章によるカルテ記載にこだわったのは，言語化を通じて，患者の症状を明確化することになるということに気づいたからであった。描画によるカルテ記載は，実際に診察した医師本人であれば所見の内容がわかるかもしれない。だが，別の医師やコメディカルが同じ描画をみたときに，同じ所見にたどり着く可能性は低い。描画によって記載されたカルテは，読み手に依存してしまい，記載された情報が歪んで伝えられてしまうというデメリットがあった。これに対して文章で記載されたカルテであれば，読み手に依存せず，正確に情報を伝えることができる（図7-4）。

　「絵のほうが情報量は多いのですけれども，その，それが正しい情報かどうかっていうのはまた別の話であって。（中略）逆に言葉の場合には書いてあることがわかる。書いていないことはわからない。だけど絵の場合だと，その，鼓膜なんかぽんと丸を描いて何かごちょごちょと書いてあれば，みたのかみていないのかわからないんですよね。いつもの習慣でそう書いたのか，それとも，ちゃんとみてそうだったから書いたのかっていうのは，わからないんですよね。その点，言葉だとみていないことは書かないですから。書いてあることは，たぶんみたことなんですよね。情報量は減るんだけど，確度が上がるというかね。だから穿孔なしって書いてあれば，みて『ない』と思ったんですよね。だから，見落としたのかもしれないし，なかったのかもしれないけど，少なくともその人は『なし』って判断したんですよね。何も書

図7-4 耳鼻科における描画によるカルテ記載例と，電子カルテの記載例

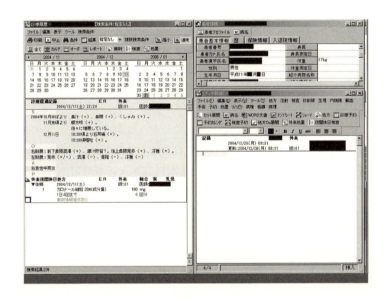

いてなければみてないなって。(中略)絵に丸が描いてあって，それらしい絵が描いてあると，よけいにわかんないですよね。」(耳鼻科A医師)

そして，誰にでも伝わる表現で書かれるようになったカルテは，医師やコメディカルの間での情報共有だけではなく，患者に対する情報開示(インフォームド・コンセント)にも繋がる。患者に対する説明責任は，今日の医療においては無視できない問題になっている。そう考えたときに，自分だけがわかる描画によるカ

ルテ記載では対応できなくなることは，もはや目にみえていた。とはいえ，文章によって，正確に所見を表現するためには，それなりの文章力が必要になる。この点についても，耳鼻科では，文章力を向上させるためのトレーニングを受けてでも，文章での記入に慣れてもらわなければならないとしている。診療内容が電子カルテに向いているかどうかではなく，そもそも電子カルテに対応できるように自らを変えていくべきだというのである。

（2） 診察が時間的に切迫している診療科

次に，時間的に切迫し，電子カルテを操作したり，入力する余裕がないために，「電子カルテに馴染みにくい」と考えられた診療科を検討する。時間的に切迫している診療科として，急性期の患者を取り扱う部門が考えられる。府中病院には，こうした診療科として救急診療科（ER）と救命救急センターがあった。しかし，少なくとも府中病院においては，ERがカルテの電子化に困難を極めたのに対し，救命救急センターはスムーズに対応できた。

【ER】

まずERであるが，都立病院におけるERとは一般的にイメージされる，重篤な救急患者が搬送されてくるような部署とは異なることを，あらかじめ理解しておく必要がある。都立病院でのERは，24時間体制で診療時間外の初期治療を行い，通常の外来窓口へ引き継ぐことを目的とした診療科である。

このことから，ERでは，電子カルテ導入に伴う諸問題への対応が取りにくいという事情があった。第1に，ERは患者数が多く，1日に対応する患者数も平日で約150名，休日になると1日約200名となり，とくに夜間や休日などの時間外に集中して混み合い，1人当たりの医師が診る患者数は一晩で約20名から30名にもなっていた。しかも，最初の診察のあとにX線撮影を指示された多くの患者が，検査結果が出るまで廊下で待機させられる。診察ブースが空く時間をぬって，次から次へと患者が入れ替わる。医師もまた，空いている診察ブースに移動しており，診察室が固定している一般外来とは状況がまるで異なっていた。結果として，診察ブースにある電子カルテの端末は，それぞれの医師専用にすることは難しく，頻繁にログイン，ログアウトが繰り返されるというような状態であった。

第2に，診察内容が多岐にわたり，テンプレートの作り込みも難しかった。時

間外窓口であるERを訪れる患者の症状は広範囲にわたるために，多様な診療科に引き継がなければならない。症状が局限されないさまざまな患者が診察に訪れるとすれば，患者の主訴からどのような診療が必要であるのかを，その場で判断しなければならない。例えば，「腹痛がある」という患者の主訴に対しても，腹痛の部位，痛みの種類，症状が出るまでの経過など細かい聞き取りが求められる。内科系の診療科においてテンプレートの作り込みが難しかったのと同じ理由が，ERでも存在したのである。

第3に，ERでは，通常の診療科とは異なり，訪れる患者がほぼ初診であり，前回のカルテ内容を使い回せなかった。それゆえに，コピー・アンド・ペーストもできなかった。

第4に，これが最も大きな問題なのだが，ERは専門部局として組織化されておらず，内科系（2名）・外科系（1名）・小児科（2名）の各診療科から選任された5名の医師のほか，必要とされる医師を外来あるいは病棟から応援に呼ぶという，いわば寄り合い所帯であったことである。寄り合い所帯であるERでは，患者の診療形態も組織化されたものではなかった。まず，来院した患者は，看護師による問診（トリアージ）を受ける。看護師は，患者の主訴から必要な診療を判断し，当日に担当している適切な医師に連絡する。だが当該の医師の手がふさがっていた場合には，関連する診療科の医師が診察を行い，その後に引き継ぐこともある。さらに，診察の結果，ほかの診療科がふさわしいと判断されることや，併診が必要になる場合も多く存在する。こうして，ERでは，さまざまな診療科の医師が，一人の患者に関わっていたわけである。

このように寄り合い所帯でありつつ，患者の対応に多様な診療科の医師が携わるERでは，電子カルテの利用方法について，診療科としての方針を出しにくかった。さらに，医師が自分専用の電子カルテ端末をもつこともできず，そのために辞書登録機能などのコンピュータの基本的な機能さえ使えなかった。さらに，それぞれの医師は，自分が所属する診療科のやり方を身につけていた。ERならではのやり方を作り出そうにも，必要なときに応援にくるという体制では，どうしてもコミットメントが薄くなってしまう。実際，ERに導入されたパッケージは，ERが通常の外来窓口に引き継ぐ初期治療を行う診療科であるということから，ベンダーによって一般の外来向けのパッケージが導入されていた。ERでは，専従の医師が配置されていないため，電子カルテ導入の準備WGにERを代表して参加する医師もいなかった。結果として電子カルテの導入以降，診療上で大

きな影響が出るまで，誰もこのパッケージが抱えていた問題に注意を払わなかったわけである。

【救命救急センター】
　次に救命救急センターであるが，こちらはERが抱えたような問題は，まったくといっていいほど生じていなかった。まず，患者によって必要な診療科の医師を応援に呼ぶという意味ではERと同様であったが，救命救急センターは専門部局であり，少なくとも1名のコーディネート医師が配置されていた。そして，1日の来院患者数としては平均2〜3名と，ERとは比べ物にならないほど少なかった。
　しかし，だからといって，のんびりした診療科であったというわけではない。時間外窓口の意味合いが強かったERに比べ，救命救急センターは，一般的に想像されるように緊急の処置が求められる重篤な患者が搬送されてくる。こうした患者には，一刻も早い処置が必要になり，いちいち電子カルテを立ち上げている暇はない。つまり，ERとは異なる理由から，電子カルテになじまない診療科だと考えられていたわけである。
　にもかかわらず，救命救急センターがカルテの電子化に対応できたのは，電子カルテ以前になされていた救急処置のための診療が，電子カルテにもうまく合致していたからである。このことを理解するためには，もともと救命救急センターが，いかなる診療を行ってきたのかに注目する必要がある。そもそも，重篤な患者に対して行えることは，実は限られた応急処置しかない。そのため，救命救急センターは，その診察や処置が限りなく限局化されていた。先述のように，診察や処置の限局化は，電子カルテのテンプレートの作り込みとして重要な条件であった。そして，救命救急センターでは，すでに診療録や処置記録，病名連絡表といったテンプレートが，紙媒体で作り込まれていたのである（図7-5）。

　　「もともとね，こういうフォームを使って，診療録のフォーマットができていたし，こういう処置記録ができていたし，業務連絡表もできていたんですよ。処置の伝票に関していえばね，例えばこれ，DOAは昔の言い方ですが，心肺停止の患者なんですが，病名をみるといろんな病気が書いてありますよね。この病名ごとに処置伝（票）を打っていると，処置伝は打てなくなっちゃうんですよ。（中略）（とはいえ）いろんな病気にしても，意識障害なの

図7-5 救命救急センターの入院処置

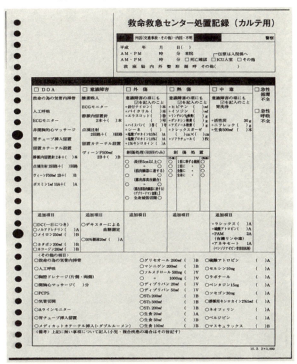

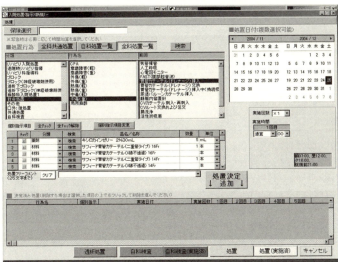

か，怪我なのか，熱傷なのか，あとはまあ心肺停止とショックの患者ですから，どれかに処置として該当しちゃうんですよ。病名が違っても，どれでもとれるような処置リストが作ってあるんで。だから，そういう意味では，全然楽なんですよ。もともと限られた時間で取りこぼしのない処置と，取りこぼしがない病名と，ある程度，必要最小限のカルテ記載するようなフォーマットを，もともともっていたんですよ。だから，それをただ（電子カルテに）くっつけてしまえばいいだけの話で。だから，手書きの部分が，キーボード入力になっただけなんですよ。」（救命救急センターＳ医師）

3　小　括

　本章では，電子カルテが導入された府中病院の事例分析を通じて，主に医師の立場からみた医療実践の再構築プロセスを検討してきた。第１に，物的制約のある紙カルテや，それを利用したコメディカルとの柔軟な役割関係に支えられつつ当然視されてきた医療実践は，電子カルテの導入によって断絶されることになった。そして，その当たり前のなさが顕わになる。第２に，取り組むべき問題が明らかになれば，電子カルテを有効に利用する，さまざまな工夫が考えられるようにもなる。本章で取り上げてきた，電子カルテを利用可能な技術にしていくための医師の取り組みは，それら１つひとつをみれば，技術的には驚くものはないかもしれない。だが，ここで重要なことは，そのプロセスを通じて医師が自ら診療に必要なルーティンを見直していることであった。その限りにおいて，電子カルテを利用する医療実践は，既存の実践を置き換えることだけに留まらず，新たな医療実践として再構築されているのである。

注

・1　これらは『病院』や『新医療』で電子カルテに言及された記事の内容分析を通じて抽出された効果であるが，時代や内容の傾向として有意味なものは見出せなかった。

・2　実は，府中病院に電子カルテが導入されたのが，2003年7月であり，本研修の第一期も2003年度に始まっていた。もともと第一期の研修において，電子カルテが導入された府中病院をリアルタイムで検討することを提案したが，カルテ導入後の繁忙期であったことから第二期研修の研究課題となった。

・3　もちろん，実際のカルテ・データが開示されるものではないが，研究上で具体的な検討を行うための資料とするため，それぞれの診療場面での電子カルテのキャプチャー画面，

紙カルテに患者の症状を手書きした場合の描画を再現してもらい，紙カルテ運用時に使用していた診療録や処置記録などの定型書式の書類も入手した．

・4　実際には，このルールは，従来から公式的な運用ルールとして定められていた．つまり，従来は棒などの身近なリソースを利用することで注意喚起が可能になっていたのに対して，電子カルテ導入後はそれらのリソースが利用不可能になったことから，改めて従来の運用ルールを遵守するという，ルーティンの見直しがなされたのである．

・5　重症注射カレンダでは，注射開始後も速度変更ができ，また何日にもわたる点滴がオーダーできるように変更が加えられた．

・6　電子カルテの利用を可能にする組織体制としては，ほかにも電子カルテ操作のスキル向上に関する組織的取り組みがみられた．電子カルテ導入以前は，オーダリングも導入されていなかった府中病院には，キーボードによる入力に馴染みがないという職員が3割程度いた．そのために，電子カルテ導入に当たっては，医師を含んだ全職員に操作訓練が行われた．だが，机上の訓練では，実際に電子カルテが導入されたときの混乱を防げるわけではないため，結局のところ，電子カルテのスキルは，各個人が電子カルテを使いながら学ぶことになった．そのため，電子カルテを使いこなせないがゆえに退職する職員が，医師を含む全職種から出てしまい，府中病院ではこれを「電カル退職」と呼んでいた．

・7　しかし，電子カルテが導入された1年後には，外科系の医師を中心に，ER独自のテンプレートの作成を行うなど，部分的にはカルテの電子化が進んでいたことを追記しておきたい．

第8章　専門化された集団による協働体系の調整
電子カルテに媒介された医療実践を通じた組織変革

　本章の目的は，医療専門職が支える協働体系たる病院組織において，電子カルテの導入を通じて生じた組織変革を検討することにある。すでに第7章において，府中病院における電子カルテ導入事例を取り上げ，主に医師の立場から電子カルテの利用を通じて再構築された医療実践の変化を検討してきた。本章では，再び同事例を取り上げつつ，今度は医師に留まらず，その他の医療専門職（コメディカル）や患者，さらには電子カルテの納入ベンダーや病院を管轄する行政にも対象を広げ，彼らの協働体系の変化に注目してみたい。

　さて，本章では，電子カルテの利用を通じた医療実践の変化を「組織変革」という概念を使用しながら説明する。企業を取り巻く外部環境の流動化が共通認識として存在する限り，組織変革は実務的にも重要な経営課題であり，これを論理的に把握することが経営学の責務になる。事実，古くから組織変革やそのマネジメントに関して，多くの研究が蓄積されてきた。本章では，それらを詳細に整備する余地はないが，一見してわかるのが，変革対象となる組織の捉え方が論者によってさまざまであり，一口に組織改革といっても比較不可能な状態になっていることである。ざっとみても，業務の進め方や仕事内容そのものの変更を論じるもの，そうした行動変化を人々に受け入れさせる組織開発に注目するもの，集団の思考パラダイムを変革の主題とするものなどさまざまである。他方で，共通性も見出せる。それは，とにかく組織は変わりがたく，それが企業の外部環境への適応を妨げているという想定である（松嶋［2011］）。

　これに対して，組織変革として本章が捉えたいのは，こうした専門化された集団が組織の存続のために，自らの役割に対する責任を貫徹させようとする不断の努力からなる調整活動であり，その結果としてみられる協働体系の変化である。

もちろん，複雑化した協働体系のすべてが，専門化された集団による自律的調整に委ねられるわけではない。実際には，専門化された集団が自らの利益を守ろうとするため，さまざまなコンフリクトを表出させ，そこで政治的駆け引きが行われることもあろう。以降，本章では，こうした技術を介した政治的関係に注目しながら，電子カルテが導入された医療現場における組織変革に注目する。

1 電子カルテに媒介された関係的な医療実践の変化

　本章では，第7章に引き続き，わが国においては萌芽期となる2003年に，電子カルテが導入された都立府中病院を分析対象とする。前章では，電子カルテの導入によって明らかに大きな影響を受けると考えられる医師に着目した。そこでは，それまでに物的制約のある紙カルテを前提として医療従事者の間で作り上げられた医療実践，とりわけカルテとは別に用意された「指示伝票」の作成（カルテ情報の転記作業）を通じて可能となっていた，コメディカルによる「柔軟なサポート関係」が失われることによって，さまざまな問題が生じていることが明らかになった。そして，既存の医療実践の断絶に直面して，医師が自らの診療を遂行できるよう，電子カルテを利用可能にするプロセスは，それまでの医療実践を再構築することに他ならなかった。

　だが，医療実践の再構築は，医師だけで完遂するものではありえない。医師がコメディカルからのサポートを必要とするのは，単に医師に集中する業務を分散させる以上に，コメディカルに特有の専門性が備わっているからだと考えられる。その限りにおいて，医療実践の再構築には，コメディカルの側からの対応も求められる。また，医師をサポートするコメディカルにとっては，より医師との関係性が意識されることになろう。加えて，医師との関係性を含んだ医療実践の再構築は，医療サービスを受ける患者との関係性にも波及する。さらにそこには，病院内外の調整に関わる業務に就く人々も関わってくる。

　そこで本章では，医療実践の関係的な側面に改めて焦点を当て直し，とりわけ前章で詳しく検討されてこなかった，医師以外の人々による関係的な医療実践の再構築プロセスを分析していく。具体的に，まず，医師との関係性が問われるコメディカルの対応を取り上げる（第2節）。次に，医師とコメディカルとの関係性の変化に影響を受ける患者を取り上げる（第3節）。最後に，関係的な医療実践の再構築に際して生じる，調整業務に携わる人々を取り上げる（第4節）。

なお，本事例分析は，前章と同様に東京都保健局病院経営本部重要課題研修（研究コース）「経営研修（電子カルテの導入と組織改編）」の第二期コースとして行われた調査結果をもとにしている（松嶋［2007b］）。具体的な分析手続きは，第7章で示したため省略する。本章の記述は，研修を通じて得られた調査結果を，すでに示した研究上の視点から分析し直したものになる。

2 コメディカルによる対応

本節では，医療専門職たるコメディカルによる，医師への対応を検討する。とはいえ，コメディカルと一口にいっても，その性質は一様ではない。まず看護師は，最も代表的なコメディカルであり，医師の業務に密接に結びついた支援業務に携わるという性質をもつ。他方，その他のコメディカルは，独自の専門性をもち，医師が行う業務と比較的切り離された業務に携わる。また，コメディカルの対応を左右した理由には，業務の内容面とは別のものも考えられる。コメディカルと医師との権限関係である。もとより専門職であるコメディカルは，法的にも一定の権限が与えられてきた。だが，入力者情報が残される電子カルテの導入に伴い，その責任所在が改めて明確化されることになる。医師とコメディカルの関係性の変化は，具体的な業務内容の側面からだけではなく，誰がいかなる責任を引き受けるのかという，権限の委譲に伴って生じる責任の受容をめぐる問題としても検討する必要がある。

2.1 医師の代理人としての看護師

すでに触れてきたように看護師の特徴は，医師に最も近い立場から患者の治療に関わるコメディカルであることであり，その反面として，医師との専門性の違いも曖昧な立場にある。換言すれば，医師を傍らで支えてきた看護師は，電子カルテによって失われた柔軟なサポート関係がいかなるものであったのかを，医師と同様に（あるいはそれ以上に）詳細に把握することになる。そこで，ここでは第7章を振り返りながら，電子カルテ導入によって失われた慣行として，処方箋の発行，保険請求，病院食の指定という局面を具体的に取り上げ，検討すべき問題の所在を確認しておきたい。

第1に，電子カルテ導入に際し，医師も大きな危機感をもっていたのが，薬剤の処方内容のチェックであった。このチェックは，看護師がその一部を担ってい

た。医師が患者に対して薬剤を処方するに当たり，処方箋（ないし処方の指示が書かれたメモ）が看護師に渡される。処方箋を渡された看護師は，そこに記載された薬剤が府中病院で採用している規格のものか，または患者の持参薬に残りが生じていないかなどを確認し，必要であれば医師の指示を受けて処方箋に修正を施し，薬剤科への搬送を病棟クラークに依頼していた。しかし，電子カルテが導入されれば，薬剤の処方が入力された時点で薬剤科に送られることになり，看護師によるチェックが失われてしまうことになる。

　しかしながら，だからといって看護師によるチェックが完全になくなったわけではない。とくに入院患者に関していえば，医師から看護師に投薬を指示する指示簿が渡されており，ここで2回目のチェックが行われていた。このチェックは，電子カルテ導入後であっても，電子化されない物的な媒体に担われたものである。薬剤そのものは物的な存在であり，また薬が入れられた「処方袋」からも実際に処方された薬剤の情報を得ることができる。これらを，医師から渡された指示簿と突き合わせる。こうした物的手がかりをもとにしたチェックは，患者との接面に立つ看護師ならではの実践であろう。

　とはいえ，従来行っていた二重のチェックのうち，1回目のチェックは完全に失われていた。看護師が直接患者に薬剤を渡すことができる入院患者の場合には，二重のチェックを利かせることができるかもしれないが，外来患者の場合には，このチェックを行うことができない。それゆえに薬剤の処方に関しては，看護師のチェックが完全になくなったわけではないものの，薬剤処方に関して専門化されたコメディカル，つまり薬剤科による対応が求められることになった。

　第2に，看護師による支援のうち，電子カルテによってほぼ完全に失われた慣行として，請求漏れのチェックが存在していた。患者に対する消毒や包帯交換などの処置が行われたとき，その処置内容が処置伝票に記載され，医事会計へと送付される。そもそも処置には，医師のみが実施できるものと，看護師も実施できるものが存在する。看護師が実施した処置に関しては，当然ながら看護師が処置伝票を作成していた。だが，医師が実施した処置についても，従来は看護師が処置伝票を作成していた。カルテとは別に用意された処置伝票は，1週間分をまとめて記入できるリスト形式になっており，看護師は処置表に医師や自身が実施した処置を記録し，請求漏れを確認したうえで医事会計へ送付していたのである。

　しかし，電子カルテ導入後には，カルテの入力がその都度に医事会計へ送信される。発生源入力が徹底されれば，医師と看護師はそれぞれが実施できる処置し

か記録することができなくなる。そうなれば，看護師が自らの経験に基づいて，医師が電子カルテに処置の指示や実施の入力を忘れていると推察された場合でも，医師に確認するしか取りうる対策がなくなってしまう。当然ながら，請求漏れのチェックは，従来に比べて不十分なものにならざるをえず，ある診療科では手術件数が増加しているにもかかわらず，処置料が減少傾向にある（実際の処置に関しての請求漏れが生じている可能性）という事態が発生していた。こうした事態への対応については，保険請求に専門化された部局，つまり医事課による対応を求めざるをえない。

　以上の２つの局面は，電子カルテの導入によって失われた，看護師による柔軟なサポート関係であった。これに対して，第３に，医師と看護師による電子カルテへの権限が見直されたものがある。入院患者に対する治療食のオーダー（食事箋の発行）であった。保険請求に関する法律に基づけば，入院患者の治療食のオーダーに関しては，医師が食事箋に記入することになっている。だが，前章でも触れてきたように，診療に関わるさまざまな業務が集中する医師が治療食の詳細を把握し，適切に指示できるという想定は現実的ではない。それゆえ，従来までは，患者の状態を把握する看護師あるいは病棟クラークが，主食の変更（ご飯を全粥に）や禁止食品の追加（牛乳が飲めないので代わりにヨーグルトになど）を記入していた。これも，食事箋というカルテとは別に用意された媒体の存在がなせる柔軟なサポート関係であった。

　この対応策として講じられたのが，病院食の指示そのものは医師に入力してもらい，主食の変更をはじめとした修正については看護師でも入力できるよう，入力権限を改定することであった。だが，入力権限の変更には，指示の責任所在を懸念した看護師による抵抗もみられた。つまり，本来医師が行うべき入力を看護師が行うべきではないという主張である。もちろん，業務内容やその負荷が争点になっているわけではない。従来も，柔軟なサポート関係のもとで，看護師や病棟クラークが慣行として行ってきたことだからである。しかし，電子カルテの入力や変更には，操作者の記録が残る。操作者の記録が残るということは，そのことによって生じる責任を引き受けることを意味する。それゆえに，病院食の変更に関する入力権限が看護師に与えられるというシステムの改変に際して，「〇〇医師の指示のもとで」という文言を追加することが，ことさらに求められたのである。

「権限の問題がすごくありまして(中略)要するに『ご飯をお粥にする』だけとか,『牛乳がだめだからヨーグルトにしてくれ』だけみたいなところを医師が対応してくれるかってところですよね。(中略)要するに権限の広げ,ですよね。(中略)ご飯を変えるだけだったら,看護師さんもしくはクラークさんでもだめなのかっていうような感じで,あの,一応申し入れはしましたね。(中略)最初のときは,食事(選択の)画面で,コメントのところだけはいじっていいとか,ここだけはいじっていいとかいうのはできないって,かなりいわれましたよね。(中略)だから,そこの権限は一応開けて,いじっちゃいけないのはどこからどこまでですという約束事を決めて。『クラークさんないし看護師さんが入れたけど,それは,誰々医師の指示によるってのをつけて』といわれたんで,全部それはつけてもらいましたね。あくまでもそれは『誰々医師の指示のもとに,看護師が,誰々クラークが入れました』っていう。その名前も全部入りますっていうので。もちろん,『それはそれで結構です。そうしたら誰が間違えたかもわかるから』っていうことで。」(栄養科 Y 氏)

この第3の局面については,電子カルテの導入によって失われた慣行をいかに補うかという技術的問題とは異質の問題が潜んでいた。それは,従来の柔軟なサポート関係を超えて,コメディカルが専門職として自ら判断を下すことに対する責任を受容するかどうかに関わる問題であった。この点は,とりわけ医師による問題提起が多くなされ,コメディカルの専門職としての意識のもち方が議論されたという。もちろん,医師による問題提起をそのまま受け入れることはできないものの,責任の受容は専門化の原則に関わる根源的な問題である。

「今までは,えっと戦後の医療のなかで本当は看護師に任せられなかったことをやってよとか,あるいはクラークさんに任せられなかったことをやってよとか,頼んでいたところがある意味では,もう1つの,本来のかたち(法的に規定された職務分担)になっていたのかもしれない。あるいは府中病院に関していえば,電子カルテを最初に入れるってことから,かなりきっちり考えていたから余計に。確か,駒込ではクラークさんとかが入れたりしているみたいですけど,うちではやってない。一番最初だったということで緊張して入れたから,余計に医師・看護師とそれ以外の分担の仕方を非常に厳密

に考えた格好だと思うんですよ。その意味で、余計に仕事の内容が、非常に医者の負担になってるんだな。医者は看護記録を書ける。なんで看護記録を書けるようになっているのかわからないけど、医者はオールマイティ。何でも書ける。だからそれこそ極端な話、『医者が看護記録書いてよ』と頼まれれば、書こうと思えば書ける。そういう意味で、医者に任せれば何でもやってもらえるってところが、逆にあるんですよ。ただ、今の医者の数っていうのは、あくまでもその前の紙のカルテのときの数でやってきているので。」
(循環器科 U 医師)

「前にやっていた医療は、そのまま正しいんですよ。ちゃんとやっているんですね、実をいうと。これをどうやって変えていくかっていう話で、そのワンクッションとしてね、発生源入力。みんな医者になっちゃって、ワーっとなっちゃって、やっていられるかって、なっているんですけど。はっきりいって。問題点を洗い出して、もっとコメディカルとして、もっと権限をもたしてもらって、当然ですよ。専門家ですもの。人のいう通り動いていちゃ困るんで、やっぱり。ナースもそうですけれども、患者に24時間、私たちは対しているわけじゃないので、側にいる人が一番よくわかるので、そこで判断して処置できないと患者さんが助かるものも助からない。先生に連絡とっている間に急変しちゃう話になっちゃうわけですから。側にいる人がある程度、権限をもって動けなかったら、医療の質、維持できないんですよ。だから、そういう問題点もちゃんと洗い出して、そちらのいい方向にいけばいいんですけど。今のままですと全部医者が発生源入力で。しかも、がんじがらめで。だから、医者の権限を分散させないと無理ですよ。でも、それは当然ですよ。チーム医療の考え方で、昔みたいに医者が一人で、お医者様みたいにやっているわけじゃないので、各部門、各部門の判断で患者に対していくわけですから。司令塔だっていう意味では医者がそうですけど、全部が、全部が、全部っていうのはおかしい。」(産婦人科 K 医師)

2.2 失われた慣行に対するコメディカルの対応

電子カルテ導入後の看護師による対応を通じて、検討すべき2つの論点が見出された。その1つは、看護師では対応しきれない問題に対する、専門化されたコメディカルによる対応である。以降、薬剤科、医事課、栄養科という3つの異な

った専門性をもつコメディカルの立場から，電子カルテの導入に伴っていかなる慣行が失われたのかを明らかにし，そのうえで彼らによって再構築された医療実践をみていくことにする。

(1) 薬剤科——患者情報を参照した処方箋チェックの質的変化

まず，処方箋のチェックに対する薬剤科の対応をみていきたい。このチェックは完全になくなったわけではないが，看護師によるサポートが困難になったケースである。だが，ここで注意が必要なのは，そもそも薬剤科は，看護師に全面的に依存していたわけではなく，自らの専門性に基づいて医師の処方箋をチェックしてきたことである。薬剤師法では，処方内容に疑義が生じた場合，薬剤師は医師へ問い合わせる義務が定められている。そのため薬剤科では，たとえ看護師のチェックを経たものであったとしても，従来から専門家として処方箋のチェックを行ってきた。

問題は，その方法にあった。電子カルテが導入されるまでは，薬剤科では医師が発行した紙媒体の処方箋を，部門システムに手入力していた。この手入力作業の際に，彼らの経験に裏づけられた知識のもとでチェックが行われていた。その知識は，決して体系化されたものではなく，あくまで経験を通じて蓄積された暗黙的なものであるという。事実，習熟した薬剤師のなかには，病院間を渡り歩いて，処方内容の適切性を監査するような専門家も存在しており，府中病院においても定期的に彼らの点検を受けていた。それゆえ，前章で記述したように，電子カルテによって処方オーダーが直接，薬剤科に送られることに対して不安を覚えた医師が，せめて市販の処方チェック・システムを実装したいといってきたことに対しても，薬剤科としては最初から使いものにはならないだろうと返答していた（事実，使いものにならなかった）のである。

電子カルテの導入は，薬剤科によるチェックのやり方を変更させることになった。というのは，電子カルテでは，直接，部門システムにデータが送信されるため，チェックを行ってきた入力作業が失われてしまったからである。もちろん，入力作業が失われたとしても，画面上でチェックを行えばよいと思えるかもしれないが，電子カルテの画面をスクロールしながらのチェックと，入力作業を通じたチェックでは，精度にかなりの違いが出てくることは想像に難くない。

さらに，彼らが処方箋のチェックを行うための物的な手がかりがまるでなくなったわけではない。まず，処方箋は，法律により紙での保存が義務づけられてい

る。そのため，電子カルテ導入後も，医師から送られてきた処方オーダーが印刷され，紙媒体で保管されていた。それまでの手入力の際に行われていたチェックほど精度は高くないかもしれないが，電子カルテの画面を眺めるよりは，紙媒体で発行された処方箋のほうがずっと検討しやすかった。さらに，チェックの内容についても，従来のものから変化がみられた。ここでは，電子カルテによって患者情報が他部門でも閲覧可能になったことが効いていた。処方箋のチェックは，従来，部門システムの記録から前回の処方箋を比較することによって行われていた。しかし，それはあくまでも処方内容の比較に留まり，薬剤科が患者の病状変化までを知るすべはなかった。電子カルテの導入によって，それまで物的な制約によって閲覧できなかった患者情報を直接参照できるようになった。その結果，薬剤科は質的な変化を遂げ，患者の病状を包括的に捉えながら調剤業務を行うこととなった。

「従来は，前回のをみて，今回のを入力する。今は，今回のをみて，前回どうだったか，との振り返りになっている。そういう意味では，大きな違いになってきているのではないかと。時間は，たぶんほとんど変わらない。入力がなくなったから楽になるだろうと，私も思っていましたけれども，電子カルテの入力になると必要以上の情報がみられる。今まではこういうことは先生にお聞きすると時間の無駄だから『まあ，これはこうだろう』と推測して前に進む部分がなかったとはいえない。やはり今度のシステムだと『カルテがそこにあるではないか』というところから始まりますので，必ずやはりカルテに戻るということを行うように習慣づいてきましたので。やはり，それほど時間的な違いが出てきていないけど，必ずカルテに戻るってことで質は高まっていると。それは薬剤師みんなが感じているところじゃないかと思うんですよ。」（薬剤科K氏）

(2) 医事課──医師の再教育を通じた対応

次に，通常，コメディカルとは位置づけられないが，失われた従来の慣行を補うべく対応が求められた部局として，医事課があげられる。医事課本来の業務は，日々の診療に対する適切な診療報酬を請求することにある。だが，診療報酬のための伝票作成という，直接的な診療行為ではない作業は，どうしても医師の意識に上りにくい。それゆえ医事課としては，請求漏れがないように医師をサポート

する必要があった。

　電子カルテ導入以前は，薬剤科と同様なやり方であった。つまり，医師から紙媒体での処置伝票が送付され，その情報を医療事務の専門職員が部門システムに手作業で入力していた。その作業を通じて，伝票の記載ミスや請求漏れを発見することができた。また，問題を発見すれば，医師や関係部局へ照会を行いながら，紙媒体の処置伝票に手書きで修正や追加をしたうえで，部門システムに手入力するという柔軟な対応が可能であった。

　具体的には，医事課における保険請求のための入力方法は，外来診療と入院治療の2つに大きく分かれる。外来診療においては，1日の診療が記載された帳票が各診療科で出力され，患者が医事課へ持参する。この場合には，患者が持参した帳票と，処置を行った医師や看護師が入力したカルテ情報を画面上で比較することができる。他方，入院治療の場合には，外来診療のような帳票が用意されておらず，電子カルテに入力された処置情報が，そのまま医事会計システムに取り込まれることになる。その結果，入院診療に関しては，従来まで医事課が行ってきた請求漏れをチェックする機会が完全に失われてしまった。

　それゆえに医事課としては，電子カルテの入力場面で生じることが多い請求漏れを，それまでの経験から予測し，医師に注意を喚起するようにした。実際，以下の発言にみられるように，定期的に診療報酬の請求実績と電子カルテの内容を突き合わせながら，考えうる入力漏れを医師にフィードバックして注意を促すという取り組みが行われている。ここでも薬剤科と同様に，彼らの経験に裏づけられた暗黙的な知識が働いていることがわかる。

　　「これは，長年いわれていることなんだけど『こういう病気の患者さんにこういう行為・検査が考えられますよと，それをやらないんですか』といったところの入力漏れ，要するに請求漏れっていうのかな。『他の病院じゃやってますよと，お宅の病院じゃやらないんですか』と。『もっととれるのに何でとらないんですか』。（中略）その辺が医事課の仕事だと思うんです。今，現在，年に1回ですけど，精度調査みたいのをやるんです。要するにカルテとか，帳票とか，レセプトと突合せしながら，『ニチイさんたちはこういうものだったら，普通だったらこうします』とかいうのを先生方にフィードバックしています。しょっちゅうはできませんけど，年に1回くらいはそういうかたちでやっています。」（医事課K氏）

(3) 栄養科──電子カルテのカスタマイズによる誘導

　最後に，病院食の提供に関わるコメディカルとして，栄養科をみていきたい。看護師の対応を通じて検討してきたように，法的に病院食の選択権限は医師にある。また，医師の権限のもとで，看護師は食事の変更などの入力権限を与えられてきた。そういう意味では，電子カルテ導入以降，もはやコメディカルとして栄養科が独自の対応をとる必要はないように思えるかもしれない。だが，必ずしも医師や看護師では行き届かない部分が，当然ながら存在する。例えば，疾患の治療として認められている特別治療食がある。病名と食事内容の整合性や主治医による指示事項が完全に記載されていれば，特別食加算が受けられる。そのためには，病名と整合性のとれる食事選択が必要になってくる。こうした知識は，医師や看護師に完全に備わっているわけではない。電子カルテ導入前までは，食事箋と照合して病名などが明らかな場合は，栄養科において病名を食事箋に追加記入したうえで，食事の指示を部門システムに手入力していた。

　薬剤科，医事課と同様，栄養科においても，電子カルテの導入は従来の実践を断絶させることになったが，栄養科には法的に裏づけられた権限がない分，失われた実践を回復するのが難しいように思えるかもしれない。だが，権限の裏づけがなくとも可能な対応も存在する。例えば，栄養科では，電子カルテのカスタマイズに際し，病院食を指定する際のオーダー画面の作成と整備に積極的に関わり，ベンダーに働きかけていた。医師と看護師の入力権限の切り分けを提案したのも，もともと栄養科であった。

　こうして栄養科の参加によって作り込まれた電子カルテ上の病院食のオーダー画面では，医師が特別食を指定する場合は，病名を選択しなければ画面が推移しないよう設計された。指示が必要な項目については病院食の基準を初期表示し，プルダウンで選ばせるようにした。この栄養科による対応は，請求漏れの注意勧告を通じて医師を再教育しようとした医事課とは対照的に，あえて医師に考えさせない工夫を凝らすことで，ミスの余地をなくそうとするものである。もちろん，こうした対応は，考えうる選択肢が比較的単純な場合に限られるかもしれない。だが，考えうる選択肢が単純であるほど，医師の意識に上りにくく，医師の意識に上りにくいからこそ，医師に意識させずに誘導する工夫も重要になってくるのである。

2.3 コメディカルに対する権限移譲と責任受容

看護師による対応を通じて見出されたもう1つの論点として，電子カルテの入力権限の移譲と責任受容に関する問題があった。これは，単に業務内容の技術的な切り分けという観点から，電子カルテの入力権限をコメディカルに委譲するという問題ではなく，コメディカルが専門職として自ら判断を下す責任を受け入れることに対する抵抗として，（主に医師によって）議論の俎上に載せられた問題である。

（1）放射線科

まず，専門性が比較的はっきりと識別され，これまでも独自の判断を行ってきたコメディカルとして，放射線科があげられる。放射線科ではX線撮影をはじめとして，CTやMRなどの高度医療機器を扱う。こうした高度医療機器の取り扱いについては，医師は放射線科の専門医や技師たちに多くのことを頼らざるをえなかった。例えば，CTなどの検査オーダーを行う場合でも，単に「CT検査をしてほしい」という依頼では十分ではなく，患者の病状や病歴などの診療情報を放射線科へ伝える必要があった。患者の病状によっては，CT検査の具体的な方法が変わり，さらに別の新たな検査方法が有効な可能性があるからである。CT検査以外にも，MR検査，血管造影検査，RI検査のように，ますます多様化する検査内容について，医師が具体的な技術的指示を出すことは，もはや不可能であった。

そのため，放射線科では電子カルテの作り込みに際し，単純な工夫であるがフリー入力欄を設け，そこに医師が求めている検査依頼を書き込んでもらうようにした（図8-1）。ちなみに，こうした実践は，電子カルテ導入前からも存在しており，紙媒体の検査依頼伝票には，余白にメモ欄が設けられ，そこに医師からの細かな希望が書き込まれていた。それゆえに，放射線科では，電子カルテの導入によって失われた慣行があるわけではなかった。むしろ，従来の慣行を電子カルテにそのまま反映するという対応がなされていた。

しかも，電子カルテによって共有されるようになった患者情報は，放射線科が新たに利用できるようになった情報であった。とくに高度医療機器を扱う放射線科にとって，検査結果の報告は，単に医療機器からの出力データを医師に送付することに留まらず，出力データを読み解くことも，放射線科の専門医や技師たちが有する専門性に委ねられていた。そのため，従来までは検査オーダーの伝票に

図8-1　放射線科へのCT検査のオーダー画面（左）と検査結果の報告書（右）

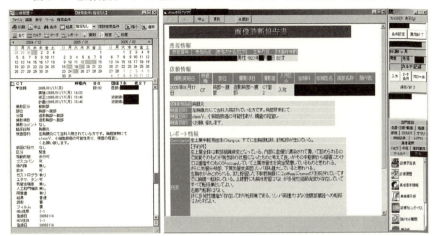

は，検査オーダーに関する内容はもちろん，その患者の診療に関する具体的内容についても書き込んでもらう必要があった。この点では，電子カルテによって共有された患者情報によって，医師が患者情報を詳細に伝えるための手間が省けただけではなく，放射線科にとっても医師からのメモ書きからでは十分に汲み取れなかった検査オーダーの意図を把握したり，検査報告書をまとめる際に必要となる患者情報を的確に把握できるようになった。

　だが，ここで注意すべきは，放射線科は医師にはない専門性をもちつつも，必ずしも検査の指示に関して法的に裏づけられた権限をもっていなかったことである。電子カルテ導入前後にかかわらず，あくまでも検査オーダーは，フリー記入欄に記載された医師の指示によるものである。放射線科の工夫は，業務内容や権限の切り分けに留まらず，自らの専門性を全うしようとする責任感に裏づけられていた。

(2) 検査科

　これに対して，先述の看護師にもみられたように，「オーダーは医師」という姿勢もコメディカルには存在していた。この姿勢が顕著にみられ，部門としての対応を一貫させていたのが，検査科であった。例えば，検査項目のなかで追加が必要と考えられるケースであっても，そのことを医師に連絡しつつも先回りして追加の検査を行うことはせず，医師が新たにオーダーを依頼してくるのを待つ。

しかし，電子カルテが導入されるまでは，検査科においても検査項目の追加が望ましいと判断された場合には，医師に連絡をとると同時に，紙媒体の指示伝票に記入し，追加の検査を行っていた。これに対して，電子カルテ導入後は，発生源入力という原則に基づき，医師の指示通りに検査を行うようになった。加えて，そもそも医師へ連絡をとることも少なくなったという。

　「それが意外とその辺は頼んだら，頼まれたまんま。あまりにもデータに異常がある場合は電子カルテをみて，『こういうことが考えられますので，こういう検査をしてください』っていって電話することもありますけれど，逆に以前よりは減ってしまったような感覚はあります。頼まれたまんま，いわれた通り，やると。たとえばよくあるのがCKとCPKのMBですよね。でまぁ，CPKが高いと今まででは自動的にMBを測ったりとかしてたんですけど，あの，もうCPKって頼まれてきたら，もうCPKだけ。で，逆にMBのオーダーがあってCPKがないときには，CPKは測るんですけど高いっていうのは，ある程度返してから，いってくるのを待っている。追加のオーダーがくるのを待っているっていう。その代わり，高い値のときは『高いですよ』っていう連絡はする。」（検査科H氏）

こうした検査科の対応をみれば，自らに判断や指示の権限がないことを理由に，専門家としての判断を下すことに対する責任を負うことを回避しているようにも受け取られるかもしれない。事実，医師からは，従来の慣行では行われていたことが，電子カルテ導入後は発生源入力の原則のもとに行われなくなったことについて，疑問の声が多く聞かれた。もちろん，これは看護師が責任所在の観点から，食事指示の入力権限を与えられることを拒んだことに対して，医師が感じた違和感と同種のものである。

　「CKなんかは例によく出されますけど，CKがものすごく高い。1000超えている。で，MBも一緒にやっておこうっていうんで，追加してくれる。それが，本当ですよね。典型的なのが輸血で，えーっと，AB型の血液では，クロスマッチの採血を出す。クロスマッチして凝固するようだったら，亜型の検査をする。不規則抗体の検査をするなり，どんどん現場で検査を追加してくんですよね。それで，安全な血液を出してくる。で，こちらの医師の指

示っていうのは，輸血できる血液をもってこいということであって，AB型の血液をもってこいということではないんですよね。」(耳鼻科A医師)

　だが，この検査科の対応の理由を，コメディカルの専門家としての意識の低さだけに求めることはできない。第1に，検査科から医師への問いかけの回数が減ったのは，いわゆる責任逃れからではなく，医師に問い合わせる前に，電子カルテを閲覧できるようになり，疑問を解消することが多くなったからである。換言すれば，従来まで検査科が行っていた確認作業には，医師にとっては了解済みのことも含まれていた。それが，検査科が電子カルテを直接参照できるようになり，医師にとってもこうした問い合わせに回答する手間が省略されたのである。これは，電子カルテを閲覧できるようになったことで，薬剤科による処方箋のチェックが包括的な判断へと変化したのと同様の論理である。

　　「でも，カルテをみて納得しちゃうケースが増えちゃったんで，逆に打ち返しが少なくなった(中略)，あの，データおかしくても，救命救急で『心肺停止』って書いてあれば，『ああ，そうか』って。電解質がおかしくても，『まぁ，しょうがないな』って，そのまま報告する。」(検査科H氏)

　第2に，コストや請求漏れの問題である。検査科が気を利かせて追加した検査であっても，医師にとって不必要な検査であった場合には，その検査はまったく無駄になってしまう。さらに，気を利かせて行った検査が，医師が必要としたものであったとしても，医師が電子カルテに入力しなければ，保険請求には繋がらない。医事課でもみられたように，電子カルテ導入後は，そもそも医師が入力しなかった処置の請求漏れについては，確認できなくなってしまった。同様の問題意識が，検査科にもあったのである。つまり，敢えて医師に入力を依頼するのは，請求漏れに対する注意を医師に勧告する意図もあった。

　第3に，不必要な問い合わせが減ったからといって，検査科から医師への連絡がまるでなくなったわけではない。さらに，その内容も，単に検査漏れに留まるものではなくなっていた。電子カルテ導入後の変化として検査科が意識していたのは，電子カルテへ検査結果を入力することにより，従来に比べて医師へのフィードバックが格段に迅速になったことである。検査結果に応じて，次に行うべき診療が大きく変わってくることもある。だとすれば，検査科としては，診察内容

について余計な詮索をするよりは，医師からの検査のオーダーに迅速に対応することに専念するほうが望ましいと考えたのである。この背後には，検査科は，放射線科に比べて専門的知識が発揮される余地が少ないという事情もあろう。そのうえで，検査科が自ら与えられた役割を全うするためにとった対応が，「発生源入力の徹底」と「医師の指示通りの迅速な検査」であったわけである。

こうした検査科による対応をみれば，一概にコメディカルに専門職としての意識が欠けており，彼らが自らの責任を果たそうとしなかったことが，電子カルテ導入に伴うさまざまな問題を引き起こしていたとはいい切れない。確かに，医師からみれば，従来まで行われていた柔軟なサポート関係は損なわれているかもしれないが，コメディカルからみれば，それぞれの専門性を踏まえた独自のやり方で対応している。換言すれば，そこに問題の核心がある。コメディカルの対応が医師に不十分なものと受け取られていたのと同様に，コメディカルの側も医師による対応は十分でないと考えていたのである。この食い違いは，それぞれの部門が守ろうとすべき専門性の捉え方に由来する。そして，この食い違いの調整は，もはや医師や専門化されたコメディカルによる自律的調整では十分ではないのかもしれない。ここに調整業務の専門化が求められることになる。この課題は，第4節で改めて取り上げる。

3　患者との関係性にみられた変化

これまではコメディカルによる医師への対応を議論してきた。ここからは，視点を変えて，電子カルテの導入が患者との関係性に対していかなる影響を与えたのかを検討していきたい。医師とコメディカルとの関係性にみられた変化は，顧客たる患者との関係にも波及する。このことを検討するために，まず，医師やコメディカルの側が，患者との関係性にいかなる変化を見出したのかについて検討する（3.1項）。そのうえで，今度は患者の側から，医療に対する参加のあり方にいかなる意識の変化があったのかについて検討していく（3.2項）。

3.1　「読めないカルテ」，「読めるカルテ」，「読ませるカルテ」

もともと，カルテは患者のものである。医療法第1条第4項2において，医療従事者は「医師・歯科医師・薬剤師・看護師その他の医療の担い手は，医療を提供するに当たり，適切な説明を行い，医療を受ける者の理解を得るように努めな

ければならない」と定められている。近年，積極的に進められるようになった，いわゆるインフォームド・コンセントという，患者に対する情報開示の法的根拠もここにある。

　だが，実際には，紙媒体のカルテは「読めない」のが通常であった。それは，単なる医師の怠惰によるわけではない。もともと紙カルテは，その物的制約を前提として，医療従事者の協働を可能にする媒体として機能していた。いま一度振り返ると，紙カルテに基づいた医療実践を担っていたのは，処置伝票という医師のカルテを転記する媒体であった。この媒体への加筆・修正を通じて，コメディカルは医師を柔軟にサポートする体制を作り出していた。

　ところが，電子カルテは医師に患者の目線を意識させるようになった。今まで解読することができなかったカルテが，診療の現場で容易に「読める」ようになったからである。この変化は，医師に対して，カルテの記載方法や患者への説明方法を従来と大きく変えるよう，プレッシャーを与えることになった。実際，ある医師は，患者に読まれることを意識して，カルテを記載するようになったという。それは，患者に疑念をもたれるような内容や表現を敢えて使わ「ない」という消極的な対応を含んでいる。つまり，「読めるカルテ」は，医師に患者の目線を意識させるものではあったが，必ずしも法的に定められたような患者に対する積極的な情報提供に繋がるものではなかった。

　　「画面が患者にもみえる状態で置いてありまして，入力すれば読めますから。だから，何ていうんですか，私も読めることを意識してできるだけ日本語を使うようにしております。また，英語との切り替えがめんどくさいんですよ。だから，日本語で入力するようにしているんで。私が何を書いているのかというのが，オープンになっていると思うんですね。病名なんか，前は，例えば不安症だの，神経症だのっていうのは（紙カルテに）出すってことは別に気を遣わなかったですけども，今はみえちゃいますから，気を遣いますよね。患者さんに気を遣って説明したりですとかね，場合によっては（記載を）止めたりということですね。」（耳鼻科A医師）

　患者に対する積極的な情報提供，つまりインフォームド・コンセントという観点からは，「読めるカルテ」から「読ませるカルテ」への変化が必要になる。前章でも触れたように，意識的にこうした変化を推進していたのが，耳鼻科であっ

た。診療の記録に描画の多い耳鼻科は，ある意味で最も電子カルテに向いていない。描画による微妙なニュアンスは，文字にしてしまうと損なわれてしまうからである。ところが，カルテを患者に読ませるためのものと考えれば，必要なことは電子カルテ上に従来までの描画を再現することではない。耳鼻科では，当初は電子カルテ上に描画のテンプレート（シェーマ）を作りつつも，シェーマを利用して電子カルテ上に描画を再現しようとするのではなく，自らの文章力を鍛えてでも文字によって説明すべきであると考えるに至っていた。

　こうした変化は，医師のみならず，コメディカルにもみられた。とりわけ病棟看護の場面において，看護師もまた電子カルテの機能を利用して体温・脈拍・呼吸・血圧等の数値や検査のデータを活用し始めていた。例えば，電子カルテ上では，検査結果を時系列でカラーグラフに表示でき，数値の羅列より視覚的に捉えやすくなるため，こうした特徴を活かし，患者に対してカルテの情報を積極的に提示するようになった。

> 「例えば，フローシートでも何でも，患者さんのほうに向けて入力したりとかね。お話しながら，『こうなんですよ』って，いくらでもできますんで。それはもう，開示っていうんでしょうかね。説明しながらやっていますんで。（中略）最初の頃はめずらしいし，カラーでね，いろいろと曲線になって。そういうのがありますので，『そんなふうに血圧が上がっているんですか』っていうふうにしてね。『またみせてください』っていう方も，『データがほしい』という方もいらっしゃるみたいですね。（患者との関わり方は）変わっていると思いますね。今までカルテというと，患者様の目に触れないふうに，記録したりっていうところがありましたから。」（看護師Ｓ氏）

　さらに「読ませるカルテ」への変化によって，医師やコメディカルは患者の側に生じた受診態度の変化を感じていた。つまり，医師やコメディカルが積極的に医療情報を提供することによって，患者も提供された情報に関心を示し始めていた。医師の診察所見の説明や検査結果が電子カルテ上で表示されることで，患者の目にも医師の思考がみえるようになり，医師に対して診療内容を訊ねる場面が増え始めていた。こうした患者の受診意識の変化を，医療実践のなかに取り込むための試みも始められていた。具体的には，入院患者の看護の方針を決定する看護計画の策定に，患者自らも参加させるという試みである。もともと看護計画と

は，患者がより主体的に健康問題や治療に取り組み，納得のいく療養生活を送ることを目的として作成されるものであった。そこで，ある病棟では，患者と一緒に電子カルテの画面をみながら看護の専門的な知識を患者に説明し，そのなかで患者の要望を取り入れながら計画を立案していくといった取り組みが始められていた。

このように，電子カルテの導入を契機として，患者にとって「読めないカルテ」が「読めるカルテ」へと変わり，さらには積極的に「読ませるカルテ」へとその位置づけを変えてきた。そして，この位置づけの変化が患者の受診態度の変化を誘導しながら，電子カルテの利用を通じたより広範な医療実践の変化へと繋がっていった。

3.2 患者の顧客満足

次に，医師やコメディカルが患者の受診態度の変化を感じとっていた一方で，患者の側が電子カルテの導入をどのように捉えていたのかを補足しておきたい。これは，近年の病院経営に関する議論でも，とくに耳にすることが多くなった顧客満足に関する内容である。とはいえ，さまざまな状況に影響を受ける顧客満足を，一様に捉えることはできない。それゆえに顧客満足という言葉とは裏腹に，その成果として論じられることは，およそ表面的なものに留まる傾向がある。電子カルテの導入でいえば，診察までの待ち時間や，一人当たりの診療にかかる時間の短縮などである。府中病院の場合には，確かに電子カルテが導入された後，診察までの待ち時間が大幅に短縮されたが，一人当たりの診断にかかる時間はむしろ長くなっているという兆候が現れ始めていた。

ただし，患者の顧客満足が待ち時間に尽きるわけではない。確かに診察までの待ち時間の短縮それ自体は患者も実感していたが，電子カルテ導入を通じて患者が改めて振り返っていたのは，診察内容そのものが変化していたことであった。

> 「（電子カルテ導入前は）カルテのなかは一切みせてもらえないですよね，まるっきり。で，（病院に）来て，『すみません』っていって，症状を話して，先生が診てくれて。でも，（先生は）簡単な私たちにもわかるような病名しか教えてくれないんですよ。『あ，風邪ですね，薬出しておきます』『あ，ありがとうございました』って帰るみたいな感じで。（中略）だから，悪くいっちゃうと，患者にね，『専門用語をいったって，何いったって，わかんない

んじゃないの』っていう，見下されたような感じを受けたこともあるんですよ。結局，私たちはど素人ですから。相手の先生たちは，そういった専門知識をもっていらっしゃるからいいんでしょうけど，専門知識をひけらかすような単語ばっかりを並べないで，もっとこう。こっちは本当に今，子供がどういう状態なのか心配で来て，診てもらっているわけだから，もっとわかりやすく，説明をしてほしいなっていうの（印象）は，まあ，もちましたよね。」（患者S氏）

つまり，カルテが「読める」ようになり，医師への会話の手がかりとなったことは，医師やコメディカルが感じとった変化と同様，患者にとっても大きな変化であったと考えられる。だが，それによって患者が電子カルテの導入それ自体を，快く受け入れているわけでもなかった。ある患者は，電子カルテの入力に懸命になる医師に対して，自分の顔をみて話を聞いてくれる時間が短くなったことへの違和感を訴えていた。もっとも，府中病院では電子カルテ導入後も，1日当たりの患者数は変わっていなかった。しかし，今や診察時間の多くが，電子カルテの入力作業に割かれるようになったのである。

「先生たち，打つほうに一生懸命になっちゃって，あんまり会話はないんですよ。減ってますね，実際問題。まあ，パソコンとか打つのに慣れてらっしゃる方は，打ちながらでもしゃべってくれるんですけども，やっぱり打つのがちょっと苦手な方になっちゃうと，一生懸命打ってると，会話がストップ。こっちが聞いていても，その答えが返ってこない。『あの先生，すみません，さっきの話なんですけど』っていうと，『何でしたっけ』みたいな感じで。打つことに集中しちゃって，こっちが聞いている内容を忘れちゃう。なかにはそういう先生もいました。」（患者S氏）

「まあ，そうですね，（診察時間は）変わらないかな。んー，カルテを書く時間とキーボードを打つ時間が長くなったっていうだけで，それはもう前も後も変わらなく，診察する内容っていったら，本当に軽い風邪で行った場合は2～3分で終わりですものね。その後，何をずっと待っているかっていったら，先生が結局，画面に起こす，それを私たち待ってるんです，打ち終わるのを。（中略）電子カルテが入ったことに関してはいいことだと思います。

だけど患者側としてみれば，電子カルテのほうばっかりね，気をとられてほしくないんですよね。実際問題，患者は病気を診てもらいにここに来ているわけだから，できるだけ患者側のほうをみていただきたい。だから，まあね。もうちょっと，打つのもね，早くしてほしいなって思うんですけれど。」（患者S氏）

　もちろん，こうした患者の意見も真に受けることはできない。いうまでもなく，医師が患者の顔をみるだけで診察が進むわけではないからである。だが，この意見は，医師という専門家によって提供される医療の質が，患者には判断できないことを意味する。判断できない医療の質を判断するために，自分の顔をみて一生懸命話を聞いてくれる医師の行動に，その手がかりを求めてきたのである。しかし，カルテの電子化は，こうした不可視な医療実践を，少なくとも部分的には可視化することになる。患者にも読める（さらには読ませることを前提に記載された）電子カルテは，医師の人格を信用することによって安心を得るのではなく，電子カルテに書かれた症状について医師に説明を求めるという，患者の行動変化へと繋がっていった。

　「（電子カルテを）みると私たちにもわかるじゃないですか，風邪なら風邪，だけれども風邪にもいろんな風邪ってあるじゃないですか。こっちから聞く前は，風邪だっていわれたんですけれども。だから，風邪だ，風邪だと思っていたんですけど。んー，どうも風邪の症状と違うなと思って，電子カルテの画面をみたら何かね，そういうようなカタカナ文字が出ているんで，『先生これ何ですか』って聞いたら，『あ，マイコプラズマっていう風邪みたいなものですね。まあ一応，肺炎は肺炎だけど』っていわれたかな。」（患者S氏）

　このように，電子カルテの導入による顧客満足は，顧客の待ち時間や1日当たりの患者数のようなわかりやすい指標で把握することは困難かもしれない。しかし，把握しにくかったとしても，顧客の態度変化は，医療実践をより広く捉えた協働体系全体の変化に繋がってくる。医師やコメディカルたちが感じとっていた患者の受診態度の変化は，まさに診療プロセス全体に及ぶ組織変革を意味するものであった。

4 調整業務の役割

　本章で議論してきたことは、電子カルテ導入以前には紙カルテを媒体にインフォーマルに運用されていた柔軟なサポート関係が、カルテの電子化によって失われたことを契機に、現場の医師やコメディカルによってさまざまに作り変えられてきたことであった。最後に、電子カルテ導入後の医師やコメディカルの自律的な対応によって、新たに発生した調整業務に携わった人々を考察しておきたい。だが、調整業務への関わり方も、実は多岐にわたる。病院内において、各部門から生じた調整業務に当たるのが庶務課であった。また、電子カルテを開発するベンダーも、電子カルテのカスタマイズを行う過程で調整の役割を担っていた。さらに、そもそも電子カルテの導入を決め、都立病院全体の将来像を作り上げていこうとしたのは東京都病院経営本部であり、病院を所管する行政も関わってくる。それぞれが、まったく別の立場から調整業務に関わっていたのである。

(1) 庶 務 課

　まず、府中病院内で実務的なレベルで調整業務に携わっていたのが、庶務課であった。例えば、電子カルテの導入によってデータ化されたカルテの管理業務や、電子カルテの入力者に与えるIDの発行や管理業務が発生した。一見、取るに足らない作業に思えるかもしれないが、こうした業務の拡大に伴って組織的な役割が増えていくことこそ、複合組織が成長していく基本的なメカニズムである。
　しかし、この調整業務は、電子カルテ導入による業務変化に対して受け身的になされるのみではない。とりわけ、電子カルテの導入によって、それまで紙カルテによって分散していたデータを集中的に管理できるようになれば、今度はそのことを前提とした業務が生じる。例えば、蓄積された電子カルテから治験データを抽出し、これをデータベース化して医師に提供するといった活用が考えられる。いわゆる医療データベースと呼ばれるものであるが、都立病院に電子カルテが導入される際にも、当初から構想としては存在していた。そして府中病院においては、電子カルテのデータ管理業務に携わる庶務課によって萌芽的な取り組みが始められていた。
　だが、医療データベースを実現するためには、さらなる調整業務が必要になってくる。とくに大きな問題になっていたのが、病名、薬剤、処方などに割り当て

られるコードからなる，病院マスターの統一である．それまで，病院マスターは，病院ごと，さらには病院内でも診療科や部局ごとに決められてきた．というのは，それぞれが独自に専門化された集団であるからである．さらに，診療科や部局ごとにカスタマイズされた部門システムが，この個別化を促進してきた．こうした病院マスターを統一するためには，何がしかの標準化されたコードを利用すればよいではないかと考えられよう．実際，府中病院においても，業界内の標準化されたコードが利用された．しかし，当時は電子カルテが萌芽期にあったことから，府中病院においても現場の医師やコメディカルが中心となって，電子カルテをカスタマイズして作り込んできた経緯がある．こうした作り込みのなかでは，標準化されたコードに基づきつつも，各部門で最適化してきたコードが反映されることになる．その結果，府中病院の病院マスターは，標準化されたコードには収まりきらず，蓄積されたデータを利用した医療データベースを構築することも，事実上は困難な状態になっていた．

「ワーキング・グループのなかにマスター作成部会というのがあって，（中略）共通ということだったので，最初はMEDICEのコードを使おうと考えたのですが，実際にそのコードをみてみたら，足りない項目が非常にたくさんあって，使用に耐えられないものもいっぱいあって．（中略）グループ分けだけ準じて，あと項目は自分たちが実際使っている項目を集めてやっていこうじゃないか．各病院のそれぞれが使っている，それぞれの検査システムがありますので，そこで登録されているコードを集めて，ソートを掛けて，グループ分けして．大体この番号がこのグループ，このグループというかたちにして，分担を決めて．委託検査とか，全部なるべく入るように考えて，作業を進めたということです．何千番台には一般の検査のコードとか，尿の検査のコードとか，そういうかたちで分けていったんですけれども．それで分けたのにもかかわらず，どんどん増えるところがやっぱりあって，足りなくなってきたりとか．最後のほうはぎゅうぎゅう詰めになって，変なところに変なものが飛んだりとか．カテゴリーを決めたが，そのカテゴリーのなかに収まりきれなくなったりとか．」（検査科H氏）

(2) 電子カルテ開発ベンダー

次に，電子カルテを開発したベンダーを考察してみよう．ベンダーは，そもそ

も調整機能を果たすために専門化された役割が公式に与えられていたわけではないが，府中病院においては結果として重要な調整役を担っていた。つまり，電子カルテのカスタマイズを通じた調整である。しかし，もともとベンダーは調整役を果たすという心づもりはなかった。都立病院に電子カルテが導入された当時は，まさに電子カルテのパッケージ開発が進められた萌芽期にあった。都立病院に電子カルテを導入したベンダーも，都立病院を皮切りに電子カルテのパッケージを売り込んでいこうと考えていた。もちろん，ベンダーが医療行為に関する知識をもっているわけではない。しかし，だからこそ府中病院への導入を通じて，少なくとも全都立病院に共通したパッケージを作り込んでいこうと考えていた。

> 「まず，メーカー側としての，その，一方的な思惑に関わってくるかもしれないんですけど，当然ながら頑張って提案させていただいて，良いものを作りたいという思いがある一方で，当然その，金額的にも，まあ限られた予算のなかで，作業としては効率化したいという，ちょっと相反する要素をもっていて。で，とくにその今回の都立病院の情報システムを構築するところは，まったくの共通ではないにしても，ほぼ共通化したものを導入していこうというところが（中略）えー。それは，もう本部さんとしての方針もあって，それに則っていくっていう。やはり，その，設計の段階では，理想をいえば，本部さんが旗を振っていただいたうえで，5病院のキーとなる方に集まっていただいて，都立病院（全体の）情報システムの大方針を決めて，そこからシステム的な設計もさせていただきたかった。」（担当ベンダー Y 氏）

しかし，上記の発言をみてもわかるように，結果として全都立病院に共通したパッケージを作り上げることはできなかった。これは彼らのパッケージの作り込み方にも起因する。すでに前章や本章で検討してきたように，府中病院の電子カルテは，実際の医師の診療場面やコメディカルのリクエストを吸い上げるかたちで整備されてきた。それは，電子カルテのカスタマイズを通じた調整業務とも考えられる。だが，ここで問題となったのは，医療実践について習熟していなかったベンダーにとって，電子カルテのカスタマイズに対する全体の方針を打ち出しづらかったことであった。現場のスタッフと開発ベンダーの SE とで進められた電子カルテのカスタマイズは，以下にみるように激しいやりとりになった。当然，パッケージとしての全体的な調整は，後回しにされてしまった。

「もう，バカ呼ばわりですよ。お互いに。『できないものは，できない』っていうし，『できないんだったら，動かせないじゃないか』。そういう話ですよ。おそらく時間をかければできるんだろうけど，個人で余分な仕事をして，本来の仕事をしながらはできないじゃないですか。だから，さっきからいっているようにベンダーは協力的じゃなかったですよ，というのはそこですよ。やっぱり，医療，知らないんですよ。(中略) だから，誰が一番得をしたかって話をすると，ベンダーですよ。何も知らなかったゼロのノウハウが，少なくても 20 くらいにはなったから，医療に関しては。だから，ベンダーに少しパテント料を出せと，そういう話ですよ。『おかげで医療を勉強したじゃないか，少し東京都に還元しろ』って話ですよ。一番得したと思いますよ，ベンダーが。ある程度のノウハウが蓄積できているから。」(救命救急センター S 医師)

「騙されたなって気がしています。われわれも電子カルテのことを全然わからなかったこともありますが，できあがっていくうちに，何かちょっと違うなって気がつきました。WG のときの説明で，パッケージに沿った作り込みをお願いしますといわれましたが，でも実際，動かしてみないとわからない部分が結構あるわけです。いざ動かしてみると，これじゃ使いづらいから何とかならないかとドクターからも，放射線科内部からもいわれたのですが，動いてしまったら変えることができませんでした。」(放射線科 Y 氏)

　情報システムをトップダウンで導入することによって，システム導入者と現場の間にコンフリクトが生じることは，古くから知られていることであろう。だが，このコンフリクトの根源をたどれば，組織における意思決定が，現場の専門化された人々に委任されてきたことにたどり着く。こうした現場の実践を組織的に調整する方策はさまざまにありうるが，今回，ベンダーがとった (とらざるをえなかった) 方法が，診療科や部局ごとにカスタマイズを施すというやり方であった。だが，病院マスターが統合できなかったように，個別の診療科や部門から寄せられるリクエストを通じてカスタマイズされた電子カルテは，府中病院のなかでさえも整合的ではなかった。全都立病院に対して共通のパッケージを導入することを前提に取り組んできたベンダーにとっては，当然ながら期待はずれだったことであろう。

(3) 病院経営本部

さて，最後に調整業務に携わる行政機関として，都立病院を所管する病院経営本部（以下，経営本部）について検討しておきたい。そもそも，府中病院における電子カルテ導入は，東京都全体の政策「電子都庁計画」の一環に位置づけられていた。そこで問題とされていたのが，電子カルテに先んじて都立病院に導入されていたオーダリング・システムが，各病院で独自に運用されていたことによって，大きな負担になっていたことであった。そのため，電子カルテ導入に当たっては，それまで都立病院にオーダリング・システムを導入していたベンダーを変更してまで，パッケージを導入する契約が結ばれたのである。

それゆえに，パッケージとして電子カルテの開発を受託したベンダーが，実際には共通の電子カルテを開発できなかったことに対して，経営本部はベンダーとは異なった見解をもっていた。すなわち，汎用的な情報システムによるコスト競争を嫌うベンダーが，情報システムのカスタマイズを通じ，顧客を囲い込もうとする戦略をとっていたのではないかというものである。もちろん，ベンダーがこうした戦略を考えていたとも，考えていなかったとも断定できない。だが，少なくとも経営本部が，それまで都立病院のオーダリング・システムを手がけてきたベンダーを敢えて切り替えた理由は，個別のカスタマイズではなく共通のパッケージを導入することにあった。結果として，ベンダーによってさまざまなカスタマイズが施され，共通パッケージとしての運用を断念せざるをえなくなったことは，経営本部にとってもやはり期待はずれなのであった。

> 「個々の病院には個々の事情があって，5病院に入れるときにばらばらのものを入れるというのは現実的ではないわけですから。というか，経費も相当かかってしまいます。われわれは，やはり基本的に同じシステムが，同じように，どこの病院にも入っているというのが理想なんですね。だけど，病院現場のほうは，やはり府中病院は府中病院，駒込病院は駒込病院，それぞれ違うところがあるとおっしゃいます。で，ベンダーはですね，『大変だ，大変だ』といいながらも，別々の注文をもらったほうが，私が思うには，契約上はありがたいんですよね。つまり，1つの病院の開発経費が，掛ける5倍になりますから。」（経営本部D氏）

開発や運用にかかるコストの圧縮以外にも，もともと電子カルテの導入が検討

されていた電子都庁計画では，同一の情報システムを導入することによる都立病院間の連携，さらには地域の中核病院や診療所との連携への発展が青写真として描かれていた。加えて，従来のレセプト処理を中心とした病院情報システムでは得られない，患者の治験情報を電子カルテで収集し，これを共有化，活用する医療データベースの構築も考えられていた。だが，府中病院に導入された電子カルテは，結果としてこうした青写真とはまったく異なった姿になっていたのである。

しかしながら，このように開発された電子カルテが，経営本部の思惑からは大きくずれてしまったことに対して，現場の医師やコメディカル，開発ベンダーによって指摘されていたのは，経営本部が医療実践の調整機能を現場の医師やベンダーに任せきりにしていたことであった。例えば，ベンダーを入れ替えるという決定以外に，電子カルテが導入されるまでの間に，経営本部が具体的に関与することはほとんどなかったという。

> 「担当ベンダーＳ氏：当然，初めてのものなので，病院さんも本部さんもわからずに進めていかなければならないという部分が多々あったと思うので，その辺で何をどうしたらいいのかというところでは，多少苦労もあったのかなという気がしますけれども。あとは，その稼動した後くらいですかね，ちょうど稼動のタイミングですかね。経営本部さんのほうからも医事課さんのほうにですね，兼務で人が入ってきたりとかしてですね。まあそういったところがわれわれも稼動前から，逆に本部さんのほうにお願いしたりしていた部分とかがございましたので。欲をいうならば，稼動の前のタイミングのほうが，もう少し早く入ってくれていると，もっとよかったのかなと。
> インタビュアー：経営本部が入ったのは，稼動のとき？
> 担当ベンダーＳ氏：稼動のときじゃないかと思います。
> インタビュアー：それまでは，病院とベンダーで進めてきたということでしょうか？
> 担当ベンダーＳ氏：まあ，進めること自体は，三者で，まあ本部さんも必要なときには一緒に打ち合わせをしたり，作業をしたりというかたちにはなっていましたけれども。(中略)欲をいえば，やはり稼動の前というのは，まあ，イベントがいっぱいあったり，追い込みの時期なんで，そういったところで，われわれがみえない部分っていうのは，当然あると思って

るんです。リハーサルとかのイベントもあれば，いろいろな院内の調整とか，そういったものを病院さんのなかで，どういうものを苦労しているのかという。(中略) なかなか，そのメーカーからみえないというのは東京都のほうと病院さんのところでいろいろあるんだろうなと，そういったところが本部さんのほうと病院さんのほうで各病院さんにも伝えていけるような仕組みづくりというのが，もう少し早い段階でできているとよいのかなと思ってました。」

　もちろん，経営本部が，電子カルテが導入された現場で生じた問題をまるで知らなかったわけではない。同一の病院内であっても診療科や部局ごとに異なった病院マスターが存在していたことも，経営本部は承知していた。しかし，医療の専門家ではない彼らからして，そうした事態は異常なものにすぎず，共通パッケージである電子カルテを導入することによって解決して然るべき，という楽観的な態度がみられたという。

　「やっぱり，コスト削減という，メンテナンスのコストを削減するという。それに，やっぱり（経営本部の）発想としては，どの病院だって同じ薬を使ってるんだから，薬の名前なんて決まってるんだから，同じマスターでいいでしょう，と。ただ，どこの病院がこの薬を採用している，採用していない，院外で処方できる，できないっていうのは，各病院で個別にもたなきゃいけないよね，という話なんですよね。あと，粉砕できるとか，分割できるっていうのも，人手でやっているか，機械でやるのかでやっぱり違うんだからということで。そういうところは，ある程度違うでしょうという話はあったけど，だんだん，だんだん，いろんなことが，結構，統一できないということがわかってきて，今，ぼろぼろになっちゃったと。」（システム管理室A医師）

　電子カルテ導入以降，府中病院の医療は，専門化された集団である医師やコメディカルによる自律的な対応と相互の調整によって，新たな医療実践として再構築されていた。そのことだけは，確かであろう。だが，そうして実現した組織変革が，必ずしも全面的に有効であるわけではない。少なくとも，現場の医師やコメディカルらによる自律的調整の結果として，経営本部が当初に描いていた病病連携や病診連携という青写真は到底，実現不可能な状態になっていたのである。

5 小　括

　本章では，専門化された集団からなる協働体系として病院を捉え，電子カルテの導入に伴って失われた従来の慣行に対して，コメディカルが自らの役割に対する責任を全うするために，医師との関係性を調整するプロセスを具体的に検討してきた。府中病院における電子カルテ導入事例に示されたように，紙カルテが有する物的制約を前提にして，長年にわたって作り上げられてきた柔軟なサポート関係は，カルテの電子化によって失われつつも，電子カルテの技術的機能や，それ以外にも利用可能なさまざまな物的手がかりを利用しながら，新たな医療実践へと再構築されていた。その医療実践は，医師やコメディカルとの関係性の局面だけではなく，患者との関係にも波及し，とりわけ患者の受診態度の変化にも及んでいることをみてきた。

　こうした協働体系全体にわたる変化をみる限り，府中病院における電子カルテの導入は，組織変革を達成した事例と考えられよう。だが，そのことは，府中病院が組織変革の成功事例であり，病院組織として望ましい医療実践が再構築されたと断言できるものではない。専門化された集団である医師やコメディカルらによる自律的調整に基づいた組織変革が，都立病院全体で治験データを共有した医療データベースの構築や，さらには複数の病院や診療所間の連携といった，これまでになかった新たな協働の可能性を閉ざしていることが，少なからず問題化していたからである。また，こうした協働体系の変化をコントロールし，全体計画に責任をもつ（べきであった）上部機関の重要性も明らかになった。

第9章 都立病院を対象とした計量的モノグラフ

　第7章,第8章では,都立府中病院を対象にした電子カルテの導入事例を,質的なデータを用いて検討してきた。府中病院を取り上げたのは,都立病院のなかで最も早く電子カルテを導入してきたからであった。その後,他の都立病院にも電子カルテが順次導入され,第10章で詳述するが,それまでの研修を通じて調査してきた内容の数量的な裏づけをとるように求められたという事情もあって,ともかく全都立病院をサンプルにした量的なデータを収集する調査機会を得た。
　しかし,本来,実証主義的方法論に基づいた経験的調査として量的分析を行う場合には,一般化を目指している命題のレベルにふさわしい,適切なサンプリングを検討すべきであろう。実際にそのようなサンプルが得られている研究はほとんどといっていいほどに存在しないが,少なくともそのような理念が存在し,可能な限りの努力がなされていることであろう。これに対して,本章では,都立病院という限定されたサンプルに基づいて分析を行っていく。具体的には,すでに第3章で検討してきたように,量的分析を本質主義に位置づけるのではなく,構築主義的な認識論に位置づける計量的モノグラフの可能性を検討したいと考えている。つまり,限られたデータセットの非確率的サンプルから,何度も仮説を組み立て直しては修正していくという現象に根づいた分析を行い,さまざまなインプリケーションを得るために量的データと統計技法を利用するのである。
　以下,本章は大きく2つの部分に分けられる。続く第1節では,計量経済学で行われてきた情報化の量的分析を概観し,これに対して本研究でなぜ計量的モノグラフという分析方法を必要とするのかを検討していく。その後,第2節では,都立病院をサンプルにしたアンケート調査を検討する。そこでは,データの収集,分析方法の選択,母集団の設定による仮説の検討を繰り返し,電子カルテ利用を

通じた医療実践の変化について，必ずしも前章までの質的研究から導かれない，インプリケーションを得る。

1 情報技術の利用と組織変化の量的分析

　第3章で検討してきたように，量的分析には本質主義的な認識論的前提のもとで展開されるいわゆる実証研究と，構築主義的な認識論的前提のもとで展開される計量的モノグラフがある。それらは同じ量的データを用いた経験的な研究でありながらも，まったく異なった分析であることを自覚しなければならない。もっとも，これまで社会科学における量的分析のほとんどは，少なからず前者の実証研究を念頭に置いたものであった。しかしながら，この方法論をただ念頭に置くだけでなく，理念的な意味でも厳密な実証研究となると，意外に一部の研究領域に限られてくる。

　情報化に関連する量的分析において，理念的な意味で厳密な実証研究を蓄積してきた研究としては，生産性パラドクスに関して，経済学者たちが行ってきた一連の計量経済分析が存在する。これは第1章の冒頭で簡単に触れたように，情報化投資が生産性に寄与するか／しないかという問いに基づいたものであり，とりわけ1987年7月12日の *New York Times* 紙上で，ノーベル賞受賞者ソローによって「今やコンピュータ時代は至るところにみることができる，ただし生産統計を除いて」と投げかけられたことをきっかけに，経済学者による活発な議論がなされてきた。

　本節の目的は，経済学における情報化の計量経済分析の詳細なレヴューを行い，それを本章の分析にも反映させることを主眼とするものではない。ここで注目しておきたいのは，本質主義的な認識前提に基づいた経済学の実証研究が，厳密な分析方法によって漸進的な知識蓄積を達成し，最終的には情報化の生産性パラドクスを解消させることに「成功」したことである。もちろん，だからといって，経営学が経済学と同じ方法論をとるべきといいたいわけでもない。以下では，情報化の計量経済分析と，経営学の経験的研究として経営の情報化を包括的に分析した代表的な実証研究を批判的に検討することで，計量的モノグラフを採用する本研究の方法論的立場を確認していくことにする。

1.1 計量経済学における生産性パラドクスの実証研究

そもそもソローによって投げかけられた問いの背後には，当時の米国が日本の製造業に対して大きく遅れをとっていたという，時代を担う問題意識があった。[3] Cohen and Zysman [1987] によれば，この問題は，ポスト工業化社会などの議論に惑わされることなく，製造業の競争力を再生させて対外赤字を解消することでしか解決しえない。そして，このとき ME 技術をはじめとした情報技術が鍵になるとする。これに対してソローは，製造業における新技術の取り込みは先進諸国であればどこでも行われていることであり，またそのことが生産性の向上に結びついている証拠はないと反論し，日米の生産性の格差がどこから生まれてきているのかは，別の観点から検討すべき課題であるとする。そのうえで，先の問いを投げかけたのである。その後，ソローの本来的な意図はともあれ，情報化投資が生産性に結びついていないというテーゼそのものが経済学者の研究関心を呼んだ。もしも生産性パラドクスを生み出す原因を突き止めれば，生産性パラドクスは解消されるか，あるいは生産性パラドクスを解消させるための手がかりが得られる。

ソローの問いに答えるためには，生産性パラドクスがどのような分析モデルや測定方法によって観察されたものなのかを確かめることが出発点になる。この点で，経済学における分析モデルは，生産量を労働投入量，情報化関連資本（IT 資本），非 IT 資本から構成される一次同時の関数と見立てたコブ＝ダグラス型生産関数を基本とする（Baily and Gordon [1988]；Loveman [1988]）。計量経済分析による研究では改めて触れられないが，この新古典派経済学の分析モデルの背後には，企業は自らの利益を最大化するために，投入資本の水準を調整する合理的な存在であるという前提がある。そのため，IT 資本のほうが非 IT 資本より投入要素を生産物に変換する効率が高ければ（その内的な論理についてはさまざまなものがあるが），企業は IT 資本へ積極的な投資を行うことになる。さらに情報化投資が個別企業の生産性の向上に寄与するのであれば，生産性の向上はサプライチェーンの取り込みや競争を通じて中長期的には関連産業や経済全体に波及し，マクロな経済指標としても確認されると単純化して考える。計量経済分析の実証研究は，このような単純化によって操作可能性が高い分析モデルを共有するからこそ，先行研究の知見を継承しながら生産性パラドクスの原因を突き止めることを可能にする。

生産性パラドクスの原因を突き止めるための議論の切り口については論者によ

ってさまざまであるが，ここでは当初の分析モデルに含まれている理論的前提からの乖離の程度から，①当初の分析モデルで仮定されているマクロ経済全体の変化を対象とした測定モデルの修正，②産業別の特徴を踏まえた測定方法の開発と産業比較，③公式統計に現れない観測項目を積極的に取り入れることを目指した企業単位での分析に分け，それぞれの研究が生産性パラドクス解消のためにどのような知識蓄積を達成してきたのかを概観してみる。

　第1に，経済全体を対象とした測定モデルの修正であるが，これは生産性パラドクスの推定に用いられた公式統計のほうに誤りがあるという仮説に基づくものであり，情報化投資効果をマクロ経済全体の変化として捉える当初の分析モデルに根づいた議論である。これは，一方ではソローの問いに直接答えるものではないが，他方ではとりわけ計量経済分析による実証研究を蓄積しようとする経済学者にとっては，最も重要な課題として捉えられてきた（Brynjolfsson [1993]；Moulton [2000]）。

　この仮説に基づいた検討において重要であったのは，当時の米国商務省BEA (Bureau of Economic Analysis) によって公表されていたGDP統計上の問題である。具体的には，それまでの公式統計ではソフトウエア支出を資産として取り扱ってこなかったことと，ハードウエアの価格低下を反映していなかったことから，実質的なIT資本蓄積が過小に推計されているというものである。しかし，この点については，1999年に米国の公式統計を1959年まで遡った大幅な可塑的修正がなされ，ソフトウエア支出を設備投資として加え，ハードウエアの価格低下を反映した性能調整済み指標（ヘドニック指数）が採用された。その結果，Jorgenson [2001] は，改定前の統計データを利用した自らの分析結果との比較から，改定後の統計データではIT投資のマクロ経済への貢献がみられるようになったと指摘する。このように生産性パラドクスの実証分析は，研究の蓄積とともにデータソースである公式統計に対しても影響してきた点に大きな特徴があった。

　また，インプットであるIT資本の測定と同様に，アウトプットである生産性の測定についても，さまざまな議論が蓄積されてきた。アウトプットの測定において重要な論点の1つは，情報化投資の成果が現れるまでの時間ラグを考慮すべきだという点である。このことは年度別のパネルデータを利用することによって検討可能になる。もちろん，時間軸といっても情報化投資が個別企業や産業レベルの成果に現れるまでの時間は，比較的短期の5年程度と推定するものから（Brynjolfsson [1993]；Allen [1997]），マクロ経済全体に及ぶ波及効果を十分に捉え

るためには，第2次産業革命期における電力技術のように，技術が社会全体へと普及するまでに20年，さらにそれが生産性の向上という経済成果として現れるまでには，40年から50年といった長期間でみなくてはならないとする意見（David [1990]）まであり，この点に関して議論は未だ決着していない。しかし，1995年を境に米国経済における生産性の向上が見られ始め，すでにある程度の成果が現れていることについては，一定のコンセンサスが得られている。

第2に，これも経済学では測定問題に分類されることが多いが，マクロ経済レベルで情報化投資効果を捉えるという当初の分析モデルの前提に対して，産業別の特性に合わせた測定方法を精緻化していく立場がある。マクロ経済レベルで生産性パラドクスが生じるのは，たとえ情報化投資が高い収益性をもたらすものであったとしても，経済全体からみたIT資本の蓄積が未だ過小であるために，経済効果に結びついていないからと考えることもできる（Oliner and Sichel [1994]）。このように，当初の分析モデルによって単純化された前提が問題を抱えていると考える限り，個別の企業の投資効果を一気に経済全体で捉えるより，産業別に推定するのが適切であろう。

その結果，多くの研究で共通して見出されたのは，いわゆる情報通信産業のように情報技術そのものを生産財とする産業において，IT投資による生産性向上の効果が大きいというものであった。しかしながら，全産業における製造業，さらに情報技術関連の製造業となるとその割合は1割程度にすぎず，また生産財としてハードウエアを製造する産業の動向だけで，情報技術によって駆動される新しい経済モデル（ニュー・エコノミー）を断じることはできない。実際，Gordon [2000] の推定によれば，1995年から1999年にかけて「IT製造産業」がきわめて高い生産性を示しているのに対して，「IT利用産業」では生産性の向上は十分に現れていない。

これはアウトプットの測定についても，産業ごとの特性を反映しているという問題が関係している。Griliches [1994] は，製造業などは公式統計によってその付加価値が「測定可能（measurable）」な業種であるのに対して，金融やサービス業などは「測定困難（unmeasurable）」な業種であることを指摘している。例えば，製造業においてさえ，アウトプットは公式統計上の生産物に限ったものではなく，製品の多様化やスピード，欠品率の低下など，即座に公式統計では測定されない中間財的なアウトプットが存在する。ましてやサービス産業では，より一層アウトプットの価値が測定された生産量の外に現れると考えられる。Corrado and

Slifman [1999] によれば，法律や医療・福祉などのサービス産業では，生産性そのものは低下し続けているものの，倒産頻度は高まっておらず，また収益率も決して低い水準ではないことから，アウトプットを過小評価している可能性が高い[7]。こう考えると，サービス産業において生産性のパラドクスが発生しているとは必ずしもいえない[8]。

　第3に，生産性パラドクスをめぐる計量経済分析のミクロな立場として，企業レベルでの生産関数を検討する分析がある。この分析では，企業は自らの利益を最大化するように合理的に行動するという分析モデルの前提に対して，実際には経営者による判断ミスが存在するという仮説や，もし仮に経営者の判断ミスがなく生産性に寄与したとしても，全体のパイのなかでは相殺されてしまっているというゼロサム仮説，さらには成果に繋がるまでの時間ラグとして技術を利用する個人や組織の変化があり，単純な IT 資本へのインプットとアウトプットの関係では捉えられないという仮説を立てる。この立場は，当初の分析モデルにはない概念の操作を通じてパラドクスの解明に挑むものであるが，実はソローによる問いの本質を検討しているとも考えられる。

　このような仮説に基づいた企業レベルでの分析の代表例として，ブリニョルフソン（Eric Brynjolfsson）たちによる一連の研究がある。Brynjolfsson and Hitt [1996a] では，367 社の米国企業を対象として，IT 資本と生産性の間に正の相関関係を見出している。しかし，彼らの研究で最も重要なのは，これらの相関関係をもって生産性パラドクスの解消を確認することに留まらず，IT 資本と生産性との相関関係にみられるばらつきを説明するためには，IT 資本と組織資本の補完性（complementarity）を考慮に入れなければならないことを見出した点である。ここで彼らがいうところの補完性とは，IT 資本だけによる限界生産性よりも，組織資本を蓄積したときの IT 資本の限界生産性のほうが大きいことを意味している。情報化投資の補完的条件となる組織資本には，情報技術の利用に伴う人的スキルの開発や業務プロセスの見直しなどさまざまなものがあるが，これらは会計上では当該年度に費用処理され，資産計上されていなかった「見えざる資産（intangible asset）」であった。Brynjolfsson and Yang [1997] の推計によれば，IT 資本に対して蓄積される補完的な組織資本は 10 倍に及ぶものであった。しかも IT 資本と組織資本の補完性は，リニアな関係ではない。IT 資本に十分な投資をしていても，組織資本に必要な投資がなされていない場合は生産性が低下し，十分な組織資本への投資が行われた場合にのみ，生産性の飛躍的向上がみられたか

らである (Brynjolffson, Hitt and Yang [2002])。

　以上，計量経済学的な分析モデルはそれぞれの立場から先行研究の知識を継承的に蓄積しながら，結果として生産性パラドクスの解消を宣言するに至っている。もちろん，実際には分析の前提をどこまで疑うかによって，パラドクス解消の根拠に違いがみられる。また，生産性パラドクスの解消は，米国経済のみを対象にした分析から見出されており，とくに 1995 年以降に急速に景気回復した米国を対象とした測定結果は，米国の景気動向に影響を受けたものでしかないとする意見もみられる (Krugman [1997a；1997b]；Gordon [2000])。

　しかしながら，ここで重要なのは，少なくとも米国を中心とした研究者コミュニティ内で分析モデルが共有され，その分析モデルを踏襲した厳密な実証研究が蓄積されることによって，当初の問題を解決する「結論」に至ったことである。その背後には，社会的現実を本質的特性を備えているものとみなし，科学的な分析による知識蓄積によってより正しい理解へ近似していくという信念が存在する。その結果，1970 年以降続いてきた不景気に慎重になっていた米国政府も情報化による「ニュー・エコノミー」を宣言し[9]，ソローも *New York Times* 紙の取材に対して，今度は「今や，生産性の統計でもコンピュータを目にすることができる」とコメントした[10]。

1.2　作業仮説―検証の計量分析

　他方で，計量経済分析は，情報技術と組織の関係のすべてを明らかにしたわけではない。例えばブリニョルフソンたちの議論でも，なぜ組織資本が情報化投資の補完的条件となるのかについては十分な検討がされていない。というより計量経済学は，先行研究との比較可能性を担保すべく，単純化した分析モデルを共有してきたため，情報技術と組織の補完的関係そのものを説明する言語をもち合わせていなかった（あるいは当然視してきた）のである。

　それゆえブリニョルフソンたちによる研究では，経済学の分析モデルから離れ，逸脱事例（情報化投資を行っているにもかかわらず生産性が向上していない事例と，情報化投資によって平均以上の飛躍的な生産性向上を達成している事例）をサンプルとして[11]，インタビュー調査や事例研究から情報化投資の補完的条件を見出そうとした (Brynjolfsson and Hitt [1996b]；Brynjofsson, Renshaw and Alstyne [1997])。当初，彼らの着眼点は，主に組織に導入された情報技術それ自体の不確実性を吸収する人的スキルや意思決定権限の分権化にあったが，その後は見解をより広げて，情報化

投資によって生産性を向上させている企業（デジタル組織）の特徴を7点あげている。①徹底的なデジタル化（ペーパーレス化），②意思決定権限の分散，③社内の情報共有とコミュニケーション，④仕事成果に基づいた報酬制度，⑤事業目的の絞り込みと共有，⑥優れた人材の採用，⑦人材育成への十分な投資，である（ブリニョルフソン［2004b］）。これらの特徴のうち，とくに人材の採用・育成と組織の分権化に焦点を当て，米国企業の大手400社に対して行われた調査結果でも同じような傾向が確認されている（Bresnahan, Brynjolfsson and Hitt ［2002］）。

しかしながら，このような彼らの発見事実に関しては，計量経済分析による厳密な実証研究に比べ，そもそもなぜそのようなカテゴリーが見出されたのかが，正直よくわからない。情報化投資の相補的条件として示された7つの組織的特徴は，むしろ経営（学）の用語系として頻繁に論じられてきたマネジメントの定説を当てはめただけの，凡庸な回答にもみえる。あるいは，そうした用語系をもち合わせた企業によって発せられた言葉を再確認したとも考えられる。仮に米国においてIT資本とともに組織資本を十分に蓄積し，かつ生産性の向上に繋がっている企業に7つの特徴がみられることを受け入れたとしても，それは情報化投資の補完的条件について理論的に鍛えられた仮説とまではいえないだろう。例えば，DiMaggio and Powell ［1983］が指摘したように，官僚制を採用することに対する制度的圧力が強い米国において，流行の情報技術を正当化の根拠として据えた企業が技術的にも合理的な（すなわちマネジメントの定説に従った）経営にシフトしたという解釈を加えることもできよう。事実，情報化投資の補完的条件としての分権化およびフラット化は，日本においては有意な効果が現れず，さらにフラット化を伴わない分権化についてはネガティブな効果を示しているという分析結果もある（実績［2005］145-174頁）。

他方で Brynjolfsson, Hitt and Yang ［2002］では，あくまで控えめにではあるが，情報技術と組織，業務プロセス，組織文化などの間に存在する相互関係を解明する重要な文献のほとんどは，経済学以外の分野にみられるとしている。しかし，単純化した分析モデルを共有した計量経済分析に比べ，学際的な経営学における研究では，さまざまな観点から情報技術と組織の関係が分析されており，必ずしも体系的な知識を蓄積しているとはいいがたい。もちろん，経営学で蓄積されてきた実証研究が情報化そのものを対象とした分析ではなく，個別の研究テーマの何がしかの分析モデルに基づいた仮説を構築しているとすれば，このような批判は外在的なものかもしれない。ところが，これら作業仮説―検証分析において問

題なのは，実際には計量経済学のように特定の分析モデルを共有した知識蓄積が不足しているにもかかわらず，形式上は実証研究に基づいた分析手続きが（無批判に）踏襲されていることである。このとき経営学における作業仮説―検証分析は，さまざまな分析上の困難を孕まざるをえない。

例えば，情報技術と組織との関わりのなかで，組織学習の重要性を経験的に示した代表的な実証研究として，Tippins and Sohi [2003] がある。彼らは，企業における情報技術の利用が企業成果に結びつくまでの経路を分析するために，ITコンピテンシーと組織学習を概念的に併置し，企業における情報技術の利用は組織固有の利用能力（ITコンピテンシー）を高めるとともに，それが組織学習を経由することによって企業成果に繋がるという分析結果を示した。[13] この結論は少なくとも一般化された命題レベルでは，ブリニョルフソンたちが指摘してきたIT資本と組織資本が生産性の向上に対して補完的関係にあるという結論とも矛盾せず，マクロ（経済学的にはミクロ）な分析結果とも整合的であると考えられるかもしれない。

しかしながら，彼らの研究を改めてみてみると疑問が残る点も多い。彼らの分析モデルでは，ITコンピテンシーと組織学習という出自が異なる概念が用いられている。ITコンピテンシーには戦略論におけるRBV (resource based view) が，そして組織学習については組織における情報処理モデルが引用される。もちろん出自の異なった概念であっても，それらの理論的含意を整合化させ，同じ分析の俎上に載せることは可能である。彼らは概念レビューの後に，それぞれの概念に対応した尺度と観測項目を，先行研究を頼りにしながら設定する。これは厳密な実証研究において共通してみられる分析手続き（を模したもの）であり，当時の米国を中心とした（経営学における）学術雑誌に散見されたパターンであった。

ここで注意が必要なのは，先行研究で鍛えられた尺度ないし観測項目を採用するということは，その尺度ないし観測項目によって概念の意味内容を限定することになることである。それゆえ，経済学における計量経済分析では，生産性パラドクスを導く測定方法の吟味が最も重要な論点となっていた。他方で，Tippins and Sohi [2003] では，ITコンピテンシーについてはマーケティングから「ITナレッジ」が，経営戦略論から「ITオペレーション」が，情報科学から「ITオブジェクト」が下位尺度として引用され，組織学習については「組織学習に内包される5つのコンポーネント」として「情報獲得」「情報普及」「解釈の共有」「宣言的記憶」「手続き的記憶」が下位尺度として引用され，[14] それぞれの専門領域に

図9-1　Tippins and Sohi [2003] による分析モデル

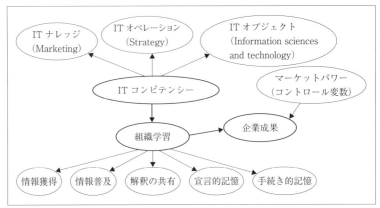

（注）　測定方程式については省略。

基づいた観測項目が設定される（図9-1）。このような下位尺度を採用することで，Tippins and Sohi [2003] は，これまで個別に議論されてきたITコンピテンシーに関する多元的なスケールを開発し，組織学習についてより包括的な測定が可能になると主張しているが（p.757），構成概念レベルでの整合性が精査されていない尺度を引用することによって，多元性や包括性が担保されるとはいい切れない。

　もちろん，彼らは，尺度ごとに各種妥当性（内的妥当性・信頼性・弁別妥当性・次元性）について検討を行っている。しかし，そのような手続きに裏づけられた尺度の妥当性を認めたとしても，先行研究の観測項目（質問項目）を無批判に引用してしまうことで，分析モデルの意図が損なわれている可能性がある。[15] 例えば，ITコンピテンシーの下位尺度であるITオペレーションの質問項目は「われわれの会社はコンピュータ・システムを通じて顧客情報を収集し分析するスキルに長けている（第1質問項目）」，「外部のデータベースから市場情報にアクセスするためにコンピュータ・システムを常に活用している（第2質問項目）」，「顧客情報を外部の情報ソースから集める手順が整備されている（第3質問項目）」，「顧客や市場情報を分析するためにコンピュータ・システムを利用している（第4質問項目）」，「顧客情報を管理するときに意思決定支援システムを活用している（第5質問項目）」，「顧客情報を獲得し，蓄積し，処理するためにコンピュータ・システムに依存している（第6質問項目）」から構成されている。これに対して，組織学

習の下位尺度である情報獲得の質問項目としては，(おそらく情報技術の利用状況を想定してこなかった) 先行研究の尺度に基づいて「将来のニーズを見出すために顧客と定期的に会っている (第1質問項目)」，「顧客のニーズを決めるときにはなるべく直接顧客と会うようにしている (第2質問項目)」，「顧客が何を望んでいるのかについてしばしば訊ねる (第4質問項目)」，「インフォーマルな手段によってよく顧客から産業情報を収集している (第6質問項目)」などを設定している (ちなみに，これらは逆転尺度ではない)。このように観測項目間の関係を見直してみれば，情報技術を組織的に使いこなす IT コンピテンシーによって，情報技術に頼らない情報収集能力を高めているというパラドキシカルな内容になっているのである。

しかしながら，彼らの研究では質問項目1つひとつの反応や，一次因子同士の関係性は検討されず[16]，二次因子レベルでの変数に圧縮してしまう。そして，二次因子分析から求められた潜在因子間の関係性について，IT コンピテンシーが組織学習を経由して企業成果に繋がるという，間接的な経路だけが確認される。

このように，Tippins and Sohi [2003] は，確かに形式上は実証研究に求められる厳密な分析手続きを踏んでいるが，そこでなされている分析内容を詳しく検討すると不可思議なものになっているのである。本書の立場に限定したとしても，情報技術の利用と並行して喚起される組織学習の重要性について異を唱えるものではないが，「MIS の神話」として古くから批判されてきた情報処理モデルとして組織概念を操作化することについては疑問が残る。ちなみに，情報技術と組織能力との連関を論じる議論の嚆矢であった Ross, Beath and Goodhue [1996] では，IT ケイパビリティとは，単に情報システムそのものが備えている情報収集や処理，記憶等の機能の延長で捉えられるものではないことを強調していたはずである。もし仮に，5つのコンポーネントからなる情報処理モデルとして組織学習を概念化することを受け入れたとしても，情報技術の導入とともに喚起される組織学習として重要なのは，まさに情報処理モデルそのものを変更することに求められるべきではないだろうか。

また，IT コンピテンシーが高まるとともに IT に頼りすぎないようになるというパラドキシカルな関係を示唆する観測項目や，多様な研究領域から引用された下位尺度 (一次因子) 間の関係，組織学習の5つのコンポーネント間の関係については，当初の仮説を超えたきわめて重要なインプリケーションを見出しているとも考えられる。しかし，すでに指摘してきたように，それらの意味合いや関係性については，手続き的な妥当性が示される以外には何の言及もなされずに，

二次因子に情報圧縮されてしまっている。こういった作業仮説─検証分析のスタイルは，まさに吉川［2003］が指摘するように，実証研究としての厳密さに欠けたものになるばかりでなく，分析データから得られるはずのインプリケーション[17]をも取りこぼしていると考えられないだろうか。[18]

2 電子カルテ導入事例の計量的モノグラフ

　本書は，情報技術を利用する組織の仕事実践を一意にモデル化することはできず（行うべきでもなく），それゆえ技術利用による組織変化の内容をあらかじめ想定できず（むしろ，その変化内容は経路依存的なものであり），成果との連関には偶有性が潜んでいるという立場に立つ。計量経済学では，より単純化した分析モデルを共有することで，組織変化の複雑なメカニズムを慎重に避けてきたが，基本的な分析モデルから推察する限りにおいて，情報技術そのものに従来の経済システムを根源的に変更する本質的特性が備わっている（投入要素を生産物に変換する効率が従来の技術とは異なっている）と考えているのは明らかである。

　本章は，実証研究としての分析手続きの厳密さを求めるのではなく，現実に突き合わせながらインプリケーションを得るための手法として量的分析を捉えて，情報化の実践を通じた組織変化の複雑なメカニズムに注目する。したがって，先行研究から導かれた一般仮説を，適切なサンプリングから推定された一般母集団の確率分布によって検証するという実証研究の科学観に対しては懐疑的である。こうした分析上の仮定をナイーブに置くよりも，むしろ変化の内容そのものを概念的に規定せず，反省的にそれまでの組織慣行や関係性を見直しながら技術の利用方法を決めていくという，現場の実践に根ざした組織変化のプロセスを捉えることを目的とする。このとき分析の方法論としては，第4章で検討してきた吉川［1998］の計量的モノグラフを参考にした。

　本章の分析では，第7章と第8章において取り上げてきた，府中病院の事例分析を礎に量的分析を行っていくことになる。この2つの章でみられた電子カルテの利用を通じた医療実践の変化を抽象化すれば，本書の第Ⅱ部でも前提とされてきた，現場の情報化を捉える人と技術の位相と，技術を介した人と人の位相に分けて捉えることができる（図9-2）。前者は，情報技術を利用することによって当然視されてきた慣行が再構築されるプロセスであり，成果としては個別業務の改善効果が期待される。後者は，技術の利用を通じて組織における関係性が再

図9-2 本研究の分析モデル

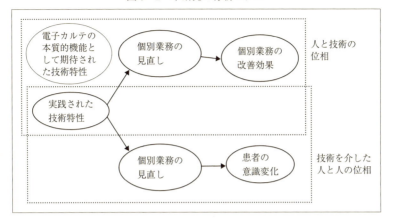

構築されるプロセスであり，成果としては顧客（ここでは患者）の側からみた医療サービスの質的変化が期待される。この2つの論理は，ブリニョルフソンたちによるIT資本と組織資本の補完性や，Tippins and Sohi [2003] が見出した組織学習を経由する間接効果の内的メカニズムに他ならない。[19]

2.1 分析対象と分析方法の選択

本章で分析対象とするのは，2003年度から順次，電子カルテが導入された都立病院である。筆者は「病院経営本部『経営研修』（研究コース）」として，2003年度から2005年度までの3年間，病院組織の電子カルテ導入を研究テーマとして掲げ，都立病院のコメディカルを対象にアクション・リサーチを行った。1年目は業界分析と先行事例の予備的調査，2年目は都立府中病院を対象としたフィールド調査，そして，3年目が全都立病院を対象とした質問票調査となった（松嶋 [2007b]；桑田・松嶋・水越 [2007]）。

本研究の分析方法を述べておきたい。まず，アンケートの質問項目の選択である。本書では，情報技術の利用を通じた組織変化の内容が分析に先立って概念的に規定されるのではなく，現場レベルのローカルな実践のなかで把握されると考えてきた。本研究の調査は，サンプルを東京都の病院組織に限定したものである。本研究では，理論的含意を質問項目に落とし込んでいく作業を，東京都保健局病院経営本部研修の研修メンバーによる協力を得ながら行い，またそれらが正しく調査対象者に理解されるかどうかについてテストを繰り返した。とりわけ研修メ

ンバーが理論的含意を理解するために，2005年5月から9月までの期間は関連する文献の精読とディスカッションに多くの研修時間を割き，より適切な質問項目を設定するための準備をした。

　具体的には，まず本研究では，Tippins and Sohi [2003] によって二次因子に情報圧縮されていた IT コンピテンシーのうち，電子カルテの本質的機能として期待される技術特性と，電子カルテを実際に利用することによって認識されるであろう特性を分けて測定することにした。このとき電子カルテの本質的機能としては，Tippins and Sohi [2003] のように情報科学等から IT オブジェクトとしてコンピュータ・システムの有無や本来あるべき本質的機能を先見的に定義するのではなく，東京都のフォーマルな文書のなかに共通してみられる文言を中心として，医療関係者が素朴に期待する電子カルテの技術特性を測定することにした。これに対して，実際に電子カルテを利用することによって認識された特性（実践された技術特性）については，府中病院のフィールドワークからその内容を参照した。しかし，実践的な技術特性については，Gergen [1982] が指摘したように，ラベリング自体が誘導的な質問になる可能性がある。そのため本研究では，類似した項目がその一部に含まれる厚生労働省の電子カルテ三原則を参考にして，質問項目を構成することにした。これによって本研究では，電子カルテについて，（ただ単に研修メンバーの協力を得たことに内的妥当性を求めるのではなく）その本質的機能として素朴に期待された技術特性と，実際に利用されることによって認識される技術特性の双方について，導入前後の病院でどのような回答傾向の違いが現れるのかについても検討することにした。

　また，本研究では，本書がこれまで検討してきた論理に従い，以下の2つのありうべき組織変化のプロセスを測定することにした。個別業務の見直しは，医療現場において自らの権限において可能な業務改善に関する質問項目を設けた。これに対して医師とコメディカル関係的業務の見直しというチームレベルの変化は，個々の活動に関連するが他者の仕事に密着する内容と，チーム運営そのものに関する質問事項が含まれる。これらの質問項目については，当初は筆者が抽象的に表現したものを，彼らの実践において確認できる行動内容に翻訳してもらった。このように設定された質問項目は，決してすべての企業や病院組織において成立する尺度とはいえないであろう。しかし，理論的含意を理解した東京都の病院関係者の協力をもとに作り上げた質問項目は，東京都の病院の量的調査としては信頼性が高いものと思われる。このように限定された母集団に対峙することを前提

とした計量的モノグラフでは，一般化された母集団を想定したサンプリングに関する困難を回避することができる。

ただし限定されたサンプルを対象とするからといって，系統的なデータ収集が必要ないということではない。分析データの収集では，考えうる理論的サンプルとして電子カルテ導入後の経過期間が異なる病院，さらには医師とコメディカルなど，携わっている実践が異なると想定される母集団を設定した。これらは本研究の分析モデルに含まれる組織変化を捉えるために，限られたサンプルではありながらも仮説的に設定された母集団である。そのため本研究では，これらの母集団のサンプルがなるべくばらつくようなデータ収集が試みられた。具体的には導入期間を比較するために全都立病院を対象にし，診療実践の違いを検討すべく全職種にわたってまんべんなくデータを収集するようにした。結果として本研究では，電子カルテ未導入の2病院を含む東京都病院経営本部所属の8病院すべてを対象として，すべての職種ならびに役職からなるデータセットを得た。

また，本研究では5点尺度のアンケートから得られた結果を，連続量の分析データとして検討していく。リッカート尺度によって得られた順序尺度から多変量を想定することについては，経営学の分析ではよくみられるものの，批判的な意見もみられる。例えば，杉万［2005］は，人間科学の量的方法においては「何がなんでも連続量を得たい」という「連続量願望」が強すぎるとし，リッカート尺度で測定された質問項目については「簡便法として，平均値が度数分布の代わりをしたり，相関係数がクロス表の代わりをすることはある。しかし，せいぜいそこまでであろう」(82頁)と指摘する。さらに，連続量願望に陥ることなく，質問選択肢への反応数や二次元クロス表が報告されるべきとする。

これに対して，構築主義を前提とする限りにおいて，そもそもどのような観測項目も現実を写像しているとは考えていない（なるべく近づこうと努力するものですらない）。あくまで分析データは，研究者によって用意された何らかの格子によって切り取られたものである（池田［2005］）。つまり，カテゴリーデータにしろ，多変量データにしろ，分析上の戦略的な意図が反映されたものなのである。[22] 本研究では，各種のカテゴリーの比較を通じて観測項目への反応の差異を比較検討しようとするものではなく，本書でこれまで検討してきた現場の情報化を捉える論理を分析データに突き合わせてみるものである。その意味において，本研究では，アンケートによって得られた質問項目を多変量の分析データとしてみなしている。[23]

分析ツールの選択についても，同様に分析上の戦略的意図が反映される。本研

究では，分析対象を絞り込みながらも，計量経済分析のように情報技術そのものの本質的特性を所与としたインプットとアウトプットの関係ではなく，情報技術の利用を通じた実践の再構築に関わる複雑な因果関係を探ることを想定している。これまでの多変量解析においては，このような分析はツールの性格上，不得手とされており，インプットとアウトプットの間のプロセスを問う「どのように(How)」の解明については，量的分析よりは質的分析で行うべきものであるとされてきた (Yin [1994])。しかしながら，「どのように」を明らかにできないことはなんら量的分析固有の問題ではなく，われわれが利用可能なツールの問題でしかない（吉川 [1998]）。本章の分析では，このような遠い因果関係を検討するために，AMOS に実装された構造方程式モデル（SEM: structural equation modeling）を理論ベースとした，パス解析ツールを利用する。

　また，計量的モノグラフの分析は，あらかじめ定めた作業仮説を検証するという一回性のものではなく（あるいは，当初の分析モデルが検証されるように試行錯誤するものでもなく），分析データと突き合わせながら当初の仮説を見直していくものである。そのため分析結果の記述もあらかじめ用意した仮説を確認することに終始するものではなく，むしろ分析データに対峙しながら何度も問いを組み立て直していくものになる。これまでの量的分析でも，このような作業は行われていたかもしれないが，研究成果としては実際に提示されることはほとんどなかった。こうした内容は，解明すべき社会的現実の本質的な存在を前提とした場合にはそれほど問題視されないのかもしれないが，計量的モノグラフにおいては分析データには複数のモデルが含まれ，その選択に研究者の戦略的判断が介入していることを認める。この場合，分析結果の記述は，これらの試行錯誤の過程そのものに寄り添うことが科学性として求められることになる。

　最後に，分析結果の位置づけであるが，繰り返し確認すると，計量的モノグラフでは仮説そのものの一般性を主張することを分析上の目的としない。最も厳密に考えていけば，このような一般性を統計的な検定を通じて確保することは，(少なくとも) 社会科学ではほとんど困難であることも古くから指摘されてきたことである (Morrison and Henkel [1970])。しかし，だからといって社会科学では，量的データや統計的技法を一切利用しないなどという単純な議論にはならない。その種の極論は，分析結果の客観性と分析過程の客観性を混同している。計量的モノグラフは，あくまで限定されたサンプルから得られた分析データであることを承知したうえで，そこから得られるインプリケーションのために分析過程の客

観性を求めるのである。本章でも，都立病院という限定されたサンプルから見出されたインプリケーションをさらなる理論的検討へと引き渡すことにしたい。

2.2 分析データの整備

すでに述べてきたように，本研究では，分析に当たって独自の質問票を作成した。電子カルテの本質的な技術特性や，組織の仕事実践をアプリオリに定式化することを概念上で拒否する以上，質問票調査にはコンテキストを共有した特定のサンプルが適している。本研究においては，具体的な調査対象が絞り込まれており，かつ各仮説に対して適した回答が期待される質問票を，研修スタッフの意見に基づき作成できた。

質問票調査は，2004年12月1日から2005年1月12日まで，東京都病院経営本部所属の8病院に対して行われた（うち電子カルテ未導入2病院を含む）。質問票はウェブ上に用意され，病院経営本部によって調査が周知された。当初は，電子カルテが導入されている病院では，当然ながらウェブ環境も整備されているだろうと考えていたが，電子カルテ自体はウェブに接続されていない場合も多かった。そのため，身近にウェブに接続された端末がない場合には，紙の質問票を配布し，回収後にウェブ画面へ手入力した。質問票の有効回答数は1801票であり，これは全都立病院の常勤・非常勤職員数の27.5%に当たる。なお本研究では，先述のように，既存研究においても信頼性のある測定尺度が共有されていなかったことはもちろん，そもそも分析対象となる実践の固有性に寄り添った分析が求められることから，独自の質問票を作成することにした。そのため，因果関係の分析に先立って，得られたデータから分析に利用する変数を構成しておく必要がある。[24]

質問票は回収後，電子カルテ導入病院（$N=1375$）から得られたデータを対象に，技術系・組織系・成果系の変数群ごとに因子分析を行い（表9-1〜9-3），因子負荷量0.4以上の項目によって構成される因子を求めた。つまり，理論カテゴリー自体については仮説を疑わず，しかし関連する変数については実際に測定された結果から構成される因子の意味合いを探索するものである。抽出された因子の標準偏差，信頼性（Cronbachのα）は表9-4のとおりで，組織系変数について抽出された第三因子を分析対象から外した以外は，おおよそ当初の想定どおりの因子を抽出できた。これは現場のスタッフの協力によって独自の質問票を作成したためである。[25]

まず，サンプルとなった病院ごとに因子スコア（電子カルテ未導入病院は，全サ

表9-1 技術系因子分析

項目内容	I	II
システムのチェック機能によりインシデントや請求漏れを防ぐ	0.67	-0.07
カルテが共有されることにより「病院内」での連携が進む	0.55	0.12
今まで人が行っていた事務処理の一部が電子カルテで行われる	0.54	0.00
待ち時間に関するクレームが少なくなる	0.53	0.04
紙の使用量が少なくなる	0.46	-0.06
カルテが共有されることにより「他の医療機関」との連携が進む	0.45	0.12
電子カルテは，必要な情報を容易にみることができる	-0.06	0.76
電子カルテは，過去の診療情報を閲覧することができる	-0.04	0.63
電子カルテに保存された診療データを活用できる	0.19	0.46

表9-2 組織系因子分析

項目内容	I	II	III
5-9. 職種をまたがる横断的活動（合同カンファレンス，ICT，NST など）が行いやすくなってきている	0.76	0.06	-0.14
5-8. 他職種で相互に記載内容のチェックをし合うようになってきている	0.72	-0.05	-0.02
5-10. 他科あるいは他職種に協力を求めやすくなってきている	0.69	0.15	-0.10
5-6. 他職種の専門分野について勉強するようになってきている	0.64	-0.06	0.16
5-11. 職種間の業務分担が明確になってきている	0.62	0.05	0.03
5-5. 学会や研修会に参加する機会が増えてきている	0.55	-0.16	0.19
4-2. 他職種の記載内容を閲覧し，業務に活用するようになってきている	-0.06	0.89	-0.05
4-1. 他職種にカルテの記載内容が伝わるようになってきた	-0.01	0.79	-0.05
4-3. 患者に関する情報を積極的に収集するようになってきている	-0.03	0.52	0.28
5-2. 他職種の行っている仕事の内容について以前よりわかるようになってきている	0.17	0.51	0.10
5-3. 患者情報をより慎重に扱うようになってきている	-0.07	0.05	0.71
5-4. 専門分野についてよりわかりやすい説明を心がけるようになってきている	0.10	0.00	0.71

ンプルを基にした因子分析を行った場合の参考値）を，電子カルテの導入期間（準備期間と利用期間の合計）に沿ってプロットし，抽出された因子の意味合いを確認する。因子スコアの傾向は，病院ごとの特性や回答者の相違を反映しており，必ずしも線形的ではないが，電子カルテ導入病院についてはおおよそ右上がりの傾向がみられる（図9-3）。とくに技術の実践的な特性として認識されると想定したT2の

表9-3 成果系因子分析

項目内容	I	II
6-3. 患者からの要望に応じた情報を「わかりやすく」提供できるようになっている	0.82	0.00
6-2. 検査や治療計画が立てやすくなってきている	0.76	-0.04
6-1. 患者の状態がより正確に把握できるようになってきている	0.71	0.00
6-4. 患者からの要望に応じた情報を「すぐに」提供できるようになってきている	0.66	0.07
7-2. 患者は治療内容や検査データに興味をもつようになってきている	-0.03	0.90
7-3. 患者からの質問や要望が多くなってきている	-0.06	0.84
7-1. 患者は自分の病気や治療内容について詳しく理解するようになってきている	0.18	0.62

表9-4 因子分析の結果

技術系因子（因子間相関 0.66）
T1　期待された技術特性 （電子カルテのスペックから期待される直接的作用） 　　6項目　(s.d.＝0.87, α＝0.71)
T2　実践された技術特性 （カルテ記載内容の可視化による間接的作用） 　　3項目　(s.d.＝0.86, α＝0.67)

組織系因子（因子間相関 0.50）
O1　個別業務の見直し 　　4項目　(s.d.＝0.92, α＝0.81)
O2　チームの見直し 　　6項目　(s.d.＝0.92, α＝0.70)

成果系因子（因子間相関 0.60）
P1　個別業務の改善効果 　　4項目　(s.d.＝0.92, α＝0.82)
P2　患者の意識変化 　　3項目　(s.d.＝0.93, α＝0.84)

(注)　主因子法によるプロマックス回転。
　　　因子寄与率0.4以上の項目によって構成。

スコアは，未導入の病院では低く，導入期間とともに高くなる傾向がみられるため，期待された内容の因子が抽出されたと考えられる（そのため，以降の分析では，実践された技術特性として，T2を利用することになる）。

　また，導入前後のサンプルで回答されている内容が異なっていると考えられる

図9-3 病院ごとの因子スコアの比較

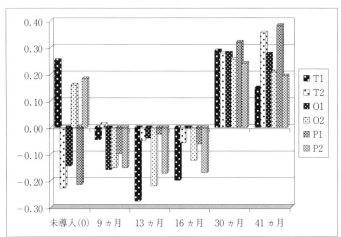

(注) 各変数の因子スコアは、導入期間(未導入、9ヵ月、13ヵ月、16ヵ月、30ヵ月、41ヵ月)の順に示すと、以下のようになった。
　　T1 (0.25, −0.05, −0.28, −0.20, 0.29, 0.15)、T2 (−0.23, 0.01, −0.05, −0.06, 0.28, 0.36)、O1 (−0.14, −0.16, −0.04, 0.00, 0.28, 0.27)、O2 (0.16, −0.15, −0.22, −0.12, 0.26, 0.21)、P1 (−0.22, −0.10, −0.03, −0.06, 0.32, 0.38)、P2 (0.18, −0.15, −0.17, −0.17, 0.24, 0.19)。

が、期待される技術特性 (T1) は、電子カルテが未導入の病院では高く、導入後に低くなり、その後は徐々に回復する傾向がみられる。このことは、未導入病院においては公に謳われている電子カルテ像に対する期待が大きいが、導入後に期待と現実との乖離を感じていることを示していると考えられる。しかし、電子カルテの利用経験を積むことによって、当初の期待に対しても現実感が増していく。なお、未導入病院でも高い因子スコアものに、O2やP2がある。これは電子カルテの技術的スペックからは、直接的には説明しにくい質的な変化に対しても期待が抱かれているものと考えられるが、これらもT2と同様な傾向が確認できることから、電子カルテの利用に関連する項目であると考えられる。[26]

2.3 電子カルテ導入病院をサンプルとした分析

次に、電子カルテを導入した病院をサンプルとして (表9-5)、電子カルテの利用に伴う組織変化のメカニズムに関するパス解析を行う。分析方法は、Amos

表9-5 導入後サンプルの相関行列

	T2	O1	O2	P1
T2	—			
O1	0.64***	—		
O2	0.44***	0.58***	—	
P1	0.57***	0.61***	0.62***	—
P2	0.34***	0.36***	0.56***	0.60***

（注） ***$p<0.001$。

図9-4 基本仮説に基づいたモデル

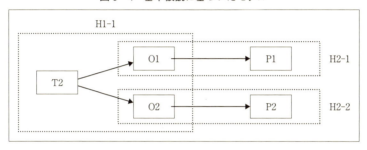

図9-5 修正されたモデル

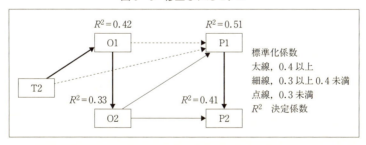

5.0によって基本仮説に基づいたパスを描いたモデル（図9-4）について，修正指標やワルド検定を参考にしながら，論理的に考えうるパスを追加，削除した。

修正されたモデル（図9-5）からは，以下の因果関係が推測できる。まず，電子カルテの導入は，当初の仮説を大局的には支持しており，電子カルテの導入それ自体が個別業務の見直しを通じて，改善効果をもたらす直接的な効果について弱い影響が確認された。他方，分析結果からは，当初の基本仮説には含まれなかったものとして，電子カルテの導入が個別業務の見直しを経由してチームの見直

表9-6 最終モデルの標準化推定値（***$p<0.001$）

	直接効果	間接効果
T2 → O1	0.64***	
T2 → P1	0.27***	0.29
O1 → O2	0.58***	
O1 → P1	0.23***	0.21
O2 → P1	0.37***	
O2 → P2	0.31***	0.15
P1 → P2	0.40***	
T2 → O2		0.37
T2 → P2		0.34
O1 → P2		0.36

（注） GFI＝0.989；AGFI＝0.945
（χ^2＝38.4, $p<0.001$）。

しに影響し，また，その組織変化から成果へ影響する間接的なパスが見出された。これは，電子カルテの利用とともに，まず個別の業務の見直しが起こり，それがチームの整合性の見直しへと繋がっているものと考えられる。

　また，成果変数 P1 は，T2（0.27）と O1（0.23）から弱い影響を受け，さらに O2 から比較的強い影響を受けていた（0.37）。これは，医療現場での個別業務が単独で行われるものではなく，何がしかの協働を前提とするためと考えられ，P1 から P2 に対して 0.40 の強い影響が確認されたのも同じ理由が考えられる。O1→P2 に有意な直接効果はみられず，O2→P2 の直接効果と間接効果を合わせた総合効果は 0.46 と強い影響となった。以上が，全導入病院を同一のサンプルとした分析から見出される発見事実である（表9-6）。

2.4　導入期間別サンプルの比較分析

　次に，サンプルを電子カルテ導入期間として 20 ヵ月未満（PS）と 20 ヵ月以上（PL）の母集団に分け，導入期間別サンプルの比較分析を行った（表9-7）。仮説は，PS よりも PL のほうが，電子カルテの利用を通じた医療実践の再構築をよりよく説明できるとする。まず，PS と PL の平均値と標準誤差について比較を行ってみる。因子スコアの平均値は，すべて PS＜PL と有意であった。非等分散

表9-7 PSとPLの分散と平均値の比較

	Mean		s.d.		F 値	t 値
	PS	PL	PS	PL		
T2	−0.09	0.22	0.88	0.76	5.92	6.31**
O1	−0.10	0.24	0.93	0.84	4.04†	6.33**
O2	−0.12	0.28	0.93	0.85	1.60	7.32**
P1	−0.13	0.31	0.94	0.80	7.26†	8.23**
P2	−0.11	0.27	0.92	0.91	0.89	6.98**

(注) †$a<0.05$, **$p<0.01$。

表9-8 PSとPLの同時分析による
非標準化推定値 (***$p<0.001$)

	PS	PL
T2 → O1	0.68	0.70
T2 → P1	0.27	0.29
O1 → O2	0.58	0.52
O1 → P1	0.23	0.22
O2 → P1	0.37	0.35
O2 → P2	0.34	0.24
P1 → P2	0.38	0.48

(注) CFI=0.989；RMSEA=0.063；
AIC=106.85。

性は，T2は当然ながら，O2とP2が棄却され，すべての標準誤差がPS＞PLとなっている（いずれも片側検定）。つまり，電子カルテの利用経験が長いPLのほうが，すべての因子においてスコアが高く，ばらつきも小さいというものである。

しかしながら，上記の検定は，あくまで各因子単独の平均値および標準誤差の比較であり，PLがこのモデルで説明される因果関係の当てはまりがよりよいということを示しているわけではない。実際，各サンプルを分けた個別検定から，それぞれの適合度を比較した結果，PS (GFI＝0.990；AGFI＝0.951)，PL (GFI＝0.986；AGFI＝0.928) となり双方とも十分な適合度であったが (PLについてはAGFIが0.95を割ったものの)，予想に反してPLよりPSのほうがよい値となった。また，パス係数についても，例えば，P2に関わるパラメータの大小が逆転しているなど，相対的な変化がみられる。しかし，2つのサンプルを同時分析した結

果としては,すべての係数において5%水準で有意な差はみられなかった(表9-8)。

2.5 さらなる課題の探索とモデル比較

前項の導入期間別サンプルの比較からは,適合度やパス係数の相対的な差こそみられたが,同時分析による導入期間別サンプル間のパスに有意な差は確認されなかった。しかしながら,当初の仮説を裏切る適合度の低下や,予期していなかったパス係数の変化は,見過ごせない発見事実である。

電子カルテの利用経験を積むほどに,因子スコアが高く,分散が小さくなるにもかかわらず,モデル全体の適合度が悪くなり,また比較されるパス係数間の強弱が反転する理由としては,大きく分けて2つの理由が考えられるであろう。1つは,モデル内部のいずれかの因子の反応が変性し,そのためにPLのモデルに対する説明力を落としているという可能性である。もう1つは,モデル外部からの影響に関するもので,PLのほうでは電子カルテ利用による組織変化として説明できる因果関係が少なくなっていることが考えられる。加えて,技術の利用以外の影響が,より大きくなっていることも考えられる。

以下,第1の理由については,導入期間別の2つのサンプルに対して,各パスのパラメータを等値に置いたモデル適合度の比較から,どのパスについて相対的差異を見出せるかを検討する。第2の理由については,同様に技術からのパスのパラメータをゼロとした場合の適合度と,変化がみられた場合にはどの誤差分散に相対的差異が確認されるのかを検討することができるであろう。

第1の理由であるが,2つのサンプルにおいてすべてのパラメータを等値制約した結果が,表9-9である。この結果から,とりわけP2に対する影響力に差異が確認できた(パラメータ等値仮説が棄却された)。これは,P2つまり患者の意識に対する影響力が変化していることを意味している。当初は,チームの見直しによる医療体制そのものの変化が患者の側にも重大な変化として受け止められたが,その後は,新しい医療体制のあり方にも慣れ始め,むしろ新しい医療体制のなかで個別のスタッフの専門性が高まることで,患者サービスの内容が変化したことに影響が出始めていると考えられる。しかし,それと同時に総合的な影響力については減じていることから,チームの見直しによる医療体制の変化は,患者にとっても大きな変化として受け止められていたと考察できる。

第2の理由であるが,まずT2からの影響力をないものと固定したモデルとし

表9-9 パラメータの等値制約

パラメータ制約によるモデル比較	CFI	RMSEA	AIC
制約なしモデル	0.989	0.063	106.85
T2→O1 等値モデル	0.989	0.058	105.02
T2→P1 等値モデル	0.989	0.058	105.02
O1→O2 等値モデル	0.989	0.059	106.04
O1→P1 等値モデル	0.989	0.058	104.86
O2→P1 等値モデル	0.989	0.059	104.97
O2→P2 等値モデル	0.988	0.059	107.02
P1→P2 等値モデル	0.988	0.060	107.41

(注) 等値されたパラメータの適合度に網掛け。

表9-10 パラメータ値の固定によるモデル比較

	CFI	RMSEA	AIC
T2→O1 のパラメータをゼロとした場合	0.747	0.259	807.95
PS において技術の影響がないと仮定した場合	0.793	0.234	673.19
PL において技術の影響がないと仮定した場合	0.906	0.159	345.27

て，全導入サンプル，PS，PL それぞれを比較してみる（表9-10）。その結果，CFI, RMSEA, AIC ともに，PS より PL のほうが適合度がよいことから，PL では電子カルテに対する組織的な取り組みが落ち着いてきていると考えられる。

また，どの変数に対してモデル外部からの影響に差異が確認できるだろうか。T2 については分散を，それ以外の変数については誤差分散を等値制約においてモデルを比較してみた（表9-11）。その結果，T2, O1, P1 において相対的な差異が確認された（分散および誤差分散の等値制約仮説が棄却された）。これまで検討してきたように，PS より PL において，T2 については分散が小さくなっており，O1, O2 については誤差分散が大きくなっている。これらは，電子カルテへの取り組みに対するばらつきがみられなくなったものの，とくに個別の業務の見直しに対しては，何かしらの別の要因によって説明される影響が生じていることを示している。その要因については，データセットに含まれないため推測しえないが，電子カルテへの組織的取り組みが落ち着いてきても，他の理由によって個別の業務の見直しは継続していると考察できる。また，チームの役割関係等の見直しが，個別の業務の見直しを契機に起こることは，技術利用に対する対応のみならず共

表9-11 分散と誤差分散の等値制約

誤差分散等値によるモデル比較	CFI	RMSEA	AIC
制約なしモデル	0.989	0.063	106.85
T2分散等値モデル	0.985	0.067	116.37
O1誤差分散等値モデル	0.987	0.062	110.43
O2誤差分散等値モデル	0.989	0.059	106.12
P1誤差分散等値モデル	0.983	0.072	123.12
P2誤差分散等値モデル	0.989	0.058	105.56

(注) 等値された分散の適合度に網掛け。

通した傾向であることも確認できるであろう。

なお，等値制約されたパラメータおよび誤差について，等値制約を固定したモデルの同時分析モデルの適合度は，CFI＝0.989；RMSEA＝0.041；AIC＝96.407となり，すべての適合度指標から十分な値を得られるものになった。

3 小　括

本章では，情報技術の利用を通じた医療実践の再構築として把握される組織変化のメカニズムを探求すべく，都立病院における電子カルテ導入に伴う組織変化の因果関係を計量的モノグラフに基づいて検討してきた。少なくとも都立病院をサンプルとする限り，基本仮説は支持された。

しかし，分析結果からは，基本仮説の支持に留まらず，電子カルテの利用による組織変化のより複雑な因果関係を見出すことができた。まず，医師やコメディカルの協働が求められる医療組織の場合には，電子カルテを利用可能なものにするために，チーム単位での取り組みが重要であった。しかし，そのためにはまず，個別業務を見直す必要があるという間接的なパスが発見された。同様に，成果についても個別業務の改善効果と，患者の医療に対する態度の双方に対して，チームとしての業務の見直しが重要であることが示された。

また，導入期間別サンプルの同時分析からは，より長い導入期間が経過したPLが相対的に適合度を低下させるという，理論的に見過ごせない反証事実を得た。パラメータや誤差の制約に基づいた適合度比較からは，電子カルテの利用期間の経過によって，パス係数のうち患者の態度にみられる変化がひと段落ついていたことと，医療スタッフについても電子カルテを利用可能なものにするための

組織的取り組みが落ち着いてきていることが明らかになった。

　もちろん，これらの発見事実は，都立病院をサンプルとして，独自に作成した質問票をもとにして得られたデータの分析を通じて検討されたものであり，決してそれだけで一般命題を裏づけるものではない。しかし，こうした量的分析は，現象の観察からさまざまな発見を誘導する手段と考えることができるのではなかろうか。その意味では，本章で検討してきた方法以外で，理論的関心に基づいた探索を行うことも可能であろう。例えば，本章では，基本仮説に基づきながら導入期間別サンプルに限って比較分析をしてきたが，医師とコメディカルといった職種ごとの差異や，当然ながら医療実践が異なる診療科を比較するなど，現実の複雑な現象に対する洞察を深めることもできる。ただし，それらは方法論の正しさとして求めるべき問題ではなく，あくまで理論的ないし実践的関心のもとで探求すべきものである。

注
・1　Cohen and Zysman [1987] への書評。
・2　Solow [1987]。
・3　ソローによる問いの投げかけをめぐる詳細については，篠崎 [2003] に詳しい。
・4　例えば，Brynjolfsson [1993] は測定指標の不備，時間ラグ，企業間競争による利益配分の相殺，IT マネジメントの失敗などをあげており，David [2000] は測定指標の不備と過剰投資，時間ラグに経済学者の関心は集約されるとし，廣松・栗田・坪根・小林・大平 [2001] は（測定指標を含んだ）統計の不備と技術の影響が産業構造の変化に及ぼす関係の複雑さを指摘している。このように，計量経済学の論文においては，一般的には統計不備説，IT 投資不測説，時間ラグ説として把握されている場合が多い。しかし，どのような課題を見出すかについては，生産性パラドクスの問題の所在をどこに求めるか（どの程度，当初の分析モデルの前提を疑うか）によって異なる。
・5　ほかにも，改定後の公式統計データを利用して，マクロ経済レベルでの生産性の向上を確認したものとしては，Baily [2002] がある。
・6　生産性の推定には，生産関数から限界生産性を直接推定しようとするアプローチと，アウトプットの成長率をインプットの投入要素が貢献する全要素生産性に指数分割する成長会計モデルが存在する。
・7　これらの測定不可能なアウトプット（中間財）を，実際にどのように経済統計に取り込んでいくかについては，米国における 1990 年の可塑的改定のときにソフトウエア財が取り入れられた等を除いては，未だ解決されていない。その背後には，産業別の固有の状況を加味した統計データを整備するためには，多くのコストが必要になるという事情がある。他方で，企業単位での分析を行うなかで，公式統計や財務会計上は測定されない組織資本や成果に注目するブリニョルフソンたちは，トービンの q 理論に基づきながら企業の市場

価値の代理変数として金融市場における株式評価をおき，それをもとにした推定を行っている (Brynjolfsson and Hitt [2000]；Brynjolfsson, Hitt and Yang [2002])。
- ・8 実際，Gordon [2000] とは対象的に Oliner and Sichel [1994] の分析結果では，IT 利用産業においても有意な全要素生産性の伸びを確認している。しかしながら，Oliner and Sichel [1994] においても，IT 資本の深化という意味においてはハードウエアによるものが大きく，ソフトウエアや通信機器による IT 利用の外部効果についてはそれほど大きなものになっていないことが指摘されていた。
- ・9 U. S. Department of Commerce [2002]。
- ・10 Uchitelle [2000] p. 4。
- ・11 三品 [2006] では，経営戦略論において事例研究に値する企業を論理的に抽出する量的方法として，同様の手法を提示している。具体的には，企業の経営戦略を反映した長期的な利益フローから，企業利益の不変性と売上高利益率の長期低落傾向を見出し，平均的傾向そのものではなく，平均スコアからのはずれ値に着目するというものである。
- ・12 経営学においても情報化の投資効果を測定した計量的研究は存在する。しかしながら，これらの研究は，その時代ごとに象徴的な情報システムの導入が企業成果に結びついているかという，どちらかというと社会実践上での問題意識に寄り添った分析であった (Strassmann [1990])。もちろん，社会実践と密着した分析の意義そのものは批判されるべきものではないかもしれないが，分析結果を比較可能にする何がしかの分析モデルが共有されてきたわけではない。もっとも，分析モデルを共有せずとも，それぞれの分析結果から導出された結論を比較することは可能である。本節で具体的に検討する Tippins and Sohi [2003] は，こうした問題意識に基づいた代表的な研究例である。
- ・13 経営学における情報技術と組織能力についての議論は，Ross, Beath and Goodhue [1996] を嚆矢にして，Bharadwaj [2000] などによってすでに量的分析が行われてきた。Tippins and Sohi [2003] は，Bharadwaj [2000] では IT ケイパビリティが直接的に企業成果に結びついているとするのに対して，その過程に組織学習を介在させるところに違いがあるとする。しかしながら，そもそも Bharadwaj [2000] の IT ケイパビリティの概念には，ただ情報技術を使いこなすスキルのみならず，企業成果の向上に繋がるさまざまな要素が含まれていた。もちろん，このことは企業成果に結びつく情報技術がらみのすべての要素を，IT ケイパビリティとして捉えるというトートロジーに対する批判を逃れられないが，そこに Tippins and Sohi [2003] の理論的含意はすでに含まれていたと考えられる。むしろ，Tippins and Sohi [2003] の貢献は，Bharadwaj [2000] では，情報技術を使いこなす組織的な能力と，それと間接的に関連する組織能力が一括りに分析されてきたのに対して，それらを概念的に精緻化し，分析したことにあろう。翻って，このことによって導かれる，新たな課題もある。この点は，以降で具体的に検討していくが，IT コンピテンシーも情報技術によって自動的に形成されるものではなく，何らかの学習プロセスによって獲得されるものである。この点において，IT コンピテンシーと組織学習は，概念的に峻別できるものではない。
- ・14 彼らの組織学習モデルには，いわゆる外部環境の不確実性を削減するための一般的な情報処理モデルとは異なったフェーズも存在する。しかしながら，情報の外部性を所与として，その組織的な処理過程を扱っているという意味において，ハードとしての情報技術を

アナロジーにした情報処理モデルと考えて差し支えないであろう。
・15　尺度の内的妥当性そのものについては，マーケティング部門の管理者や情報管理の専門家に対するインタビューによって，それぞれの質問項目が産業界全般において一般化された意味をなしているかどうかが確かめられたと記されている（p. 753）。しかしながら，このときのインタビューでは，1つひとつの尺度が産業界において一般化されうるのかどうかだけが確認されており，分析モデルに導かれた各尺度の含意ついては十分に検討されていなかったのではなかろうか。もし，分析モデルそのものの含意に基づいた質問項目の内的妥当性を検討しているのであれば，ここで指摘されるような観測項目レベルでの矛盾は発生しないと思われる。
・16　例えば，IT コンピテンシーの下位尺度である IT オブジェクトでは，企業において情報システムが導入されているかどうかが質問されており，IT ナレッジと IT オペレーションでは，それらの知識を業務のなかで使いこなしているかどうかが問われている。彼らは，これらの下位尺度を IT コンピテンシーとして二次因子に集約させているが，このとき，その因子スコアが最も低いのが IT オブジェクトなのである（0.5）。これは IT コンピテンシーとは，もちろん情報技術なくしては形成されないものの，それだけでは十分でなく，何がしかの組織学習プロセスが関わっているためだと考えられる。
・17　例えば，彼らの研究は，米国の製造業271社に対するアンケート調査をもとにしているが，より幅広い業界や時系列的なパネル調査が必要であることを記している。しかし，そもそも計量経済学で蓄積された分析結果に基づけば，とくに技術導入による直接的影響では説明できず，組織的な影響が大きいサービス産業を選択しなかった理由や，本来は間接効果が現れにくいはずの（あるいは，ある程度は直接的な影響によって説明できるはずの）製造業において IT コンピテンシーからの直接効果がほとんどみられなかった（0.014）という結果について，より深くそのインプリケーションを検討すべきではないだろうか。
・18　このようなインプリケーションの獲得のために，総合的な能力概念としての IT 経営力を操作化し，計量的モノグラフに基づきながら行った大規模サーベイ調査としては，遠山・松嶋［2010］，松嶋・浜屋［2010］を参照。
・19　成果変数としては，個別業務の改善効果と，患者の側の医療に対する考え方や取り組み方の変化について尋ねている。前者は，個別業務の見直しの効果について直接的に尋ねているが，これは計量経済分析でも指摘されてきたように測定困難な成果だからである。これに対して，関係業務の見直しの成果は，それ自体を当事者に尋ねることは難しい。すでに検討してきたが，計量経済分析においてはブリニョルフソンたちがトービンの q 理論に基づきながら，企業の市場価値の代理変数として金融市場における株式評価を取り入れていた。この背後には，投資家が企業のビジネスモデルの転換とその効果について，ある程度合理的な判断を下しているということを前提にしている。しかし，公立病院は株式公開はされておらず，またそれを正しく評価する第三者を想定することはできない。そこで本研究では，より中間的な成果として，医療体制の変化は患者に受け入れられることによってはじめてサービスとしての付加価値が生まれるという想定のもとで，患者の側に医療に対する意識や医療の取り組み方に変化が出ていると（医療スタッフからみて）考えられるかどうかを代理変数としている。この成果変数は，近年の医療組織が取り組んでいるインフォームド・コンセントや患者中心の医療へのシフトという，大きな業界の流れに則して

いるものと考えた。
- 20 本書では，このように技術特性の定義を研究者が与えてしまうことによる困難を繰り返し検討してきた。Tippins and Sohi [2003] の分析モデルにおいては，先述のように，IT オブジェクトとして情報技術が本質的に備えている技術的特性と組織的な利用特性が併置され，二次因子に情報圧縮されていた。このことは，組織における情報技術の利用が，本来あるべき本質的な技術特性に対して組織がどの程度適応しているかによって把握されるという論理がその背後にあると考えられる。
- 21 第4章第2節を参照。
- 22 吉川 [1998] によれば「計量研究で用いられる数値は研究者の主観的な作業仮説に基づいたものである以上，完全な客観データであるとは言えない。しかし計量的な手続きをとることによって，いかなる作業仮説に基づいて社会を捉えたかを明確に示して，『形式的導出』の形態をとることができる」(16頁)。さらには，「連続変量を分析に用いるということは，全体社会の連続性に注目し，諸個人の生活条件や意識の差異を集積した全体像を，断絶のない連続的な集まりと見る方法論上の視点と対応している。これに対しカテゴリカルな変数を分析に用いるということは，当該社会を質的に異なった社会集団（あるいは潜在カテゴリー）の集合体として扱うもので，階層構造の非連続性を強調する理解の様式と対応している。もちろん実際の社会構造は，こうした単純なモデルのどちらにもあてはまらず，連続性と異質性の複雑な絡み合いの様態として捉えられるべきであろうが，方法論上の視点としては，この二つのうちどちらかが戦略的に選択されることになる」(126-127頁) という。
- 23 正確には，本研究では，すべての観測変数に正規分布を想定した共分散構造分析を採用するものではない。なぜなら，本研究のために作成した（項目反応についての知識蓄積が存在しない）観測項目は，たとえどれだけ事前にその内容を精査しようとも，個々の項目反応に歪みが生じることが想定されるためである。村上 [2002] によれば，古典的な探索的因子分析には，これら項目反応の誤差を相殺させるという実践的な意味合いがあった。それゆえ本研究では，因子分析の結果である因子スコアを多変量の分析データとみなすことにする。
- 24 それゆえ本研究では，因果関係の分析においても，測定方程式（確証的因子分析）を含んだ共分散構造分析ではなく，独自に作成された質問項目に基づき，変数の系列ごとに探索的因子分析を行い，抽出された因子スコアを分析に利用する。
- 25 栄養サポートチーム（NST: nutrition support team），感染対策チーム（ICT: infection control team）。
- 26 実際，医療界の業界紙である『新医療』に掲載された電子カルテ記事内容にも，技術によって直接的に期待される成果と，間接的に期待される成果の双方が，時代にかかわらずみられた（松嶋 [2007b]）。

第10章 解釈主義のポリティクス

　第7章から第10章までの4つの章から構成された第III部は，ポリティカル・リサーチのラベルに示されるように，研究者が分析を通じて接続される実践のなかでの政治的な立ち位置を問うものである。それゆえ，すでに議論されてきた第7章から第9章でも，第II部リフレキシブ・リサーチの特徴であったような，研究者が埋め込まれた理論的文脈はあまり記述されてこなかった。だが，研究者はリフレキシブな態度を必要としないといっているわけではない。ポリティカル・リサーチとしては，自らの埋め込まれた理論的文脈に対する省察よりは，研究者自身も社会の一員であるという立場から，リフレキシブな態度が求められるのである。

　これまで本書が主題としてきた，とりわけ解釈主義を標榜する情報経営学者の「実践」には，大きく2つの意味合いがある。1つは，技術と組織という分析的な二分法のもとで描かれてきた因果関係に対して，技術と組織の一体不可分な分析対象の様相を示す「技術実践」として。もう1つは，従来の技術の本質主義に基づいた分析に対して，現場の人々の技術実践を分析しようとする研究者自身の「分析実践」として。それぞれに「実践」という概念が関わってくる。本章では，この両者は密接な関係にあり，そのどちらかだけを焦点化したのでは，情報経営学における解釈主義を十分に果たせないことを議論する。そのうえで，研究者の分析実践を，分析対象である技術実践に介入する「政治的実践」として捉え直したうえで，具体的に筆者が携わった研究事例を再検討してみる。

1 誰の，何に対する，どんな実践？

1.1 分析対象としての技術実践

　今日の情報経営学において，「技術の内的特性が，ただちに社会を一義的に決定する」という素朴な技術決定論や，そのアンチテーゼとしての組織決定論は，少なくともアカデミックな探求からは姿を消したとみてよいであろう。今日の情報経営学で主流をなす思考は，情報技術と組織の相互依存関係にある。このことを本格的に議論した嚆矢は，Markus and Robey [1988] の創発的視角に求められる。もちろん彼女らが，この相互依存関係を捉える理論枠組みのすべてを提示したわけではない。彼女らも自覚的であったように，創発的視角は外的な特徴として観察される「理論の構造」に焦点を当てた分類法であり，それぞれを説明する「理論の構成内容」は含まれなかった (p. 584)。そして，この理論的な問題意識を引き継いだ研究として，Orlikowski and Robey [1991] や Orlikowski [1992] を端諸に展開された構造化モデルが位置づけられる。そこでは，技術と組織の一体不可分な関係は，現実の組織において情報技術を利用する人々の知識に媒介されるという点が強調される。ここに，分析対象としての「技術実践」に注目する必然性が生まれる。

　今や，このような学説史的な大きな流れに異論はないであろう。しかし，理論的位置づけを与えることと，それが実際の分析において活用できる分析枠組みになりうることは，また別の話である。なぜなら，技術と組織を不可分なままに技術実践を把握することは，実は大きな困難を伴っているからである。例えば，オリコフスキーたちの構造化モデルでは，一方で理論的には技術や組織は人々の知識に媒介されたものとするが，他方で「分析的な」枠組みとしては，技術や組織を解釈する主体と，主体の解釈から独立した外在的な存在としての技術や組織が併置されていた。そのため，分析的に彼女らが描く事例においては，組織のコンテキストに埋め込まれた人々が，技術の利用を通じて直面する「意図せざる結果（知られざる技術特性）」に適応的に反応し，そのことによって組織の側の変更も導かれる「ソフトな技術決定論」という不徹底な立場が導かれたのである。

　このことに鋭い批判を加えたのは Grint and Woolgar [1997] であり，オリコフスキーたちの議論では「媒介」とはより一般的な広い意味での技術の「解釈過程」ではなく，単に技術や組織との相互作用のことを意味している，とされた

(pp. 21-23)。つまり，解釈を伴う技術実践を分析対象としながら，実際にはその実践を捉えるための適切な分析枠組みが用意されておらず，大文字の技術と組織を分析的に前提とする，伝統的な分析方法となんら変わらないとする指摘である。

この指摘は，近年改めて「実践的転回 (practical turn)」の必要性を強調するOrlikowski [2000]，Orlikowski and Barley [2001]，Olikowski and Yates [2006] でも未解決なまま残されている。彼女らは，一方では，結果として技術や組織を安定的に捉えてしまった構造化モデルが抱える問題を克服する理論枠組みとして，実践的転回の必要性を論じながら，他方では，既存の組織の束縛から逃れるための説明概念として，技術の「物質性 (materiality)」を強調する[1]。確かに技術実践が人々の知識に媒介されるとしても，人々に経験される意図せざる結果を導く技術の物質性は存在する。その意味においては，いかに実践的転回を図ろうとも，技術の物質的な特性が損なわれるわけではない。しかし，ここで重要なのは，そのような物質性の理論的な位置づけの一方で，分析的にはたとえ研究者をしても唯一正しく物質性を規定する立場にはなく，あくまで実践的にのみ定義されることである。この点を看過してしまうと，例えばOrlikowski [2000] による技術実践の諸類型に端的に示されるように，一見すると多岐にわたる諸類型もまた，何がしかの本質的な物質性を伴った技術によって方向づけられた「解釈（エナクトメント）」のバリエーションとして，従来型の単線的な構図に回収される。

ここにきて，Markus and Robey [1988] によって，外的特徴として観察された理論の構造に基づいた類型化を導いた，創発的視覚の根源的な問題を指摘できるかもしれない。なぜなら，創発的視覚は，技術実践の立場から分類されたものではなく，あくまで技術と組織を分析前提としたうえで描かれた相互依存関係だからである。もちろん，相互依存関係に注目する研究のすべてが悪いというわけではない。人々の技術実践とは別に，本質的な技術や組織が存在すると割り切って考えるのであれば，例えば，すでに島田 [1991] が鋭く看破していたように，相互作用主義は結局のところでソフトな技術決定論かソフトな組織決定論のどちらかに振り分けられるものとして割り切って，分析モデルを精緻化していくことも可能であろう（31頁）。

しかしながら，実体二元論を問題視する実践的転回に立脚しようとする以上，このことは論理的に重大な欠陥となってしまう。実践的転回のもとで改めて議論すべきは，オリコフスキーたちのように解釈される「べき」技術の本質的な物質性を強調することではなく，Grint and Woolgar [1997] が指摘したような，より

広い意味での解釈過程である技術実践を,いかに研究者が分析できるかという認識論上の問題なのである。

1.2 研究者の分析実践

前項で検討してきたように,技術実践を分析対象としようとする解釈主義の困難には,技術の解釈をいかに現場の技術実践の内から捉えることができるかという認識論上の問題が付き纏う。しかし,この課題を解決せずして,真の実践的転回は果たせない。

実際,オリコフスキーたちを痛烈に批判したウールガー自身は,この認識論上の問題に関心を向けていた。その基本的発想は,Bloor [1976] のストロング・プログラムにあり,分析対象を説明する論理は,それを分析する研究者自身にも適用すべきだという方法論的対称性にある。もしオリコフスキーたちが理論化したように,技術実践を人々の知識に媒介されたものとして捉え,その利用において直面する「(実際に人々が経験する)意図せざる結果」によって,行為の条件(組織や制度)が再組織化されると説明するのであれば,それは研究者自身にも適用すべきである。つまり,研究者もまた,理論負荷的に現象を観察しながら,理解不能な現象との対峙を通じて,自らの理解をリフレキシブに再組織化する分析実践に携わるからである(松嶋 [2005])。

しかし,リフレキシブな分析実践を志向した認識論的な実践的転回もまた,皮肉にも,その実践を通じて限界が明らかになる。例えば,Woolgar [1991] は,自らプロジェクト・マネジャーのアシスタントとして参加した,教育用コンピュータの開発に関わるフィールドワークでリフレキシブな分析実践を試みる。彼は,教育用コンピュータという技術には,さまざまな立場の人が自らの「ユーザー像」を抱き,それがコンピュータの性能を制約していると指摘する。このようなユーザー認識は,新しい教育用コンピュータの開発とともに再構築されていく。例えば,パソコン筐体の大きさという制約,ユーザーテストの場面,ユーザーからの思わぬフィードバックがあったとき,マニュアル作りの場面において再構築される。そして,これはウールガー自身の経験でもあり,被験者となってテストに参加したときのユーザーに対する認識と技術の理解が変化していく過程が,分析の俎上に載せられる。

しかしながら,このようなリフレキシブな分析の後,ウールガーはそれを技術の解釈が多様であると結論する。この点において,金森 [2000] は,「言語論的

転回」としての特徴をもつ彼らの著作は、次々と問題位相が媒介されて複層的になっていくわりには、そこから出てくる結論が技術はさまざまに解釈されるといったような、ほぼ自明な主張でしかないと批判する (219頁)。確かにウールガーのリフレキシブな分析は、あくまで技術は一義的であるという本質主義的な一般論に向けられていた。そういう意味で、もとより技術の本質主義を批判対象としていた科学論者にとっては、自明なことでしかなかったかもしれない。しかし、このことをして認識論に踏み込んだ実践的転回による発見事実が、すべて凡庸にならざるをえない論理的必然性はない。なぜなら、何が自明か、自明でないかについては、結局のところ、分析実践を支えるアカデミックな文脈 (の捉え方) に左右されるからである。

例えば、今や技術決定論の典型として批判されるウッドワードの技術研究でさえ、意外なことに単線的な技術決定論に対する批判的な立場を強く表明し、実践における技術と組織の相互依存関係を前提にしていた (Woodward [1970a] p. 14, 邦訳16頁)。もっとも他方で、彼女は、確かに生産組織を規定している技術作用を強調した。彼女の議論は、当初からこの部分が取り上げられ、技術決定論であるとの批判に晒されてきた。しかし、彼女の思考を紐解けば、そこには彼女が置かれたアカデミックな文脈において「技術決定論」を主張しなければならなかった必然性があった。それは、当時の官僚制を代表とする公式理論が生産現場の実践を取り巻く状況をまるで無視したものであり、さらにはその後に展開された人間関係論もまた、公式組織を理論的な前提として人間性という非公式的要素を付加した議論にすぎなかったからである。そうした議論では、彼女が観察した複雑な生産現場の実践を説明できない。生産組織を単純化してきた先行研究に対して、現実の生産現場の実践に注目すべきことを主張するためには、敢えて技術的作用を強調しなければならなかったのである。実際、彼女は数々の批判に対して「観察した古典理論の過ちが人間の一貫性のなさという人間性の介入によるものだとほのめかしてさえいたら万事うまくいったのであろう」(Woodward [1965] p. 245, 邦訳294頁) と懐述するが、その裏を読めば、まさにそのような感情的批判を招いたことこそ、彼女が企図したものであったといえよう (松嶋 [2007a])。

このように、ウールガーの認識論的な分析実践の有効性が批判に晒された理由も、それとは対照的にウッドワードが敢えて批判に晒される技術決定論を主張してきた理由も、共通してそこにはアカデミックな文脈における言語的なゲームが存在する。しかし、ここでさらなる問題として残るのは、研究者のアカデミック

な文脈に注目したことで,研究者の分析実践が十分に明らかにされたといえるのか,ということである。ここにきて,われわれはアカデミックな知識を正当化しうる実践に改めて注目しなければならない。科学哲学者のFuller [1997] によれば,たとえ自然科学（とくに基礎研究）のように自律的な知識蓄積を志向したとしても,研究結果が社会的にもたらしうると予期される事柄についての社会的な正当化が必要になる。なぜなら,研究の遂行には,人的・財政的・物質的な希少資源が動員され,そのことがそれらの資源を必要とするほかの可能性を排除しているからである[3]。まして実践の学である経営学では,研究者はアカデミックな言語ゲームにのみ携わっているとはいえない。認識論に踏みこみすぎた分析実践は,このことを看過しており,結果として解釈主義の意義を見失ってしまったのである。

1.3 介入する政治的実践

実践的転回を,説明対象としての技術実践のみならず,それを分析する自らにも適用するとしよう。しかし,それでもどこかで技術実践と分析実践は別のものとして置いているイメージが付き纏う。つまり,研究とは,技術実践を中立的な立場から正しく記述することであり,その記述的な一般化を通じて対象を操作する意義を獲得できる,と考えられている。実際,ウールガーたちの指摘 (Grint and Woolgar [1995] p. 289) を受け止めつつ,今もなおオリコフスキーが分析的な二元論にこだわる理由も,中立的な記述を通じて研究と現実の双方に意義があると「信じる」からである (Orlikowski [2000] p. 425, endnote 4)。しかし,彼女の議論では,信念以上の根拠が検討されるわけではなく,そこで研究者は対象となる技術実践の外部にあるという非対称性が垣間みられる。

情報経営学における解釈主義の意義を実践的転回のもとで捉え直すには,現実の技術実践とアカデミックな分析実践との適合性が問われなければならない。もとより実践の学である経営学では,少なからずアカデミックな研究成果が現実の経営で利用されることを前提としてきたし,その文脈で正当化されうる。そう考えると,研究を技術実践とは別の分析実践とするのではなく,現実の技術実践に批判的に介入する「政治的実践」として考えざるをえない。ただし,現実の技術実践が直面する,つまり研究者が介入すべき経営問題は自明ではない。古くはBurrell and Morgan [1979] が指摘していたように,これまでもわれわれは暗黙裡に「経営者視点」に根ざした分析を行ってきたが,そのことが経営学として追求

すべき問題を捉えているとは限らない。知らず知らずのうちに経営問題の拡大に加担することさえ，ありうるのである。

　つまり，研究者は無批判に時事的な経営問題に同調するのではなく，経営問題を生み出しているさまざまな政治的関係に自らの批判的立場を見出していかなければならない。これが，Gubrium and Silverman [1989] が指摘する「フィールド調査の政治性」である。実際，研究者が絡め取られている政治性は，多様な局面に見出される。第1に，フィールド調査におけるデータ収集のなかで（in），第2に，調査するフィールドそれ自体に（of），第3に，フィールド調査のアウトプットから（from）。われわれの研究はこれらすべての局面で，分析対象の実践に介入する政治的実践として進んでいく。

　例えば，Silverman [1989] は，今や当事者のリアリティに接近するデータ収集の手法として定着した感のある，インタビュー調査の場面で発生する政治性を，診療の場面での医師と患者（やその家族）の言説分析として例示する。そこでは患者の声に耳を傾けようとする医師が，自らの専門知識によって患者のアイデンティティを誘導的に規定してしまう権力が見出された。

　また，分析対象への介入のあり方によって，まったく異なった姿で現れるフィールドの政治性を検討したのが，山田 [2000] である。彼は，宮崎県にある2つの私立精神病院（一ツ瀬病院とA県立病院）で行ったフィールド調査を比較し，調査者である山田自身がどのような立場（「公式に調査を依頼された大学の先生」と「精神病患者」）で対象へ介入するかによって，まったく異なったリアリティが見出されることを示した。さらに，研究成果もまた一義的ではなく，社会実践に接続されることではじめてその意義が見出される。山田 [2007] では，薬害HIV感染被害問題に関する研究報告書の記載をめぐり，聞き取り調査に応じてくれた医師との間に生じた衝突（当事者の語りに注目したとしても，研究者が持ち出す説明図式に帰結することへの危険性）を描く。われわれの分析結果は，それが発表される社会的文脈においても，さらなる意味作用へと開かれるのである。

　このように，われわれの研究は，多様な局面で分析対象の実践に介入する。介入の意図がなくても，否が応でも介入してしまう。それは理論的一般化を通じて婉曲的に介入することもあれば，個別具体的な企業の情報システム設計に積極的に関与することもあろう。それぞれの介入のあり方によって，そのすべてが研究成果として発表されるわけではない。むしろ，知らず知らずのうちに政治的実践に携わっていることのほうが多いだろう。しかし，だからこそ意図的であろうが

なかろうが，研究者は分析対象への政治的介入を伴い，「科学理論やメンバーの常識に浸透した支配的文化のカテゴリーを通じて常に一般性に回収されてしまう危険性」(山田 [2000] 70頁) とともにあることを自覚するよう求められるのではないだろうか。

2 都立病院における政治的実践

本節では，分析対象としての技術実践と研究者の分析実践の双方を，研究者が分析対象へ介入する政治的実践のなかに見出しながら，研究の目的や方法，さらにその意義づけが定められていく過程を，筆者の研究事例を通じて検討してみたい。対象となるフィールドは都立病院であり，これまでも述べてきたように，筆者は2003年度から2005年度にかけて，東京都保健局病院経営本部に用意された病院経営本部『経営研修』(研究コース) の講師として関与することになった。このとき筆者が研究テーマとしたのは，都立病院において2003年度から導入が開始された電子カルテをめぐり，医療現場での技術実践を明らかにするという内容であった。全都立病院のコメディカル系，看護系，事務系の課長補佐，係長級，主任級職員から，年度ごとに選抜された5名が，この研修に参加することになった。

2.1 研修講師としての介入

最初に検討すべきは，研修における筆者の関与のあり方である。すでに情報経営学において情報技術が組織を一義的に変更するものではないことは常識であったとしても，そのような理解は未だ一般的ではない (だからこそ，一般的な命題としての意義があるのだが)。とくに東京都が電子カルテ導入に対して公に掲げた目標は，電子カルテそのものによる既存業務 (クリニカル・パス) の効率化や，その結果として期待される患者の待ち時間の減少による顧客満足など，まさに現実の実践を無視した技術語り (技術的な観点のみに基づく希望的観測) に溢れているようにみえた。実はすでに研修をスタートした1年目から，都立病院では電子カルテの導入が始まっていた。しかし，電子カルテ導入直後で未だ十分な成果が現れていないという理由から，本研修コースの研究対象としてのフィールドとすることはできなかった。もちろん筆者としては，導入直後のリアルタイムな観察によって，電子カルテの利用を通じた実践に変化が生じる生々しい姿が検討できると主

張したのであるが。

　そのため当初の研修は，どちらかというと技術語りの多い業界誌を批判対象とし，そこで見過ごされている医療実践の検討を始めることになった。また，その検討を行う視点を提供するためには，アカデミックな文献の精読も必要となる。このように当初の研修では，大量の業界誌と文献の渉猟に明け暮れたわけであるが，お世辞にも研修メンバーの食い付きがよかったわけではない。多忙な日常業務をこなしながら研修へ参加してくるメンバー（ほとんどが電子カルテを利用した経験がなかった）が，医療実践に関してほとんど無知の研修講師から，電子カルテを有効に活用するには現場の実践に刮目せよ，などと繰り返し指摘されるわけである。その時点で，よそ者であり，医療の素人である筆者の知識が，研修メンバーの実践に接続されたわけではなかった。

　情報経営学の知識と現実の実践を接続するためには，何かが足りない。そう考え，首都圏において電子カルテが導入されている病院でのインタビュー調査を行うことにした。調査趣意書は検討された文献に基づいて作成され，公式な依頼は病院経営本部の研修担当者によってなされた。結果，筆者および研修メンバーは新設の大学病院と老舗の総合病院の2つの病院を訪問することになった。最初の訪問先は，新設の大学病院であった。正直にいえば，あくまでも情報経営学と医療現場の実践を接続する予備的な位置づけを想定していた当初は，実際に電子カルテを導入した病院関係者が語る内容から，情報経営学の知識が必要であるという示唆を得られればそれでよいという，その程度の期待しかもっていなかった。

　しかし，真新しい受付から通された部屋は50人も入りそうな会議室であり，すぐにその会議室は病院関係者で一杯になった。しばらくして院長が入室してくる。病院関係者が一斉に起立をしたため，われわれも慌てて起立する。そのまま両陣営の自己紹介が始まった。自己紹介の後，院長がはじめて口を開く。「これ（調査趣意書）は誰が作ったのですか」。会議室がしんと静まりかえる。研修メンバーも口を噤んだ。確かに調査趣意書には，よくみられる電子カルテによる業務効率化に関わる質問内容はほとんど書かれておらず，実際に電子カルテを導入したときに直面した問題や，その問題を解決するために講じた施策や組織的な取り組みなどを聞き取るべく，誘導的に作り込まれている（というより，そのように意識的に作り込んできた）。このあつかましくも内実に踏み込んだ調査趣意書について院長からお叱りを受けるとすれば，研修メンバーではない。筆者は改めて立ち上がり，本研修の趣旨と筆者の指導のもとで調査趣意書が作成されたことを説明

した。しかし，院長の次の言葉は予想に反し，「よくできている」というものであった。実際，新設の病院を立ち上げる任を負っていた院長は，電子カルテの導入にも自ら指揮をとっており，彼のプレゼンテーションは電子カルテの技術語りとはまったく異なった，新たな病院組織に対する構想と，その立ち上げの段階で多額の投資を必要とした電子カルテの導入の狙いや，導入後に経験された数々の苦労話であった。

　通常，電子カルテそれ自体の成果は業務効率化にあるとされるが，それは少なくとも現段階では到底コストに見合うものではない。しかし，電子カルテ導入の取り組みを通じて得られることがある。例えば，電子カルテの導入に当たって，医師のカルテのフォーマットや記載事項のコードを詳細に摺り合わせていく必要がある。しかし，その作業に医師をコミットさせるためには，そうした取り組みが彼らにメリットがあると感じさせなければならなかった。そのために講じた1つの方法が，治験のための共有データベース化であった。メリットが見出されれば，医師も電子カルテを積極的に利用しようとし，そのことが既存の医療実践の変更を誘導し，従来になかった新たな病院組織を作り上げることになる，というわけである。

　院長によるプレゼンテーションの後，すでに診療科ごとに現場のコメディカルに対して個別にインタビューするスケジュールがとられていた（会議室いっぱいに集まっていた病院関係者は，そのために集められていたのである）。筆者は慌てて，分業してインタビューを行いながらも，共通して聞き取るべき論点を確認したが，基本的には自由な（つまり，とりとめのない）インタビュー調査が行われた。ともかく，このインタビューは，研修メンバーが電子カルテの利用実践にアクセスする機会にはなった。研修メンバーはインタビュー調査を通じて，電子カルテ導入を経験した病院関係者の言葉から，情報経営学の知識が医療現場の実践と接続されるものであることを確認したのである。当初は半信半疑であった研修メンバーとの距離感も，急速に縮まったと感じられた。

　しかし，このことはインタビュー調査の対象が，たまたま筆者の研究関心と合致していただけかもしれない。そして，より重要なことは，このインタビュー調査が筆者の研修メンバーへの介入を，決定的なものにしたことである。新設の大学病院でのインタビュー調査を終えた後，研修メンバーはその比較対象となる病院として，老舗の総合病院を選定した。この病院では，電子カルテ導入の成果としての効率性の観点から，必ずしも芳しい成果が得られていないという内容がプ

レゼンテーションされた。もっとも，このプレゼンテーションは，病院の事務スタッフによって語られたものであり，前者の病院のように現場の実践に根ざしたものではなかった。にもかかわらず，研修メンバーは2つの病院を比較することを通じて，「既存の業務を継続しながら電子カルテを導入する場合は，現状の医療実践を変更する困難が伴う」という結論を見出したのである。そして，この結論が研修成果としても纏められ，既設病院である都立病院における電子カルテ導入が抱えるであろう課題を示唆する報告書として発行された。

　ここで注意すべきは，研修メンバーが獲得する知識や調査データへのアクセスの経路である。情報経営学の知識を半信半疑ながら学び，たまたまその内容に合致した病院に遭遇することで，その調査対象が置かれた文脈とともに学んだ知識を了解する。次に，それとは異なった調査対象を得たときに，今度はすでに経験された調査対象との比較（既存の業務を継続しながらの電子カルテの導入であるかどうか）を通じ，これを評価することになる。もちろん，本来は新設の大学病院においても，既存の医療実践に対峙しながら電子カルテを導入したはずであり，このような単純化は，結果として既設の都立病院が必要とする実践的知見をなんら追加するものではなかった。このように筆者は理論面では意図的に，調査対象の選定面では偶然に，彼らの解釈に介入することになったのである。

2.2　問題の再発見

　先述のように，1年目の調査では，情報経営学の知識と研修メンバーの実践との接続に筆者が介入することによって，都立病院の実践に寄り添った分析がなされたわけではなかった。都立病院における電子カルテの導入が，どのような技術実践を形成しているかについては，2年目の研究テーマとして繰り越された。分析対象となったのは，都立病院で最初に電子カルテが導入された府中病院である。筆者にとって，この研究テーマは，かねてよりその門戸が閉ざされてきた病院組織における情報化を探る絶好のフィールドでもあった。

　研修メンバーは，1年目と同様にコメディカルのスタッフから構成されたが，その時点で電子カルテが導入されている府中病院のスタッフが中心に集められた。つまり，このときすでに研修メンバーの多くは，電子カルテの技術実践に携わっていたのである。そのため基本的な文献を確認した後，（1年目の新設大学病院での「自由な」インタビュー調査に対する反省を踏まえて）早々に体系的な情報収集のために綿密な調査計画を立てることにした。

府中病院のフィールド調査を通じて数々の興味深い技術実践が明らかになるなかで、さまざまな通説が覆された。例えば、電子カルテは医師の負担を増やすとされることが多い。確かに手書きのカルテをそのままコンピュータ上に再現しようとした場合には、キーボード入力は手書きよりも手間がかかる。そのため、市販の電子カルテには、カルテを音声入力するようなシステムも出回り始めていた。しかしながら、第7章で詳述したように、府中病院の医師たちが示す電子カルテの技術実践とは、既存のカルテをそのまま置き換えるようなものではなかった。むしろ、そのままでは不便な電子カルテを利用可能にするために、カルテに記載すべき情報を精査するとともに、コンピュータの機能が積極的に活用されていた（例えば、単純なコピー・アンド・ペーストや辞書登録機能の利用から、逆に不都合が生じる機能を敢えて使えなくするような工夫もなされた）。そして、そのことによって、従来のカルテには記載されていなかった内容が記載されるようになり、医師の患者に対するカルテ情報の公開に向けた意識も強まる傾向にあった。

電子カルテの利用を通じて、さらに医師とコメディカルの役割関係にも変化がみられた（第8章参照）。従来までの紙媒体のカルテでは、原本のカルテとは別に用意された処置伝票によって各コメディカルに指示が出されていた。そこには暗黙裡の協働関係が成立しており、たとえ医師による指示が曖昧でもコメディカルが処置伝票を「修正」することによって柔軟にサポートする（できる）というものであった。換言すれば、そもそも医師がすべての判断を下す知識までを有しているはずもない。例えば、現在も法的には病院食も医師がそのメニューを決めることになっている。しかし、すべての医師が病院食の知識に習熟してはいない。この点において、それまでは少なくとも公式には食事内容を決める権限がなかった栄養科のコメディカルは、電子カルテに食事上の禁忌を組み込むように働きかけていたのである。このような「（カルテへの直接記載ではなく）システム改善」が提案されることで、従来のアドホックな分業関係が再構築された。

また、都立病院におけるパイロット的な位置づけでもあった府中病院において、救命救急センターとERは最後に電子カルテが導入された。なぜなら、緊急性が要される場面において電子カルテは馴染みにくいと考えられたからである。しかし、この2つの部局の電子カルテの導入は、対照的な結果をもたらしていた。救命救急センターではきわめてスムーズに電子カルテが運用され、ERのほうは難航したのである。その理由は、救命救急センターの医療実践は緊急性を要するため、もとよりカルテがチェック・リストの形式として単純化されてきたことによ

る。カルテの電子化への対応は，このチェック・リストをそのまま載せればよかったのである。これに対してERは，実際には夜間窓口を兼ねた一般診療を行っており，専門的な診療については各診療科へと引き継がれていた。また組織化されていない寄り合い所帯であったことから，カルテの記載は各医師が所属する医局の流儀に基づいていたのである。要するに，緊急性と電子カルテの直接的な繋がりは存在せず，むしろ組織的な理由によって電子カルテ導入の成否は左右されていた。

　このように，医療現場における技術実践が次々と解明されていく一方で，技術実践の周辺的な領域に潜む重要な問題が浮上してきた。それは，本研修の管轄主体である病院経営本部との明らかな温度差である。上述のように府中病院における電子カルテの導入は，従来の医療実践には馴染みにくい電子カルテを利用可能にしていく現場の取り組みに支えられていた。これに対して東京都の病院経営本部のスタッフは，相変わらず電子カルテの技術語りのもとで，基本的には導入された電子カルテのパッケージそのものが問題を解決すると考えていた。そして，電子カルテの導入期に生じた混乱は時間とともに解消するという見解のもと，各病院で電子カルテが定着した後には，病院間の連携体制を確立するという構想を有していた。

　しかしながら，電子カルテはそれ自体が何か問題を解決するようなものではなく，むしろそれ自体が問題として立ち現れ，医療現場の実践を再構築するかたちで利用可能になっていた。そして，その取り組みによってすでに病院ごと，部局ごとに独自のシステムがカスタマイズされていたのである。つまり，医療現場の技術実践に注目する限り，病院経営本部が描く電子カルテによる病院間の連携体制の確立はあまりにも非現実的な計画であるとしか思えなかった。それゆえ，このような病院経営本部の技術語りで見過ごされている医療現場の詳細な技術実践の記述と，そのことから導かれる病院経営本部が楽観的に描く病院間連携構想の見通しの甘さを指摘することが，2年目の報告書となった。

2.3　「役に立つ」研究成果

　2年目にして，われわれが研究を通じて訴えるべき対象が明らかになった。このことは3年目の研修メンバーの選定に当たっても反映された。筆者が病院経営本部に求めたことは，研修メンバーに必ず病院経営本部のスタッフを加えることであった。医療現場との温度差を実感させるのが，その狙いであった。実際，3

年目の研修では，研修メンバーに病院経営本部のスタッフが加わった。当然ながら，その考え方は医療現場の研修メンバーとは異なり，しばしば意見対立が生じた。その対立は，医療現場の実践を重視する筆者との間にも生じることになった。

　3年目のテーマ選定に当たっては，もう1つ大きな変化があった。研究テーマの決定に当たって，都立病院部局長を集めた会議が行われたのである。その理由の一端には，2年目のフィールド調査が正規の研修時間を大幅に超過するハードなものであり，場合によっては，研修に参加したメンバーが過労のために医療事故に繋がりかねないという懸念が寄せられていたことがある。そして，そこまでのマンパワーを研修に割くのであれば，「役に立つ」研究内容でないと困るという理由から，もはや研究テーマを研修講師に任せきりにはできないと考えられていた。

　この部局長会議では，筆者の研修プロジェクトに対して大きく2つのリクエストが出された。1つは，電子カルテの利用に限らず，より細かい作業実践を記述することであった。具体的には，検査科の部局長から，新たな検査機器が導入されている現場の作業実践について，より詳細なフィールド調査を行ってほしいというリクエストが出された。このリクエストは，2年目の研修と同様な調査方法で対応できるものであった。しかし，そのためには新たなフィールドが必要になる。このフィールドの見通しはなかったし，さらにさまざまな部局からの混成チームで行われる研修では，特定のフィールドを定めることは難しかった（そして何より，この研究テーマでは，これまでよりずっとハードな研修になると予想された）。

　もう1つのリクエストが，実際に3年目の研究テーマに繋がるものだった。それは調査方法を変更して，2年目のフィールド調査の結果に対して，数量的なデータの裏づけをとるサーベイ調査を行うというものであった。このリクエストの背後には，数値化されたデータによって分析を行う医療実践に慣れ親しんできた医療現場で働く人々の独特な考え方があったと考えられる。

　ただし，このサーベイ調査は字義通り，数量化されたデータによって発見事実の確からしさを高めたいということで意図されたものではなかった。2年目の調査結果は，現場のスタッフにとっては経験済みのことであった。それゆえ，経験済みの内容をいくら分厚く記述したところで，すでに電子カルテを利用している人々の実践を変更するようなリソースにはなりえない。彼らが数量的なデータによる記述を要求した背景には，むしろ現場の医療実践を習熟していない病院経営本部の政策決定に対抗するリソースとして，これを利用しようとする意図があっ

たのである。そのためには，医療実践を数値化して記述するという，社会科学におけるデータ収集の方法や統計技法それ自体が，彼らにとって「役に立つ」と捉えられたのである（ただし，数量的なデータの裏づけという彼らが正統性を認める方法が，病院経営本部に対する折衝のリソースとして有効であるかは別の問題である）。

　サーベイ調査の分析結果そのものは，第9章で示した通りである。すでに都立病院の半数以上に導入され始めていた電子カルテについて，電子カルテの導入期間で分けたグループ間で比較し，その技術実践の変化を統計的に記述したものである。具体的には，電子カルテの技術実践は，当初，医療現場における個別業務の見直しを求め，そのことが個別業務を跨いだチームのあり方に波及していった。そして，患者に対する医療サービスの変化は，この関係的なチームのあり方の変化を経由してもたらされ，そのことが患者の治療に対する取り組み方に対しても影響を及ぼすというパス図が描かれた。

　ちなみに興味深いことに，電子カルテの成果（に対する期待）のスコアは未導入病院においても高く，導入直後の病院ではいったん下がり，利用経験とともに高まっていく（現実味を増していく）ことが示された。このことからも，電子カルテの導入は，技術そのものによる効果が主たるものではなく（もっとも，わずかながら技術から直接的に医療サービスの変化に影響するパスも確認されたが），医療現場で電子カルテを利用可能なものにしていく技術実践に裏づけられたものだということができる。

　その後，サーベイ調査の分析結果は，研修メンバーたちの手によって医学系の学会で報告され，専門学会誌にも掲載された（高橋・赤坂・右川・鶴田・土橋・目崎・松嶋・水越［2007］）。しかし，本来ここでフォローすべきは，彼らがこの調査結果をどのように利用したのかということであろう。病院経営本部に納められた報告書そのものには，大きな影響力はなかったかもしれない。しかし，サーベイ調査から得られた分析結果や，医療実践を数量的に記述するデータ収集方法や統計技法が，病院経営本部との折衝でどのように使われたかを追跡する必要があったかもしれない。この点に関して，研修終了後しばらく経ってから行われた，研修メンバーたちに研修を振り返ってもらった聞きとりやメールでは，直接的な言及は得られなかったが（あったとしても言及されないかもしれないし，言及されたとしても公開できないかもしれないが），共通して「日々の業務において，より積極的な提案を行うようになった」というコメントが得られた。

　3年目の研修成果の報告を終え，病院経営本部の研修担当者と研修講師とのミ

ーティングがもたれた。筆者は，東京都の病院改革構想のなかで，電子カルテ導入の延長線上にあった病院間連携（および病診連携）を研究テーマにした研修の継続を望んだが，当初より予定されていた3年の研修期間が経過しており，新たな研修に対する予算がまだ用意されていないという理由から，研修は終了することになった。

3　おわりに

　情報経営学における解釈主義は，技術と組織の一体不可分な関係を捉えるために，「技術実践」という独自の分析対象を必要とする。そして，大文字の技術と組織を前提として，その因果関係を見出すという伝統的な分析に対して，分析対象となる技術実践に研究者自らの解釈を重ね合わせていくリフレキシブな「分析実践」が必要になる。さらに，この分析実践が現実の実践に対して意義ある研究成果を見出すためには，自らの研究がどのように分析対象の実践に介入する「政治的実践」であるのかについての意識的な検討を必要とする。

　これらの要件は，もちろん，それをどこまで徹底するかについて程度の差こそあれ，情報経営学における解釈主義に求められることになろう。本章で具体的に検討してきた分析対象は，都立病院に導入された電子カルテの技術実践である。そこで筆者は，研修講師として情報経営学の知識や調査データへのアクセスで研修メンバーの解釈に介入しつつも，現実の技術実践の観察から電子カルテの技術語りによる通説とは異なった技術実践を見出すことになった。しかし，より重要であったことは，研究を進めていくことによって，分析対象を取り巻く筆者の政治的な立ち位置を見直すことで，研究の実践的意義を求められるようになったことである。

　本章で具体的に検討してきた政治的実践それ自体は，これまでもフィールド調査を行ってきた研究者であれば，多かれ少なかれ経験してきたことかもしれない。しかし，このことを意識的に検討することによって，いずれにしても分析対象へ介入する研究者の実践を再検討するという方法論的な構えが，情報経営学における解釈主義には求められることが，改めて確認されたのではなかろうか。

注

・1　彼女らは，技術の物質性を強調しつつも，技術と社会を存在論的に同等な立場から理論

化しようとするアクター・ネットワーク理論に対して，それでは技術の物質性を独自に検討することができないと批判するが，その位置づけをして技術と社会（あるいは人間主体）の二分法に囚われている。またアクター・ネットワーク理論の情報経営学における多様な位置づけは，木佐森［2009］を参照されたい。
・2 また，ウッドワードとほぼ同時期に，同様な現象に注目しながらも，技術による生産様式の規定というマルクス主義的な労働過程研究に対して，生産組織に作用する社会的作用を強調することになったのが，社会技術システム・アプローチであった。
・3 例えば，高エネルギー物理学のように，巨大加速器を必要とする研究プロジェクトは，もはや一国の財力をも超えた巨大な資源の投入を必要とする。そういう意味で，巨大加速器の研究プロジェクトは，物理学上の仮説のテストに関わっていると同時に，そうした資源の動員の成功可能性をめぐる政治経済学的な実験でもある。そして，金銭的な資源のみならず，巨大加速器を構成する技術的インフラがわが国の産業界に支えられていることまで考えれば，経営学もまた，こうした議論に参加すべきであろう（桑田・高尾・松尾・松嶋・高橋・水越［2013］）。

参考文献一覧

欧文文献

Aguinis, H., and Pierce, C. A. [2008] "Enhancing the relevance of organizational behavior by embracing performance management research," *Journal of Organizational Behavior*, Vol. 29, No. 1, pp. 139-145.

Allen, T. J., and Scott Morton, M. S., eds. [1994] *Information Technology and the Corporation of the 1990s: Research Studies*, Oxford University Press. (富士総合研究所訳『アメリカ再生の「情報革命」マネジメント——MIT の新世紀企業マネジメント・レポートに学ぶ』白桃書房，1995年。)

Allen, D. S. [1997] "Where's the productivity growth (from the information technology revolution)?" *Federal Reserve Bank of St. Louis Review*, Vol. 79, No. 2, pp. 15-25.

Anderson, D. R., Burnham, K. P., Gould, W. R., and Cherry, S. [2001] "Concerns about finding effects that are actually spurious," *Wildlife Society Bulletin*, Vol. 29, No. 1, pp. 311-316.

Anshen, M. [1960] "The manager and the black box," *Harvard Business Review*, Vol. 38, No. 6, pp. 85-92.

Applegate, L. M., and King, J. L. [1999] "Rigor and relevance: Careers on the line," *MIS Quarterly*, Vol. 23, No. 1, pp. 17-18.

Argyris, C., Putnam, R., and Smith, D. M. [1985] *Action Science: Concepts, Methods, and Skills for Reseach and Intervention*, Jossey-Bass.

Ashmore, M. [1989] *The Reflexive Thesis: Wrighting Sociology of Scientific Knowledge*, University of Chicago Press.

Avison, D. E., and Fitzgerald, G. [1991] "Information systems practice, education and research," *Information Systems Journal*, Vol. 1, No. 1, pp. 5-17.

Baily, M. N., and Gordon, R. J. [1988] "The productivity slowdown, measurement issues, and the explosion of computer power," *Brookings Papers on Economic Activity*, No. 2, pp. 347-431.

Baily, M. N. [2002] "Distinguished lecture on economics in government: The new economy: post mortem or second wind?" *Journal of Economic Perspectives*, Vol. 16, No. 2, pp. 3-22.

Barad, K. [2013] "Ma(r)king time: Material entanglements and re-memberings: Cutting together-apart," in P. R. Carlile, D. Nicolini, A. Langley and H. Tsoukas eds., *How Matter Matters: Objects, Artifacts, and Materiality in Organization Studies*, Oxford University Press, pp. 16-31.

Barnard, C. I. [1938] *The Functions of the Executive*, Harvard University Press. (山本安次郎・田杉競・飯野春樹訳『新訳 経営者の役割』ダイヤモンド社，1968年。)

Barnard, C. I. [1958] "Elementary conditions of business morals," *California Management Review*, Vol. 1, No. 1, pp. 1-13. (reprinted in W. B. Wolf and H. Iino eds., *Philosophy for Managers: Selected*

Papers of Chester I. Barnard, Bunshindo, 1986, pp. 161-179.；飯野春樹訳「ビジネスモラルの基本的情況」飯野春樹監訳『経営者の哲学――バーナード論文集』文眞堂，1986年，232-261頁。）

Beck, U. (trans. by M. Ritter) [1992] *Risk Society: Toward a New Modernity,* Sage.（東廉・伊藤美登里訳『危険社会――新しい近代への道』法政大学出版会，1998年，原著〔Suhrkamp, 1986〕の完訳。）

Beck, U. [1994] "The reinvention of politics: Towards a theory of reflexive modernization," in U. Beck, A. Giddens, and S. Lash, *Reflexive Modernization: Politics, Tradition and Aesthetics in the Modern Social Order,* Polity Press, pp. 1-55.（松尾精文・小幡正敏・叶堂隆三訳「政治の再創造――再帰的近代化理論に向けて」『再帰的近代化――近現代における政治，伝統，美的原理』而立書房，1997年，9-103頁。）

Benbasat, I., and Weber, R. [1996] "Research commentary: Rethinking 'diversity'in information systems research," *Information Systems Research,* Vol. 7, No. 4, pp. 389-399.

Benbasat, I., and Zmud, R. W. [1999] "Empirical research in information systems: The practice of relevance," *MIS Quarterly,* Vol. 23, No. 1, pp. 3-16.

Berger, P. L., and Luckmann, T. [1966] *The Social Construction of Reality: A Treatise in the Sociology of Knowledge,* Doubleday.（山口節郎訳『日常世界の構成――アイデンティティと社会の弁証法』新曜社，1977年。）

Berger, P. L., Berger, B., and Kellner, H. [1973] *The Homeless Mind: Modernization and Consciousness,* Random House.（高山真知子・馬場伸也・馬場恭子訳『故郷喪失者たち――近代化と日常意識』新曜社，1977年。）

Bharadwaj, A. S. [2000] "A resource-based perspective on information technology capability and firm performance: An empirical investigation," *MIS Quarterly,* Vol. 24, No. 1, pp. 169-196.

Bijker, W. E., Hughes, T. P., and Pinch, T. J., eds. [1987] *The Social Construction of Technological Systems: New Directions in the Sociology and History of Technology,* MIT press.

Bijker, W. E., and Law, J., eds. [1994] *Shaping Technology/Building Society: Studies in Sociotechnical Change,* MIT Press.

Bloor, D. [1976] *Knowledge and Social Imagery,* Routledge and K. Paul.（佐々木力・古川安訳『数学の社会学――知識と社会表象』培風館，1985年。）

Bogen, D., and Lynch, M. [1993] "Do we need a general theory of social problems?" in J. A. Holstein and G. Miller eds., *Reconsidering Social Constructionism: Debates in Social Problems Theory,* Aldine de Gruyter, pp. 213-237.

Braverman, H. [1974] *Labor and Monopoly Capital: The Degradation of Work in the Twentieth Century,* Monthly Review Press.

Bresnahan, T. F., Brynjolfsson, E., and Hitt, L. M. [2002] "Information technology, workplace organization, and the demand for skilled labor: Firm-level evidence," *The Quarterly Journal of Economics,* Vol. 117, No. 1, pp. 339-376.

Brown, J. S., Collins, A., and Duguid, P. [1989] "Situated cognition and the culture of learning," *Educational Researcher,* Vol. 18, No. 1, pp. 32-42.（杉本卓訳「状況に埋め込まれた認知と，学習の文化」安西祐一郎・石崎俊・大津由紀雄・波多野誼余夫・溝口文雄編『認知科学ハンドブ

ック』共立出版，1992 年，36-51 頁。)

Brown, J. S., and Duguid, P. [2000] *The Social Life of Information,* Harvard Business School Press. (宮本喜一訳『なぜ IT は社会を変えないのか』日本経済新聞社，2002 年。)

Brynjolfsson, E. [1993] "The productivity paradox of information technology," *Communications of the ACM,* Vol. 36, No. 12, pp. 67-77.

Brynjolfsson, E., and Hitt, L. [1996a] "Paradox lost? Firm-level evidence on the returns to information systems spending," *Management Science,* Vol. 42, No. 4, pp. 541-558.

Brynjolfsson, E., and Hitt, L. [1996b] "The customer counts," *InformationWeek,* September 8, pp. 38-43.

Brynjolfsson, E., Renshaw, A. A., and Alstyne, M. V. [1997] "The matrix of change: A tool for business process reengineering," *Sloan Management Review,* Vol. 38, No. 2, pp. 37-54.

Brynjolfsson, E., and Yang, S. [1997] "The intangible benefits and costs of investments: Evidence from the financial markets," Proceedings of the International Conference on Information Systems, Atlanta, GA, pp. 147-166.

Brynjolfsson, E., and Hitt, L. M. [2000] "Beyond computation: Information technology, organizational transformation and business performance," *Journal of Economic Perspectives,* Vol. 14, No. 4, pp. 23-48.

Brynjolfsson, E., Hitt, L. M., and Yang, S. [2002] "Intangible assets: Computers and organizational capital," *Brookings Papers on Economic Activity,* 2002, No. 1, pp. 137-198.

Burr, V. [1995] *An Introduction to Social Constructionism,* Routledge.（田中一彦訳『社会構築主義への招待――言説分析とは何か』川島書店，1997 年。)

Burrell, G., and Morgan, G. [1979] *Sociological Paradigms and Organisational Analysis: Elements of the Sociology of Corporate Life,* Heinemann.（鎌田伸一・金井一頼・野中郁次郎訳『組織理論のパラダイム――機能主義の分析枠組』千倉書房，1986 年。)

Callon, M. [1987] "Society in the making: The study of technology as a tool for sociological analysis," in W. E. Bijker, T. P. Hughes and T. J. Pinch eds., *The Social Construction of Technological Systems: New Directions in the Sociology and History of Technology,* MIT Press, pp. 83-103.

Callon, M., and Latour, B. [1992] "Don't throw the baby out with the bath school: A reply to Collins and Yearly," in A. Pickering ed., *Science as Practice and Culture,* University of Chicago Press, pp. 343-368.

Campbell-Kelly, M. [2001] "Information technology and organizational change in the British Census, 1801-1911," in J. Yates and J. Van Maanen eds., *Information Technology and Organizational Transformation: History, Rhetoric and Preface,* Sage, pp. 35-58; first published in *Information Systems Research,* Vol. 7, No. 1, 1996, pp. 22-36.

Carter, N. M. [1984] "Computerization as a predominate technology: Its influence on the structure of newspaper organizations," *Academy of Management Journal,* Vol. 27, No. 2, pp. 247-270.

Ciborra, C. U., and Lanzara, G. F. [1994] "Formative contexts and information technology: Understanding the dynamics of innovation in organizations," *Accounting, Management and Information Technologies,* Vol. 4, No. 2, pp. 61-86.

Ciborra, C. [2006] "Imbrication of representations: Risk and digital technologies," *Journal of Management Studies*, Vol. 43, No. 6, pp. 1339-1356.
Clegg, S. R. [2005] "Puritans, visionaries and survivors," *Organization Studies*, Vol. 26, No. 4, pp. 527-545.
Clegg, S. R., Courpasson, D., and Phillips, N. X. [2006] *Power and Organizations*, Sage Publications.
Clegg, S., and Lounsbury, M. [2009] "Sintering the iron cage: Translation, domination, and rationality," in P. S. Adler ed., *The Oxford Handbook of Sociology and Organization Studies: Classical Foundations*, Oxford University Press, pp. 118-145.
Clifford, J. [1986] "Introduction: Partial truths," in J. Clifford and G. E. Marcus eds., *Writing Culture: The Poetics and Politics of Ethnography*, University of California Press, pp. 1-26.（足羽与志子訳「序論――部分的真実」J. クリフォード＝G. マーカス編『文化を書く』紀伊国屋書店，1996年，1-50頁。）
Clifford, J., and Marcus, G. E., eds. [1986] *Writing Culture: The Poetics and Politics of Ethnography*, University of California Press.（春日直樹・足羽与志子・橋本和也・多和田裕司・西川麦子・和邇悦子訳『文化を書く』紀伊国屋書店，1996年。）
Cohen, S. S., and Zysman, J. [1987] *Manufacturing Matters: The Myth of the Post-industrial Economy*, Basic Books.
Collins, H. M. [1981] "Introduction: Stages in the empirical programme of relativism," *Social Studies of Science*, Vol. 11, No. 1, pp. 3-10.
Collins, H. M., and Yearley, S. [1992a] "Epistemological chicken," in A. Pickering ed., *Science as Practice and Culture*, University of Chicago Press, pp. 301-326.
Collins, H. M. and Yearley, S. [1992b] "Journey into space," in A. Pickering ed., *Science as Practice and Culture*, University of Chicago Press, pp. 369-389.
Conrath, D. W. [1973] "Communications environment and its relationship to organizational structure," *Managenent Science*, Vol. 20, No. 4, pp. 586-603.
Contractor, N. S., and Eisenberg, E. M. [1990] "Communication networks and new media in organizations," in J. Fulk and C. Steinfield eds., *Organizations and Communication Technology*, Sage, pp. 143-172.
Corrado, C., and Slifman, L. [1999] "Decomposition of productivity and unit costs," *American Economic Review*, Vol. 89, No. 2, pp. 328-332.
Crowston, K., and Malone, T. W. [1994] "Information technology and work organization," in T. J. Allen and M. S. Scott Morton eds., *Information Technology and the Corporation of the 1990s: Research Studies*, Oxford University Press, pp. 249-275.（富士総合研究所訳「情報技術の企業組織へのインパクト」『アメリカ再生の「情報革命」マネジメント――MITの新世紀企業マネジメント・レポートに学ぶ』白桃書房，1995年，131-172頁。）
Culnan, M. J., and Swanson, E. B. [1986] "Research in management information systems, 1980-1984: Points of work and reference," *MIS Quarterly*, Vol. 10, No. 3, pp. 289-302.
Daft, R. L., and Wiginton, J. [1979] "Language and organization," *Academy of Management Review*, Vol. 4, No. 2, pp. 179-191.
Daft, R. L., and Macintosh, N. B. [1981] "A tentative exploration into the amount and equivocality

of Information processing in organizational work units," *Administrative Science Quarterly*, Vol. 26, No. 2, pp. 207-224.

Daft, R. L., and Weick, K. E. [1984] "Toward a model of organizations as interpretation systems," *Academy of Management Review*, Vol. 9, No. 2, pp. 284-295.

Daft, R. L., and Lengel, R. H. [1986] "Organizational information requirements, media richness and structural design," *Management Science*, Vol. 32, No. 5, pp. 554-571.

Daft, R. L., Lengel, R. H., and Trevino, L. K. [1987] "Message equivocality, media selection, and manager performance: Implications for information systems," *MIS Quarterly*, Vol. 11, No. 3, pp. 355-366.

Daft, R. L., Sormunen, J., and Parks, D. [1988] "Chief executive scanning, environmental characteristics, and company performance: An empirical study," *Strategic Management Journal*, Vol. 9, No. 2, pp. 123-139.

Davenport, T. H. [1993] *Process Innovation: Reengineering Work through Information Technology*, Harvard Business School Press.（ト部正夫・伊藤俊彦・杉野周・松島桂樹訳『プロセス・イノベーション――情報技術と組織変革によるリエンジニアリング実践』日経BP出版センター，1994年。）

Davenport, T. H. [1998] "Putting the enterprise into the enterprise system," *Harvard Business Review*, Vol. 76, No. 4, pp. 121-131.（DIAMONDハーバード・ビジネス・レビュー編集部訳「ERPの効果とその限界」Harvard Business Review編『ITマネジメント』ダイヤモンド社，2000年，45-74頁。）

Davenport, T. H., and Markus, M. L. [1999] "Rigor vs. relevance revisited: Response to Benbasat and Zmud," *MIS Quarterly*, Vol. 23, No. 1, pp. 19-23.

David, P. A. [1990] "The dynamo and the computer: An historical perspective on the modern productivity paradox," *American Economic Review*, Vol. 80, No. 2, pp. 355-361.

David, P. A. [2000] "Understanding digital technology's evolution and the path of measured productivity growth: Present and future in the mirror of the past," in E. Brynjolfsson and B. Kahin eds., *Understanding the Digital Economy: Data, Tools, and Research*, MIT Press, pp. 49-96.（室田泰弘・平崎誠司訳「ディジタル技術革新の捉え方と測定された生産性の成長経路――過去を鏡として見た現在と未来」『ディジタル・エコノミーを制する知恵』東洋経済新報社，2002年，19-66頁。）

Davidow, W. H., and Malone, M. S. [1992] *The Virtual Corporation: Structuring and Revitalizing the Corporation for the 21st Century*, HarperCollins.（牧野昇監訳『バーチャル・コーポレーション 未来企業への条件――商品を変える，人を変える，組織を変える』徳間書店，1993年。）

Dearden, J. [1972] "MIS is mirage," *Harvard Business Review*, Vol. 50, No. 1, pp. 90-99.

DeSanctis, G., and Poole, M. S. [1994] "Capturing the complexity in advanced technology use: Adaptive structuration theory," *Organization Science*, Vol. 5, No. 2, pp. 121-147.

DiMaggio, P. J., and Powell, W. W. [1983] "The iron cage revisited: Institutional isomorphism and collective rationality in organizational fields," *American Sociological Review*, Vol. 48, No. 2, pp. 147-160.

Faulkner, P., and Runde, J. [2012] "On Sociomateriality," in P. M. Leonardi, B. A. Nardi and J.

Kallinikos eds., *Materiality and Organizing: Social Interaction in a Technological World*, Oxford University Press, pp. 49-66.

Feenberg, A. [1991] *Critical Theory of Technology*, Oxford University Press. (藤本正文訳『技術——クリティカル・セオリー』法政大学出版局, 1995 年。)

Feenberg, A. [1992] "From information to communication: The French experience with videotex," in M. Lea ed., *Contexts of Computer-mediated Communication*, Harvester Wheatsheaf, pp. 168-187.

Flick, U. [1995] *Qualitative Forschung: Theorie, Methoden, Anwendung in Psychologie und Sozialwissenschaften*, Rowohlt. (小田博志・山本則子・春日常・宮地尚子訳『質的研究入門——〈人間の科学〉のための方法論』春秋社, 2002 年。)

Friedland, R., and Alford, R. R. [1991] "Bringing society back in: Symbols, practices, and institutional contradictions," in W. W. Powell and P. J. DiMaggio eds., *The New Institutionalism in Organizational Analysis*, University of Chicago Press, pp. 232-263.

Friedland, R. [2009] "Institution, practice, and ontology: Toward a religious sociology," *Research in the Sociology of Organizations*, Vol. 27, pp. 45-83.

Friedland, R. [2012] "Book review: P. H. Thornton, W. Ocasio and M. Lounsbury, *The Institutional Logics Perspective: A New Approach to Culture, Structure, and Process*, Oxford University Press, 2012," *M@n@gement*, Vol. 15, No. 5, pp. 583-595 (in French).

Fulk, J., Steinfield, C. W., Schmitz, J., and Power, J. G. [1987] "A social information processing model of media use in organizations," *Communication Research*, Vol. 14, No. 5, pp. 529-552.

Fulk, J., and Boyd, B. [1991] "Emerging theories of communication in organizations," *Journal of Management*, Vol. 17, No. 2, pp. 407-446.

Fuller, S. [1988] *Social Epistemology*, Indiana University Press.

Fuller, S. [1992] "Social epistemology and the research agenda of science studies," in A. Pickering ed., *Science as Practice and Culture*, University of Chicago Press, pp. 390-428.

Fuller, S. [1993] *Philosophy, Rhetoric, and the End of Knowledge: The Coming of Science and Technology Studies*, University of Wisconsin Press.

Fuller, S. [1997] *Science*, Open University Press. (小林傳司・調麻佐志・川崎勝・平川秀幸訳『科学が問われている——ソーシャル・エピステモロジー』産業図書, 2000 年。)

Fuller, S. [2002] *Knowledge Management Foundations*, Butterworth-Heinemann. (永田晃也・遠藤温・篠崎香織・綾部広則訳『ナレッジマネジメントの思想——知識生産と社会的認識論』新曜社, 2009 年。)

Galbraith, J. K. [1967] *The New Industrial State*, Houghton Mifflin. (都留重人監訳, 石川通達・鈴木哲太郎・宮崎勇訳『新しい産業国家』河出書房新社, 1968 年。)

Galbraith, J. R. [1973] *Designing Complex Organizations*, Addison-Wesley. (梅津祐良訳『横断組織の設計——マトリックス組織の調整機能と効果的運用』ダイヤモンド社, 1980 年。)

Galbraith, J. R., and Lawler, E. E., III [1993] *Organizing for the Future: The New Logic for Managing Complex Organizations*, Jossey-Bass. (寺本義也監訳『21 世紀企業の組織デザイン——マルチメディア時代に対応する』産能大学出版部, 1996 年。)

Galison, P. [1997] *Image and Logic: A Material Culture of Microphysics*, University of Chicago

Press.

Gallagher, J. D. [1961] *Management Information Systems and the Computer,* American Management Association.(岸本英八郎訳『MIS——マネジメント・インフォメーション・システム』日本経営出版会,1967年。)

Gardner, H. [1985] *The Mind's New Science: A History of the Cognitive Revolution,* Basic Books.(佐伯胖・海保博之監訳『認知革命——知の科学の誕生と展開』産業図書,1987年。)

Gergen, K. J. [1982] *Toward Transformation in Social Knowledge,* Springer-Verlag.(杉万俊夫・矢守克也・渥美公秀監訳『もう一つの社会心理学——社会行動学の転換に向けて』ナカニシヤ出版,1998年,原著第2版〔Sage Pub., 1994〕の訳。)

Gerson, E. M., and Star, S. L. [1986] "Analyzing due process in the workplace," *ACM Transactions on Office Information Systems,* Vol. 4, No. 3, pp. 257-270.

Giddens, A. [1977] *Studies in Social and Political Theory,* Hutchinson.(宮島喬・江原由美子・森反章夫・儘田徹・本間直子・田中秀隆・百々雅子訳『社会理論の現代像——デュルケム,ウェーバー,解釈学,エスノメソドロジー』みすず書房,1986年。)

Giddens, A. [1984] *The Constitution of Society: Outline of the Theory of Structuration,* Polity Press.

Giddens, A. [1990] *The Consequences of Modernity,* Stanford University Press.(松尾精文・小幡正敏訳『近代とはいかなる時代か?——モダニティの帰結』而立書房,1993年。)

Giddens, A. [1991] *Modernity and Self-identity: Self and Society in the Late Modern Age,* Polity Press.(秋吉美都・安藤太郎・筒井淳也訳『モダニティと自己アイデンティティ——後期近代における自己と社会』ハーベスト社,2005年。)

Giddens, A. [1992] *The Transformation of Intimacy: Sexuality, Love and Eroticism in Modern Societies,* Polity Press.(松尾精文・松川昭子訳『親密性の変容——近代社会におけるセクシュアリティ,愛情,エロティシズム』而立書房,1995年。)

Giddens, A. [1993] *New Rules of Sociological Method, 2nd ed.,* Polity Press.(松尾精文・藤井達也・小幡正敏訳『社会学の新しい方法論規準——理解社会学の共感的批判 第2版』而立書房,2000年。)

Giddens, A., and Pierson, C. [1998] *Conversations with Anthony Giddens: Making Sense of Modernity,* Polity Press.(松尾精文訳『ギデンズとの対話——いまの時代を読み解く』而立書房,2001年。)

Ginzberg, M. J. [1980] "An organizational contingencies view of accounting and information systems implementation," *Accounting, Organizations and Society,* Vol. 5, No. 4, pp. 369-382.

Glaser, B. G., and Strauss, A. L. [1967] *The Discovery of Grounded Theory: Strategies for Qualitative Research,* Aldine Pub.(後藤隆・大出春江・水野節夫訳『データ対話型理論の発見——調査からいかに理論をうみだすか』新曜社,1996年。)

Goffman, E. [1959] *The Presentation of Self in Everyday Life,* Doubleday.(石黒毅訳『行為と演技——日常生活における自己呈示』誠信書房,1974年。)

Gordon, G. E. [1999] "What will telework change and what kind of future will it bring?: Today and tomorrow in the leading telework country," Presented at the Fourth International Telework Workshop, Tokyo, Japan; September 3, 1999.(松嶋登訳「テレワークは何を変え,どのような

将来をもたらすのか?——テレワーク先進国の現状と展望」国際フレックスワーク・フォーラム。

Gordon, R. J. [2000] "Does the 'New Economy'measure up to the great inventions of the past?" *Journal of Economic Perspectives*, Vol. 14, No. 4, pp. 49-74.

Greenwood, R., Oliver, C., Sahlin, K., and Suddaby, R., eds. [2008] *The Sage Handbook of Organizational Institutionalism*, Sage Publications.

Griliches, Z. [1994] "Productivity, R&D and the data constraint," *American Economic Review*, Vol. 84, No. 1, pp. 1-23.

Grint, K., and Woolgar, S. [1995] "On some failures of nerve in constructivist and feminist analyses of technology," *Science, Technology and Human Values*, Vol. 20, No. 3, pp. 286-310.

Grint, K., and Woolgar, S. [1997] *The Machine at Work: Technology, Work and Organization*, Polity Press.

Grover, V., Ayyagari, R., Gokhale, R., Lim, J., and Coffey, J. [2006] "A Citation analysis of the evolution and state of information systems within a constellation of reference disciplines," *Journal of the Association for Information Systems*, Vol. 7, No. 5, pp. 270-325.

Gubrium, J. F., and Silverman, D., eds. [1989] *The Politics of Field Research: Sociology beyond Enlightenment*, Sage.

Hacking, I. [1999] *The Social Construction of What?* Harvard University Press.（出口康夫・久米暁訳『何が社会的に構成されるのか』岩波書店，2006年。）

Hammer, M., and Champy, J. [1993] *Reengineering the Corporation: A Manifesto for Business Revolution*, HarperBusiness.（野中郁次郎監訳『リエンジニアリング革命——企業を根本から変える業務革新』日本経済新聞社，1993年。）

Harder, J. W. [1997] "Search for the virtual water cooler," in IMD International, the London Business School, and The Wharton School the University of Pennsylvania, *Financial Times Mastering Management*, FT/Pitman, pp. 258-262.（杉村雅人・森正人訳「『バーチャル・オフィス』がもたらす仕事のリデザイン」『MBA全集 7 組織行動と人的資源管理』ダイヤモンド社，1999年，91-106頁。）

Harrington, J., Jr. [1973] *Computer Integrated Manufacturing*, Robert E. Krieger Publishing.

Hatch, M. J. [1987] "Physical barriers, task characteristics, and interaction activity in research and development firms," *Administrative Science Quarterly*, Vol. 32, No. 3, pp. 387-399.

Hedley, R. A. [1970] "Organizational objectives and managerial controls: A study of computerization," in J. Woodward ed., *Industrial Organization: Behaviour and Control*, Oxford University Press, pp. 146-176.（都筑栄・風間禎三郎・宮城浩祐訳「組織の目標と経営管理——コンピュータ化の研究」『技術と組織行動——サウス・エセックス研究 その後の展開』日本能率協会，1971年，195-236頁。）

Henderson, J. C., and Venkatraman, N. [1994] "Strategic alignment: A model for organizational transformation via information technology," in T. J. Allen and M. S. Scott Morton eds., *Information Technology and the Corporation of the 1990s: Research Studies*, Oxford University Press, pp. 202-220.（富士総合研究所訳「戦略的整合——情報技術による企業変革のモデル」『アメリカ再生の「情報革命」マネジメント——MITの新世紀企業マネジメント・レポートに

学ぶ』白桃書房, 1995 年, 207-230 頁。)

Holstein, J. A., and Miller, G., eds. [1993] *Reconsidering Social Constructionism: Debates in Social Problems Theory*, Aldine de Gruyter.

Hutchins, E. [1990] "The technology of team navigation," in J. Galegher, R. E. Kraut and C. Egido eds., *Intellectual Teamwork: Social and Technological Foundations of Cooperative Work*, Lawrence Erlbaum Associates, pp. 191-220.

Ibarra, P. R., and Kitsuse, J. I. [1993] "Vernacular constituents of moral discourse: An interactionist proposal for the study of social problems," in J. A. Holstein and G. Miller eds., *Reconsidering Social Constructionism: Debates in Social Problems Theory*, Aldine De Gruyter, pp. 25-58. (中河伸俊訳「道徳的ディスコースの日常言語的な構成要素」平英美・中河伸俊編『構築主義の社会学──論争と議論のエスノグラフィー』世界思想社, 2000 年, 46-104 頁。)

Jepperson, R. L. [1991] "Institutions, institutional effects, and institutionalism," in W. W. Powell and P. J. DiMaggio eds., *The New Institutionalism in Organizational Analysis*, University of Chicago Press, pp. 143-163.

Joerges, B. and Czarniawska, B. [1998] "The Question of technology, or how organizations inscribe the world," *Organization Studies*, Vol. 19, No. 3, pp. 363-385.

Johnson, H. T., and Kaplan, R. S. [1987] *Relevance Lost: The Rise and Fall of Management Accounting*, Harvard Business School Press. (鳥居宏史訳『レレバンス・ロスト──管理会計の盛衰』白桃書房, 1992 年。)

Jorgenson, D. W. [2001] "Information technology and the U. S. economy," *American Economic Review*, Vol. 91, No. 1, pp. 1-32.

Kallinikos, J., Leonardi, P. M., and Nardi, B. A. [2012] "The challenge of materiality: Origins, scope and prospects," in P. M. Leonardi, B. A. Nardi and J. Kallinikos eds., *Materiality and Organizing: Social Interaction in a Technological World*, Oxford University Press, pp. 3-24.

Keen, P. G. W., and Scott Morton, M. S. [1978] *Decision Support Systems: An Organizational Perspective*, Addison-Wesley Publishing.

Keen, P. G. W. [1980] "MIS research: Reference disciplines and a cumulative tradition," Proceedings of the First International Conference on Information Systems, pp. 9-18.

Keen, P. G. W. [1997] *The Process Edge: Creating Value Where It Counts*, Harvard Business School Press.

Kellogg, K. C., Orlikowski, W. J., and Yates, J. [2006] "Life in the trading zone: Structuring coordination across boundaries in postbureaucratic organizations," *Organization Science*, Vol. 17, No. 1, pp. 22-44.

Kline, R., and Pinch, T. [1999] "The social construction of technology," in D. MacKenzie and J. Wajcman eds., *The Social Shaping of the Technology*, 2nd ed., Open University Press, pp. 113-115.

Kling, R. [1980] "Social analyses of computing: Theoretical perspectives in recent empirical research," *ACM Computing Surveys*, Vol. 12, No. 1, pp. 61-110.

Krugman, P. [1997a] "How fast can the U. S. economy grow?: Not as fast as 'new economy' pundits would like to think," *Harvard Business Review*, Vol. 75, No. 4, pp. 123-129.

Krugman, P. [1997b] "Seeking the rule of the waves," *Foreign Affairs*, Vol. 76, No. 4, pp. 136-141. (邦訳「景気循環の波は消滅した？」『中央公論』第112巻第9号，377-384頁，1997年。)

Latour, B., and Woolgar, S. [1979] *Laboratory Life: The Social Construction of Scientific Facts*, Sage Publications.

Latour, B. [1987] *Science in Action: How to Follow Scientists and Engineers through Society*, Harvard University Press. (川崎勝・高田紀代志訳『科学が作られるとき——人類学的考察』産業図書，1999年。)

Lave, J. [1988] *Cognition in Practice: Mind, Mathematics, and Culture in Everyday Life*, Cambridge University Press. (無藤隆・山下清美・中野茂・中村美代子訳『日常生活の認知行動——ひとは日常生活でどう計算し，実践するか』新曜社，1995年。)

Lave, J., and Wenger, E. [1991] *Situated Learning: Legitimate Peripheral Participation*, Cambridge University Press. (佐伯胖訳『状況に埋め込まれた学習——正統的周辺参加』産業図書，1993年。)

Leavitt, H. J., and Whisler, T. L. [1958] "Managing in the 1980's," *Harvard Business Review*, Vol. 36, No. 6, pp. 41-48.

Lee, A. S. [1999] "Rigor and relevance in MIS research: Beyond the approach of positivism alone," *MIS Quarterly*, Vol. 23, No. 1, pp. 29-34.

Leonardi, P. M., and Barley, S. R. [2008] "Materiality and change: Challenges to building better theory about technology and organizing," *Information and Organization*, Vol. 18, No. 3, pp. 159-176.

Leonardi, P. M. [2011] "When flexible routines meet flexible technologies: Affordance, constraint, and the imbrication of human and material agencies," *MIS Quarterly*, Vol. 35, No. 1, pp. 147-167.

Leonardi, P. M. [2012] "Materiality, sociomateriality, and socio-technical systems: What do these terms mean? How are they different? Do we need them?," in P. M. Leonardi, B. A. Nardi and J. Kallinikos eds., *Materiality and Organizing: Social Interaction in a Technological World*, Oxford University Press, pp. 25-48.

Leonardi, P. M., Nardi, B. A., and Kallinikos, J., eds. [2012] *Materiality and Organizing: Social Interaction in a Technological World*, Oxford University Press.

Leonardi, P. M., and Rodriguez-Lluesma, C. [2012] "Sociomateriality as a lens for design: Imbrication and the constitution of technology and organization," *Scandinavian Journal of Information Systems*, Vol. 24, No. 2, pp. 79-88.

Leonardi, P. M. [2013] "Theoretical foundations for the study of sociomateriality," *Information and Organization*, Vol. 23, No. 2, pp. 59-76.

Lewin, K. [1951] *Field Theory in Social Science: Selected Theoretical Papers*, Harper Brothers. (猪股佐登留訳『社会科学における場の理論』誠心書房，1979年。)

Lewis, O. [1975] *Five Families: Mexican Case Studies in the Culture of Poverty*, Basic Books. (高山智博訳『貧困の文化——メキシコの〈五つの家族〉』思索社，1985年。)

Loveman, G. W. [1988] "An assessment of the productivity impact of information technologies," MIT Management in the 1990s Working Paper #88-054. (also in T. J. Allen and M. S. Scott Morton eds., *Information Technology and the Corporation of the 1990s: Research Studies*,

Oxford University Press, 1994, pp. 84-110.)
Luftman, J. N., ed. [1996] *Competing in the Information Age: Strategic Alignment in Practice*, Oxford University Press.
Lyytinen, K. [1999] "Empirical research in information systems: On the relevance of practice in thinking of IS research," *MIS Quarterly*, Vol. 23, No. 1, pp. 25-27.
MacKenzie, D., and Wajcman, J., eds. [1999a] *The Social Shaping of Technology, 2nd ed.*, Open University Press.
MacKenzie, D., and Wajcman, J. [1999b] "Introductory essay: The social shaping of technology," in D. MacKenzie and J. Wajcman eds., *The Social Shaping of Technology, 2nd ed.*, Open University Press, pp. 3-27.
Malone, T. W., Yates, J., and Benjamin, R. I. [1994] "Electronic markets and electronic hierarchies," in T. J. Allen and M. S. Scott Morton eds., *Information Technology and the Corporation of the 1990s: Research Studies*, Oxford University Press, pp. 61-83 (富士総合研究所訳「情報化による市場取引構造の変化」『アメリカ再生の「情報革命」マネジメント――MITの新世紀企業マネジメント・レポートに学ぶ』白桃書房，1995年，63-96頁。)
March, J. G., and Olsen, J. P. [1976] *Ambiguity and Choice in Organizations*, Universitetsforlaget. (遠田雄志訳『組織におけるあいまいさと決定』有斐閣，1986年。)
March, S. T., and Storey, V. C. [2008] "Design science in the information systems discipline: An introduction to the special issue on design science research," *MIS Quarterly*, Vol. 32, No. 4, pp. 725-730.
Markus, M. L., and Robey, D. [1988] "Information technology and organizational change: Causal structure in theory and research," *Management Science*, Vol. 34, No. 5, pp. 583-598.
McFarlan, F. W., and Ashenhurst, R. L. [1984] *The Information Systems Research Challenge: Proceedings*, Harvard Business School Press.
McKersie, R. B., and Walton, R. E. [1991] "Organizational change," in M. S. Scott Morton ed., *The Corporation of the 1990s: Information Technology and Organizational Transformation*, Oxford University Press, pp. 244-277. (宮川公男・上田泰監訳「組織変革」『情報技術と企業変革――MITから未来企業へのメッセージ』富士通経営研修所，1992年，443-506頁。)
McLuhan, M. [1962] *The Gutenberg Galaxy: The Making of Typographic Man*, University of Toronto Press. (森常治訳『グーテンベルクの銀河系――活字人間の形成』みすず書房，1986年。)
McNamee, S., and Gergen, K. J., eds. [1992] *Therapy as Social Construction*, Sage. (野口裕二・野村直樹訳『ナラティヴ・セラピー――社会構成主義の実践』金剛出版，1997年。)
Merton, R. K. [1961] "Social problems and sociological theory," in R. K. Merton and R. A. Nisbet eds., *Contemporary Social Problems: An Introduction to the Sociology of Deviant Behavior and Social Disorganization*, Harcourt, Brace & World, pp. 697-738. (森東吾・森好夫・金沢実訳「社会問題と社会学理論」『社会理論と機能分析』青木書店，1969年，410-471頁。)
Merton, R. K. [1968] *Social Theory and Social Structure, Enl. ed.*, Free Press. (森東吾・森好夫・金沢実・中島竜太郎訳『社会理論と社会構造』みすず書房，1961年，原著増補改訂版〔*Rev. and enl. ed.*, 1957〕の訳。)

Merton, R. K. [1964] "Anomie, anomia, and social interaction: Contexts of deviant behavior," in M. B. Clinard ed., *Anomie and Deviant Behavior: A Discussion and Critique*, Free Press, pp. 213-242.

Meyrowitz, J. [1985] *No Sense of Place: The Impact of Electronic Media on Social Behavior*, Oxford University Press.

Miller, G., and Holstein, J. A., eds. [1993] *Constructionist Controversies: Issues in Social Problems Theory*, Aldine de Gruyter.

Mintzberg, H. [1972] "The myths of MIS," *California Management Review*, Vol. 15, No. 1, pp. 92-97.

Mintzberg, H. [1973] *The Nature of Managerial Work*, Harper & Row.（奥村哲史・須貝栄訳『マネジャーの仕事』白桃書房，1993年。）

Mintzberg, H. [1989] *Mintzberg on Management: Inside Our Strange World of Organizations*, Free Press.（北野利信訳『人間感覚のマネジメント——行き過ぎた合理主義への抗議』ダイヤモンド社，1991年。）

Mintzberg, H., Ahlstrand, B., and Lampel, J. [1998] *Strategy Safari: A Guided Tour through the Wilds of Strategic Management*, Free Press.（齋藤嘉則監訳『戦略サファリ——戦略マネジメント・ガイドブック』東洋経済新報社，1999年。）

Morgan, G. [1983] "Toward a more reflective social science," in G. Morgan ed., *Beyond Method: Strategies for Social Research*, Sage, pp. 368-376.

Morgan, G. [1996] *Images of Organization, 2nd ed.*, Sage.

Morrison, D. E., and Henkel, R. E., eds. [1970] *The Significance Test Controversy: A Reader*, Aldine De Gruyter.（内海庫一郎ほか訳『統計的検定は有効か——有意性検定論争』梓出版社，1980年。）

Moulton, B. R. [2000] "GDP and the digital economy: Keeping up with the changes," in E. Brynjolfsson and B. Kahin eds., *Understanding the Digital Economy: Data, Tools, and Research*, MIT Press, pp. 34-48.（室田泰弘・平崎誠司訳「GDPとディジタル・エコノミー——変化に遅れるな」『ディジタル・エコノミーを制する知恵』東洋経済新報社，2002年，1-18頁。）

Myers, C. A., ed. [1967] *The Impact of Computers on Management*, MIT Press.（高宮晋・石原善太郎訳『コンピュータ革命——経営管理への衝撃』日本経営出版会。）

Newell, A., and Simon, H. A. [1972] *Human Problem Solving*, Prentice-Hall.

Ogburn, W. F., and Thomas, D. [1922] "Are inventions inevitable? A note on social evolution," *Political Science Quarterly*, Vol. 37, No. 1, pp. 83-98.

Oliner, S. D., and Sichel, D. E. [1994] "Computers and output growth revisited: How big is the puzzle?" *Brookings Papers on Economic Activity*, No. 2, pp. 273-334.

O'Reilly, C. A., III [1991] "Organizational behavior: Where we've been, where we're going," *Annual Review of Psychology*, Vol. 42, pp. 427-458.

Orlikowski, W. J., and Robey, D. [1991] "Information technology and the structuring of organizations," *Information Systems Research*, Vol. 2, No. 2, pp. 143-169.

Orlikowski, W. J. [1992] "The duality of technology: Rethinking the concept of technology in organizations," *Organization Science*, Vol. 3, No. 3, pp. 398-427.

Orlikowski, W. J., and Yates, J. [1994] "Genre repertoire: The structuring of commucative practices in organizations," *Administrative Science Quarterly*, Vol. 39, No. 4, pp. 541-574.

Orlikowski, W. J., and Hofman, J. D. [1997] "An improvisational model for change management: The case of groupware technologies," *Sloan Management Review*, Vol. 38, No. 2, pp. 11-21.

Orlikowski, W. J. [2000] "Using technology and constituting structures: A practice lens for studying technology in organizations," *Organization Science*, Vol. 11, No. 4, pp. 404-428.

Orlikowski, W. J. [2001] "Improvising organizational transformation over time: A situated change perspective," in J. Yates and J. Van Maanen eds., *Information Technology and Organizational Transformation: History, Rhetoric, and Practice*, Sage, pp. 223-274.

Orlikowski, W. J., and Barley, S. R. [2001] "Technology and institutions: What can research on information technology and research on organizations learn from each other?" *MIS Quarterly*, Vol. 25, No. 2, pp. 145-165.

Orlikowski, W. J., and Iacono, C. S. [2001] "Research commentary: Desperately seeking the 'IT' in IT research—A call to theorizing the IT artifact," *Information Systems Research*, Vol. 12, no, 2, pp. 121-134.

Orlikowski, W. J., and Yates, J. [2006] "ICT and organizational change: A commentary," *The Journal of Applied Behavioral Science*, Vol. 42, No. 1, pp. 127-134.

Orlikowski, W. J. [2007] "Sociomaterial practices: Exploring technology at work," *Organization Studies*, Vol. 28, No. 9, pp. 1435-1448.

Orlikowski, W. J., and Scott, S. V. [2008] "Sociomateriality: Challenging the separation of technology, work and organization," *The Academy of Management Annals*, Vol. 2, pp. 433-474.

Orlikowski, W. J. [2010] "The sociomateriality of organisational life: Considering technology in management research," *Cambridge Journal of Economics*, Vol. 34, No. 1, pp. 125-141.

Papert, S. [1991] "Situating constructionism," in I. Harel and S. Papert eds., *Constructionism: Research Reports and Essays, 1985-1990*, Ablex Publishing, pp. 1-11.

Pentland, B. T., and Feldman, M. S. [2008] "Designing routines: On the folly of designing artifacts, while hoping for patterns for action," *Information and Organization*, Vol. 18, No. 4, pp. 235-250.

Perrow, C. [1967] "A framework for the comparative analysis of organizations," *American Sociological Review*, Vol. 32, No. 2, pp. 194-208.

Perrow, C. B. [1970] *Organizational Analysis: A Sociological View*, Wadsworth.（岡田至雄訳『組織の社会学』ダイヤモンド社，1973年。）

Pfeffer, J. [1982] *Organizations and Organization Theory*, Pitman Publishing.

Pfeffer, J., and Leblebici, H. [1977] "Information technology and organizational structure," *Pacific Sociological Review*, Vol. 20, No. 2, pp. 241-261.

Pfohl, S. J. [1977] "The 'discovery'of child abuse," *Social Problems*, Vol. 24, No. 3, pp. 310-323.

Pickering, A., ed. [1992] *Science as Practice and Culture*, University of Chicago Press.

Pinch, T. J., and Bijker, W. E. [1984] "The social construction of facts and artefacts: Or how the sociology of science and the sociology of technology might benefit each other," *Social Studies of Science*, Vol. 14, No. 3, pp. 399-441.

Pinch, T. J., and Bijker, W. E. [1987] "The social construction of facts and artifacts: Or how the sociology of science and the sociology of technology might benefit each other," in W. E. Bijker, T. P. Hughes and T. J. Pinch eds., *The Social Construction of Technological Systems: New Directions in the Sociology and History of Technology*, MIT Press, pp. 17-50.

Pinch, T. [2008] "Technology and institutions: Living in a material world," *Theory and Society*, Vol. 37, No. 5, pp. 461-483.

Polanyi, M. [1958] *Personal Knowledge: Towards a Post-critical Philosophy*, The University of Chicago Press. (長尾史朗訳『個人的知識——脱批判哲学をめざして』ハーベスト社, 1985年。)

Polanyi, M. [1966] *The Tacit Dimension*, Routledge & Kegan Paul. (佐藤敬三訳『暗黙知の次元——言語から非言語へ』紀伊國屋書店, 1980年。)

Pollner, M. [1975] "'The very coinage of your brain': The anatomy of reality disjunctures," *Philosophy of The Social Sciences*, Vol. 5, No. 3, pp. 411-430. (山田富秋・好井裕明・山崎敬一訳「お前の心の迷いです——リアリティ分離のアナトミー」山田富秋・好井裕明・山崎敬一編訳『エスノメソドロジー——社会学的思考の解体』せりか書房, 1987年, 39-80頁。)

Pollner, M. [1991] "Left of ethnomethodology: The rise and decline of radical reflexivity," *American Sociological Review*, Vol. 56, No. 3, pp. 370-380.

Pollner, M. [1993] "The reflexivity of constructionism and construction of reflexivity," in J. A. Holstein and G. Miller eds., *Reconsidering Social Constructionism: Debates in Social Problems Theory*, Aldine De Gruyter, pp. 199-212.

Porter, M. E., and Miller, V. A. [1985] "How information gives you competitive advantage," *Harvard Business Review*, Vol. 63, No. 4, pp. 149-160.

Rackham, J., and Woodward, J. [1970] "The measurement of technical variables," in J. Woodward ed., *Industrial Organization: Behaviour and Control*, Oxford University Press, pp. 19-36.

Reeves, T. K., and Woodward, J. [1970] "The study of managerial control," in J. Woodward ed., *Industrial Organization: Behaviour and Control*, Oxford University Press, pp. 37-56.

Rice, A. K. [1953] "Productivity and social organization in an Indian weaving shed: An examination of some aspects of the socio-technical system of an experimental automatic loom shed," *Human Relations*, Vol. 6, No. 4, pp. 297-329.

Rice, R. E., and Case, D. [1983] "Electronic message systems in the university: A description of use and utility," *Journal of Communication*, Vol. 33, No. 1, pp. 131-152.

Rice, R. E. [1992] "Task analyzability, use of new media, and effectiveness: A multi-site exploration of media richness," *Organization Science*, Vol. 3, No. 4, pp. 475-500.

Rip, A., and Schot, J. W. [2002] "Identifying loci for influencing the dynamics of technological development," in K. H. Sørensen and R. Williams eds., *Shaping Technology, Guiding Policy: Concepts, Spaces and Tools*, Edward Elgar, pp. 158-176.

Robey, D. [1977] "Computers and management structure: Some empirical findings re-examined," *Human Relations*, Vol. 30, No. 11, pp. 963-976.

Robey, D., and Sahay, S. [2001] "Transforming work through information technology: A comparative case study of geographic information systems in county government," in J. Yates and J. Van Maanen eds., *Information Technology and Organizational Transformation: History*,

Rhetoric, and Practice, Sage, pp. 275-303.

Ross, J. W., Beath, C. M., and Goodhue, D. L. [1996] "Develop long-term competitiveness through IT assets," *Sloan Management Review*, Vol. 38, No. 1, pp. 31-42.

Rouse, J. [1996] "Whar are cultural studies of science?" in J. Rouse, *Engaging Science: How to Understand Its Practices Philosophically*, Cornell University Press, pp. 237-260.（成定薫・阿曽沼明裕訳「科学のカルチュラル・スタディーズとは何か」『現代思想』第24巻第6号，1996年，308-324頁。）

Rouse, J. [2001] "Two concepts of practices," in T. R. Shatzki, K. K. Cetina and E. von Savigny eds., *The Practice Turn in Contemporary Theory*, Routledge, pp. 189-198.

Rutter, D. R. [1984] *Looking and Seeing: The Role of Visual Communication in Social Interaction*, John Wiley & Sons.

Sassen, S. [2002] "Towards a sociology of information technology," *Current Sociology*, Vol. 50, No. 3, pp. 365-388.

Schatzki, T. R., Cetina, K. K., and von Savigny, E., eds. [2001] *The Practice Turn in Contemporary Theory*, Routledge.

Schein, E. H. [1994a] "Innovative cultures and organizations," in T. J. Allen and M. S. Scott Morton eds., *Information Technology and the Corporation of the 1990s: Research Studies*, Oxford University Press, pp. 125-146.（富士総合研究所訳「革新的企業文化と情報技術」『アメリカ再生の「情報革命」マネジメント――MITの新世紀企業マネジメント・レポートに学ぶ』白桃書房，1995年，173-205頁。）

Schein, E. H. [1994b] "The role of the CEO in the management of change: The case of information technology," in T. J. Allen and M. S. Scott Morton eds., *Information Technology and the Corporation of the 1990s: Research Studies*, Oxford University Press, pp. 325-345.（富士総合研究所訳「企業変革に果たすCEO（最高経営責任者）の役割」『アメリカ再生の「情報革命」マネジメント――MITの新世紀企業マネジメント・レポートに学ぶ』白桃書房，1995年，231-260頁。）

Schmitz, J., and Fulk, J. [1991] "Organizational colleagues, media richness, and electronic mail: A test of the social influence model of technology use," *Comunication Research*, Vol. 18, No. 4, pp. 487-523.

Schneider, J. W. [1993] "'Members only': Reading the constructionist text," in J. A. Holstein and G. Miller eds., *Reconsidering Social Constructionism: Debates in Social Problems Theory*, Aldine De Gruyter, pp. 103-116.

Scott, W. R. [2008] *Institutions and Organizations: Ideas and Interests, 3rd ed.*, Sage.

Scott Morton, M. S. [1971] *Management Decision Systems: Computer-based Support for Decision Making*, Division of Research, Graduate School of Business Administration, Harvard University.

Scott Morton, M. S., ed. [1991] *The Corporation of the 1990s: Information Technology and Organizational Transformation*, Oxford University Press.（宮川公男・上田泰監訳『情報技術と企業変革――MITから未来企業へのメッセージ』富士通経営研修所，1992年。）

Searle, J. R. [1995] *The Construction of Social Reality*, Simon & Schuster.

Searle, J. R. [2001] *Rationality in Action*, MIT press.（塩野直之訳『行為と合理性』勁草書房，

2008 年。)

Short, J., Williams, E., and Christie, B. [1976] *The Social Psychology of Telecommunications*, Wiley.

Silverman, D. [1989] "The impossible dreams of reformism and romanticism," in J. F. Gubrium and D. Silverman eds., *The Politics of Field Research: Sociology beyond Enlightenment*, Sage, pp. 30-48.

Simon, H. A. [1960] *The New Science of Management Decision*, Harper & Brothers.

Simon, H. A. [1977] *The New Science of Management Decision, Rev. ed.*, Prentice-Hall.(稲葉元吉・倉井武夫訳『意思決定の科学』産業能率大学出版部, 1979 年。)

Simon, H. A. [1996] *The Sciences of the Artificial, 3rd ed.*, MIT Press.(稲葉元吉・吉原英樹訳『システムの科学 第 3 版』パーソナルメディア, 1999 年。)

Solow, R. M. [1987] "We'd better watch out," *New York Times Book Review,* July 12, 1987, p. 36.

Spector, M., and Kitsuse, J. I. [1977] *Constructing Social Problems*, Cummings.(村上直之・中河伸俊・鮎川潤・森俊太訳『社会問題の構築——ラベリング理論をこえて』マルジュ社, 1990 年。)

Sproull, L., and Kiesler, S. [1991] *Connections: New Ways of Working in the Networked Organization*, MIT Press.(加藤丈夫訳『コネクションズ——電子ネットワークで変わる社会』アスキー, 1993 年。)

Star, S. L. [1989] "The structure of ill-structured solutions: Boundary objects and heterogeneous distributed problem solving," in L. Gasser and M. N. Huhns eds., *Distributed Artifical Intelligence, Vol. II,* Pitman, pp. 37-54.

Steffy, B. D., and Grimes, A. J. [1992] "Personnel/organizational psychology: A critique of the discipline," in M. Alvesson and H. Willmott eds., *Critical Management Studies,* Sage, pp. 181-201.

Straub, D. W., and Ang, S. [2008] "Readability and the relevance versus rigor debate (Editor's comments)," *MIS Quarterly,* Vol. 32, No. 4, pp. iii-xiii.

Strassmann, P. A. [1990] *The Business Value of Computers: An Executive's Guide,* Information Economics Press.(末松千尋訳『コンピュータの経営価値——情報化投資はなぜ企業の収益向上につながらないのか』日経 BP 出版センター, 1994 年。)

Strum, S., and Latour, B. [1999] "Redefining the social link: From baboons to humans," in D. MacKenzie and J. Wajcman eds., *The Social Shaping of Technology, 2nd ed.*, Open University Press, pp. 116-125.

Suchman, L. A. [1987] *Plans and Situated Actions: The Problem of Human-machine Communication,* Cambridge University Press.(佐伯胖監訳, 上野直樹・水川喜文・鈴木栄幸訳『プランと状況的行為——人間-機械コミュニケーションの可能性』産業図書, 1999 年。)

Sundstrom, E. [1986] *Work Places: The Psychology of the Physical Environment in Offices and Factories,* Cambridge University Press.(黒川正流監訳『仕事の場の心理学——オフィスと工場の環境デザインと行動科学』西村書店, 1992 年。)

Taylor, F. W. [1895] "A Piece-rate system, being a step toward partial solution of the labor problem," *Transactions of the American Society of Mechanical Engineers,* Vol. 16, pp. 856-903.(上野陽一訳編「出来高払制私案」『科学的管理法 新版』産業能率短期大学出版部, 1969 年,

1-39 頁。)

Taylor, F. W. [1911] *The Principles of Scientific Management*, Harper & Brothers. (有賀裕子訳『新訳 科学的管理法——マネジメントの原点』ダイヤモンド社, 2009 年, 原著再刊版〔Cosimo, 2006〕の訳。)

Taylor, F. W. [1947] "Taylor's testimony before the Special Hose Committee," in F. W. Taylor, with a foreword by H. S. Person, *Scientific Management: Comprising Shop Management, the Principles of Scientific Management and Testimony before the Special House Committee*, Harper, pp. 1-287 (上野陽一訳編「科学的管理法特別委員会における供述」『科学的管理法 新版』産業能率短期大学出版部, 1969 年, 337-541 頁。)

Taylor, J. R. [2001] "Toward a theory of imbrication and organizational communication," *The American Journal of Semiotics*, Vol. 17, No. 2, pp. 269-297.

Thomas, R. J. [1994] *What Machines Can't Do: Politics and Technology in the Industrial Enterprise*, University of California Press.

Thompson, J. D. [1967] *Organizations in Action: Social Science Bases of Administrative Theory*, McGraw-Hill. (鎌田伸一・新田義則・二宮豊志訳『オーガニゼーション・イン・アクション——管理理論の社会科学的基礎』同文舘出版, 1987 年。)

Thornton, P. H., Ocasio, W., and Lounsbury, M. [2012] *The Institutional Logics Perspective: A New Approach to Culture, Structure, and Process*, Oxford University Press.

Tippins, M. J., and Sohi, R. S. [2003] "IT competency and firm performance: Is organizational learning a missing link?" *Strategic Management Journal*, Vol. 24, No. 8, pp. 745-761.

Trevino, L. K., Lengel, R. H., and Daft, R. L. [1987] "Media symbolism, media richness, and media choice in organizations: A symbolic interactionist perspective," *Communication Research*, Vol. 14, No. 5, pp. 553-574.

Trevino, L. K., Daft, R. L., and Lengel, R. H. [1990] "Understanding managers' media choices: A symbolic interactionist perspective," in J. Fulk and C. Steinfield eds., *Organizations and Communication Technology*, Sage, pp. 71-94.

Trist, E. L., and Bamforth, K. W. [1951] "Some social and psychological consequences of the longwall method of coal-getting," *Human Relations*, Vol. 4, No. 1, pp. 3-38.

Tushman, M., and Nadler, D. [1978] "Information processing as an integrating concept in organizational design," *Academy of Management Review*, Vol. 3, No. 4, pp. 613-624.

Uchitelle, L. [2000] "Economic View; Productivity finally shows the impact of computers," *New York Times*, March 12, 2000.

U. S. Department of Commerce [2002] "Digital economy 2002". (室田泰弘編訳『ディジタル・エコノミー 2002/03』東洋経済新報社, 2002 年。)

U. S. Government Printing Office [1912] "Hearings before Special Committee of the House of Representative to investigate the Taylor and Other Systems of Shop Management under authority of House Resolution 90," pp. 1300-1508.

Venkatraman, N. [1991] "Information technology-induced business reconfiguration: The new strategic management challenge," in M. S. Scott Morton ed., *The Corporation of the 1990s: Information Technology and Organizational Transformation*, Oxford University Press, pp. 122-

158.（趙家林訳「情報技術がもたらす事業再編成」宮川公男・上田泰監訳『情報技術と企業変革――MIT から未来企業へのメッセージ』富士通経営研修所，1992 年，231-290 頁。）

Walton, R. E. [1982] "Social choice in the development of advanced information technology," *Technology in Society*, Vol. 4, No. 1, pp. 41-49.

Walton, R. E. [1989] *Up and Running: Integrating Information Technology and the Organization*, Harvard Business School Press.（高木晴夫訳『システム構築と組織整合――「事例研究」SIS が創る参画のマネジメント』ダイヤモンド社，1993 年。）

Weber, M. [1904] *Die Protestantische Ethik und der Geist des Kapitalismus*, J.C.B. Mohr.（大塚久雄訳『プロテスタンティズムの倫理と資本主義の精神』岩波書店，1989 年。）

Wedderburn, D., and Crompton, R. [1970] "Technological constraints and workers'attitudes," in J. Woodward ed., *Industrial Organization: Behaviour and Control*, Oxford University Press, pp. 203-233.（都筑栄・風間禎三郎・宮城浩祐訳「技術の制約と労働者の態度」『技術と組織行動――サウス・エセックス研究 その後の展開』日本能率協会，1971 年，271-313 頁。）

Weick, K. E. [1979] *The Social Psychology of Organizing, 2nd ed.*, McGraw-Hill.（遠田雄志訳『組織化の社会心理学 第 2 版』文眞堂，1997 年。）

Weick, K. E. [1995] *Sensemaking in Organizations*, Sage.

Wenger, E. [1998] *Communities of Practice: Learning, Meaning, and Identity*, Cambridge University Press.

White, M., and Epston, D. [1990] *Narrative Means to Therapeutic Ends*, W. W. Norton.（小森康永訳『物語としての家族』金剛出版，1992 年。）

Williams, R., and Edge, D. [1996] "The social shaping of technology," *Research Policy*, Vol. 25, No. 6, pp. 865-899.

Williamson, O. E. [1975] *Market and Hierarchies: Analysis and Antitrust Implications*, Free Press.（浅沼萬里・岩崎晃訳『市場と企業組織』日本評論社，1980 年。）

Willis, P. E. [1977] *Learning to Labour: How Working Class Kids Get Working Class Jobs*, Saxon House.（熊沢誠・山田潤訳『ハマータウンの野郎ども――学校への反抗・労働への順応』筑摩書房，1985 年。）

Willmott, H. [2009] "Science as intervention: Recasting Weber's moral vision," *Organization*, Vol. 16, No. 1, pp. 143-153.

Winner, L. [1980] "Do artifacts have politics?" *Daedalus*, Vol. 109, No. 1, pp. 121-136.（in L. Winner, *The Whale and the Reactor: A Search for Limits in an Age of High Technology*, The University of Chicago Press, 1986, pp. 19-39.； in D. MacKenzie and J. Wajcman eds., *The Social Shaping of Technology, 2nd ed.*, Open University Press, 1999, pp. 28-40.；吉岡斉・若松征男訳「人工物に政治はあるか」『鯨と原子力――技術の限界を求めて』紀伊國屋書店，2000 年，45-76 頁。）

Winner, L. [1993] "Upon opening the black box and finding it empty: Social constructivism and the philosophy of technology," *Science, Technology, & Human Values*, Vol. 18, No. 3, pp. 362-378.

Wiseman, C. [1988] *Strategic Information Systems*, Irwin.（土屋守章・辻新六訳『戦略的情報システム――競争戦略の武器としての情報技術』ダイヤモンド社，1989 年。）

Woodward, J. [1965] *Industrial Organization: Theory and Practice*, Oxford University Press.（矢島欽次・中村壽雄訳『新しい企業組織――原点回帰の経営学』日本能率協会，1970 年。）

Woodward, J., ed. [1970a] *Industrial Organization: Behaviour and Control*, Oxford University Press.(都筑栄・風間禎三郎・宮城浩祐訳『技術と組織行動——サウス・エセックス研究 その後の展開』日本能率協会, 1971 年。)

Woodward, J. [1970b] "Technology, management control and organizational behaviour," in J. Woodward ed., *Industrial Organization: Behaviour and Control*, Oxford University Press, pp. 234-243.(都筑栄・風間禎三郎・宮城浩祐訳「技術, マネジメント・コントロールならびに組織行動の関係」『技術と組織行動——サウス・エセックス研究 その後の展開』日本能率協会, 1971 年, 315-327 頁。)

Woolgar, S., and Pawluch, D. [1985] "Ontological gerrymandering: The anatomy of social problems explanations," *Social Problems*, Vol. 32, No. 3, pp. 214-227.(平英美訳「オントロジカル・ゲリマンダリング——社会問題をめぐる説明の解剖学」平英美・中河伸俊編『構築主義の社会学——論争と議論のエスノグラフィー』世界思想社, 2000 年, 18-45 頁。)

Woolgar, S., ed. [1988] *Knowledge and Reflexivity: New Frontiers in the Sociology of Knowledge*, Sage.

Woolgar, S. [1990] "Configuring the user: The case of usability trials," *The Sociological Review*, Vol. 38, No. S1, pp. 58-99.

Woolgar, S. [1991] "The turn to technology in social studies of science," *Science, Technology, & Human Values*, Vol. 16, No. 1, pp. 20-50.

Woolgar, S., and Grint, K. [1991] "Computers and the transformation of social analysis," *Science, Technology, & Human Values*, Vol. 16, No. 3, pp. 368-378.

Woolgar, S. [1992] "Some remarks about positionism: A reply to Collins and Yearly," in A. Pickering ed., *Science as Practice and Culture*, University of Chicago Press, pp. 327-342.

Wren, D. A. [1994] *The Evolution of Management Thought, 4th ed.*, John Wiley and Sons.(佐々木恒男監訳『マネジメント思想の進化』文眞堂, 2003 年。)

Wren, D. A., and Greenwood, R. G. [1998] *Management Innovators: The People and Ideas That Have Shaped Modern Business*, Oxford University Press.(井上昭一・伊藤健市・廣瀬幹好監訳『現代ビジネスの革新者たち——テイラー, フォードからドラッカーまで』ミネルヴァ書房, 2000 年。)

Yates, J., and Orlikowski, W. J. [1992] "Genres of organizational communication: A structurational approach to studying communication and media," *Academy of Management Review*, Vol. 17, No. 2, pp. 299-326.

Yin, R. K. [1994] *Case Study Research: Design and Methods, 2nd ed.*, Sage.(近藤公彦訳『ケース・スタディの方法 第 2 版』千倉書房, 1996 年。)

Zani, W. M. [1970] "Blueprint for MIS," *Harvard Business Review*, Vol. 48, No. 6, pp. 96-100.

Zmud, R. W., Lind, M. R., and Young, F. W. [1990] "An attribute space for organizational communication channels," *Information Systems Research*, Vol. 1, No. 4, pp. 440-457.

Zuboff, S. [1985] "Automate/informate: The two faces of intelligent technology," *Organizational Dynamics*, Vol. 14, No. 2, pp. 5-18.

Zuboff, S. [1988] *In the Age of the Smart Machine: The Future of Work and Power*, Basic Books.

邦文文献

新井康平・服部康宏［2014］「経営学に関する宣言的知識——普及状況の実態調査」『日本情報経営学会誌』Vol. 34, No. 2, 40-50 頁。

池田伸［2005］「社会統計学におけるポストモダンの条件」『季刊経済研究』第 28 巻第 1 号, 73-83 頁。

伊藤博之［2009］『アメリカン・カンパニー——異文化としてのアメリカ企業を解釈する』白桃書房。

伊藤守・花田達郎［1999］「『社会の情報化』の構造と論理」児島和人編『講座社会学 8 社会情報』東京大学出版会, 193-238 頁。

今井賢一［1984］『情報ネットワーク社会』岩波書店。

今井賢一・金子郁容［1988］『ネットワーク組織論』岩波書店。

上野千鶴子編［2001］『構築主義とは何か』勁草書房。

上野直樹［1999］『仕事の中での学習——状況論的アプローチ』東京大学出版会。

上野直樹［2001］「デザインされた知性」上野直樹編著『状況のインターフェース』金子書房, 265-281 頁。

梅棹忠夫［1988］『情報の文明学』中央公論社。

浦野充洋・松嶋登・金井壽宏［2011］「『緊プロ』の社会的構成に接続された知識生産——社会構成主義再訪」『日本情報経営学会誌』Vol. 31, No. 3, 66-80 頁。

占部都美・野中郁次郎・赤岡功・加護野忠男・吉原英樹［1979］「シンポジウム：組織のコンティンジェンシー理論」占部都美編『組織のコンティンジェンシー理論』白桃書房, 219-256 頁。

占部都美［1980］「コンティンジェンシー理論の再吟味」『国民経済雑誌』第 141 巻第 3 号, 1-22 頁。

大澤真幸［1995］『電子メディア論——身体のメディア的変容』新曜社。

奥林康司・庄村長・竹林明・森田雅也・上林憲雄［1994］『柔構造組織パラダイム序説——新世代の日本的経営』文眞堂。

尾嶋史章編著［2001］『現代高校生の計量社会学——進路・生活・世代』ミネルヴァ書房。

加護野忠男［1980］『経営組織の環境適応』白桃書房。

加護野忠男・井上達彦［2004］『事業システム戦略——事業の仕組みと競争優位』有斐閣。

加藤一郎［2004］『語りとしてのキャリア——メタファーを通じたキャリアの構成』白桃書房。

金井壽宏［1995］「『任せる』ことの機微——自律的状況における新人の情報アプローチ」『組織科学』第 28 巻第 3 号, 69-84 頁。

金森修［2000］『サイエンス・ウォーズ』東京大学出版会。

金子郁容・松岡正剛・下河辺淳［1998］『ボランタリー経済の誕生——自発する経済とコミュニティ』実業之日本社。

上林憲雄［2001］『異文化の情報技術システム——技術の組織的利用パターンに関する日英比較』千倉書房。

木佐森健司［2009］「経営学におけるアクター・ネットワーク理論の展開と可能性——情報システム学において再現された二分法への批判」『日本情報経営学会誌』Vol. 29, No. 2, 64-75 頁。

貴島耕平［2014］「組織行動論におけるミクロ―マクロ問題の再検討——社会技術システム論の学際的アプローチを手がかりに」経営学史学会編『経営学史学会年報 第 21 輯 経営学の再生

──経営学に何ができるか』文眞堂，139-148 頁。
吉川徹 ［1998］『階層・教育と社会意識の形成──社会意識論の磁界』ミネルヴァ書房。
吉川徹 ［2003］「計量的モノグラフと数理──計量社会学の距離」『社会学評論』第 53 巻第 4 号，485-489 頁。
桑田耕太郎・松嶋登・水越康介 ［2007］「東京都保健局・病院経営本部 重要課題研修『経営研修』（研究コース）平成 17 年度研究報告」首都大学東京大学院社会科学研究科経営学専攻リサーチ・ペーパー，第 25 号。
桑田耕太郎 ［2012］「『実践の科学』としての経営学──バーナードとサイモンの対比を通じて」経営学史学会編『経営学史学会年報 第 19 輯 経営学の思想と方法』文眞堂，127-138 頁。
桑田耕太郎・高尾義明・松尾隆・松嶋登・高橋勅徳・水越康介 ［2013］「ビッグサイエンスと産業イノベーションに関する試論的考察」首都大学東京大学院社会科学研究科経営学専攻 Research Paper Series, No. 122。
桑田耕太郎・松嶋登・高橋勅徳編 ［2015］『制度的企業家』ナカニシヤ出版。
古賀広志・松嶋登 ［1999］「イントラネット導入による現場の情報化」『流通科学大学論集 流通・経営編』第 12 巻第 2 号，73-81 頁。
古賀広志 ［2014］「リガーレリバンス論争の系譜──予備的考察」『日本情報経営学会誌』Vol. 34, No. 4, 31-46 頁。
國領二郎 ［1999］『オープン・アーキテクチャ戦略──ネットワーク時代の協働モデル』ダイヤモンド社。
児島和人 ［1999］「現代における社会情報の多相的生成」児島和人編『講座社会学 8 社会情報』東京大学出版会，1-32 頁。
佐藤郁哉 ［1992］『フィールドワーク──書を持って街へ出よう』新曜社。
佐藤郁哉 ［2006］『フィールドワーク──書を持って街へ出よう 増訂版』新曜社。
佐藤健二 ［1998］「書くということ──分析の再組織化」石川淳志・佐藤健二・山田一成編『見えないものを見る力──社会調査という認識』八千代出版，333-344 頁。
佐藤俊樹 ［1996］『ノイマンの夢・近代の欲望──情報化社会を解体する』講談社。
佐藤俊樹 ［2000］「統計の実践的意味を考える──計量分析のエスノメソッド」佐伯胖・松原望編『実践としての統計学』東京大学出版会，179-212 頁。
佐藤俊樹 ［2010］『社会は情報化の夢を見る──ノイマンの夢・近代の欲望 新世紀版』河出書房新社。
実績寿也 ［2005］『IT 投資効果メカニズムの経済分析──IT 活用戦略と IT 化支援政策』九州大学出版会。
篠崎彰彦 ［2003］『情報技術革新の経済効果──日米経済の明暗と逆転』日本評論社。
島田達巳 ［1991］『情報技術と経営組織』日科技連。
首藤総一朗 ［2005］「トリック・オブジェクトとしての ERP パッケージ」『一橋論叢』第 134 巻第 5 号，976-1000 頁。
杉万俊夫 ［2005］「社会構成主義と心理学──『内なる心』の観念を超えて」下山晴彦編著『心理学論の新しいかたち』誠信書房，66-84 頁。
千田有紀 ［2001］「構築主義の系譜学」上野千鶴子編『構築主義とは何か』勁草書房，1-41 頁。
平英美・中河伸俊編 ［2000］『構築主義の社会学──論争と議論のエスノグラフィー』世界思想

社。
平英美・中河伸俊編［2006］『新版 構築主義の社会学——実在論争を超えて』世界思想社。
田尾雅夫・吉川肇子・高木浩人［1996］『コンピュータ化の経営管理』白桃書房。
高橋哲也・赤坂圭子・石川浩・鶴田勝・土橋利津子・目崎高志・松嶋登・水越康介［2007］「電子カルテ導入が病院組織にもたらす効果について」『医療情報学』第 27 巻第 3 号, 305-314 頁。
遠山暁・松嶋登［2010］「IT 経営力概念の理論基盤——特集号に向けて」『日本情報経営学会誌』Vol. 31, No. 1, 44-55 頁。
遠山暁［2014］「情報経営研究における『アイデンティティの危機』を乗り越えて」『日本情報経営学会誌』Vol. 34, No. 3, 7-17 頁。
時永祥三・松野成悟［2014］「情報経営研究における理論的深化の可能性分析——情報工学との比較分析の試み」『日本情報経営学会誌』Vol. 34, No. 2, 28-39 頁。
中河伸俊［1999］『社会問題の社会学——構築主義アプローチの新展開』世界思想社。
中河伸俊・北澤毅・土井隆義編［2001］『社会構築主義のスペクトラム——パースペクティブの現在と可能性』ナカニシヤ出版。
日本眼科学会［2004］「大学附属病院および国立病院眼科における完全（ペーパーレス）電子カルテ化導入について」『日本眼科学会雑誌』第 108 巻第 5 号, 323-328 頁。
沼上幹［2000a］『行為の経営学——経営学における意図せざる結果の探究』白桃書房。
沼上幹［2000b］「20 世紀の経営学——『科学』化からの脱却」『一橋ビジネスレビュー』第 48 巻第 3 号, 22-37 頁。
ハッチンス, E.（三宅真季子・原田悦子訳）［1996］「協同作業とメディア——コンピュータは何をすべきか」法政大学社会学部編『統合と多様化——新しい変動の中の人間と社会 法政大学第 15 回国際シンポジウム』法政大学, 390-399 頁。
馬場靖雄［2001］「構成と現実／構成という現実」中河伸俊・北澤毅・土井隆義編『社会構築主義のスペクトラム——パースペクティブの現在と可能性』ナカニシヤ出版, 43-57 頁。
早坂啓［2014］「制度の象徴性と物質性に関する学説史的検討——超越論的認識論における二律背反概念を通じた考察」『経営学史学会第 22 回全国大会予稿集』48-53 頁。
早坂啓［2015］「制度の象徴性と物質性に関する学説史的検討——超越論的認識論における二律背反概念を通じて」経営学史学会編『経営学史学会年報 第 22 輯 現代経営学の潮流と限界——これからの経営学』文眞堂, 印刷中。
林雄二郎［1969］『情報化社会——ハードな社会からソフトな社会へ』講談社。
原拓志［2001］「『IT』の社会的形成——序論的考察」『国民経済雑誌』第 184 巻第 1 号, 53-70 頁。
原拓志［2007］「研究アプローチとしての『技術の社会的形成』」『年報 科学・技術・社会』第 16 巻, 37-57 頁。
平川秀幸［1998］「科学論の政治的転回——社会的認識論と科学のカルチュラル・スタディーズ」『年報 科学・技術・社会』第 7 巻, 23-57 頁。
廣松毅・栗田学・坪根直裁・小林稔・大平号声［2001］「情報技術の計量分析」ITME ディスカッションペーパー, No. 83。
福谷茂［2009］『カント哲学試論』知泉書館。
福原義春［1998］『部下がついてくる人——体験で語るリーダーシップ』日本経済新聞社。

福本俊樹・松嶋登・古賀広志［2014］「実証主義の科学的有用性――介入を目指す新たな科学思想としてのアクション・サイエンス」『日本情報経営学会誌』Vol. 34, No. 4, 59-70 頁。

藤本隆宏［2005］「実証研究の方法論――Field-Based Research Methods (FBRM)」藤本隆宏・高橋伸夫・新宅純二郎・阿部誠・粕谷誠『リサーチ・マインド 経営学研究法』有斐閣, 2-38 頁。

ブリニョルフソン, E.（CSK 訳・編）［2004a］『インタンジブル・アセット――「IT 投資と生産性」相関の原理』ダイヤモンド社。

ブリニョルフソン, E.［2004b］「コンピュータ, 生産性, デジタル組織」ブリニョルフソン, E.（CSK 訳・編）『インタンジブル・アセット――「IT 投資と生産性」相関の原理』ダイヤモンド社, 17-60 頁。

松嶋登［1999a］「企業組織におけるホームオフィス導入のインパクト――新しいメディア利用による組織変革の可能性」『第 14 回 電気通信普及財団 テレコム社会科学学生賞 入賞論文集 No. 8』1-53 頁。

松嶋登［1999b］「テレワークがもたらす重層的組織変革の可能性――大塚製薬におけるホームオフィス導入事例の理論的・実証的考察」神戸大学大学院経営学研究科修士論文（神戸大学大学院経営学研究科博士課程モノグラフ ＃9825）。

松嶋登［1999c］「情報技術を媒介にした組織変革過程における構造化理論の理論的・実証的考察」経営情報学会 解釈学的経営情報学研究部会 第 1 回ワークショップ 構造化理論と経営情報論, 報告資料。

松嶋登［1999d］「情報技術とバウンダリーレスネス――企業組織におけるテレワークとは何か」日経企業行動コンファレンス, 報告資料。

松嶋登［2000］「インターネット・イントラネットによる現場の情報化――資生堂におけるホームページ立ち上げ事例をつうじて」神戸大学大学院経営学研究科博士課程モノグラフ ＃0005。

松嶋登［2005］「経営現象のオントロジカル・ゲリマンダリング――意図せざる結果分析の構成主義的展開にむけて」『経営と制度』第 2 号, 23-34 頁。

松嶋登［2006］「『計量的モノグラフ』の方法論的定位」神戸大学大学院経営学研究科ディスカッション・ペーパー, 2006・34。

松嶋登［2007a］「技術決定論を導出する論理――Joan Woodward による分析方法の再検討」神戸大学大学院経営学研究科ディスカッション・ペーパー, 2007・43。

松嶋登［2007b］「東京都保健局・病院経営本部 重要課題研修『経営研修』（研究コース）平成 16 年度研究報告（増補拡大版）」首都大学東京大学院社会科学研究科経営学専攻 Research Paper Series, No. 24。

松嶋登・高橋勅徳［2009］「制度的企業家というリサーチ・プログラム」『組織科学』第 43 巻第 1 号, 43-52 頁。

松嶋登・浜屋敏［2010］「IT 経営力の測定」『日本情報経営学会誌』Vol. 31, No. 1, 56-69 頁。

松嶋登［2011］「『社会の枠組み』のなかでのイノベーション」『ビジネス・インサイト』第 73 号, 81-88 頁。

松嶋登・早坂啓・上西聡子・浦野充洋［2014］「反省する制度派組織論の行方――制度的企業家から制度ロジックへ」神戸大学大学院経営学研究科ディスカッション・ペーパー, 2014・13。

松嶋登・早坂啓・上西聡子・浦野充洋［2015］「反省する制度派組織論の行方――制度的企業家

から制度ロジックへ」桑田耕太郎・松嶋登・高橋勅徳編『制度的企業家』ナカニシヤ出版，30-52頁。

松田素二［2003］「フィールド調査法の窮状を超えて」『社会学評論』第53巻第4号，499-515頁。

三品和広［2006］「日本企業の長期利益（1960-1999）」『国民経済雑誌』第193巻第5号，43-56頁。

水越康介［2014］「事例研究の実践論的理解——科学はマーケティングか再訪」『日本情報経営学会誌』Vol. 34, No. 2, 111-123頁。

宮本孝二［1998］『ギデンズの社会理論——その全体像と可能性』八千代出版。

村上隆［2002］「心理測定の立場から見た因子分析と主成分分析」「日本行動計量学会　第30回大会発表論文抄録集」282-285頁。

村田純一［1999］「解釈とデザイン——技術の本性と解釈の柔軟性」『文化と社会』第1号，154-179頁。

村山功［2001］「状況的認知研究批判とその問題」上野直樹編著『状況のインタフェース』金子書房，188-214頁。

安川一［1998］「サイバースペースへのアプローチ——CMCをどう思考するか」『一橋論叢』第120巻第4号，586-598頁。

安川一・杉山あかし［1999］「生活世界の情報化」児島和人編『講座社会学8　社会情報』東京大学出版会，73-115頁。

矢寺顕行・浦野充洋・松嶋登［2015］「新制度派組織論と新制度派経済学の葛藤を超えて——系列取引における効率性の追求を通じた歴史的変遷」桑田耕太郎・松嶋登・高橋勅徳編『制度的企業家』ナカニシヤ出版，137-173頁。

山田富秋［2000］「フィールドワークのポリティックス」好井裕明・桜井厚編『フィールドワークの経験』せりか書房，64-80頁。

山田富秋［2007］「薬害HIV感染被害問題調査のリフレクシヴな理解」田中耕一・荻野昌弘編『社会調査と権力——〈社会的なもの〉の危機と社会学』世界思想社，89-114頁。

吉田純［2000］『インターネット空間の社会学——情報ネットワーク社会と公共圏』世界思想社。

吉野直人［2015］「制度としての組織ルーティンのデザイン——航空機整備マニュアルにもとづいた遂行的実践と指図的デザイン」桑田耕太郎・松嶋登・高橋勅徳編『制度的企業家』ナカニシヤ出版，174-202頁。

人名索引

A – B

Aguinis, H.　4
Ahlstrand, B.　3
Alford, R. R.　87
Allen, D. S.　300
Allen, T. J.　44, 72
Alstyne, M. V.　303
Anderson, D. R.　4
Ang, S.　5
Anshen, M.　37
Applegate, L. M.　3
Argyris, C.　32
Aristotle　88
Ashenhurst, R. L.　5
Ashmore, M.　111
Avison, D. E.　5
Ayyagari, R.　5
Baily, M. N.　299, 323
Bamforth, K. W.　2, 13, 77
Barad, K.　95
Barley, S. R.　7, 10, 94, 96, 329
Barnard, C. I.　ii–iv, 2, 11, 14, 15, 100
Beath, C. M.　307, 324
Beck, U.　52
Benbasat, I.　1, 4
Benjamin, R. I.　46
Berger, B.　16-18, 28
Berger, P. L.　10, 16-18, 28, 96, 97, 108
Bharadwaj, A. S.　324
Bijker, W. E.　81, 83

Bloor, D.　111, 330
Bogen, D.　112
Boyd, B.　40
Brandeis, L. D.　125, 130
Braverman, H.　42
Bresnahan, T. F.　304
Brown, J. S.　39, 53, 143
Brynjolfsson, E.　36, 300, 302-305, 309, 323-325
Burnham, K. P.　4
Burr, V.　127
Burrell, G.　75, 108, 114, 128, 332

C – E

Callon, M.　81, 94, 102
Campbell-Kelly, M.　54, 55
Carter, N. M.　72
Case, D.　101
Cetina, K. K.　19
Champy, J.　43
Cherry, S.　4
Christie, B.　40
Ciborra, C. U.　3, 22, 23, 25-28, 30, 32, 95
Clegg, S. R.　21, 124, 129
Clifford, J.　128, 129
Coffey, J.　5
Cohen, S. S.　299, 323
Collins, A.　39
Collins, H. M.　81, 102
Comte, A.　19
Conrath, D. W.　72

Contractor, N. S.   101
Corrado, C.   301
Courpasson, D.   124, 129
Crompton, R.   68
Crowston, K.   78
Culnan, M. J.   5
Czamiawska, B.   8, 94
Daft, R. L.   40, 56, 69–71, 75, 101
Davenport, T. H.   4, 44
David, P. A.   301, 323
Davidow, W. H.   46
Dearden, J.   37
DeSanctis, G.   7
DiMaggio, P. J.   304
Duguid, P.   39, 53, 143
Durkheim, É   89
Edge, D.   81
Eisenberg, E. M.   101
Epston, D.   127

F – G

Faulkner, P.   9, 10, 94
Fayol, J. H.   67
Feenberg, A.   82, 83
Feldman, M. S.   7
Fitzgerald, G.   5
Flick, U.   113
Friedland, R.   16, 31, 87, 88
Fulk, J.   40, 101
Fuller, S.   17, 19, 20, 28, 123, 124, 332
Galbraith, J. K.   ii
Galbraith, J. R.   39, 69–71, 75, 78, 102
Galison, P.   99, 103
Gallagher, J. D.   36
Gantt, H. L.   130
Gardner, H.   39
Gergen, K. J.   115, 127, 129, 310
Gerson, E. M.   52

Giddens, A.   7, 21, 48–50, 52, 55, 84, 89, 90, 107, 155
Gilbreth, F. B.   130
Ginzberg, M. J.   72
Glaser, B. G.   107
Goffman, E.   156
Gokhale, R.   5
Goodhue, D. L.   307, 324
Gordon, G. E.   166
Gordon, R. J.   299, 301, 303, 324
Gould, W. R.   4
Greenwood, R.   87
Greenwood, R. G.   124
Griliches, Z.   301
Grimes, A. J.   4
Grint, K.   7, 9, 21, 31, 81, 90–92, 95, 102, 328, 329, 332
Grover, V.   5
Gubrium, J. F.   126, 333

H – K

Hacking, I.   96
Hammer, M.   43
Harder, J. W.   150
Harrington, J., Jr.   43
Hatch, M. J.   41
Hedley, R. A.   64, 66
Heidegger, M.   95
Henderson, J. C.   73
Henkel, R. E.   312
Hitt, L. M.   302–304, 324
Hofman, J. D.   89
Hollerith, H.   54
Holstein, J. A.   109
Hughes, T. P.   81
Hutchins, E.   51
Iacono, C. S.   6
Ibarra, P. R.   109, 110

人名索引　*371*

Jepperson, R. L.　87
Joerges, B.　8, 94
Johnson, H. T.　4
Jorgenson, D. W.　300
Kallinikos, J.　9, 16, 84, 93
Kant, I.　31
Kaplan, R. S.　4
Keen, P. G. W.　1, 2, 4, 6, 11-14, 19, 22, 29-31, 38, 45
Kellner, H.　16-18, 28
Kellogg, K. C.　103
Kiesler, S.　41
King, J. L.　3
Kitsuse, J. I.　108-110, 128
Kline, R.　81, 102
Kling, R.　51, 177
Koontz, H. D.　1
Krugman, P.　303
Kuhn, T. S.　99

L - N

Lampel, J　3
Lanzara, G. F.　3, 22, 23, 25-28, 30, 32
Latour, B.　81, 92, 93, 102
Lave, J.　81
Law, J.　81
Lawler, E. E., III　39, 70
Leavitt, H. J.　3, 36-38
Leblebici, H.　72
Lee, A. S.　4, 6
Lengel, R. H.　40, 69-71, 101
Leonardi, P. M.　7, 9, 10, 14, 16, 84, 93-99, 103
Lewin, K.　77
Lewis, O.　178
Lim, J.　5
Lind, M. R.　101
Lounsbury, M.　16, 21

Loveman, G. W.　299
Luckmann, T.　96, 97, 108
Luftman, J. N.　74
Lynch, M.　112
Lyytinen, K.　4
Macintosh, N. B.　40, 71
MacKenzie, D.　81, 84
Malone, M. S.　46
Malone, T. W.　46, 78
March, J. G.　85
March, S. T.　100
Marcus, G. E.　129
Markus, M. L.　4, 7, 57, 69, 70, 81, 84-86, 88-90, 328, 329
McFarlan, F. W.　5
McKersie, R. B.　76
McLuhan, M.　ii, 17
McNamee, S.　127
Merton, R. K.　106, 107, 110, 128
Meyrowitz, J.　50
Miller, G.　109
Miller, V. A.　45
Mintzberg, H.　3, 37, 79, 80
Morgan, G.　75, 108, 114, 128, 332
Morrison, D. E.　312
Moulton, B. R.　300
Myers, C. A.　38
Nadler, D.　69, 71, 78, 102
Nardi, B. A.　9, 16, 84, 93
Newell, A.　38, 78

O - R

Ocasio, W.　16
Ogburn, W. F.　77
Oliner, S. D.　301, 324
Oliver, C.　87
Olsen, J. P.　85
O'Reilly, C. A., III　4

Orlikowski, W. J.   6-10, 31, 84, 89-95, 97, 98, 103, 107, 108, 328-330, 332, 342
Papert, S.   96
Parks, D.   101
Pawluch, D.   109, 110
Pentland, B. T.   7
Perrow, C. B.   101, 102
Pfeffer, J.   72, 84, 85
Pfohl, S. J.   108
Phillips, N. X.   124, 129
Piaget, J.   96
Pickering, A.   102
Pierce, C. A.   4
Pierson, C.   89
Pinch, T. J.   8, 31, 81, 83, 88, 94, 102
Polanyi, M.   49
Pollner, M.   111, 112
Poole, M. S.   7
Porter, M. E.   45
Powell, W. W.   304
Power, J. G.   101
Putnam, R.   32
Rackham, J.   62
Reeves, T. K.   62
Renshaw, A. A.   303
Rice, A. K.   14, 78
Rice, R. E.   71, 101
Rip, A.   83, 98
Robey, D.   7, 57, 69, 70, 72, 81, 84-86, 88-90, 328, 329
Rodriguez-Lluesma, C.   9, 10, 94, 98, 99, 103
Ross, J. W.   307, 324
Rouse, J.   22, 122
Runde, J.   9, 10, 94
Rutter, D. R.   40

S - T

Sahay, S.   84

Sahlin, K.   87
Sassen, S.   95
Schatzki, T. R.   19
Schein, E. H.   76, 77
Schmitz, J.   101
Schneider, J. W.   112
Schot, J. W.   83, 98
Scott, S. V.   9, 93-95
Scott, W. R.   8, 87
Scott Morton, M. S.   38, 44, 72-76
Searle, J. R.   9
Short, J.   40
Sichel, D. E.   301, 324
Silverman, D.   126, 333
Simon, H. A.   38, 39, 56, 78-80, 100, 102
Slifman, L.   302
Smith, A.   43
Smith, D. M.   32
Sohi, R. S.   305-307, 309, 310, 324, 326
Solow, R. M.   v, 35, 298-300, 302, 303, 323
Sormunen, J.   101
Spector, M.   108, 109, 128
Sproull, L.   41
Star, S. L.   51, 52, 227
Steffy, B. D.   4
Steinfield, C. W.   101
Storey, V. C.   100
Strassmann, P. A.   36, 324
Straub, D. W.   5
Strauss, A. L.   107
Strum, S.   81
Suchman, L. A.   81
Suddaby, R.   87
Sundstrom, E.   40
Swanson, E. B.   5
Taylor, F. W.   66, 124, 125, 129, 130
Taylor, J. R.   95
Thomas, D.   77
Thomas, R. J.   51

人名索引 *373*

Thompson, J. D.　102
Thornton, P. H.　16
Tippins, M. J.　305-307, 309, 310, 324, 326
Trevino, L. K.　70, 101
Trist, E. L.　2, 13, 77
Tushman, M.　69, 71, 78, 102

U - Z

Uchitelle, L.　324
Van Maanen, J.　53
Venkatraman, N.　73, 74
von Savigny, E.　19
Wajcman, J.　81, 84
Walton, R. E.　44, 74-77
Weber, M.　16, 17, 19, 87, 126
Weber, R.　1
Wedderburn, D.　68
Weick, K. E.　56, 70, 85, 108, 128
Wenger, E.　56, 81, 177
Whisler, T. L.　3, 36-38
White, M.　127
Wiginton, J.　70
Williams, E.　40
Williams, R.　81
Williamson, O. E.　46
Willis, P. E.　129
Willmott, H.　125
Winner, L.　121, 122
Wiseman, C.　45
Woodward, J.　2, 13, 58-64, 66-68, 72-74, 77, 78, 84, 88, 100, 101, 331, 343
Woolgar, S.　7, 9, 21, 31, 81, 90-95, 102, 109, 110, 111, 121, 122, 124, 328-332
Wren, D. A.　124, 130
Yang, S.　302-304, 324
Yates, J.　46, 53, 103, 329
Yearley, S.　102
Yin, R. K.　312

Young, F. W.　101
Zani, W. M.　37
Zuboff, S.　i, 234
Zumd, R. W.　4, 101
Zysman, J.　299, 323

あ 行

赤岡功　100
赤坂圭子　341
新井康平　5
池田伸　311
伊藤博之　130
伊藤守　52
井上達彦　45
今井賢一　47
上西聡子　17, 87
上野千鶴子　103, 108
上野直樹　80, 81
梅棹忠夫　ii, 56
浦野充洋　10, 17, 47, 87, 96
占部都美　75, 100
大澤真幸　227
大平号声　323
奥林康司　42
尾嶋史章　116

か 行

加護野忠男　45, 75, 100
加藤一郎　130
金井壽宏　10, 41, 96
金森修　12, 330
金子郁容　47
上林憲雄　42, 86, 87
木佐森健司　31, 343
貴島耕平　13
北澤毅　108
吉川徹　i, 117, 119, 129, 308, 312, 326

吉川肇子　102
栗田学　323
桑田耕太郎　14, 87, 309, 343
古賀広志　5, 32, 100, 228
國領二郎　46
児島和人　50, 55
小林稔　323

　　　さ　行

佐藤郁哉　113
佐藤健二　110
佐藤俊樹　53, 116
実績寿也　304
篠崎彰彦　323
島田達巳　86, 88, 329
下河辺淳　47
首藤総一朗　31
庄村長　42
杉万俊夫　311
杉山あかし　83
千田有紀　103

　　　た　行

平英美　109
田尾雅夫　i, 102
高尾義明　343
高木浩人　i, 102
高橋哲也　341
高橋勅徳　16, 87, 343
竹林明　42
坪根直毅　323
鶴田勝　341
土井隆義　108
遠山暁　3, 325
時永祥三　3
土橋利津子　341

　　　な　行

中河伸俊　108-110
沼上幹　108, 116
野中郁次郎　100

　　　は　行

服部康宏　5
花田達郎　52
馬場靖雄　112
浜屋敏　27, 325
早坂啓　17, 87
林雄二郎　ii
原拓志　81
平川秀幸　124
廣松毅　323
福谷茂　31
福原義春　171, 173, 175, 176
福本俊樹　32, 100
藤本隆宏　312

　　　ま　行

松尾隆　343
松岡正剛　47
松嶋登　10, 13, 16, 17, 27, 30-32, 47, 87, 96,
　　　100, 117, 178, 228, 229, 235, 267, 269, 309,
　　　325, 326, 330, 331, 341, 343
松田素二　129
松野成悟　3
右川浩　341
三品和広　324
水越康介　4, 309, 341, 343
宮本孝二　89
村上隆　326
村田純一　122
村山功　102

目崎高志　341
森田雅也　42

や　行

安川一　83, 152

矢寺顕行　47
山田富秋　126-128, 333, 334
吉田純　52
吉野直人　100
吉原英樹　100

事項索引

アルファベット

AI 的アナロジーの罠　53
BPR　43
CAD/CAM　42, 43
CALS　46
CIM　43
CMC → コンピュータを介したコミュニケーション
DO（前回処方と同じ）　244
DSS　38
EDI　46
EIS　38
ER　260, 338
ERP　44
ES　38
FA　42
IT ケイパビリティ　307
IT コンピテンシー　305
IT 資本　299
　　──と組織資本の補完性　302, 309
　　非──　299
IT 製造産業　301
IT 利用産業　301
ME 革命　42
ME 技術　299
MIS　36, 37, 70, 79
　　──の神話　37, 307
　　──は幻想である　37
MIT 90 年代プログラム　72
MR　134

　　新人──　147
　　ベテラン──　150
MRP　42, 43
NC　42
NP（問題なし）　244
OA（化）　39, 189, 192
OG → オントロジカル・ゲリマンダリング
RBV　305
RD → ディシプリン
RR 論争　3
SIS　45

あ 行

アイデンティティの再構築　225
アクション・リサーチ　ix, x, 309
アクター・ネットワーク理論　7, 8, 81, 88, 92, 94, 100
アナロジー　80
アライメント・アプローチ　71, 74-77
暗黙知　49
医 師　243
　　──の負担増　236, 337
医事課　271, 275
意思決定（論）　38, 85
異種混合（性）　iii, iv, 8
　　──的なエンジニアリング　94
いつでも，どこでもアクセス（入力）できる　243, 245, 246, 250, 251
一般化　333
一般性　312

事項索引　*377*

意図した結果(顕在機能)　106
意図せざる結果(潜在機能)　iv, 7, 48, 49,
　　55, 89, 92, 105, 106, 128, 328, 330
　　――技術利用を通じた――　vi
イノベーションへの旅　83, 98
意味形成　70
医療データベース　288, 295
因果関係　317
インクリメンタルな変化　53
インターネット(技術)　46, 169, 170
　　――の利用　viii, 83
インタビュー(フィールドワークの経験)
　　136-139, 173-177, 236-242, 333, 335-337
インターフェースの標準化　46
イントラネット　195
インフォームド・コンセント　259, 283
うろこ状の重なり　10, 93, 95, 99
栄養科　277
応用領域　11, 12
お客様コミュニケーション・センター
　　186, 187
オーダー画面の作成　277
オーダリング(・システム)　234, 242, 292
オートメーション化(自動化)　43, 64
オフィス　133
オープン・システム　75
オープン・ツール　51
オープンな市場取引　46
オントロジカル・ゲリマンダリング(OG)
　　vii, 107, 108, 112

　　　　　　か　行

解釈　96, 97, 122
　　――過程　328
　　――能力　7
　　――の柔軟性　81, 121
　　――の収斂と安定化　81
　　――の密輸入　81

解釈主義　327
介入　25, 332
　　――していく設計対象　100
開発ベンダー　290
科学主義　5, 6, 11, 12, 29
科学的管理法　67, 124, 125
科学的厳密性　3
　　――と実践的適合性(RR, リガーvs.レリ
　　バンス)　v, 1
学際性　1, 5
革新的文化　76
学問的アイデンティティ　i, ii, iv, 1, 2, 4,
　　5, 14, 17, 21, 29
学問としての正当化　14
カスタマイズ　235, 289, 291
価値自由　126
活動領域　157
カルテ
　　――の電子化　243
　　――への描画　255
　　紙媒体の――　236
眼科　256
看護師　284
患者　282
　　――の顧客満足　285
　　――の受診態度の変化　237
管理者　211
官僚制　17, 18, 23, 24, 27, 28
　　工業生産と――　18
基幹業務　192
企業ウェブ　viii, 170
企業文化部　212
技術
　　――と組織の一体不可分な関係　328
　　――の構造化モデル　89
　　――の社会的形成　81
　　――の社会的構成　81, 82, 100
　　――利用を通じた意図せざる結果　vi
技術決定論　vi, 6, 13, 57, 58, 66-69, 71, 72,

74, 75, 81-88, 98, 100, 328, 331
　　ソフトな——　　86, 90, 328
技術実践　　327, 328, 337
技術社会学　　81-83
技術主義　　7
技術的本質　　122
技術変数の定義　　59, 62
技術を介した人と人(の位相)　　iv, vii, viii,
　　169, 308
機能の制約　　250
機能分析　　106
規　範　　152
　　集団の——形成　　139
規範的　　71, 75, 76, 80
キーボード入力　　338
客観的な推論プロセス　　119
救命救急センター　　262, 338
境　界　　182
境界オブジェクト　　52
狭窄的デザイン　　53
協働体系　　ii, 100, 267, 295
業務改革(業務整理)　　171, 224
業務効率化　　336
業務分担の再定義　　237
共有ファイル　　151
近代化　　17
　　再帰的——　　55
区分的組織主義　　51, 177
クレーム申し立て活動　　108
クローズド・システム　　75
経営(1980年代の経営)　　36
経営実践　　29
経営者視点　　332
経営戦略論　　305
経営本部　→　病院経営本部
形成的コンテキスト　　23, 26, 27
計量経済分析　　298
計量的モノグラフ　　113, 116, 120, 297, 312
研究者の戦略的判断　　312

研究所　　196, 208
権　限　　201
　　——移譲　　278
　　——の見直し　　271
言語化　　154
言語ゲーム　　112
顕在機能　→　意図した結果
検査科　　279
源　流　　10, 11
コア(科目)　　3, 11
工業生産　　17, 28, 124
　　——と官僚制　　18
公式ウェブサイト　　viii, 169, 170
公式組織　　ii, 100, 331
公式統計　　300
構成主義　　10, 30, 97
構成的なもつれ　　93
構造化モデル　　89, 94, 107, 328
構造化理論　　7, 84, 89
構築主義　　ix, 7, 9, 10, 30, 106, 108, 114-
　　116, 120, 127
　　——的マルチメソッド　　120
行動効率の向上　　157, 158
広報室　　203
合理的選択理論　　71
顧客満足　　285
顧客面談回数　　151, 152, 158-160
国勢調査　　54
個人主義　　152, 154, 164
個人の概念　　ii
コーチング(新人の育成)　　134, 139, 145, 164
コード　　289
コピー・アンド・ペースト　　247, 258, 261,
　　338
コブ＝ダグラス型生産関数　　299
個別業務の見直し　　322
コミュニケーション
　　コンピュータを介した——(CMC)　　40,
　　41, 151

水平的な―― 39
　　リッチな―― 40
コメディカル　243, 244, 269
コンシューマーズ・センター　183-185,
　　204
コンティンジェンシー理論　14, 58, 63, 71,
　　75, 100
コンテキスト　178
　　形式的――　23, 26, 27
コントロール・システム　62, 63
コンピュータを介したコミュニケーション
　　（CMC）　40, 41, 151
コンフリクト　182

さ　行

再埋め込み　50
再帰性　48
再帰的関係　97
再帰的近代化　55
サイバー物質主義　20
サイバープラトン主義　20
サポート　338
産業別の推定　301
参照的リフレキシビティ　112
恣意的な区別　108
時間的・空間的状況　133, 156, 163
時間的な切迫　255, 260
時間ラグ　300
時空の制約　243
自己充足的な作業単位　39
自己成就予言　53, 107
仕事実践　54, 133
仕事プロセスの(管理や)評価　139, 150, 164
仕事領域(職場)とプライベートな生活(活動)
　　領域(仕事と家庭)　156, 157, 165
自己反省　122
指示伝票　244, 253, 268
辞書登録(機能)　247, 257, 261, 338

静かなインスクリプション　94
システム監査　235, 242
システム合理主義　51, 177
システムへの組み込み　251
実証主義　12, 19, 29, 107, 109, 114, 126
　　――的研究　4
実　践　ii, 1, 10, 14, 15, 21, 22, 29, 30, 81, 83
　　――とともにある研究　12
　　――のうちに客観化された認識　98
　　――の学　ii
　　――への志向性　100
　　――への接続　55
　　技術――　327, 328, 337
　　政治的――　327, 332
　　分析――　105, 118, 327
実践的適合性　3, 30
　　科学的厳密性と――　v, 1
実践的転回　22, 329, 331
実体二元論　17, 81, 329
質的分析(質的調査)　114, 120
質問票調査　313
自動化　→　オートメーション化
自発性　47
耳鼻科　257, 283
シミュレーション　80
社会技術システム　13, 14, 75, 77, 97
社会決定論　57, 69, 86
社会構成主義　16, 93, 96, 97
社会実践　122
　　反省的な――　49
社会的機能　107
社会的実存感　40
社会的事物　97
社会的手がかり　40, 145
社会的に適切な知識　123
社会的認識論　123
社会物質性　2, 8, 15, 30, 84, 93, 94
社会問題研究　108
集権化　38

修正型のリエンジニアリング　44
集団意識　152
集団の規範形成　139
柔軟なサポート関係　243, 245, 268, 269, 288, 295
準拠集団　81
準備ワーキング・グループ（WG）　236, 242, 261
状況認知　51
状況への埋め込み　49
焦点化　49
情　報　19, 20, 56
　　――の伝達　36
　　リッチな――　145
情報化　234, 257
　　――革命　i
　　――投資　298
　　――投資の補完的条件　304
　　――の摑みどころのなさ　53
　　――のパラドクス　35, 45
　　――の歴史　v
情報科学　305
情報技術決定論　30
情報技術と組織の関係性　6, 57
情報共有　134, 139, 140, 151, 154, 163
情報システム　36
情報システム部　184, 212
情報処理　69
　　――システム　38
　　――能力の向上（拡充）　39, 70
　　――モデル　69, 78, 80, 305, 307
情報通信産業　301
情報手がかり　71
食事箋　271, 277
処方チェック・システム　248, 274
処方病名　247
庶務課　288
知られざる機能（技術特性）　89, 91, 328
自律的な作業集団　14

深　淵　15, 16
新規顧客開拓数　160
新規事業部　205, 212
新旧技術の使い分け　251
人事部　219
新人の育成　→　コーチング
親密な人間関係　153
診　療　243
診療報酬（制度）　247, 275
スキルの解体　42
ストロング・プログラム　330
スパイラル・モデル　86
請求漏れ　276, 281
整合性　73
生産関数　302
生産性の測定　300
生産性パラドクス　v, 35, 298
政治過程　viii, 50, 169, 189
政治性　x, 122, 126, 333
政治的　x, 29, 55, 66
　　――関係　237
　　――交渉　170, 201, 225
　　――実践　327, 332
　　――手段　51
　　――転回　vii
　　――な介入　127
　　――問題　14
政治の再創造　52
制度（制度ロジック）　16, 87
正当化　125
　　学問としての――　14
制度化　201, 220
　　変化の――　220
制度派組織論　16
制度論者　87
世界内存在　95
責任感　279
責任受容　272, 278
責任所在の明確化　237, 269

設計主権　189
潜在機能　→　意図せざる結果
宣伝部　184, 216
専門性　269, 274
相互依存関係　328
相互作用　67, 72, 84, 96
相互作用論　vi, 6, 15, 30, 57
相互参照　29
相対主義の経験的研究プログラム　81
創発的視角　7, 57, 84, 85, 328
疎外感　148
組　織
　　——による規定　57, 69
　　——の境界　169, 225
　　技術と——の一体不可分な関係　328
　　公式——　ii, 100, 331
　　情報技術と——の関係性　6, 57
組織開発論　14
組織学習　305, 307
組織決定論　vi, 6, 57, 69, 75, 85, 87, 88, 328
　　ソフトな——　86
組織スラック　39, 70
組織設計論　71, 80
組織文化　75-77
ソフトウエア工場　3, 22, 25, 26
ソフトウエア支出　300
存在論　9, 29
　　関係的——　10, 94, 95
　　恣意的な——的線引き　92

た　行

代替可能性　123
代替・補完　143
対　面　79
　　——的状況　viii, 41, 133, 137, 143, 163
多義性　70, 71
タクソノミー　119
濁　流　3

脱埋め込み　50
多面的視角　178
担当者　202
チェック・ボックス方式　250
治験データ　295
治験のための共有データベース化　336
知識能力　50
チーム意識　153, 164
チーム単位での取り組み　322
チームワーク　25, 26, 28
注意勧告　281
中央集権的な情報システム　36
中間管理職の不要化　36
注射カレンダ　253
中立的な記述　332
超越的な視点　107
追加調査　236
通常科学　100
　　——化　4, 5, 11
摑みどころのなさ　i-iv, 52, 57, 105
　　情報化の——　53
ディシプリン(RD)　2, 5, 11, 29
手書き　338
適応能力　76
適合関係　72
テクニシャン　42
デザイン・サイエンス　100
デザイン志向　98
データベース　288
テレテル　82
テレワーク　vii, 133, 135
電子カルテ　ix, 233
　　——三原則　310
　　——に馴染みにくい診療科　237, 243, 255, 260
　　診療科ごとの——の利用方法　237
電子市場　46
電子都庁計画　235, 292, 293
伝統的領域　2, 29

テンプレート　248, 250, 258, 260, 262, 284
投企　49, 51
動機　iii
当然の医療実践との断絶　243
道徳性　16, 17, 29
道徳的制度　14, 16
トップダウン　291
トートロジー(トートロジカル)　13, 60, 68, 80
取引コスト理論　46
トレーディング・ゾーン　99

　　　な行

ナラティブ　127
二重の解釈学　55
二重のゲーム　113
日報(C表)　141
ニュー・エコノミー　35, 303
二律背反(性)　2, 16, 18, 19, 21, 29
人間関係　153
人間関係論　67, 68
人間疎外　41, 42
認識装置　88
認識論　9, 19, 29, 30, 81, 92-94, 114, 116, 119
　——上の問題　105, 330
　——的前提　ix, 116, 118, 119, 121, 128
　社会的——　123
認知的視角　85
ネットワーキング　47
ネットワーク　83

　　　は行

パス解析　312, 316
パッケージ　235, 242, 252, 261, 290, 292
バーチャル・オーガニゼーション　46
バーチャル・ショッピング・モール　182
発生源入力　247, 280, 282

パラドクス(パラドキシカル)　47, 48, 307
　情報化の——　35, 45
　生産性——　v, 35, 298
　プロセス・——　45
反証事実　134, 139
反省(リフレクション)　26, 111, 162
反省的　49, 112
　——な経験　162
　——な社会実践　49
　——な問い直し　53
パンチカード　54
ビジネス・プロセス　45
非同期性　41
人と技術(の位相)　iv, viii, 166, 308
批判性　4, 5, 58, 122
批判的　83, 90, 122
　——意識　158, 162
病院間の連携　→　病病連携
病院経営本部(経営本部)　293, 339
病院経営本部「経営研修」(研究コース)　309, 334
病院マスター　289
評価懸念　41
病診連携　235, 295
病病連携(病院間の連携)　235, 295, 339
漂流　6
フィールドワークの経験　→　インタビュー
不確実性　39, 69-71
府中病院　234
物質性　7, 87, 97, 329
　社会——　2, 8, 15, 30, 84, 93, 94
物象化　96
物的世界　20
ブリコラージュ　95
プログラム化された決定　38
プログラムの準分解構造　28
プロジェクト　171, 178
　——の推進者　213, 220
　——の評価　220

プロセス　43
　　——・パラドクス　45
プロダクション・ブッキング　41
分権化　38
分散対応システム　182
文章での説明　258
文章力　260
分析実践　105, 119, 327
分析的　7, 9, 107, 328
分析データの種別　119
ペーパーレス化　143
変化と秩序の統合的なプロセス　98
変化の制度化　220
ベンダー（企業）　235, 242, 252, 254
放射線科　278
方法論　128
　　——的課題　105
　　——的な本質主義　122
　　——的リフレキシビティ　vii, 120, 127
補完的関係　305
保険病名　247
ポスト工業化社会　299
ポリティカル・リサーチ　327
ポリティクス　327
本質主義　92, 95, 109, 114, 115, 121
　　方法論的な——　122

ま 行

マーケティング　305
マルチメソッド　113, 114, 116
　　構築主義的——　120
マルチメディア研究会（マルメ研）　171, 172, 221
見えざる資産　302
無限背進　97
矛　盾　182
目立った特徴　143
メディア

　　——選択理論　69, 70
　　リッチな——　40
　　リーンな——　40
モジュール化　46

や・ら 行

薬剤科　270, 274
役に立つ　340
有用性　4, 88, 98, 119
寄り合い所帯　261
羅生門　175, 178
　　——メソッド　178
ラディカル・リフレキシビティ　112
リサーチ・アジェンダ　238
リサーチ・デザイン　136, 173
リーダー　77, 222
リッチ
　　——なコミュニケーション　40
　　——な情報　145
　　——なメディア　40
リッチネス　70
理念型　16
リフレキシビティ　81, 111, 122, 124
　　参照的——　112
　　方法論的——　vii, 120, 127
　　ラディカル・——　112
リフレキシブ（リフレキシヴ）　vii, 126, 327
リフレクション　→　反省
理論の（意図せざる）失敗　112, 119, 120, 139, 175
理論負荷　109, 120, 330
リーンなメディア　40
リーンネス　70
ルーティン　233, 250, 252
労働搾取　19
労働生活の質（QWL）　43
論点ずらし　2, 12, 14, 16, 29

● 著者紹介

松嶋　登（まつしま・のぼる）

1973 年生まれ
1997 年，琉球大学法文学部卒業
2002 年，神戸大学大学院経営学研究科博士課程修了
同年，東京都立大学経済学部講師
2005 年より，神戸大学大学院経営学研究科准教授
博士（経営学）
専攻：経営組織論，情報経営論
主要著作：「企業家による翻訳戦略——アクター・ネットワーク理論における翻訳概念の拡張」（上野直樹・土橋臣吾編『科学技術実践のフィールドワーク——ハイブリッドのデザイン』せりか書房，2006 年）；*Industrial Innovation in Japan*（共編，Routledge, 2008 年）；「制度派組織論」（経営学史学会編『経営学史事典 第 2 版』文眞堂，2012 年）；「組織的環境適応と戦略経営論の深化——『戦略経営の実践原理』（一九八四）を中心に」（庭本佳和編著『経営学史叢書 IX アンソフ』文眞堂，2012 年）；『制度的企業家』（共編，ナカニシヤ出版，2015 年），ほか

現場の情報化——IT 利用実践の組織論的研究
The Infomatics Embedded in Workplace Practice: Organizational Approach for IT-use Practice

2015 年 5 月 26 日　初版第 1 刷発行

著者　松嶋　登
発行者　江草貞治

発行所　株式会社　有斐閣

郵便番号 101-0051
東京都千代田区神田神保町 2-17
電話（03）3264-1315〔編集〕
　　（03）3265-6811〔営業〕
http://www.yuhikaku.co.jp/

制作・株式会社有斐閣アカデミア
印刷・株式会社三陽社／製本・牧製本印刷株式会社
© 2015, Noboru Matsushima.　Printed in Japan
落丁・乱丁本はお取替えいたします。
★定価はカバーに表示してあります。
ISBN 978-4-641-16459-8

[JCOPY] 本書の無断複写（コピー）は，著作権法上での例外を除き，禁じられています。複写される場合は，そのつど事前に，（社）出版者著作権管理機構（電話03-3513-6969, FAX03-3513-6979, e-mail:info@jcopy.or.jp）の許諾を得てください。